本书是国家社会科学基金项目"明清闽粤赣边界的生态、族群与'客家'文化"（04CZS006）最终研究成果、江西省2011协同创新中心和国家社科基金重大招标项目（12&ZD132）阶段性成果，本书还得到了香港特别行政区研究资助局AOE项目"中国社会的历史人类学研究"资助

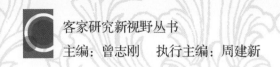
客家研究新视野丛书
主编：曾志刚　　执行主编：周建新

明清赣闽粤边界毗邻区生态、族群与"客家文化"

晚清客家族群认同建构的历史背景

黄志繁　肖文评　周伟华◎著

中国社会科学出版社

图书在版编目（CIP）数据

明清赣闽粤边界毗邻区生态、族群与"客家文化"：晚清客家族群认同建构的历史背景/黄志繁，肖文评，周伟华著.—北京：中国社会科学出版社，2015.3

（客家研究新视野丛书）

ISBN 978 - 7 - 5161 - 5253 - 9

Ⅰ.①明… Ⅱ.①黄… ②肖… ③周… Ⅲ.①客家人—民族文化—研究—中国—明清时代 Ⅳ.①K281.1

中国版本图书馆 CIP 数据核字（2014）第 297485 号

出 版 人	赵剑英
责任编辑	卢小生
特约编辑	林 木
责任校对	董晓月
责任印制	王 超

出 版	中国社会科学出版社
社 址	北京鼓楼西大街甲 158 号
邮 编	100720
网 址	http://www.csspw.cn
发 行 部	010 - 84083685
门 市 部	010 - 84029450
经 销	新华书店及其他书店

印刷装订	三河市君旺印务有限公司
版 次	2015 年 3 月第 1 版
印 次	2015 年 3 月第 1 次印刷

开 本	710 × 1000 1/16
印 张	20.75
插 页	2
字 数	347 千字
定 价	78.00 元

凡购买中国社会科学出版社图书，如有质量问题请与本社营销中心联系调换

电话：010 - 84083683

总　序

　　客家人是汉民族的重要支系，主要居住于闽粤赣三省交界区域，分布遍及全球各地，是世界上分布范围最广阔、影响最深远的族群之一。客家人在中华民族悠久的历史进程中做出了卓越的贡献，在长期的迁徙和发展中，客家人吸纳了中华民族不同历史时期、不同地域的文化养分，汇成了蔚为大观、源远流长的客家文化，在方言、饮食、建筑、风俗、岁时节庆、民间信仰等方面特色鲜明、内涵丰富。自 20 世纪 30 年代罗香林先生开创客家学以来，客家研究取得了长足的发展，客家学作为一门独立的学科，借鉴了历史学、人类学、民族学、民俗学、语言学等学科的理论与方法，逐步发展成为一门以"客家"为研究对象，以"客家"的历史、现状、未来及客家语言、族群认同等为主要内容，并揭示"客家"的形成、演变的综合性学科。

　　客家文化是汉民族中一个系统分明的地域文化，具有我国地域文化普遍特征的文化形态，是中华民族文化不可或缺的重要组成部分；客家文化又是一个极具特色的族群文化，客家人对自身文化与族群有着高度的自觉与认同感，以对文化的坚守和传承及其突出的族群凝聚力和向心性而著称。客家社会处于汉族边陲地带，他们的特殊性展现在发展过程中长期与少数民族维持密切的互动，但在族群意识上又坚称自我为汉族血统之精粹。所谓的客家文化即在这两种不同张力的互相拉锯中形成。因此，客家社会文化研究，不能停留在汉文化或客家文化的种族中心论视野，必须从族群互动的角度，探讨客家社会在不同区域的族群关系与历史文化发展过程。

　　自清代以来，聚居于闽粤赣交界区的客家人在与土著的摩擦和接触中渐渐发展出显著的族群意识，他们宣称，自己是中原南迁的汉人后裔，保持了纯正的汉人文化与传统，以此区别于周边族群。客家的族群认同也随着客家人迁居海外及我国港澳台地区而四处播散，成为全球性的族群认同。在我国众多族群中，这种强烈的族群文化传播与认同具有相当的独特性，因此，对客家族群与文化的研究应更多地注重其自身的认同，并尽量从客家人自己的言说来理解客家族群的历史，从认同的角度切入，将客家族群视为一个动态的历史过程。

客家是中华民族的重要成员。以客家文化为纽带，以客家学术研究为媒介，可以充分发挥客家人在海内外交流"文化使者"的作用，对客家族群与认同的研究，将有助于我们深刻地理解中华民族多元一体的格局，是阐释作为文化传统具有延续性的中华民族认同的一个典型案例。关于客家文化与认同、客家族群意识的探讨，其中最具代表性的是华裔澳大利亚学者梁肇庭。梁肇庭先生结合施坚雅的宏观区域理论与人类学族群理论，对客家史研究进行全新的理解。客家人在宣扬族群认同的同时，又十分强调其中国性，保持着明确的国家认同，表现尤其明显的是后来迁居于海外及我国港澳台地区的客家人，他们的寻根意识及各种社团皆以爱国为宗旨，形成族群认同与国家认同的高度统一。比如，在中国台湾，客家人有450万人之多，他们对中国台湾的政治、经济和文化起着举足轻重的作用。通过客家历史文化研究，可以充分体现海峡两岸客家同根同源、同文同种，台湾人民与祖国大陆不可分割的血脉关系。

自人类起源，就开始了迁移，伴随着迁移，人类开始分化并构成不同的人群和社会。即便在安土重迁的中国文化中，任意打开一本族谱，迁移是最重要的历史记忆。因此，作为一个历史悠久的移民性族群，对客家的研究有助于丰富我们对中华民族历史的理解，深化我们对中华民族统一多民族共同体的深刻认识。正如全国人大常委会原副委员长许嘉璐先生所说："客家文化可以说是中华文化的缩影、典型、样板，或曰范式，是中国人民献给人类的一份厚礼。保护、弘扬和创新客家文化，是客家之所急需，中国之所急需，世界之所急需。"因此，深入研究客家文化，既有着重要的理论价值，又具有重大的现实意义。

在这里回顾过往的客家研究，不仅是为了理清客家学之历史脉络，更是为了表达一个期望，即希望客家学研究可一路向前，而"客家研究新视野丛书"正是其中的浓墨重彩的一笔。该丛书由江西省2011协同创新中心、江西省首批高校人文社会科学重点研究基地、江西省首批非物质文化遗产研究基地赣南师范学院客家研究中心策划，旨在推出一批高质量、高水平的客家研究著作，选取当前客家学界一批中青年学者的最新研究成果，力图呈现研究论著视野的新颖性、理论的前沿性与文献资料的完整性和系统性，提升客家研究的理论水平，扩大客家学在国内外学术界的影响。

丛书的编者和作者相信，现阶段的客家研究不应该是宏大叙事风格下的、面面俱到的研究取向，而应该是通过具体事项、具体区域或具体个案的具体研究以表达出对客家问题的整体了解。因此，丛书的作者突破了过往研究试图通过某单一学科，如历史学或人类学，研究客家问题并将其置于学科分类体系之下的构想，而采取了跨学科的研究取向，而努力将各个学科的前沿理论与方法应用其中。文献分析法与田野调查方法、文字史料与口述史、共时性分析与历时性分析、社会结构范式与社会行动范式等在其中得到了应用，并有了极佳的切合点。虽然每一本书的研究问题、研究对象都可以说是相对独立的个案，但每一个个案却与客家研究整体把握相联系，立足于客家研究的整体关怀中。换句话说，每一位作者都是以具体区域、具体事项或具体个案的研究分析以回应宏大的客家问题，这个问题是历史学意义上的，是人类学意义上的，是普遍学科意义上的。

这一套丛书最大的意义在于：

第一，视野的新颖性，即由关注客家问题的"共同性"向"地方性"转变，同时将"结构"与"变迁"两个概念很好地结合在一起，从而关注到了地域文化、地方崇拜、社会经济变迁及族群问题等的动态过程。同时，丛书的作者已经认识到，客家研究不仅要阐述客家历史的客观性，而且要关注客家人在构建"客家"过程中的能动性，甚至要反思客家研究本身是如何在"客家"构建过程中被结构化及这种结构如何影响客家人的行动。

第二，理论的前沿性，即将历史学、人类学、民族学、民俗学、符号学、现象学及考古学等引入研究中；西方人类学领域的象征人类学理论应用于阐释如服饰、饮食、民居、音乐、艺术及信仰等具体的客家文化事项，族群理论应用于解释客家族群意识、形成、互动等问题；社会经济史领域的区域研究理论应用于地方社会变迁及构建等问题。与此同时，丛书作者采用了多种学科的理论与方法，并贯穿在研究过程之中。"深描"、"族群边界"、"结构过程"等前沿理论概念在丛书作品中也被不同程度地使用。

第三，文献资料的完整性与系统性，即突破以往研究只注重文字资料的使用，而开始采用口述史资料。丛书的作者没有枯坐在书斋里，而是开始接触具体的研究对象，进行实地调查，把"获得材料与死文字结合起来"。丛书作者结合使用田野调查与文献分析的方法，到具体的地域，采访地方精英与普通民众，收集地方文献与民间文书。由此，正式史料、民间文献与口述传说、民间表述等综合应用到客家研究的"全息信息"采集分析过程之中。

近一个世纪以来，世界范围内的客家研究由肇始阶段走向学科建设和蓬勃发展之时，研究成果已在梳理史料、论证源流、文化考究等方面颇有建树。然而，诸前辈研究之视野始终未有突破，学科界限依然清晰可见，且分散性的研究止于就事论事而未能形成理论体系。直至今日，客家研究仍未能对客家问题形成整体性、系统性的学术关怀。近年来，江西、福建、广东等地的中青年客家学者引入多个学科的前沿视角，收集多个领域的翔实材料，形成了一批深入讨论客家问题的成果与论著。赣南师范学院客家研究中心顺势而为，选取其中一些相对独立而又相互连贯的精品著作，组织出版"客家研究新视野丛书"，构建一个相对系统的客家研究丛书库，力图对客家问题形成整体性关怀。

此次出版的"客家研究新视野丛书"为第一辑，由曾志刚教授任主编，周建新教授任执行主编，本辑共有8部著作，其研究对象与时空范围涉及唐宋以来客家文化的多个面向。唐宋以来儒家文化开始在赣闽粤边区传播，邹春生博士著的《文化传播与族群整合——宋明时期赣闽粤边区的儒学实践与客家族群的形成》指出，儒家文化在赣闽粤边区的传播促使当地多元族群产生"文化认同"，从而形成"客家"共同体。宋元时期，汀州社会经济历经巨大变迁，靳阳春博士著的《宋元时期汀州区域开发与客家民系形成》提出，宋代闽西山区交通的发展促进汀州经济发展，而元初以来的畲汉联合抗元斗争促进族群融合又壮大了在南宋形成的客家民系。明中期以来，赣闽粤边界地区普遍经历"正统化"过程开始，黄志繁博士等合著的《明清赣闽粤边界毗邻区生态、族群与"客家文化"——晚清客家族群认同建构的历史背景》一书以赣南营前镇、粤东白堠镇为个案力证在晚清"客家文化"被建构成"中原正统文化"的历程中，"正统化"在其中起着重要作用。黄韧博士著的《神境中的过客：从曹主信仰象征的变迁看岭南客家文化的形成与传承》一书独辟蹊径，结合民间信仰、早期移民、族群互动与区域经济等方面，采用历史人类学、结构人类学和解释人类学等研究范式，并纳入历史学、政治学、社会学及区域研究的理论视角，深入研究了广东北部曹主信仰。在人类学整体性视阈中深入阐释了粤北地区宗教信仰的文化变迁与地方社会发展的密切联系，指出北江流域的商业活动带动曹主娘娘信仰的传播，同时神话系统内又整合了不同群体的流动、互动、融合及冲突的记忆。该著作以全球化视角与中国人在国外的在地化经验研究重新审视客家问题，可谓是客家学研究又一新的视野。

　　历史上，随着大批中原族群南迁至赣闽粤边区，当地社会经济得以迅速发展，国家统治及儒家文化亦纷至沓来，使得赣闽粤边区由"化外之地"转为"化内之地"，客家文化认同遂于此发轫。同时，交通的发展进一步增强了闽粤赣地区各个族群间互动与融合，文教的发展促进了客家文化形成。最终，客家人的自我认同在波澜壮阔的冲突与斗争中形成并不断得以发展壮大。其中，"客家文化"在一定程度上是在生态变迁和族群关系中借由赣闽粤边界地区普遍经历的"正统化"过程所建构的。然而，"客家"并非是一个恒定不变的范畴，其往往在与"他者"的互动过程中不断变化，且客家族群的世界性流动经验往往不折不扣地在超自然象征系统中呈现。总之，客家族群的形成既是一个自我认同的过程，也是"他者"所建构认知的过程。故此，上述四部著作是将"客家"置于族群认同与族群互动中，结合共时性研究与历时性研究、静态分析与动态分析，全方位地考察了客家族群形成与发展的过程及其内外因素。

　　同时，"客家研究新视野丛书"第一辑著作涵盖了对多种客家民俗文化事象的深入探讨。该丛书第一辑由曾志刚教授任主编、周建新教授任执行主编。周建新教授与张海华副教授将客家服饰置于客家文化历史脉络之中进行多视角、多层次的跨学科研究，其著《客家服饰的艺术人类学研究》完成了对客家服饰的视觉识别、行为识别及理念识别过程，并指出其属于"器物文化"、"活动文化"及"精神文化"的范畴，所呈现的是客家文化与精神特质。肖文礼博士对赣南地区礼俗仪式中的艺术行为和音乐活动进行分析，她在《岁时节日体系中的赣南客家仪式音乐研究》一书中提出，客家文化在岁时节日体系中是具化的事项，即具体的时空下借由祭祖、庙会、独有仪式及国家展演所呈现的族群情感与族群关系等。王维娜博士在具体的语境中考究了福建长汀客家山歌，写成《传承与口头创作：地方知识体系中的客家山歌研究》，认为长汀客家山歌未因演唱空间改变而消失，根本在于其地方性知识体系的传承，同时地方性知识中还蕴含着歌手演唱和创作的根源。温春香博士关注宋元以来赣闽粤毗邻区的族群认同与文化表述问题，其著《文化表述与族群认同——新文化史视野下的赣闽粤毗邻区族群研究》指出，明代闽粤赣毗邻区的大规模动乱及明中后期以来的社会重组导致文化表述的转变，即借用一套文化的逻辑和汉人的意识以达成历史书写，并与历史进程并驾齐驱促成族群身份认同。

服饰乃个体与群体进行自我身份标识的最直接手段之一，客家服饰在视觉、行为及理念上的差异，蕴含其中的往往是族群性的范畴，即客家族群所持的独特属性。而音乐作为沟通人与天地的神圣手段，仪式上音乐所呈现的是客家人的宇宙观、价值观、人生观及族群认同的观念，形成了一套客家人所共享的独特精神文化。同样，声音作为人与人之间交流信息与传承文化的载体，客家山歌体现了客家人的价值观、爱情观、历史观和社会观念，传承客家山歌的背后是对客家文化及其精神特质的传承。最后，客家族群区别于其他任何族群在很大程度上是借由历史及文本的书写所表述的，而现阶段所呈现的任何一种文化特质都是一种由文化表述所构建的文本。总的来说，上述四部著作将学科关怀转向民俗学，通过考察非常具体且物化的民俗，呈现出具体民俗作为文本的表象及其背后的文化意涵，展示了客家族群的"异"与"同"。

诚然，"客家研究新视野丛书"的每一著作都归属于"客家研究"这一大命题，既在一定程度上继承了前辈的研究成果，也在已有研究的基础上阔步前行，深入把握客家之意涵，拓宽研究客家之视野，明确探索客家之方法。客家人是一个既重视传承又注重创新的族群，坚守着其独有的族群文化特质，开放地流向于全球的每一个角落并吸收"他者"优异的文化特质而具有极强的生存力。随着全球化过程的推进，传统的客家文化与客家精神也在全球范围内生根发芽。因此，"客家研究新视野丛书"的出版必然对整体把握客家、了解客家，甚至对重新理解客家、建构客家都有着深奥而久远的意义。同时，该丛书力图建立一门独立的客家学学科，并超越地方性研究的范畴，而将其推向单一族群全球性流动研究的领域。我也衷心祝愿客家研究取得更多更大的成果。

中国正处在急剧的变迁之中，社会转型、文化转型成为重要的学术命题，笔者提出，中国从地域性社会向移民社会的转型就是其一。这就是随着人群流动的频繁，城市化的加速，那种单一人群构成的地域社会不复存在，而更多地表现为多人群多族群共生构成的移民社会。作为地域性特征明显的客家族群也正在经历着这一变迁，而这种经历、变化也对客家研究提出了新的挑战！

是为序。

2015 年春于康乐园

（周大鸣：长江学者特聘教授、中山大学社会学与人类学学院教授）

目　录

第一章　导言

本书试图通过探讨明清赣闽粤边界山区开发、流民运动及族群关系等方面的变化，说明"客家大本营"地方文化形成过程，希冀加深或重新认识"客家文化"内涵与实质。本书得益于对罗香林先生《客家研究导论》的重新释读，也建基于前辈时贤对客家的精深研究。

第一节　问题的提出：什么是"客家"？
——对罗香林《客家研究导论》的重新释读

20世纪90年代以来，罗香林先生《客家研究导论》中的经典性观点受到理论和事实的双重质疑。许多学者指出，罗香林关于客家源自中原汉人的论述过于依赖客家人的族谱而忽略了其他相关资料，因而与事实存在很大出入。[1] 一些学者则运用族群理论，批判罗氏的"族群中心主义"。根据族群理论，无论客家是否源于中原的汉族，还是具有多么独特的精神气质，客家要实现从一个"文化群体"转化为"族群"，必须是在与别的

---

[1]　质疑罗香林观点的主要有陈运栋《客家人》，（台北）联亚出版社1978年版；房学嘉《客家源流探奥》，广东高等教育出版社1994年版；谢重光《客家源流新探》，福建教育出版社1995年版；王东《客家学导论》，上海人民出版社1996年版；陈支平《客家源流新论》，广西教育出版社1997年版；李辉、潘悟云等《客家人起源的遗传学分析》，《遗传学报》2003年第30卷第9期；等等。

群体冲突交往中自我认同形成的①，而不是由南迁汉人在一个独特的地理
环境中形成的"富有新兴气象，特殊精神，极其活跃的民系"。②

　　然而，当我们从史实和理论两方面去质疑罗香林以"客家人"身份
书写"客家史"所不可避免地带来"族群中心主义"色彩时，我们也完
全可能忽略罗香林界定"什么是客家"时的具体社会情境。正如陈春声
通过研究指出：

　　　　罗先生有关客家人祖先来源于中原的说法，不仅存在于他所依据
　　的客家人的族谱之中，而且在更早的时候，就已经普遍存在于该地区
　　百姓的"历史记忆"中。所以，或许在学术史上更有价值的问题，
　　不仅仅在于指出罗先生在资料运用和史实描述方面的缺憾，而应该尽
　　可能带有某种"知识考古"的性质，去探讨罗先生所表达的有关
　　"客家"的观念，在号称客家人聚居核心区的韩江流域中，是如何通
　　过漫长的历史变迁过程，逐渐形成的。③

　　也就是说，罗香林先生关于客家人来自中原的说法是韩江流域的一种
"历史记忆"，而不完全是他根据族谱资料推断的结果。陈春声指出：

　　　　《客家研究导论》在"客家族群"观念形成的过程中，具有标志
　　性的意义。罗香林先生达成了将"客家人"定义"标准化"的目标，
　　在前人努力的基础上，重新建构了"客家人"有关其源流和族群身
　　份的"历史记忆"，使这些努力被普遍接受并相对稳定地流传了
　　下来。④

------

　　① 海外客家研究学者引入族群理论比较经典的应该是梁肇庭（Sow – Theng Leong）的研究，
他运用族群理论和施坚雅的区域经济体系理论，成功地展现了明清华南地区作为一个"族群"
的客家人的形成过程，参考所著 *Migration and Ethnicity in Chinese History: Hakkas, Pengmin, and
Their Neighbors*, Stanford: Stanford University Press, 1997。陈春声指出，在"客家人"最重要的聚
居地韩江流域，把"客家人"视为一个族群的观念，近代族群分类意识的传入、近代教育的推广
和近代城市兴起所引起的生活观念的转变起了关键作用。参考所著《地域认同与族群分类——
1640—1940 年韩江流域民众"客家观念"的演变》，（台北）《客家研究》2006 年创刊号。
　　② 罗香林：《客家研究导论》，（台北）古亭书屋 1975 年版，第 1 页。
　　③ 陈春声：《地域认同与族群分类——1640—1940 年韩江流域民众"客家观念"的演变》，
（台北）《客家研究》2006 年创刊号。
　　④ 同上。

　　罗香林先生在什么样的意义上界定"客家"成为一个极其重要的问题。因为罗香林心目中的客家的定义反映了"客家族群"观念形成时期客家人这一群体对自我的认同标准，而且，也形成了罗香林以后很长时期客家人"型塑"自我的标准。

　　因此，有必要通过解析《客家研究导论》，结合相关材料，探求罗香林心目中如何思考和界定客家，从而获得对罗香林写作《客家研究导论》的时代，客家地区对"什么是客家"的一般性认识。

　　罗香林《客家研究导论》中发明的一个重要概念就是民系。关于民系，罗香林先生是这样解释的："'民系'一词，是我个人新造出来用以解释民族里头种种支派的。"[1] 显然，民系就是民族下面的分支，而客家就是汉民族下的一支民系。

　　作为受过现代学术训练的罗香林，其实对民族问题颇有研究，他个人对汉民族的形成也颇有创见。[2] 对于民系的形成，他是这样论述的：

　　　　民系的形成，实基于外缘、天截、内演三种重要作用。所谓外缘，是指各个比邻而居的民族相互间的接触和影响，这种接触与影响，有时可使那些有关系的民族，各于内部划分为若干新起的派系。……所谓天截，是指各种民族因受自然环境变化的影响，使其族众分化成若干不同的民系而言。……所谓内演，是指民族内部的演化。任何民族，苟非有外力的压迫或强制，则其族内比较活跃的分子，往往会因感觉目前生活状况的不能满足而欲积极向外发展，而族内可供发展的地方，实际不限一途，各途的环境亦每不一致，久而久之，亦会成为若干不同的民系，这便是民系成形的通则。客家民系的成形及其血缘如何的问题，自然也要拿这通则来解释。[3]

　　罗香林对民系形成条件的论述应该是经过了深思熟虑的。通过以上论

<hr />

　　① 罗香林：《客家研究导论》，第 25 页。

　　② 罗香林发表过关于民族史的论文论著几十篇，参见《罗香林著作目录》、《罗香林教授在各地报刊发表的论文、考证、传记、序跋等目录》，《兴宁文史——罗香林教授专辑》第 13 辑，第 149—171 页。

　　③ 以下所述所引，除非特别注明，均来自罗香林《客家研究导论》，第 67—77 页。关于民系的概念，罗香林在《民族与民族的研究》一文中曾有专门阐述，但基本意思和《客家研究导论》一致，参考《民族与民族的研究》1933 年第 1 卷第 1 期，中山大学文史研究所月刊。

述，可以看出，民族分化为民系，是很自然的，自然环境、外族关系、内部演化等因素都可导致一个民族分化出不同民系。在这一点上，客家并无特别的例外。

不过，罗香林先生又接着对民系特别做了三点说明：

> 第一，民族或民系的优秀与不优秀与其民族或民系成形年代的先后，并无若何直接的关系。民族或民系的优秀或不优秀，纯视该人们团体所表现文教的高低或历阶的多少，及其人们活动能力的大小为断；文教高的，历阶多的，活动能力大的，便谓为优秀；反之，便不优秀；……第二，民族或民系成形年代的先后，非即其人们进化迟速或先后的代表，成形晚的，不能谓其进化较迟，或进化较早，成形较早的，不能谓其进化较早，或进化较缓。第三，民族或民系血缘的纯粹与复杂，与其民族或民系的特性至有关系，而文明或教化的增进，则以创立及传播为原则，……故民族或民系其血缘的复杂，依吾人客观的态度言之，其本身，实无可疵议；与其说血缘纯粹的民族或民系为足夸耀，毋宁说血缘复杂的民族或民系为足以激荡其族其系文明的增进；……所以，血缘与民族民系的文野问题，虽说极有关系，然亦不能遽指他为区别民族民系"孰文孰野"的标识。这是我们应该牢记的。

这三点说明，深受进化论影响，承认民族与民系之间有优劣和高低之分，而区分优劣和高低的标准，简要地说，就是说明两点：第一，民族或民系的优劣与成形时间早晚没有关系，而与"文教"和"历阶"高低有关；第二，血缘纯粹及复杂与民族或民系文明的高低并无直接关系，不能认为血缘纯粹的民族或民系文明程度就高；反之亦然。

做出如上说明后，罗香林开始论述汉民族中民系的分化。根据他的见解，中原汉族经过五胡乱华，南北朝时期，形成南系和北系两支，南系汉人依其南下迁徙路线之不同，至唐末五代，分化为越海系、湘赣系、南汉系、闽海系、闽赣系五支。其中南汉系即为两广本地系（广府系），闽海系即为福老系，闽赣系即为客家系。客家民系则成形于宋代。接着罗香林专门论述了客家的血统问题。他根据史实认为："所谓'华人，根本就没有'纯粹'的血统可言"，北系汉人实际上"早已是一种混血的民系了"，而南系汉人也与南方各民族混合，血统并不纯粹，客家亦然。他说："至于客家，虽与外族比较少点混化，然亦只是少点而已，到底与'纯粹'有别"。罗香林认为，与客家血缘混淆比较多的是畲人，但是，由于畲人在文化上不如客家，被客家同化，导致"到了今日，三省交界的山地，住着的，只见满是客家，很少畲民影儿了。"

罗香林显然注意到客家人必然和畲民相互通婚及同化的事实。但是，他心目中到底是要为客家这一族群辩护并证明其为优秀民系，面对客家民系形成比较晚（宋代）和并非纯粹汉人血统的事实，他特别提出民系优劣与否并不取决于成形时间的早晚和血统是否纯粹，而是取决于文教的高低和历阶的多少。至此，他完成了客家是汉民族中一个优秀民系的三段论式理论阐述：民族内部分化出民系是很自然的现象，而民系与民族优秀与否，并不取决于成形时间的早晚和血统是否纯粹，而是取决于文教的高低和历阶的多少；客家是汉民族的一个支派，虽然成形较晚，血统也不纯粹，但是，文教比较发达，从而能同化畲民，且历经磨难（所谓历阶），演变成一支优秀的民系。在此理论表述基础上，在《客家研究导论》中，罗香林分别从语言、文教、客家特性及其与近代中国的关系等方面论证客家文化的先进。

因此，罗香林并没有否定客家与畲民血统相混淆的事实，而只是着力于从文教的角度来论证客家的先进性。同样的道理，尽管他使用了很多客家的族谱来论证客家源自中原汉族，但是，对于"什么是客家人"这一命题，他并不是以单纯的血统来衡量，而更加重视从语言和文化的角度进行考察和衡量。

罗香林之所以有以上认识，是和他受过严格的近代学术训练和当时的社会环境密切相关的。20世纪初中国知识界深受进化论影响，种族观念深入人心，为了更好地证明中华民族之优秀，关于中国民族血缘纯粹性的研究和争论甚多，如罗香林《客家研究导论》中就曾提到过的李济的研究。在李济等人的研究中，虽然本意在乎证明中华民族祖先黄帝种族血统的纯粹和高贵，但是，也不得不面对汉民族与其他民族血缘融合的事实。历史学家和民俗学家顾颉刚等人则宣扬汉民族与非汉民族通过文化混同和生理融合而带来的潜在贡献。① 作为一个受过近代学术训练的学者，罗香

---

① 参考冯客（Frank Dikotter）《近代中国之种族观念》，杨立华译，江苏人民出版社1999年版，第115—124页。

林对民族史颇有研究，对民俗学和语言学也比较熟悉。1932 年，他还曾经获得哈佛燕京学社奖金，赴华南考察民族。这样的知识背景和社会环境，使他不太容易不顾客观事实，从血缘上界定客家人和论证客家民系之优秀，而只能通过强调文化上的优劣来证明。

另外，根据前引陈春声的研究，罗香林所处的韩江流域也一直流传着关于"客家人来自中原"的传说①，罗香林身处其中，相信不可能不受其濡染而接受这样的观念，但他心目中所谓的"客家人来自中原"的观点显然并不单纯地从血缘上而言，而是从文化上来强调。

既然不能从血缘上来区分客家人，那么，什么样的人是客家人呢？罗香林心目中显然是有标准的，也依此标准在《客家研究导论》中，把客家地区分为纯客县和非纯客县。但是，他并没有明确提出客家人的界定标准，只是说明由于各种原由他没有能够进行大规模的实地考察，只到了广东东北两部，至于其他地方，他也只能够简单化处理，他说：

> 今兹论述客家居址问题，只能根据各地志书及谱牒，以及个人亲向客家人士访问所得的消息，与夫其他零星记载，以为排比的资料，而且为节省篇幅起见，这些资料，皆仅于附注引之，至于正文，但述一二已经考得的事实而已；这是最粗略的说法，将来，如有机会，自然要设法使他能臻精密的境地。②

仔细揣摩这段话，可看出罗香林先生判断客家的标准主要两条：一是志书及谱牒资料；二是与客家人士的访谈。二者之中，更重要的恐怕还是访谈。兹以笔者比较熟悉的赣南来说明这一问题。

20 世纪 30 年代，赣南共有 17 个县，其中被罗香林认定的赣南纯客县共有 10 县：寻乌、安远、定南、龙南、虔南、信丰、南康、大庾、崇义、上犹，其余 7 县被列为非纯客县。所谓纯客县，是指客家人占据了大多数的县；反之则为非纯客县。所以，罗香林在认定纯客县的同时也在认定"谁是客家人"。至于如何认定在赣南"谁是客家人"，罗香林在《客家研究导论》中以注释的方式说明了他的方法：

---

① 陈春声：《地域认同与族群分类——1640—1940 年韩江流域民众"客家观念"的演变》。
② 罗香林：《客家研究导论》，第 93 页。

　　这是根据先父民国十六年在家乡修谱时的讲述，与参考友人兴国姚名达先生亲对我说及而断定的。先父曾在闽桂，住过不少时候，又雅好清游，岭表名区，经行殆遍，尚称熟悉。①

　　仔细阅读这段话，可以看出他主要依据的还是他父亲和姚名达的讲述，而不是族谱资料。当然，这并不意味着他没有参考族谱资料，但至少族谱资料不是主要依据。就操作层面来说，他也不太可能掌握全县所有人口的族谱资料，并以此为据来判断哪些人是客家，哪些人不是客家。对于赣南的族谱资料，他也有所参考，他说：

　　赣南各县的客家，多唐宋移民，那是根据上章《客家的源流》一文推证出来的；但据民国二十一年五月十五日我在南雄调查珠矶巷故迹时，于泥子岭瓦店，遇一自兴国逃共来雄的书生（姓名忘记了），他对我述赣南各邑客家状况，谓有于明清二代始自闽粤迁去的；又同乡朱君圣果，亦尝语我，有清一代，兴宁客人，多迁居赣南各地，即其族人，亦迁去不少云。②

　　罗香林通过阅读赣南谱牒获得的信息只是赣南客家多唐宋移民，至于明清移民的谱牒，他甚至根本没有参考，只是有所耳闻。因此，罗香林判断赣南哪些是纯客县，哪些是非纯客县的依据主要还是访谈，而不是谱牒资料。

　　那么，寻乌等10县之所以是纯客县，是因为其接纳移民的数量和方式上有相似性吗？罗香林没有细说，只是笼统地说赣南唐宋移民比较多，明清也有兴宁等地的移民。但是，根据现代的学术研究，我们可分析出，并没有任何证据证明10个纯客县接纳移民的数量和方式上有相似性；相反，十个纯客县在接纳移民的数量和方式上并没有同质性。

　　赣南接纳的移民主要有两种：一是明以前，尤其是唐宋移民，这股移民一般被赣南人称为"本地人"；二是明清时期移民，主要是从广东和福

---

① 罗香林：《客家研究导论》，第115页。
② 同上。

建迁来的，这股移民一般被赣南人称为"客籍人"。[1]

曹树基根据地名志中的谱牒资料进行统计，发现赣南唐宋移民主要集中在宁都、石城等赣南东北部地区[2]，寻乌等 10 县，除南康、信丰等县之外，明以前人口密度比较小，处于未完全开发状态。表 1-1 列出了洪武二十四年（1391）赣州府的人口数字和人口密度。

表 1-1　　　　　　　明初及明中期赣州府户口、里甲、疆域

县名	户	口	里甲（里）(嘉靖年间)	广（里）	袤（里）
宁都	32702	157306	118	175	310
赣县	24160	104678	110	110	265
兴国	14153	56370	57	240	125
石城	3807	16754	9	55	140
于都	3911	16698	15	100	107
瑞金	1421	5722	7.5	100	205
会昌	691	3078	6.5	225	130
信丰	638	3109	6.5	>240	>125
安远	293	1445	5	>230	>435
龙南	260	1246	5	>180	>135

说明：(1) 户口数为洪武二十四年（1391）数字；里甲数取自嘉靖《赣州府志》卷四《里甲》；(2)"广"和"袤"的数字取自天启《赣州府志》卷一《疆界》，因万历四年（1576）析安远黄乡等十五堡置长宁县，隆庆三年（1569）析安远、信丰、龙南地置定南县，故明初以上三县的疆域应大于天启《赣州府志》所载。

资料来源：嘉靖《赣州府志》卷四《户口》；嘉靖《赣州府志》卷四《里甲》；天启《赣州府志》卷一《疆界》。

从表 1-1 可以清楚地看到，寻乌、安远等纯客县明初时官方掌握的

---

① 关于赣南移民，研究者甚多。可参考曹树基《明清时期的流民和赣南山区的开发》，《中国农史》1985 年第 3 期；万芳珍、刘纶鑫《客家入赣考》，《南昌大学学报》1994 年第 1 期；《江西客家入迁原由与分布》，《南昌大学学报》1995 年第 2 期；罗勇《略论明末清初闽粤客家的倒迁入流》，《国际客家学会研讨会论文集》，香港中文大学、亚太研究所、海外华人研究社 1994 年版；梁洪生《从兴国移民姓氏看赣南客家迁徙：对赣南早期客家的一种思考》，《客家研究辑刊》1996 年第 1 期；饶伟新《明代赣南的移民运动及其分布特征》，《中国社会经济史研究》2000 年第 3 期。

② 参考曹树基《明清时期的流民和赣南山区的开发》。

人口相当少，无论是根据谱牒资料，还是根据地方志资料，10 个纯客县的唐宋移民当然也不可能很多。①

赣南在明清时期得到了大规模开发②，也开始在明清时期大量接受闽粤移民。表 1－2 列出了赣南各县闽粤移民自然村的百分比。

表 1－2　　　　清初至乾隆赣南各县闽粤移民自然村所占百分比　　单位:%

县名	赣县	兴国	于都	宁都	石城	瑞金	会昌	安远	信丰	龙南	定南	长宁	南康	上犹	大庾	崇义
例	30	36	33	较少	较少	5	6	6	6	6	6	6	24	60	39	45

资料来源：曹树基：《中国移民史》第六卷，福建人民出版社 1997 年版，第 174—196 页。

表 1－2 中，接受闽粤移民比较多的县是赣县、兴国、于都、南康、上犹、大庾和崇义 7 县，其中，只有南康、上犹、大庾和崇义 4 县被罗香林列入纯客县。可见，在接纳闽粤移民上，十个纯客县并没有相似性。③所以，从事实层面上，安远等 10 县也不可能因为在移民问题上有同质性而被认定为纯客县。

再来看方言，我们知道，罗香林先生比较重视方言，在《客家研究导论》中也专列一章探讨方言问题，但是，由于各种条件，他无法前往客家地区进行全面调查，自然也就无法根据方言来判断客家人了。那么，有没有可能罗香林根据接触的客家人士进行方言上的调查，而有所判定呢？这一点我们似乎可根据现代方言学者的研究中求证。

赣南除了赣州和信丰县城讲西南官话外，基本上都讲客家话，但是，客家话内部差别相当大。根据刘纶鑫的研究，江西境内的客家方言，可分为客籍人说的客籍话和本地人说的本地话两大派系。赣南的客籍话包括崇义县西北、上犹县西部、兴国县北部、瑞金县东部、会昌县东南、信丰县西南、定南县、龙南县、全南县、寻乌县，南康潭口一带和赣县也有比较的多人讲客籍话。本地话范围包括赣州市郊属地区、赣县、于都、大余、南康、信丰大部、安远大部、会昌大部、瑞金西南、兴国南部、上犹东

① 南康、大庾、崇义、上犹等四县明初属于南安府，且崇义未单独设县，但唐宋移民主要集中在宁都、石城等县这一事实也可反证，南安府唐宋移民相对较少。
② 参考曹树基《明清时期的流民和赣南山区的开发》。
③ 笔者并不认为，地名志和谱牒的资料可以说明真实的移民迁徙情况，但是，目前情况下，只能依据现有族谱和地名志资料进行移民的大致推测。

部、崇义东南部。① 其客家话分布如图 1 - 1 所示。图 1 - 1 可以更清楚地看到，从方言的角度来看，10 个纯客县方言并不一致。

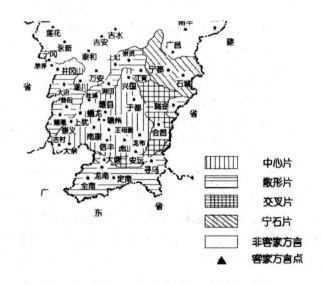

图 1 - 1　江西客家话分布

资料来源：刘纶鑫：《江西客家方言概况》，江西人民出版社 2001 年版，第 336 页。

　　通过以上分析可以看出，罗香林如果仅依据谱牒资料，很难把寻乌等 10 县统一划为纯客县。即使我们用现代的学术标准去检验，以移民成分和语言等为标准也同样无法认定寻乌等 10 县为纯客县。排除谱牒资料，罗香林依据的只能是与客家人士的访谈了。那么，罗香林的主要访谈对象——其先父和好友姚名达等人是依据什么标准把一些县认定为客家人占多数的所谓纯客县呢？唯一的解释就是，在罗香林开展访谈的那个时代，在梅州和赣南等地，存在着对客家人和客家地区的自我认同，也就是说，在赣南和梅州等地的民众生活中，对于谁是客家人，哪个地方是客家地区，其实有一套自己的标准和相对清晰的界限。这样，熟悉客家地区的罗香林先父和好友姚名达等人才会很自然地向罗香林讲述哪个县是客家人比较多的纯客县。

　　除赣南外，在罗香林的《客家研究导论》中，对江西以外的地区和

---

① 刘纶鑫：《江西客家方言概况》，江西人民出版社 2001 年版，第 43—45 页。

广东、福建等地，罗香林也多根据其先父的讲述，结合谱牒和方言等标准
进行判定。例如对福建的判断，罗香林说："这亦根据先父的讲述。去年
十二月，遇中山大学理学院助教上杭袁文奎君，所述与此同。"对广东的
纯客县的认定，在罗香林看来，似乎用不着费力，因为：

> 这十七县为纯客住县，乃是广东人满知道的事实；考之温仲和
> 《嘉应州志》卷七《方言篇》，杨恭恒《客话源流多本中原音韵考》，
> 章炳麟《新方言》附《岭外三州语》，赖际熙《崇正同人系谱》卷
> 一《源流篇》，亦均有或详或简的记述；昔年先父亦如此讲述。①

罗香林虽然可依据语言和谱牒判定广东省的纯客县，但是，即使不借
助这些学术手段，广东人几乎都知道哪些县客家人多，哪些县客家人少。
上述广东和福建的例子说明，在当时广东、福建和江西存在着对客家人和
客家地区的地域认同。

那么，是什么因素使三省交界处民众产生了这样的认同呢？陈春声的
研究主要揭示了韩江流域客家族群意识的产生机制和过程。② 笔者深信，
韩江流域客家族群意识产生的机制和过程有一定的普遍性。但是，对于跨
地域和省界客家族群意识认同的产生，恐怕经济和地理上密切联系也是产
生认同的重要基础。

我们注意到，福建和江西的 15 个纯客县都和"客家的核心区"（粤
东北）地理相邻经济和人员联系非常密切。图 1-2 是广东、福建、江西
三省纯客县的分布图。从图 1-2 可清楚地看到，三省纯客县在地理上相
邻。地理上的相连必然使三省纯客县之间经济联系频繁，人员往来密切。
笔者以为，这种区域之间的密切联系，是构成了他们族群认同意识产生的
重要基础。③

综上所述，无论从史实出发批评罗香林过分强调客家的中原汉人血
统，还是从族群理论出发批判其"族群中心主义"，可能都一定程度忽
略了罗香林先生研究客家的社会情境和他对客家判定的标准。实际上，作
为受过现代学术训练的优秀学者，罗香林从来没有否认过客家血缘上之不

---

① 罗香林：《客家研究导论》，第 115 页。
② 陈春声：《地域认同与族群分类——1640—1940 年韩江流域民众"客家观念"的演变》。
③ 至于为什么这些县能如此密切联系，是个非常复杂的问题，笔者拟日后探讨。

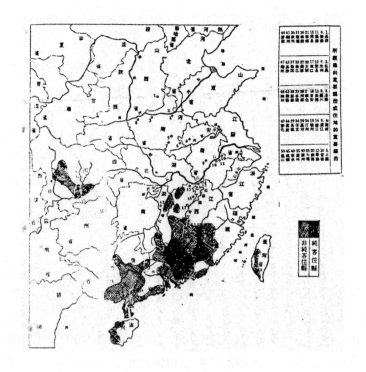

图1-2　罗香林所绘纯客县与非纯客县分布

资料来源：罗香林：《客家研究导论》，第98页。

"纯粹"；相反，他注意到客家与畲民之间的血缘融合，从而发明并解释了"民系"理论，并注意从文化上来论证客家民系之优秀。在界定客家人和客家地区的时候，罗香林除了采用谱牒等文字资料、语言调查等手段之外，一个非常重要的依据是客家人士的访谈。这一事实，使罗香林先生对客家的界定，暗合了族群理论，也揭示了他那个时代客家人的自我认同的地域范围。①

综上所述，在罗香林那个时代，在广东、福建、江西三省交界地存在着对客家人和客家地区的自我认同，也就是说，在梅州、赣南和汀州等地的民众生活中，对于谁是客家人，哪个地方是客家地区，其实有一套自己

---

① 曹树基也注意到罗香林界定客家中暗含的对客家认同标准，并进而批评从移民迁入时间早晚和方言区分客家与非客家是在罗香林认识基础上的倒退。但是，他依然试图从人口变动角度来解释客家之形成。参考曹树基《赣、闽、粤三省毗邻地区的社会变动和客家形成》，载《历史地理》第14辑，上海人民出版社1997年版。

的标准和相对清晰的界限。笔者以为，在这个事实的基础上，重新解读唐宋以来三省交界地区的历史进程，或许会对思考客家学自产生以来一直挥之不去的，又无法得到正解的问题，即"什么是客家"产生新的认识。本书正是致力于论述"客家"问题形成之关键时期（即明清时期）和关键地区（即闽粤赣边界）的历史过程，希冀对"什么是客家"、"客家是什么"等客家学领域中的关键问题做出解答。在开始论述之前，必须先对客家研究学术史进行回顾与反思。

第二节 学术的反思："客家"特性、族群认同与历史人类学

从 20 世纪 30 年代罗香林先生发表《客家研究导论》算起，客家学作为一门专门的学问已经有 70 多年的历史了。应该说，半个多世纪的客家的研究，客家研究的发展不可谓不迅速。不过，客家学研究观点和流派之驳杂，恐怕也是公认的事实。出现这种局面，当然和客家学这门学科没有真正建构起来有关。① 因此，要推进客家学的进展，在理论上反思目前客家研究显得非常必要，因为只有通过理论上检讨当前研究之成功与不足，才能为未来研究指明方向。事实上，关于客家研究理论上的反思，已有多位作者进行了努力，但或仅涉及概念，或从客家学建构角度，或只从某个角度进行，因而仍存在比较大的反思空间。② 本书拟在这方面进行努力，以期有利于推进客家研究。

1990 年以来，大陆客家研究公认比较大的进步是对罗香林关于客家血统源自中原汉人观点的质疑和修正。

1994 年，房学嘉出版《客家源流探奥》一书，提出客家人是南迁的

---

① 王东等学者曾经试图建立客家学的理论体系，但由于对"什么是客家"这类根本问题客家研究界并没有达成共识，其建构的学科体系仍有待进一步完善。参考王东《客家学导论》，上海人民出版社 1996 年版。

② 也有一些作者对客家研究进行了理论探讨，参考黄向春《客家界定中的概念操控：民系、族群、文化、认同》，《广西民族研究》1999 年第 3 期；庄英章《试论客家学的建构：族群互动、认同与文化实作》，《广西民族学院学报》2002 年第 4 期；周建新《客家研究的文化人类学思考》，《江西师范大学学报》2003 年第 4 期；周建新《族群认同、文化自觉与客家研究》，《广西民族学院学报》2005 年第 2 期。

中原人与闽粤赣三角地区的古越族遗民混化以后产生的共同体，其主体是生活在这片土地上的古越族人民，而不是少数流落于这一地区的中原人。① 1995 年，谢重光提出，客家是一个文化概念，不是个血统概念，他由此认为，客家人不可能是纯粹来自正统中原汉人，而是赣闽粤边的原住民与北方南迁汉人融合的结果。② 1997 年，陈支平通过大量比较客家和非客家的谱牒文献之后认为，客家民系与南方各民系的主要源流来自北方，客家血统与闽、粤、赣等省的其他非客家汉民的血统并无明显差别，客家民系是由南方各民系相互融合形成的，他们都是中华民族一千多年来大融合的结果。③

通过以上学者的努力，大陆学界普遍对罗香林关于客家血统源自中原汉人的观点表示了质疑，但是，在客家的源流与形成问题上，学者们意见并不统一。虽然大多数学者支持客家是南迁汉人与南方土著民族"融合"的结果，但在客家具体形成时间和以何种民族为主体问题上，学界意见纷争，难有定论。学术意见不统一的后果是，虽然客家学事实上已经成为一门独立的学科，但对"客从何来"、"什么是客家"一类基本问题，学界并无共识，这多少是个尴尬的局面。

出现这种情况，根本原因在于大陆学界理论上无法超越罗香林。虽然大多数学者对罗香林研究方法有超越之处，例如房学嘉运用了大量田野调查资料补充文献资料之不足，陈支平把非客家人族谱与客家人族谱进行比照，他们和罗香林都承认一个共同前提，即族源和血统直接决定了民系的文化特质。谢重光虽然强调客家是个文化概念而不是血缘的概念，但是，他亦从客家血统组成上展开其论点。正因为有此共同的前提，学者们对罗香林的质疑才采取了和罗香林同样的方法，即从族源上认定客家。不仅如此，当学者们质疑罗香林过分强调中原血统的时候，他们有意无意地忽略了罗香林对客家的认定并不完全依据血统，而是更强调文化。实际上，罗香林在《客家研究导论》中除了强调客家中原血统之外，也注意到了客家与畲民之间的血缘融合，从而发明和解释了"民系"理论，并从文化

---

① 房学嘉：《客家源流探奥》，广东高教出版社 1994 年版。
② 谢重光：《客家源流新探》，福建教育出版社 1995 年版。
③ 陈支平：《客家源流新论》，广西教育出版社 1997 年版。最近王东也从中华民族整体发展角度提出了关于客家源流的新见解，参考《那山那水那方人：客家源流新论》，华东师范大学出版社 2007 年版。

上来论证客家民系之优秀，同时，他对客家的界定，依据了客家人士的访谈，暗合了现代族群理论。① 正是在这个意义上，曹树基批评从移民迁入时间早晚和方言区分客家与非客家是在罗香林认识基础上的倒退。② 也就是说，虽然当前客家研究取得了比较大的进展，但是，在理论上，并没有超越罗香林。换句话说，他们的研究依然可归入罗香林开创的"民系—文化"范式，即认为客家为汉民族的一个分支，其文化具有一定的特质（与其他周边民系相比，或是"先进"的，或是与众不同的）。③

　　在这个研究范式中，强调的是客家具有一种特殊的气质，而这种特质是和客家的来源直接有关，所以才会有那么多学者致力于从"族源"上去界定客家。但是，客家文化真的具有某种特质使客家能比较明显地区别于其他民系吗？如果我们认真思考探讨客家文化特质的学者总结出来客家文化特点，对这个问题的答案恐怕是否定程度要更多。姑且以罗香林先生总结出来的客家特性为例来说明这个问题。罗香林总结出了客家的七种特性：客家人各业的兼顾与人才的并蓄；妇女的能力和地位；勤劳与洁净；好动与野心；冒险与进取；俭朴与质直；刚愎与自用。④ 这七个特性中，其实并非客家所独有。论各业并举，徽州人也有所谓"儒而好贾"，也有各业兼顾的特点；论冒险进取，福佬人习惯漂洋过海的特点也与之不相上下；论妇女的参与劳动，客家妇女和黎族妇女恐怕也是相似的。至于生活上的所谓"勤劳与洁净"、"俭朴与质直"和性格上的"刚愎与自用"，本身就不是一种很明显的特征，可以在很多人身上看到，并不限于客家。那么，作为一个民系的客家到底有没有特性？要解决这个问题，不是简单地去通过生活经验和片段史料可以得出结论来的。

　　人类学理论中对于民族特性比较强调的，主要还是本尼迪克特（R. Benedict）开创的"文化模式"理论。她认为，文化之所以具有多种

---

　　① 参考黄志繁《什么是客家？——以罗香林〈客家研究导论〉为中心》，《清华大学学报》2007 年第 4 期。

　　② 参考曹树基《赣、闽、粤三省毗邻地区的社会变动和客家形成》一文。

　　③ 黄向春指出了客家界定中的两种理论方法与框架，即"民系—文化"论与"族群—认同"论，参考黄向春前引文。本书认为，由于罗香林研究的典范性影响，"民系—文化"已经成为客家学研究中许多学者共同认可的范式。

　　④ 罗香林：《客家研究导论》，第 240—247 页。

多样的模式，根本原因在于各民族精神不同。① 她所谓的民族精神，基本上可以看成心理学上个体人格在民族上的放大，是一种可以左右人们行为的思考方式和心理素质。显然，目前客家学界对客家文化特质的探讨并没有达到这个深度。不过，在客家日益成为一个获得了全球性认同的族群的时代，要想对客家族群展开对其深层次思考方式和心理素质上的探讨，不仅不可能，而且也没有必要。几乎可以肯定的是，在广大的客家文化地区，根本就不可能在物质上找出类似菊与刀这类象征客家精神的表象，更不可能发掘出一个标准的"客家精神"。但是，如果考虑地方性差异，把我们的研究范围缩小到类似本尼迪克特研究过的印第安人某个特定部落或者更小的范围的时候，我们又几乎可以肯定，在许多客家地区是存在类似民族精神的。庄英章通过对台湾漳化县鹿港镇闽南社区和新竹县客家社区的比较研究，透过"历史性"这一构成族群人格的概念之掌握，发现客家族群具有三个特质：一是客家族群具有较强的注重群体认同、界线与团结的倾向；二是客家族群有较强的关心族群命运的倾向；三是客家族群的认同有较强的对中原正统身份的强调。② 这三个特质是否为全球客家人所共享？答案应该不是那么肯定，因为每个社区客家人所经历的历史和面对的环境是不一样的，这种"历史性"对族群人格的型塑也是不一样的。但是，如果我们能够广泛地在客家地区展开类似的比较研究，无疑可以形成我们对所谓"客家精神"或许不统一，但肯定更深刻的认识。

　　要达到这一目的，更重要的还是应超越本尼迪克特所提出的带有心理学色彩的文化模式理论，从具体的社区中来理解客家之深层次的思维方式、行为举止和意识形态，因为本尼迪克特的文化模式理论至少没有考虑历史的纬度，也没有考虑客家与其他族群的互动，在方法上也缺少可指导性，能够弥补这一缺陷的主要还是族群理论。

　　毫无疑问，把客家当作一个族群，而不是一个民系或民族，是对客家研究的推动。在当代人类学理论中，族群的界定逐渐由语言、血缘、风俗、体质等客观因素的强调转向对族群边界的强调，即对族群认同意识的重视。"族群"与"民系"相比，更为强调与其他群体的互动，其中核心

---

① ［美］露丝·本尼迪克特：《文化模式》，王炜译，生活·读书·新知三联书店 1988 年版。

② 庄英章：《客家族群的"历史性"：闽、客民间信仰模式的比较》，载乔健等主编《文化、族群与社会的反思》，北京大学出版社 2005 年版，第 215—229 页。

是"族群边界"的产生，即"本族意识"和"异族意识"的产生。①"客家"这个称谓正是在与土著互动过程中产生的，因而族群理论非常契合客家研究之需要。更重要的是，族群之界定强调的是"族群认同"意识之产生，这一点正好可以超越长期以来客家研究所体现出来的"客观特征论"，即认为客家具有一种特质，其特质体现在包括语言、血缘、风俗、体质等客观存在的方面。从族群理论视角看来，客家之所以是客家，关键并不在于语言和血缘与其他人群不同，更重要的是族群意识不同，即"客家人"意识到自己是"客家人"，且会有意识地制造出与别的族群不同的诸如语言、风俗等"客观"界限，因而，客观存在的一些人群特征尽管仍很重要，但变成了次要，最关键的还是"族群边界"的形成。

族群理论之所以对客家研究有帮助还在于当今客家人正日益成为一个全球性认同的族群的事实。由于政治和经济原因，加上网络普及等原因，目前地方政府、知识分子、民间社团等群体正在建构一个全球性的"客家人"认同意识。从世客会的举办到网络论坛的热闹，从大陆的招商引资到台湾的族群政治，"客家人"正变成一种话语，一种可以建构的身份。在这个背景下，如果再用"民系—文化"这一范式来研究客家问题，根本无法把握当今客家认同背后的动机，即客家人之所以愿意构建为具有共同的祖先和优秀基因的全球性的族群，不仅仅是因为他们客观上具有这些共同因素，而是不同的人群都"愿意"并"希望"他们具有这些共同的因素。

运用族群理论研究客家，比较早也取得比较多成果的应该是台湾客家研究。20世纪70年代，随着台湾史研究的深入，台湾客家研究也逐渐兴起，由于台湾社会本身族群的复杂性，与大陆不同，台湾很自然地把客家作为一个族群加以研究。另外，由于大陆政治环境的封闭，科恩（Myron Cohen）等人类学家也在台湾客家地区展开人类学研究。② 特别是20世纪90年代以来，由于政治的原因，客家研究在台湾更为热门，且学术界普遍接受了将客家作为一个族群而不是作为一个"民系"来研究的做法。但是，在台湾学术界也仍然存在和大陆学术界一样的问题，即对"什么

---

① 国内外对族群概念的定义和理解，可参考周大鸣主编《中国的族群与族群关系》，广西民族出版社2002年版，第2—4页。

② 参考庄英章《客家研究的人类学回顾》，载"台湾中央大学"编《〈客家文化研究〉通讯》1998年创刊号；王晴佳：《台湾史学50年》，麦田出版社2002年版，第97—107页。

是客家?"等基本问题没有统一的认识，以至于有的学者认为，应该弄明白了这个问题才能开展进一步的研究。① 罗烈师对 1966—1998 年台湾地区客家博硕士论文进行了分析后，认为客家学的关键问题不是客家特质的问题，真正的问题是："哪些力量在界定客家?"，也就是说，关键不在于"是什么"，而是如何，因此，客家研究主题应以"客家形成"取代"客家特质"。② 实际上，"客家形成"问题和"什么是客家"可能是一个问题的两面，也就是说，如果能把"客家形成"过程描述出来，"什么是客家"也就清楚了。

如果我们同意在推进客家研究过程中把主题用"客家形成"取代"客家特质"，实际上我们也是在方法论上强调历史学的根本性，因为"客家形成"本身就是一个历史过程。正如在大多数情况下，要更多地获得对事物的正确认识，与其争论"是什么"、"为什么"等永远无法获得真相的问题，还不如讲述一个故事，一个关于所研究对象的历史的故事。正是在这个意义上，我们强调历史人类学方法对客家研究的重要性。

在解构"客家形成"过程最经典的是澳大利亚梁肇庭（Sow – Theng Leong）先生的研究。他运用族群理论和施坚雅的区域经济体系理论，成功展现了明清华南地区作为一个"族群"的客家人的形成过程。③ 根据梁先生的研究，在 16 世纪和 18 世纪两次经济飞速发展的背景下，闽粤赣毗邻地区的人们向四面移民拓展，并在 19 世纪与移入地土著形成了"土客冲突"，实现了由文化群体向族群的转化，也就是成为"客家人"。梁先生描述的实际是一个历史过程，一个客家形成的过程。这个过程同时也是一个故事，一个关于客家人的故事，就像很多古老的传说一样，告诉人们许多事情的来龙去脉，人们通过这个故事，也自然地获得了关于"客从何来?"、"何为客"等问题的解答。应该说，作为历史学家的梁先生，比较擅长的正是通过对各种史料的解读给我们讲述事情的来龙去脉，人类学的理论在这里只是一种帮助阅读和整理史料的工具，这种方法应该称为历

① 施添福：《从台湾历史地理的研究经验看客家研究》，载"台湾中央大学"编《〈客家文化研究〉通讯》1998 年创刊号。

② 罗烈师：《台湾地区客家博硕士论文述评（1996—1998）》，载"台湾中央大学"编《〈客家文化研究〉通讯》1999 年第 2 期。

③ ［澳］梁肇庭（Sow – Theng Leong）：*Migration and Ethnicity in Chinese History：Hakkas，Pengmin，and Their Neighbors*，Stanford：Stanford University Press，1997。

史人类学的方法。因此，在运用族群理论研究客家形成问题的时候，历史学的方法也许才是根本，族群理论只是一种思维方式。

更为重要的是，至今为止，客家研究的一些关键问题依然必须从历史脉络中获得认识。要解答"是什么在界定客家"或者"客家是如何形成"这样的问题，还必须回到历史场景，重新解构客家人族群认同意识产生的过程和基础。要指出的是，梁肇庭先生的研究不可谓不经典，但同样存在一些缺憾。一个最为明显的问题是，主张客家是一个族群，而不是一个文化群体的梁先生也似乎认为，16 世纪之前的闽粤赣毗邻地区生活的人们已经形成了具有特殊习俗的群体，他还直接用客家人（Hakkas）来称呼他们，而且，他无形中也接受了客家人是来自中原汉人之一说法。他设置这个前提或许是为了强调客家族群意识出现的重要，但是，很明显，这一预设的前提是错误的。这一错误直接影响了梁先生著作的解释力。因为如果说在"客家认同意识"没有产生以前，客家人不是一个"族群"而只是个"文化群体"的话，那么如何解释闽粤赣毗邻地区有着与其他地区不同的方言和习俗？而客家地区有着与其他地区不同的方言和习俗正是梁先生所批评的学者们认定客家文化和客家人之形成的关键。

实际上，在当前客家研究中一个让人吃惊的事实是，尽管许多学者致力于从族源、方言、习俗等方面入手探讨客家形成问题，但对所谓"客家大本营"闽粤赣毗邻地区从宋至明的历史背景和社会变迁却缺少专门的研究。正因为缺少这一历史背景的分析，目前客家研究中会出现难以调和的理论困境和认识误区。"族群"认同论者无法解释既然"客家人"作为一个族群是 19 世纪才出现的称呼，那么，为什么在 19 世纪以前闽粤赣毗邻地区会出现与其他地区不同的方言和习俗，而这些方言和习俗正是构成客家人与其他族群冲突的客观基础？而客家文化特质论者也同样无法解释既然宋元时期闽粤赣毗邻地区已经出现了与其他地区不同的方言和习俗，为什么在文献中却找不到统一的"客家人"的记载？要调和这一矛盾，就非得从历史的脉络中重新思考自宋以来闽粤赣毗邻地区经济发展、移民状况、社会秩序、族群关系等基本发展脉络。换言之，我们需要一部宋至清，特别是明清时期闽粤赣毗邻地区经济发展、人群迁徙和人群关系的历史。

另一方面，客家形成过程也是一个不同时期的不同人群根据其需要，对自身族群历史进行书写的历史。在这个历史过程中，存在着对历史记忆和表象不断重新解释和更新其意义的过程。根据陈春声对 1640—1940 年韩江流域民众"客家观念"的演变过程研究，把客家人作为一个族群观念，经过了漫长的演变过程：由明末清初的"迁海"与"复界"所带来的"语音不类"的族类认同，到清代中期客家人通过族谱修撰对祖先来源"历史记忆"的塑造，再到近代族群分类意识的传入、近代教育的推广和近代城市兴起所引起的生活方式的改变，最后到罗香林等知识分子将"客家人"定义"标准化"。[1] 对这一复杂的"层累"造成的过程，最好的研究办法是"倒溯"式地展开历时性解构，其中，历史学的方法是根本性的，也是消解一些认识误区的最好手段。

综合以上分析，要进一步推进客家研究，在理论和方法上应该进行两方面努力和尝试。

首先，必须超越罗香林先生开创的"民系—文化"范式，对客家族群特性的探讨也必须放弃寻求全球统一客家"特性"的追求和发掘一个标准的"客家精神"的努力，而应把研究范围缩小至具体的社区中把握客家人之深层次的思维方式、行为举止和意识形态。

其次，由于客家问题形成之历史和现实，应采取历史人类学的理论与方法，把客家当作一个"族群"，而不是一个"民系"加以研究，研究主题应以"客家形成"取代"客家特质"。要解答"是什么在界定客家"或者"客家是如何形成"这样的关键性问题，还必须回到历史场景，重新解构客家人族群认同意识产生的过程和基础。另一方面，面对客家问题复杂的"层累"造成的过程，最好的研究办法是"倒溯"式地展开历时性解构，其中，历史学的方法是根本性的，也是消解一些认识误区的最好手段。

因此，从学术史角度考察，必须运用历史学方法，对宋以来，尤其是明清时期的赣闽粤边界社会变动史进行深入研究，在此基础上"倒溯"式地对"客家"形成过程展开历时性解构。

正是基于以上学术思考，本书致力于重新梳理明清赣闽粤边界的地区开发、人口流动与族群关系的变动历史，并且针对客家研究领域中的一些关键性问题展开讨论，从而实现深化或者重新认识"客家"及"客家文化"的学术宗旨。

---

[1] 陈春声：《地域认同与族群分类——1640—1940 年韩江流域民众"客家观念"的演变》，第 1—43 页。

第三节 研究的区域：生态、动乱与族群

本书研究的区域是赣闽粤边界，即赣南、闽西、粤东北这一块联系在一起的山区。

赣南，包括现在的赣州市及其所属14县2市1区，即南康市、瑞金市、于都县（古称雩都）、兴国县、会昌县、宁都县、石城县、大余县（大庾）、上犹县、崇义县、信丰县、安远县、龙南县、定南县、全南县（虔南）、寻乌县（长宁）和章贡区。明代赣南包括赣州、南安两府。明正德十二年（1517）南安府增设崇义县，赣州府分别于隆庆三年（1569）和万历四年（1576）增设定南县和长宁县（今寻乌）。清乾隆十九年（1754）升宁都县为直隶州，赣南遂包括了赣州、南安两府及宁都直隶州3个行政区划。光绪二十九年（1903），又析龙南、信丰地置虔南厅。赣南的行政格局基本上奠定。

闽西是个约定俗成的地理概念，主要指明清汀州府所辖8县，即长汀、宁化、武平、上杭、永定、连城、清流、明溪，包括今天龙岩市所属永定、上杭、武平、长汀、连城五县和三明市的宁化、清流、明溪。明汀州府包括长汀、宁化、武平、上杭、连城、清流6县，明成化六年（1470年）析清流县、宁化县、将乐县和沙县部分地域合置归化县（今明溪县），正统十四年（1478）析上杭县地置永定县，汀州府遂辖8县。

粤东北地区，大致相当于现在广东省的河源市、梅州市、韶关市三个地级市范围内的3个县级市、5个市辖区、17个县，另外还有清远市所辖英德市，共26个县级单位。具体来说，分别是河源市所辖：源城区、东源县、和平县、龙川县、紫金县（永安县）、连平县；梅州市所辖：梅江区、兴宁市、梅县、平远县、蕉岭县（镇平县）、大埔县、丰顺县、五华县（长乐县）；韶关市所辖：北江区、浈江区、武江区、乐昌市、南雄市、仁化县、始兴县、翁源县，新丰县（长宁）、曲江县、乳源猺族自治县。这一地区是传统的客家人聚居区，罗香林统计的广东15个纯客家县市都在这一区域。

粤东北地区的行政区划在明清时期变化比较大，尤其是县一级建制变化更大。明初，粤东北地区分属4府13县管辖，分别为韶州府所辖曲江、

乐昌、英德、仁化、乳源、翁源 6 县；南雄府所辖保昌、始兴 2 县；惠州府所辖龙川、长乐、兴宁、河源 4 县；潮州府所辖程乡县。到了明中期以后，粤东北地区流民活动频繁，明王朝往往在平息大规模的流民活动后，增设新的县治。粤东北地区因此而增设的县有：正德十三年（1518）设和平县，嘉靖五年（1526）设大埔县，嘉靖四十年（1561）设平远县，隆庆三年（1569）设永安、长宁（今新丰）两县，崇祯六年（1633）设连平州，崇祯七年（1634）设镇平（今焦岭）县。这些设县地区都是流民活动频繁的地区。清代，粤东北地区行政格局有两次较大的变动：一为雍正十一年（1733），程乡县升为直隶嘉应州，管辖兴宁、长乐、平远、镇平四县；二为嘉庆十二年（1807），南雄府入府为州，直隶布政使司，裁去保昌，领始兴一县。乾隆三年（1738）设丰顺县，属潮州府。1950年，成立兴梅行政公署，辖梅县、兴宁、五华、大埔、丰顺、蕉岭、平远 7 县，大埔、丰顺遂被划入梅州至今。从此以后，粤东北地区县级建制变化不大，基本维持了今天的行政格局。赣闽粤边界明清两朝所辖范围如图 1 - 3 和图 1 - 4 所示。

这一区域虽然隶属于三个省，但在地理上紧紧相连，地形也类似，都以山地和丘陵为主，武夷山脉与南岭山脉从东北往西南横贯其中，使赣南与闽西、粤东北形成天然分界线。

赣南地处赣江上游，"南抚百越，北望中州"，据五岭之会，扼赣、闽、粤、湘要冲。其东部的武夷山脉，连绵于宁都、石城、瑞金、会昌、寻乌等县，是江西与福建的分界线。南部是著名的南岭山脉，大庾岭与九连山起伏于大余、信丰、全南、龙南、定南等县，岭南即广东，西部有罗宵山脉的诸广山，盘踞在上犹、崇义、南康等县境而邻于湖南。赣南80% 以上的面积是丘陵和山地。在地形上赣南是一个相对独立的区域，章水和贡水纵贯赣南全境，在赣州汇成赣江向北穿过相对低平的吉泰平原、鄱阳湖平原，流入长江。

福建西部的汀州隔武夷山脉与赣南相邻，与广东梅州和潮州则平壤相接。横亘于闽西与赣南间的武夷山成为这两个区域间的天然屏障，玳瑁山、博平岭等南岭诸支脉绵延于闽西与粤东之间，闽江、九龙江和汀江发源于崇山峻岭之中，使汀州地形复杂，山地众多，河流纵横，地势险要。南宋开庆年间修撰的《临汀志》云："汀界闽粤西南徼，崇岗复岭，深溪窈谷。山联脉于章贡，水趋赴于潮阳。千山腾陵余五百里，然后融结为卧

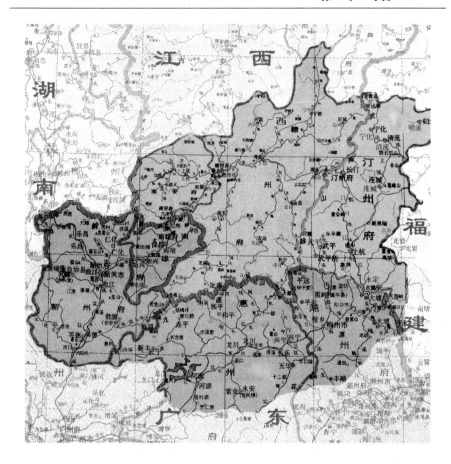

图 1 − 3　明代赣闽粤边界政区

　　资料来源：谭其骧：《中国历史地图集》第七册，中国地图出版社 1975 年版，第 72—73 页（广东）、74—75（福建）、78—79 页（江西）。本图在以上三幅地图上合成。

龙山；四水渊汇几数百折，然后环绕而流丁。"① 嘉靖《汀州府志》亦言：
"汀州为郡，崇冈复岭，居山谷斗绝之地。水之所归，南走潮海，西下豫
章，东北注于剑浦，西北奔于彭蠡，其源皆出于此，实东南上游之地，是
以山重复而险阻，水迅急而浅涩，山川大势固已奇绝"。② 这段描述基本
反映了汀州府地形的两个显著特点，即崇山峻岭和河流纵贯。在河流和山

_____

　　① （南宋）胡太初修，赵与沐撰：《临汀志·山川》，福建地方志编纂委员会点校重版，福建人民出版社 1990 年版。内中"然后环绕而流丁"之"丁"，疑为"汀"之误。

　　② 嘉靖《汀州府志》卷一《地理·形胜》，《天一阁藏明代方志选刊续编》（39），上海书店出版社影印 1990 年版。

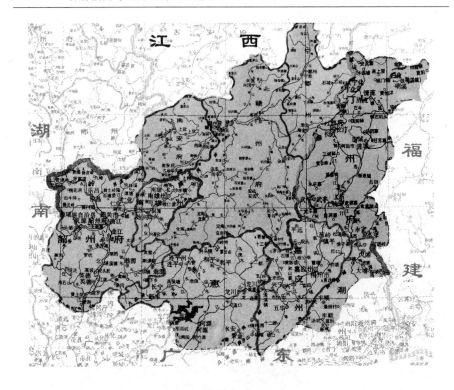

图 1-4　清代赣闽粤边界政区

资料来源：谭其骧：《中国历史地图集》第八册，中国地图出版社 1975 年版，第 42—43 （广东）、52—53（江西）、54—55 页（福建）。本图在以上三幅地图上合成。

地之中，分布着可供农业生产的河谷和盆地。因此，中等规模的山地、低矮的丘陵、冲积小平原构成汀州的基本地貌。

闽西是典型的低山丘陵地形，没有大的盆地，大多是串珠状的山间小盆地，一般在 10 平方公里之内，所以，民间素有"八山一水一分田"之谚。耕地面积相对较少，且以梯田、山垄田为主，从中亦可见闽西的许多耕地乃是山地开发的结果。耕地肥沃程度也不及福建其他地区，中、低产面积耕地占到了 70% 以上。就全省比较而言，闽西的农耕条件比其他地区差。①

粤东北地区从地形上看，多属山地和丘陵。北部边界的山地，主要包

----

① 童万亨主编：《福建农业资源与区划》省级卷，福建科学技术出版社 1990 年版，第 247 页。

括大庾岭、骑田岭及其支脉滑石山、猺山等，属南岭的一部分。它们横亘于粤、湘、赣、桂四省区间，呈向突出的弧形构造，海拔 1000—1500 米，万山重叠，走向复杂，东西绵延千余公里。这些山地都属纬向构造体系，为长江与珠江的分水岭，华中与华南气候的分界线。山地之间还夹有红色岩系或者石灰岩盆地，如南雄盆地、英德盆地、韶关盆地、连州盆地等，都有较宽广的冲积平原和大面积的坡地，为山区重要的农耕资源。同时一些南北向的切谷，如浈水和章水之间的梅岭关，武水和耒水之间的折花隘，则成为连接赣、粤和湘、粤间的天然孔道。① 在粤东，有三列东北——西南走向、平行排列的中山、低山。最东一支为莲花山脉，东北起自梅县、大埔间的阴那山，向西南延长 300 多公里，而尽于大亚湾头，余脉入海为珠江口外的岛屿。这支山脉向东北延伸，可以与福建的戴云山脉遥接。第二支为罗浮山脉，它东北自闽粤赣三省交界处的项山起，经阳天嶂、桂山，西南止于东江下游的罗浮山，东北遥接闽西的武夷山。第三支是东北始于九连山脉，经南昆山，止于广州的白云山。这些山岭之间有梅江、西枝江谷地，东江谷地，龙门、灯塔谷地等。②

有必要指出的是，赣闽粤边界山区并非全是山地，而大多是在河谷两岸分布的大大小小盆地。赣南山分布着五十几个大小盆地，其中比较大的有于都盆地、兴国盆地、信丰盆地、宁都盆地、瑞金盆地、石城盆地、寻乌盆地、安远版石盆地和大余池江盆地等。③ 就整个地势来说，赣南周高中低，南高于北，特别是"三南"的龙南、定南和全南，几乎都是山地和丘陵。梅江河谷地带则有兴宁、梅县、汤坑、蕉岭等盆地。汀州的盆地相对狭小，但数量众多。总体说来，这些盆地地势平坦，江河贯流，两岸有较宽阔的平地和河谷阶地，这些平地和河谷地带土壤肥沃，土层较厚，是主要的农耕地，也是比较早开发的农耕区，亦是经济、社会、文化和政治活动的中心。

因此，就总体地貌而言，赣闽粤边界山区以丘陵和山地为主，但区域内河流纵横，分布着许多适合农耕的盆地，使其山地和盆地交错，呈现出复杂多变的地貌特征。复杂的地貌使区域内部农业开发经历了不同阶段，也直接影响区域社会经济历程。

---

① 吴郁文编著：《广东经济地理》，广东人民出版社 1999 年版，第 12—13 页。
② 吴郁文编著：《广东经济地理》，第 14 页。
③ 周红兵：《赣南经济地理》，中国社会出版社 1994 年版，第 4—10 页。

　　赣闽粤边界另有一个容易被人忽视的地理特征是，尽管区域内部有高大连绵的武夷山脉和南岭山脉，但区域内部的联系和交通并未因大山而阻隔，而是有许多隘口可相互连接，从而导致区域内部人口和物质流动频繁。赣南与湖南、福建、广东都有山脉阻隔，但武夷山、罗霄山脉和南岭中间有若干隘口，使赣南成为与邻省交通的冲要之地。清代就有人说过：

　　　　省之南顾，则赣州为一省咽喉，而独当闽粤之冲，其出入之路有三：由惠州南雄者，则以南安大庾岭为出入；由潮州者，则以会昌筠门岭为出入；由福建汀州者，则以瑞金隘口为出入。①

　　历史上，大庾岭通道是沟通岭南与中原地区的重要通道，这条通道自唐开元四年（716）张九龄开辟后，长期以来是岭南沟通中原的重要路线，明清时期，大庾岭通道更是十分繁荣的商路。除了上述三条主要通道外，赣南还有许多较小的通道可以连通与周边地区的联系。②
　　闽西和粤东北之间的联系更多是通过河流得以实现。汀州虽与赣南隔着武夷山脉，但其号为"三江之源"，三江即闽江、九龙江和汀江，分别流向东北、东南和西南，把汀州与福州、厦门、潮州及沿海地区的其他主要区域城市连接起来。闽西的汀州和粤东梅州、潮州属同一水系，闽西的汀江和粤东的梅江同为韩江支流，梅江流经梅州境内，在大埔县与汀江汇合成韩江，透过韩江水系，粤东与闽西之间可比较方便地沟通，致使汀州与梅州、潮州联系便捷。明人王士性说："（潮州）而与汀、漳平壤相接，又无山川之限"。③粤北则属于东江水系，东江发源于赣南的寻乌县，东江的重要支流北江发源于江西省信丰县，主流流经广东省南雄、始兴、曲江三县市至韶关市，其干流在韶关市以上称浈江（也称浈水），在韶关会武水后始称北江。东江发源于江西省寻乌县桠髻钵山，干流在龙川合河坝以上称乌水，汇贝岭水（安远水）后始称东江。北江和东江使粤北地区可南下与广州联系，北上则可越过赣南大庾岭而进入赣江，沟通与北方的

　　① 同治《赣州府志》卷七十《艺文·上署江西巡抚包公书》。
　　② 关于赣南与周边地区的联系，可参考拙文《大庾岭商路·边缘市场·内陆市场》，《赣文化研究》（总第5期），1998年。
　　③ 王士性：《广志绎》卷四《江南诸省》，中华书局，第101—102页。

联系。

因此，把赣闽粤边界地区看成一个封闭的环境，显然是一种误解。不仅其区域内部有许多隘口和河流可相互交通，而且通过赣江、汀江、韩江等河流，本区域可实现南、北畅通，到达北方中原地区和东面的浩瀚大海。事实上，正是透过这些孔道，历史上的盗贼、流民、商贩周流其中，使赣闽粤边界区域的历史充满着暴力与斗争。正如《嘉应州志》分析梅州与外界交往情况时说：

> 东则有溪，南都（即松口堡）界溪，循溪而入地曰上井，程乡上杭界地，屡为盗贼逋逃藏之薮，路通闽汀，货贩不绝，行者有戒心；南则有万安、三图、马头山、八郎庙（今割附丰顺）等处，路通三阳兴长程乡所必由，时有藏聚剽掠之害；西则有平远坳、古丹竹楼等处，路通长宁、安远，奸宄出没与猺獞等，王阳明剿服始归化焉；北则有镇平石窟、员子山、铁山嶂等处，路通汀赣，寇出江闽潜侵邻县，皆于此啸聚。樟坑一处，其近程之苦盗薮也，举步则入程界之石峰径矣。[1]

从这段引文不难看出，梅州和汀州、赣州等地之间其实布满了各种孔道，只不过这些孔道往往成为盗贼往来通道。赣南和汀州的情况与梅州类似，同样可相互之间往来频繁，只不过在很长一段时期内，这些孔道之中来往的是让统治者不太放心的"盗贼"而已。

地形上的相似和地势上的相连使这一区域在社会经济变动上有比较多的相似之处。自宋至清中期，这一区域历史比较明显的特征有四：开发较晚，生态恶劣；动乱不断，盗贼充斥；流民四出，族群混杂；统治边缘，民风剽悍。

中国历史上疆域的开发和拓展往往是按照从平原到山区顺序展开的。作为山区的赣闽粤边界开发自然是比较晚才进行的。基本上，本区域的山地开发是从宋代，特别是南宋开始的。北宋的赣闽粤边界基本上还是"烟瘴"之地，岭南之瘴在历史上素有盛名，靠近岭南的赣南瘴气

---

① 光绪《嘉应州志》卷四《山川》，（台北）成文出版社 1967 年影印。

亦重①，梅州地区的梅溪自古以来都是著名的"烟瘴"之地，晚清人考证说：

> 梅溪又名恶溪……窃疑此水自唐以来即有二名，如明史地理志之说，唐宋以其地远恶，迁谪苦之，故恶之名特著，明以后诸恶既除，故梅之名独显。……考恶溪之恶有三：瘴雾毒恶一也，滩石险恶二也，鳄鱼狞恶三也。②

　　闽西亦不能例外，到了南宋，闽西仍被人称为"汀州远且多盗，又名瘴乡，常时使者按行多避不往"。③ 虽然是烟瘴之地，但有宋一代，赣闽粤边界山区仍然呈现人口逐渐增加，耕地逐渐开垦之势，这一时期开垦的主要对象是山间盆地。可以想象，在美洲作物没有大量引进的宋元时期，人口应该更多的集聚在盆地和河谷地带。④

　　明代本区域掀起一轮流民与山区开发的热潮，这一时期的开发主要在广袤山地展开。流民进山主要种植蓝靛、花生、烟草和进行砍伐林木、烧炭等垦山活动，并且在山上开垦出层层梯田种植水稻。⑤ 有学者指出，明

---

　　① 黄志繁：《"贼""民"之间：12—18 世纪赣南地域社会》，生活·读书·新知三联书店 2006 年版，第 31—33 页。

　　② 光绪《嘉应州志》卷四《山川》。

　　③ 朱熹：《晦庵集》卷九十三《墓志铭·运判宋公墓志铭》。

　　④ 根据何炳棣的研究，16 世纪美洲作物的引进是中国粮食生产的"第二次长期革命"，盖因美洲作物使大量沙地、贫瘠土地和贫寒山区得以开发利用。参考《美洲作物的引进、传播及其对中国粮食生产的影响》，《李埏教授九十华诞纪念文集》，云南大学出版社 2003 年版；Ping‐ti Ho，"The Introduction of American Food Plants into China"，*American Anthropologist*，Vol. 57，No. 2，Part I，April，1955。

　　⑤ 参见曹树基《明清时期的流民与赣南山区的开发》，《中国农史》1985 年第 4 期；于少海《试论明清赣南商品经济的发展》，《江西师范大学学报》1997 年第 1 期；谢庐明《明清赣南农村墟市的发展与社会经济的变迁》，《赣南师范学院学报》1998 年第 5 期；黄志繁《清代赣南市场研究》，硕士学位论文，南昌大学，1998 年；饶伟新《经济作物的种植与清代赣南农村经济困境》，《赣文化研究》（第 10 期），（香港）文化中国出版社 2003 年版；饶伟新《清代山区农业经济的转型与困境：以赣南为例》，《中国社会经济史研究》2004 年第 2 期；徐晓望《明清闽浙赣边区山区经济发展的新趋势》，载傅衣凌、杨国桢主编《明清福建社会与乡村经济》，厦门大学出版社 1987 年版；钟建安《明清时期畲族对闽粤浙赣山区的开发》，《中南民族学院学报》1991 年第 4 期；戴一峰《区域性经济发展与社会变迁——以近代福建地区为中心》，岳麓书社 2004 年版，第 97—196 页；黄挺《明清时期的韩江流域经济区》，《中国社会经济史研究》1999 年第 2 期；刘正刚《汀江流域与韩江流域的经济发展》，《中国社会经济史研究》1995 年第 2 期；方志远《湘鄂赣地区的人口流动与城乡商品经济》，人民出版社 2001 年版；等等。

代中期以来，山区开发是在海外市场促进的商业化背景下展开的，商业化的力量使得偏僻的本区域成为山区商品经济活跃之区①，市镇经济也因此而得到了繁荣。山区开发的同时，原来令人生畏的瘴气渐渐消失。道光《宁都直隶州志》议论道：

> 又按：赣郡谢志曰：瘴气多在山谷，信丰、安远、龙南、石城时有之。……询之父老，皆言古昔相传，并无瘴气之说。张志亦但言定南、龙南、安远、长宁多有山瘴，而不及石城，足知《谢志》误载。瑞金则前后《府志》俱不言有瘴气，而《邑志》谓山谷时有之，乍至者必慎节饮食，庶保无虞。要与《府志》所谓人遇之，则毒入心脾，至不可药者，迥然不同。大抵城郭中人，乍至深山穷谷，水土不服，自足致病。目为瘴气，乃《邑志》言之太过耳。②

由于山区得到开发，人烟日渐稠密，瘴气已经在清中期的宁都州看不到了，所以，道光《宁都直隶州志》作者才认为前志之关于瘴气的记载"太过耳"。梅州情况亦然，光绪《嘉应州志》曰："嘉应峻岭巨嶂，四围阻隔，与濒海之地不同，又前此人物稀少，林莽丛杂。时多瘴雾今皆开辟，瘴雾全消，岭以北人视为乐土。"③ 表明到了清代，梅州山区开发也基本完成。

山区开发带来的直接后果就是山地开发殆尽，人口增加迅速，同时也不可避免地带来生态环境的破坏，区域资源紧张。可以说，本区域宋元至清中期的历史进程就是在山区开发这一根本性力量牵引之下完成的。

赣闽粤边界山区的开发是和流民迁入及社会动乱联系在一起的。赣闽粤边界山区历来为统治者眼中的"盗贼渊薮"之区。王安石在论及虔州风气时说："虔州江南地最旷，大山长谷，荒翳险阻，交广闽越，铜盐之贩道所出入。椎埋盗夺，鼓铸之奸，视天下为多。"④ 王安石之弟王安礼

---

① ［澳］梁肇庭（Sow - Theng Leong）：*Migration and Ethnicity in Chinese History：Hakkas，Pengmin，and Their Neighbors*，Stanford：Stanford University Press，1997，pp. 39 - 68。

② 道光《宁都直隶州志》卷一《气候》。

③ 光绪《嘉应州志》卷三《气候》。

④ 王安石：《临川文集》卷八十二《虔州学记》，四库本。

也感叹"汀闽之俗旧苦多盗"。① 这种印象一直到明代依然未改。嘉靖年间，南赣巡抚虞守愚说："臣所辖地方，俱系江湖闽广边界去处。高山大谷，接岭连峰，昔人号为盗区。"② 另一位南赣巡抚张翀也说："臣所辖四省地方旷达，山深林密，盗贼窃发不常，素称极冲之区。"③ 事实上，宋到清初，本区域动乱不断，素为统治者头痛之区。有宋一代，赣闽粤边界的"盐寇"问题相当严重，而盐寇则和"虔寇"、"汀寇"相辅相成，往往是虔州（今赣州）和汀州之民农闲时组成武装集团前往潮州贩卖私盐，同时劫掠乡村，让统治者相当头痛。两宋更替，该区域动荡不安，各种盗寇层出不穷。元末，该区域成为文天祥抗元的重要战场，大量居住在化外之地的"畲"贼涌现，酿成有元一代动荡不安的社会秩序。明代该区域又成为全国重要的流民聚居地之一，这些流民啸聚山林，形成一片又一片官府管辖不到的"盗区"。明王朝为了弹压闽粤赣湘交界地区的地方动乱，专门设立南赣巡抚一职，掌管包括本区在内的赣闽粤湘边界军政活动。④ 明清鼎革，该区域重新陷入新的动荡局面。正是借着这一政治上不清不明的时机，大量山区流民进入统治的核心地带，并在清政府的招抚政策下，成为编户齐民，与土著开始了争取土地和科举考试资源的斗争。也正是在这一时期，我们看到了本区域比较多的土客冲突与族群认同活动。直至清中期，本区流民活动慢慢停息，盗贼活动也开始了比较长时期的停歇。⑤

　　光绪《长汀县志》对其历史上盗贼活动的总结可以看成赣闽粤边界山区的典型写照：

　　　　汀郡今在光天之下，野无伏莽之虞，来熙往攘，岭海晏然，市虎无惊，村犬不吠，信乐土也。乃稽之往代，则有江寇、虔寇、广寇、

---

① 王安礼：《王魏公集》卷二《制敕·前守汀州上杭县尉林璋可著作佐郎制》。

② 嘉靖《虔台续志》卷四《事纪》。

③ 张翀：《鹤楼集》卷一《题为申明镇守官兵一法令以固根本重地疏》，转引自唐立宗《在"盗区"与"政区"之间：明代闽粤赣湘交界的秩序变动与地方行政的演化》，《台湾大学文史丛刊》（118），台湾大学出版委员会2002年版，第87页。

④ 关于南赣巡抚与闽粤赣湘交界地区的社会秩序变动关系，参考前引唐立宗《在"盗区"与"政区"之间：明代闽粤赣湘交界的秩序变动与地方行政的演化》一书。

⑤ 关于本区域宋至清初动乱，可参考前引唐立宗书及饶伟新《明代赣南的社会动乱与闽粤移民的族群背景》，《厦门大学学报》2000年第4期；黄志繁《"贼""民"之间：12—18世纪赣南地域社会》，生活·读书·新知三联书店2006年版。

海寇、峒寇、畲寇、盐寇种名色，前人大书特书，屡书不一书者，其何哉？设险待暴，安不忘危，武备边防宜早办，道固如是也。自王绪引兵入闽，汀郡首婴其锋，地为丹徽喉衿。入宋则盐徒剽掠，往来汀虔漳潮循梅惠广之地，官不能禁，百年之间郡内骚然。自是而降，山海交讧，蔓延无已，重关复隩尽为兔窟，一时选官注缺且视汀郡为畏途。见于朱子文集者，已有"汀州路远多盗"之言，此无他，守社稷扦牧围，皆重赖守土之臣。而地易藏奸，人乐啸聚，控驭失所则乘间虓呼，斥逻弛严则应时乌合，攻守之具有难言者。故自宋代迄元明，边境多虞，民罕安堵，逮明中叶雨啸风嗥，几无宁岁。①

晚清的长汀固然是"岭海晏然，市虎无惊，村犬不吠"的"乐土"，但宋至明，却是"江寇、虔寇、广寇、海寇、峒寇、畲寇、盐寇"层出不穷，导致"边境多虞，民罕安堵"，社会秩序动荡不安。

本区域又是历史上接纳流民比较多的地区。在中国传统时代，"化内"的编户齐民常常为了躲避繁重的赋役而脱离统治，进入"化外"的深山老林。这些流民往往和本来在这里居住的"化外"之民"徭"、"畲"等人群混杂在一起，或斗争或融合，共同构成山区开发的重要力量。然而，"化内"与"化外"只是一条法理上的界限，而不是真实的界限。在真实世界里，这些流民往往与化外的"徭"、"畲"等人群交混在一起，且与化内的编户齐民交流频繁，酿成让朝廷头痛的动乱问题。朝廷每一次镇压的结果就是重新把大量的"化外之民"纳入统治范围内，同时，又把原来不在朝廷控制范围内的"化外"之地变成正式的版图。这样一来，这些流民就成了王朝开辟新疆的重要力量。可以说，从宋到清，南方山区开发的历史进程，也是"汉"与"徭"、"畲"等少数族群不断斗争与融合的过程。这样一个历史进程使得本区域自宋至清族群关系变得非常复杂，宋代的"峒寇"与"省民"、元明的"畲"、"徭"与"汉"混杂在一起，很难进行清楚的区分。正是这一复杂的流民与族群背景，构成"客家"族群扑朔迷离的族源关系，也使"客家学"自诞生之日起就为此争讼不休。

地理上的边缘化也使这一区域素来远离统治中心，是政治上边缘地带。在施坚雅依据城市化的水平而划分的区域体系中，这一区域正好处于

---

① 光绪《长汀县志》卷十五《武功》。

长江中游、岭南和东南沿海三大区域之间的边缘地带。① 施氏的划分虽然打破了省一级的行政界限，但是仍然相当重视河流和山脉等自然地理因素的作用。事实上，也正是因为地理上的多山，使得这一区域开发相对较晚，历代王朝的统治都相对薄弱。政治上的边缘地位使该区域素来被视为民风未开化之地，而民风彪悍也就成了历代文人仕宦对该区域的重要观感。嘉祐六年（1061），北宋名臣赵抃知虔州，到任后这样评论虔州："疆畛最远他邦，动经八九百里，刑无虚日，俗未向风。"② 赵抃所言有相当的代表性，宋人多把虔州民风强悍与赣南的多盗的事实联系起来讨论。南宋初年，到虔州镇压"盗贼"的李纲就认为：

> 臣窃以虔州地险民贫，风俗犷悍，居无事时，群出持兵，私贩为业。自军兴以来，啸聚为盗，招捕殆将十稔，终未殄灭。……其说有二：一则虔兵赋性犷悍，喜于为盗，易为结集，动以千百为群。互相劫掠，凌逼州县，不畏刑法，不顾死亡，循习成风，不以为怪，异于诸路盗贼。③

至明代，赣南仍然是时人眼中的民风劲悍之地。修于嘉靖年间的《虔台续志》论述说："宦途言，江西诸郡率曰赣难治也。由今观之，赣其乐土矣乎！……弗率者，负固之顽民；健讼者，邻封之逋逃。"成弘年间曾任兵部尚书的宁都人董越解释家乡地方风气不佳时说："长山荒谷，风气所钟，前志虽称伉健难治，大率以不得其平则鸣，不聊其生则怨，……以是而谓之伉健，吾恐天下皆然也。"④《虔台续志》和董越都需要解释赣南风气劲悍原因并为之辩护，反过来说明，赣南民风之"不率"和"健讼"乃是当时官场共识。

汀州和梅州情况亦然。明代人有言："（汀州）然崇山复岭，俗尚武，勇当深谷斗绝之处，往往挂刀，飞层崖如履平地，故正统成化间两烦，王

---

① 施坚雅（Skinner）：《中国封建社会晚期城市研究——施坚雅模式》，王旭等译，辽宁教育出版社1991年版，第55页。

② 赵抃：《清献集》卷十《知虔州到任谢表》，四库本。

③ 李纲：《宋丞相李忠定公别集》卷十五《申督府密院相度措置虔州盗贼状》，明崇祯十二年（1639）本。

④ 董越：《董文僖公文集》卷十四《赠金邑侯赴宁都序》，中国社会科学院图书馆藏，正德十年（1515）本。

师牧戢山氓，先后增归化、永定二县。"① 乾隆《汀州府志》仍说：

> 汀州古新罗地，僻处南服，介夫瓯粤延邵之间，万山聚杂，不可主名。……以故土瘠民贫，习尚剽（彪）悍，虽椎朴是其本真，而走险轻斗，每足忧。乃父兄长老颇称难治。②

成化年间刑部主事洪钟奉命安辑江西、福建流民，回来后向皇帝建言曰："福建武平、上杭、清流、永定，江西安远、龙南，广东程乡皆流移错杂，习斗争，易乱，宜及平时令有司立乡社学，教之《诗》《书》礼让。"③ 可见，明清时期汀州、梅州和赣南一样，也是民风好斗而难治。④

本区域另一个重要历史和人文特征是其号称"客家文化大本营"。在客家学经典著作罗香林的《客家研究导论》中，虽然论及整个南方中国的客家，但是，着墨最多的还是赣闽粤边界山区，他划定的"纯客县"大部分都在这一地区，而且，他论及风俗、民情、地理环境等因素也是以赣闽粤边界为基本的参照。⑤ 毫无疑问，赣闽粤边界地区所谓的"客家文化"其实是在以上社会历史变动的背景下孕育形成的，正因为如此，本书从明清时期本区域的社会变动与对"客家文化"形成有关键作用的生态、族群和国家认同等因素入手，试图从更深厚的历史背景中把握和认识所谓"客家文化"之形成过程。

在开始正式论述之前，有必要厘清几个容易混淆的概念。

首先应做出界定和说明的是"客家"的概念。就笔者接触过的明清闽粤赣边界地方文献而言，"客家"一词鲜有出现⑥，而且，即使出现，

---

① 嘉靖《汀州府志》卷首《序》，《天一阁藏明代方志选刊续编》（39），上海书店出版社1990年版。

② 乾隆《汀州府志》卷首《序》，（台北）成文出版社1967年影印。

③ 《明史》卷一八七《列传七五·洪钟传》。

④ 唐立宗总结明人对闽粤赣湘交界地区的认识，归纳为两点：被鄙夷的荆棘瘴疠之地；深刻的"盗区"印象。参考《在"盗区"与"政区"之间：明代闽粤赣湘交界的秩序变动与地方行政的演化》，第41—97页。

⑤ 参考罗香林《客家研究导论》，第93—97页。

⑥ 笔者发现清康熙初年兴国知县黄惟桂谈及兴国民情时说："兴邑地处山陬，民多固陋，兼有闽广流氓侨居境内，客家异籍，礼义罔闻"（参见《请禁时弊详文》，康熙《潋水志林》卷二十《志政·国朝文移》）。文中的"客家"一词是笔者发现在明清赣南地方文献中出现最早的"客家"。但之后，文献中比较少出现"客家"一词。

也多指和"土著"相对的人群。只有到了晚清广东出现"客家"和"广府"两大族群之间的斗争，"客家人"开始自我书写族群历史的时候，"客家"的称呼才在文献中比较频繁地出现。饶伟新结合区域社会史，对明清以来赣南"客籍"、"客佃"等名词进行了考察和分析，认为清代的"客佃""客籍"作为清代移垦过程和户籍制度背景下特定的历史产物，其实是一个与"土著"、"土籍"相对的移民范畴，而今日所谓的"客家"则是在晚清民国以来社会文化变迁和学术发展背景下出现或建构的一个具有人类学意义的民系范畴，二者完全属于不同的历史范畴。① 陈春声认为，在这一概念建构过程中罗香林对"客家人"的定义具有标志性意义，他的《客家研究导论》不仅将"客家人"定义标准化了，而且还划定了"客家人"分布的地域范围②，从此，在他划定的地域范围内居住的移民就毫无疑义地被称为"客家"。③ 但从历史事实看，明清时期一些移居至外地被称为"客"的人群不宜贸然直称为"客家"。然而，经过半个多世纪的努力，客家学作为一门学科，客家人作为一个族群，毫无疑义已经建构起来了，"客家"一词已经获得了相当广泛的认可。基于以上分析，笔者决定在处理本书涉及较多的明清文献的时候，坚持使用"流民"、"客籍"、"客民"等历史名词，而不轻易使用"客家"，如有时的确需要使用"客家"这一称谓时，则给"客家"一词加上双引号""，以示区别，但在涉及当代客家人及学术讨论时，则遵循学界的惯例，使用"客家"一词。

　　其次，关于"移民"与"流民"两个概念也有必要做出区分。对"移民"定义，比较清晰也为学界广泛接受的应是葛剑雄在《中国移民史》中所下的定义，即移民是"具有一定数量、一定距离、在迁入地居住了一定时间的迁移人口。"④ 然而，这个定义其实还是从现代科学角度

---

① 饶伟新：《区域社会史视野下的"客家"称谓由来考论：以清代以来赣南的"客佃"、"客籍"与"客家"为例》，《民族研究》2005 年第 6 期。

② 陈春声亦认为，客家是一个带有近代学术色彩的族群概念，经历了很长的一系列的过程而被制造出来的。参考陈春声《从地方史到区域史——关于潮学研究课题与方法的思考》，潮汕历史文化研究中心、韩山师范学院《潮学研究》（汕头大学出版社 2004 年版）第 23 页和前引《地域认同与族群分类——1640—1940 年韩江流域民众"客家观念"的演变》。

③ 实际情形当然是非常复杂的，许多地方真正具有客家人的认同意识，可能是相当晚近的事实，例如赣南人形成族群的自我认同意识可能是 20 世纪 80 年代以后的事情。参考拙著《建构的"客家"与区域社会史：关于赣南客家研究的思考》，《赣南师范学院学报》2007 年第 4 期。

④ 葛剑雄：《中国移民史》第一卷，福建人民出版社 1997 年版，第 10 页。

出发的定义，因为，在中国古代文献中，"移民"一词很少出现，更多出现的是"流民"一词。"流民"往往是指和"土著"相对应的概念。在中国传统社会，"土著"往往是指具有本地户籍且居住了比较长时间，被地方社会认可的人群。而"流民"则相反，往往是指不具备本地户籍，居住时间不够长，还没被地方社会所认可和接纳的人群。明清时期，是否流民的一个关键指标为是否具备本地户籍。在官方的管理体系之中，流民显然是不稳定因素，往往和动乱联系在一起，流民的最终命运要么就是被赶出辖境，要么就是"地著"，成为"土著"。因此，"流民"与"移民"相比，不仅仅是指人群的空间流动，而更多了一层社会文化的含义。有鉴于此，本书如果在单纯指人口的空间移动的场合，或者流民已经在移居地获得了比较正式的社会身份的情况才使用"移民"一词，否则，一般遵从历史文献，更多地使用"流民"这一更具社会文化含义的称谓。

再次，有必须区分"山区"和"山地"。赣闽粤边界山区以丘陵为主，其地形不外四种类型：河谷冲积平原、盆地、丘陵和山地。河谷冲积平原其实也是盆地，只不过是规模比较大的盆地，诸如兴国盆地、信丰盆地、宁都盆地、瑞金盆地、石城、梅江盆地、兴宁盆地等。不用说，这些河谷冲积平原是历史上最早开发的农耕区，一般都是县级以上的行政中心。除了比较大的河流冲积平原之外，三省边界多为山间小盆地，这些山间小盆地往往位于丘陵之中，形成复杂的地貌。山间盆地如果达到一定的规模，就是比较优良的农耕区，也往往是历史上集聚大量流民、"化外"之民的场所，在历史文献中通常可以看到的"峒"、"桶"、"洞"指的就是这类山间小盆地。[1] 根据笔者对赣南的研究，明以前，由于美洲山地作物没有引进，山地开发还没有大规模展开，所以，宋元时期山区开发基本是在盆地展开的。[2] 除了河谷和规模比较大的盆地之外，三省边界山区还有大量规模很小的盆地和广大的山地。明清以后，由于美洲作物引进，山地成为可以开发的土地资源。在流民进入背景下，三省边界山区掀起一轮开发山地的高潮。因此，为了区分不同历史阶段开发的重点，本书用"山区"来泛指三省边界地区为"山区"，用"山地"来指明清时期得到开发的规模很小的盆地和广大的山地斜坡，以示区分。

---

① 李荣村曾仔细探究过"溪峒"一词的含义及其历史流变，认为峒地全在山谷盆地里，参考《溪峒溯源》，（台北）《编译馆馆刊》第1卷第1期。

② 黄志繁：《"贼""民"之间：12—18世纪赣南地域社会》，第75页。

第二章　山区开发与流民运动

自宋至清，特别是明清时期，本书所研究的赣闽粤边界地区最根本的变化当是生态变化，即赣南、梅州、汀州三地经历了一个由烟瘴之地转变为人口稠密、人地关系紧张之地的过程，这一过程实际上也是山区开发的过程。山区开发的主导力量来自因各种原因进入山区的流民。本章拟就明清时期赣闽粤边界地区山区开发与流民运动展开讨论，希望由此阐明"客家"文化形成之生态和移民背景。

第一节　赣闽粤边界山区开发的时空差异

虽然本书所研究的赣南、粤东北、闽西三地，即赣闽粤边界山区，明清时期都经历了山区开发的过程，但是，就开发的时空序列来说，三地并不一致。这种不一致以往常被研究者所忽略，正是这种时空上的开发不一致导致了三地接纳和向外迁徙流民时空的不一致，从而进一步导致了本区域移民的差异，移民的差异又导致了地方文化的差异。从这个意义上说，讨论该区域"客家"文化必须仔细分析本区域山区开发的时空差异。一般来说，如果一个地方人口较多，特别是官方控制的户口较多，则意味着该地方开发已经到了一定的程度，也就是说户口数字是衡量地区开发的重要指标。因此，本节从户口统计数字入手，对本区域山区开发的时空差异进行分析。

在明清时期的众多户口数字中，洪武二十四年（1391）、乾隆四十一年（1776）、1953 年的户口数字具有比较高的可信度。[①] 曹树基关于明清

---

① 何柄棣：《明初以降人口及其相关问题（1368—1953）》，葛剑雄译，生活·读书·新知三联书店 2000 年版。

时期人口数字的推测也相当重视这三个年份数字的作用，在他关于明清时期的《中国人口史》著作，对这三个年份的分府数据进行了估算，这就为本节的分析奠定了基础。

表2-1依据曹树基估算的人口数字，对明清时期赣州、南安、汀州、嘉应州人口增长情况进行了排列。

表2-1　　　　明清时期闽粤赣边界地区分府人口增长情况

府名　　时间	赣州（万）	比上一统计年增长（倍）	南安（万）	比上一统计年增长（倍）	汀州（万）	比上一统计年增长（倍）	韶州（万）	比上一统计年增长（倍）	南雄州（万）	比上一统计年增长（倍）	嘉应州（万）	比上一统计年增长（倍）
洪武二十四年（1391）	36.6	—	7.5	—	29.1	—	10.3	—	8.7	—	1.4	—
乾隆四十一年（1776）	289.9	7.92	56.9	7.59	126.5	4.35	96.3	9.35	17.6	2.02	121.5	84.8
1953年	263.2	0.91	70.0	1.23	121.1	0.96	116.5	1.21	33.40	1.90	149.9	1.23

说明：(1) 清乾隆十九年（1754），从赣州府中析出宁都、瑞金和石城三县，成立宁都直隶州，为统计方便，宁都直隶州人口纳入赣州统计；(2) 明代无嘉应州，嘉应州乃由明代的程乡县为基础发展而来，但雍正十年（1732）以程乡、镇平、平远设立嘉应州时，割惠州府兴宁、长乐两县属之，故嘉应州所属地区洪武二十四年的口数应为程乡县、兴宁和长乐三县的总和。

资料来源：曹树基：《中国人口史》第四卷，表2-13（第53页）、表4-12（第131页）、表4-15（第141页），复旦大学出版社2000年版；曹树基：《中国人口史》第五卷，表4-20（第134页）、表5-6（第182页）、表5-16（第200、201页）、表5-17（第201、202页），复旦大学出版社2000年版；嘉靖《兴宁县志》卷三《地理部·食货》；道光《长乐县志》卷六《经政略·户口》。

从表2-1中可看出，从明初到清中期，赣闽粤边界的户口都有很快增长。增长最快的是嘉应州，增长了近85倍，而增长最少的南雄州，只增长了不到两倍，其次是汀州，增长了4倍多。而乾隆四十一年到1953年，三地人口增长很慢，赣州府和汀州府甚至人口还有所下降。以上户口数字说明了两个问题：第一，明初至清中期是三地山区开发最为迅速的时期，正是在这一时期，三地一改以往人烟稀少的烟瘴之地景象，变成人烟稠密之地。第二，清中期，也就是乾隆晚期，三地的区域开发基本到了传统时代农业生产的顶峰，致使部分地区人口比清中期有所减少。[①]

笔者更感兴趣的是户口数字所揭示出来三地之间开发的时空差异。从表 2 - 1 所列的数据中不难发现，明初到清中期三地人口增长速度从高到低分别为嘉应州、韶州府、赣州府、南安府、汀州府、南雄府，它们的增长倍数差异相当大，分别为 84.80、9.35、7.90、7.59、4.35、2.02。从中可以推测出三地在明以前的开发程度：梅州（嘉应州）在明以前基本处于未开发状态，否则不可能增加将近 85 倍的人口，即使指官方控制人口而言，而不是全体人口，这个数字也是相当惊人的；韶州府也是开发程度有限；南雄和汀州则相对而言有一定程度的开发，因为在赣闽粤边界中南雄和汀州人口增长最少，虽然也有 2—5 倍，但扣除人口统计的不实和农业生产发展所带来的土地供应人口能力的增加，我们可以推测汀州在宋代已经有了一定的开发，明初到清中期则是继续这种开发的趋势，但没有大规模的人口突然增加的过程；赣南（赣州和南安府）人口清中期比明初增加近 8 倍，主要是因为明清时期大量流民涌入开发山区的结果。[②]

实际上，如果仔细研究洪武二十四年（1391）三地的分县户口则可进一步确定三地开发在时间上的差异。表 2 - 2 列出了洪武二十四年三地的分县户口数字。表中，人口超过 1 万的县有长汀、上杭、武平、宁化、清流、连城、宁都、赣县、兴国、石城、雩都（于都）11 县。汀州府所属 6 县全部人口过万，赣州府十县中则有近一半人口过万，其余一半人口相当稀少，有的县如安远才千余人，梅州则无一县人口过万。其中，汀州府除连城外，长汀、上杭、武平、宁化、清流四县人口均超过 5 万，而赣州府则只有宁都、赣县、兴国三县人口超过 5 万。在传统时代，一个县人口达到 5 万人，已经是相当的规模了。特别是赣州府所属人口过 5 万的三个县，都是农业生产条件相对较好的县，而汀州府属人口过 5 万的四个县，农业生产条件远远不如宁都等三县。

[①] 赣南和闽西人口比 1953 年减少的一个重要的原因可能是战争，两地在第一次国内革命战争年代是重要的红区，战争应当使人口有所减少。但是，自 1934 年红军长征后，该地区很少有大规模战争，到 1953 年则经过了 20 年的恢复，战争对两地人口的影响不应估计太高。

[②] 曹树基：《明清时期的流民和赣南山区的开发》，《中国农史》1985 年第 3 期；万芳珍、刘纶鑫：《客家入赣考》，《南昌大学学报》1994 年第 1 期；《江西客家入迁原由与分布》，《南昌大学学报》1995 年第 2 期；罗勇：《略论明末清初闽粤客家的倒迁入流》，《国际客家学会研讨会论文集》，香港中文大学、亚太研究所、海外华人研究社 1994 年版；梁洪生：《从兴国移民姓氏看赣南客家迁徙：对赣南早期客家的一种思考》，《客家研究辑刊》1996 年第 1 期；饶伟新：《明代赣南的移民运动及其分布特征》，《中国社会经济史研究》2000 年第 3 期。

表 2 - 2　　　　洪武二十四年（1391）汀州、赣州二府各县
及程乡、兴宁、长乐三县人口

府名		县名	户	口	户口比
汀州府		长汀	13693	61253	4.5
		上杭	11158	68726	6.2
		宁化	12588	60766	4.8
		清流	12613	51068	4.0
		连城	5824	31936	5.5
		武平	4157	17278	4.2
		总计	60033	291027	4.8
赣州府		宁都	32702	157306	4.8
		赣县	24160	104678	4.3
		兴国	14153	56370	4.0
		石城	3807	16754	4.4
		于都	3911	16698	4.3
		瑞金	1421	5722	4.0
		会昌	691	3078	4.5
		信丰	638	3109	4.9
		安远	293	1445	4.9
		龙南	260	1246	4.8
		总计	82036	366406	4.5
清嘉应	潮州府	程乡	1686	6989	4.1
	惠州府	兴宁	722	2626（3249）	3.6
		长乐	868	3302（3906）	3.8
总计			3276	14144	4.3

　　资料来源：嘉靖《汀州府志》卷四《食货》；嘉靖《赣州府志》卷四《户口》；光绪《嘉应州志》卷十三《食货》；嘉靖《兴宁县志》卷三《地理部·食货》；道光《长乐县志》卷六《经政略·户口》。

　　说明：（1）宁化县口数用曹树基校正过的数字，参见《中国人口史》第四卷，复旦大学出版社版，第131页；

　　（2）兴宁和长乐三县户口比数值过低，因此，用户均4.5口标准进行了修正，括号中的人口为修正人口。

　　虽然汀州府有三个县数据不是很详细，但从表2-3中可以看出，就盆地和耕地在总面积中所占比例而言，汀州府整体农业生态条件不如

赣州府。而在上文提及的明初户口过 5 万的两府七个县而言，赣州府的三县的农业生态条件又比汀州优越得多。表 2－3 所采用数据是 20 世纪 60 年代以后数据，20 世纪 60 年代以后数据与明初数据当然会有出入，但由于笔者关注的是土壤条件，这些指标不会轻易随着人为因素而改变。唯一可能变化的是耕地面积，但耕地面积也应该是建立在土壤条件基础上，两者是相辅相成的。表 2－3 中耕地面积和土壤条件呈现明显的正相关关系，一般情况下，盆地面积大的县份，耕地面积也大，正说明了这个道理。

表 2－3　　　　　　赣州府、南安府和汀州府地形和耕地概况

面积单位：平方公里、%

府名	县名	总面积 (A＋B＋C)		A. 盆地及百分比		B. 丘陵及百分比		C. 山地及百分比		耕地及其占总面积百分比	
赣州府	宁都	3932	100	393	10	865	22	2674	68	516	13
	赣县	3560	100	683	19	997	28	1880	53	348	10
	兴国	3274	100	851	26	1637	50	786	24	355	11
	石城	1745	100	297	17	768	44	680	39	188	17
	于都	2747	100	907	33	1016	37	824	30	348	13
	瑞金	2670	100	107	4	1842	69	721	27	255	10
	会昌	2423	100	339	14	242	10	1842	76	237	10
	信丰	2922	100	409	14	964	33	1549	53	348	12
	安远	2322	100	325	14	464	20	1533	66	168	7
	龙南	1711	100	120	7	479	28	1112	65	107	6
	定南	1436	100	158	11	230	16	1048	73	94	7
	全南	1600	100	96	6	448	28	1056	66	103	6
	寻乌	1944	100	136	7	350	18	1458	75	161	7
	总计	32286	100	4821	15	10293	32	17163	53	3228	10
南安府	南康	1798	100	485	27	593	33	720	40	342	19
	大余	1344	100	175	13	269	20	900	67	127	9
	上犹	1461	100	248	17	1213	83	—	—	121	8
	崇义	2048	100	778	38	—	—	1270	62	101	5
	总计	6651	100	1686	25	6651	31	2890	44	691	10

续表

府名	县名	总面积 (A+B+C)		A. 盆地及 百分比		B. 丘陵及 百分比		C. 山地及 百分比		耕地及其占总 面积百分比	
汀州府	长汀	3040	100	91	3	730	24	2219	73	208	7
	上杭	2860	100	86	3	1544	54	1230	43	255	9
	连城	2596	100	389	15	2207		85		174	7
	武平	2647	100	397	15	2250		85		214	8
	明溪	1704	100	56	3	446	26	1202	71	121	7
	小计	12847	100	1019	8	4968	39	6879	53	972	8
	宁化	2408	—	—	—	—	—	—	—	295	12
	清流	1825	—	—	—	—	—	—	—	114	6
	永定	2220	—	—	—	—	—	—	—	221	10
	总计	19300	—	—	—	—	—	—	—	1602	8

资料来源：江西省地图编辑委员会编纂：《中华人民共和国江西省地图集》（内部资料），1963 年；童万亨主编：《福建农业资源与区划（县级卷）》，福建科学技术出版社 1990 年版。

说明：（1）《中华人民共和国江西省地图集》所列的各项土地数字与现今赣南比较通行的数字略有出入，但出入不会太大。例如，赣南的总面积一般认为是 39379 平方公里，而对该地图集所列赣南各县面积相加的结果为 38937 平方公里，两者相差 442 平方公里，误差大概为 1%。

（2）表中的"赣县"包括现今的章贡区和赣县。

（3）在《福建农业资源与区划》（县级卷）中，武平、清流两县没有分别统计山地和丘陵的数据，只是标出"山地和丘陵"占 85%、72%，连城虽标出了中山、低山和高丘的数据，但是，三者的百分比相加，与该县山地占 85% 的表述明显不合，推测数据有问题，故不采用，只是混合计算山地和丘陵的面积；宁化、清流、永定三县或无具体的盆地、山地、丘陵的数据，或只笼统记载"高丘和盆地"、"低山和丘陵"数据，因此，不纳入总数统计，在表中以斜体标出。

（4）1949—1970 年，雩都改名于都，长宁改名寻乌，大庾改名大余，归化改名明溪，考虑到表中的数据都是现代的数据，故在表中沿用今名，但在行文中因叙及明清历史，故仍用古名。

另一个需要注意的情况是，明中期以后，汀州府和赣州府分别新设了永定、归化（明溪）和崇义、定南、长宁（寻乌）三县，因此，明初的数据和表 2-3 的数据应当会有所出入，但由于新设的县一般都是在本府之内进行土地分割①，并不会影响府一级的数据，故总体而言，出入应不会很大，仍可作为参考。

———————

① 成化六年（1470）设立归化县时，除了割汀州府所属清流和宁化的土地之外，也割了部分延平府将乐和沙县二县土地。由于所割延平府土地不多，应该不会影响汀州府的数据。

为了更好地说明问题，我们可以依据表 2 - 2 和表 2 - 3，制作成更易观察的表 2 - 4。

表 2 - 4　洪武二十四年（1391）汀州府和赣州府生态和人口密度比较

单位：平方公里、%

府名	总面积	盆地面积及比例		耕地面积比例		明初人口（人）及密度（平方公里/人）	
汀州府	19300	1019	8	1602	8	291027	15
赣州府	32286	4821	15	3228	10	366406	11

说明：由于汀州府宁化、清流、永定三县无详细数据，故仍用长汀等 5 县数据计算出汀州府的"盆地面积及比例"以方便与赣州府比较。

资料来源：同表 2 - 2 和表 2 - 3。

从表 2 - 4 可更清楚地看到，就土地属性而言，赣州府的农业生产条件比汀州优越。但汀州府的人口密度明显比赣州府大，除了宁都县和赣县外，汀州府所属六县的人口数据全部超过赣州府和程乡、兴宁、长乐等县。由于赣南、闽西和粤东北三地气候条件差异并不是很大，扣除气候因素，汀州府人口相对较多的原因不能从农业生态条件得到解释。

那么，是不是因为汀州得到较早开发呢？表 2 - 5 列出了宋元时期赣州、南安、汀州、梅州、韶州、南雄等六州的户数和人口密度。从表中可看出，除梅州外，赣闽粤边界地区基本上都是在北宋末年到南宋中后期之间出现了户口的快速增长，元初则除南安外，户口数普遍急剧下降。韶州虽然没有南宋的户口数据，但是，韶州在乾道二年（1166）因人口增加，增设了乳源县，足见其户口仍然一直是在增加的。① 梅州户数在北宋末年到南宋中后期也有所不同增长，但始终维持一个相对较低的人口密度，到了元初则又回到北宋初年水平。

很显然，元初这一区域户口数量的减少和宋末元初文天祥以该区域为主要的抗元战场有关。不过，我们不能把户口的减少归因于战争，更重要的是该区域长期的动荡局面，使元廷并不能很好地控制该区域，特别是大量的"化外之民"没有被纳入官方的统计系统。② 换言之，元代该区域真

① 吴松弟：《中国人口史》第三卷，复旦大学出版社 2000 年版，第 560 页。
② 参考黄志繁《抗元活动与元代赣闽粤边界社会》，《江西师范大学学报》2003 年第 5 期。

实人口并不是真的减少，而是官方掌握的户口数字减少。

表2－5　　　　　　　　宋元赣闽粤边界各府户数及人口密度　单位：户/平方公里

府名	太平兴国五年（980）		元丰元年（1078）		崇宁元年（1102）		南宋中后期		至元二十七年（1290）	
	户数	密度	户数	密度	户数	密度	户数	密度	户数	密度
赣州	85146	2.8	98130	3.2	102609	9.0	272432	10.6	71287	2.4
南安	—	—	35799	5.7	37721	6.0	—	—	303666	8.1
汀州	24007	1.3	81454	4.5			223433	12.0	41423	2.3
梅州	1568	0.3	12372	2.7	—	—			2478	0.5
韶州	10756	1.0	57438	5.4					19584	1.9
南雄	8363	1.8	20339	4.4			30000	6.5	10792	2.4

资料来源：吴松弟：《中国人口史》（复旦大学出版社2000年版）表4－2（第129、131、133页）、表4－4（第152、153页）、表7－2（第340、341页）、表11－9（第495页）、表11－11（第500页）、表12－4（第555页）。

从史料上看，至元年间闽粤赣边界几乎每年都有盗贼叛乱。这些动乱，基本上都是"畲民"的叛乱，以福建、广东为中心，影响及至江西，诸如"诸郡盗贼蜂起，所在屯聚"等记载充斥史籍。[①] 元代畲贼动乱的一个令人感到惊讶的特点，就是文献中常出现畲兵十万甚至几十万之众的记载，这固然是虚夸不实之词，但确实也说明畲兵反叛人数之众。例如，至元二十年（1283），建宁路管军总管黄华叛，《元史》记载，"众几十万，号头陀军，伪称宋祥兴五年……"[②]；至元二十五年（1288），"畲寇钟明亮起临汀，拥众十万，声摇数郡，江、闽、广交病焉"。[③] 所谓的"畲寇"之所以容易"一呼数万众"，乃是因为这些"畲寇"包括的不仅是原来居住在山区的"峒寇畲猺"，还包括大量逃离王朝体制之外的编户齐民，钟明亮起事后，就有大臣说："时行省讨剧贼钟明亮无功，恽复条陈利害曰：福建归附之民户几百万，黄华一变，十去四五。"[④] 黄华为福建畲军首领，从性质上说，畲军乃是元朝的"乡兵"，《元史·志四十六》载：

① 赵孟頫：《故嘉议大夫浙东海右道肃政廉访使陈公墓碑》，《松雪斋文集》卷九，四部丛刊本。

② 《元史》卷十二《世祖纪九》，中华书局1976年版。

③ 刘埙：《参政陇西公平寇碑》，《水云村泯稿》卷二，道光十八年（1838）本。

④ 《元史》卷一六七《王恽传》，中华书局1976年版。

"其继得宋兵,号新附军。又有辽东之乣军、契丹军、女直军、高丽军,云南之寸白军,福建之畲军,则皆不出戍他方者,盖乡兵也。"① 这些"畲军"与"民"关系密切,颇有点从"畲"到"民"的过渡意味,把"畲军"转化为民一直是元朝统治者努力的目标。《元史》有如下记载:"二十二年八月……戊辰……令福建黄华畲军有恒产者为民,无恒产与妻子者编为守城军"②;"招谕畲洞人,免其罪"③;"放福建畲军,收其军器,其部长于近处州郡民官迁转"④;"以宋畲军将校授管民官,散之郡邑"⑤;但同时,也有叛乱之民窜入畲峒的。"壬辰,陈桂龙据漳州反,唆都率兵讨之,桂龙亡入畲洞。"⑥ 亡入畲洞更多的是民,前引"福建归附之民户几百万,黄华一变,十去四五"即是明证。

在这样的背景下,官方不可能掌握真实户口。实际上,直到元末,汀州和赣州都分别被控制在陈友定和熊天瑞等地方豪强手中。但是,明初的情形完全不一样。陈友定和熊天瑞都被朱元璋部队打败,明王朝基本控制了赣闽粤边界局势。所以,毫不奇怪,明初的户口数字比元朝增加了许多。

根据表2-5基本可以推断,除梅州开发程度有限外,北宋中期至南宋中期是赣闽粤边界人口快速增长的时期,尤其是汀州,到南宋末年,人口密度是赣闽粤边界中最高的,其增长速度超过了生态条件更好的赣州。根据吴松弟的研究,福建全省在元丰以后保持了较快的人口增长速度,导致成为南方五路中人均耕地最少的地区。⑦ 汀州府宋元共六县,北宋增设了上杭、武平、清流三县,说明北宋是其山区开发相当重要的一个时期。进入南宋,汀州的人口仍然在逐渐增加,南宋初年,汀州还增设了莲城县(连城县)。虽然经过南宋末年和元初的战争,但结合以上对元初闽赣边界的形势之分析,可以肯定的是,汀州的真实人口并没有减少多少,所以,到了明初,汀州呈现出户口数字相对较多的局面。梅州则是宋元时期开发程度最低的地区。不仅在宋代户口没有大规模增长,到了元末及明初,依然还是地旷人稀的局面。实际上,梅州作为一个府一级行政单位,

---

① 《元史》卷九十八《志四十六·兵一》,中华书局1976年版。
② 《元史》卷十三《世祖纪一〇》,中华书局1976年版。
③ 《元史》卷十二《世祖纪九》,中华书局1976年版。
④ 《元史》卷十六《世祖纪十三》,中华书局1976年版。
⑤ 《元史》卷十七《世祖纪十四》,中华书局1976年版。
⑥ 《元史》卷十一《世祖纪八》,中华书局1976年版。
⑦ 吴松弟:《中国人口史》第三卷,复旦大学出版社2000年版,第500—501页。

宋元时期一直没有稳固的地位，梅州先后在宋熙宁六年至元丰五年（1073—1082）、绍兴六年至十四年（1136—1144）、元贞元年至延祐四年（1295—1317）三个时期内被并入过潮州府，明洪武二年（1369年），终于正式废除，而成为潮州府下设的程乡县。直到雍正十一年（1733），才恢复府一级的建制，成为嘉应州。这显然和梅州所管辖的人口稀少，开发程度不够有关。

结合以上五个表格的分析，可以得出关于赣闽粤边界山区开发时空差异分析的三个结论。

第一个结论是北宋至元代，赣闽粤边界已经有了一定程度的开发，其中，开发最突出的是汀州，其开发的时间在三省边界中应该是最早的，开发程度最低的是梅州，到了明初，梅州在三省边界各府中是人口最少的一个地区。

第二个结论与第一个结论密切相关。毫无疑问，明中期至清中期是赣闽粤边界山区开发的高潮，基本完成了山区开发的历史性任务，奠定了今日的人口和生产格局，但是，其中汀州和南雄州①，因明以前已经有一定程度的开发，其增加的户口和开发的强度远不如其他地区，而这一时期则是梅州进行大规模开发时期，户口增加和开发的强度都超过以往任何历史时期，也在三省边界中最为突出。

第三个结论是针对赣南做出的。赣南是三省边界中地域范围最广的一个地区，所以，必须考虑其开发的内部区域性差别。观察表2-2和表2-3，我们不难发现，赣南在宋元时期开发的只是生态条件比较好的河谷盆地县份，宁都、赣县、石城、兴国、于都五县都有比较大的河谷冲积平原，而赣南的广大山区县则人口稀少，属于地旷人稀状态，其开发基本上是在明中期至清中期期间完成的。② 因此，赣南在宋元时期已经有了一定程度的开发，但是，主要的户口集中在生态条件较好的盆地和河谷地带，而广大山地的开发则是在明清时期完成的。其他地区也有此区别，一般而言，都是盆地

---

① 宋元时期南雄州人口密度虽然和赣州差不多，但是，根据表2-1，明初到清中期，其人口增加的并不多，这表明以前它已经有了一定的开发。南雄开发比较早的事实，应当和它地处大庾岭交通要道有关。

② 关于明初赣南人口减少，曹树基认为是因为鼠疫，笔者不同意他的看法，动乱和化外之人没有纳入官方统计，也是重要原因，但总体上，赣南山区人口相当稀少。参考曹树基《赣、闽、粤三省毗邻地区的社会变动和客家形成》，载《历史地理》第14辑，上海人民出版社1997年版；黄志繁《"贼""民"之间：12—18世纪赣南地域社会》，第108页。

河谷地带先开发，而山地最后开发，但是，由于各种地形交错复杂，往往是盆地和山地、丘陵镶嵌在一起，所以，从整体来看，不如赣南明显。

综合以上结论，可以对宋至清三省边界地区开发的时空序列作如下表述：北宋中期至元代，三省边界普遍有了一定程度开发，但是，地区差异很大，汀州等地开发程度比较高，梅州等地则开发程度比较低；明中期至清中期，三省边界山区进入山地开发高潮，这一时期则是梅州进行大规模开发，汀州和南雄州增加的户口和开发的强度远不如其他地区，韶州和赣南则介于其间，也是山地开发的重要时期；赣南的开发呈现出内部差异，宋元时期主要是大面积的河谷和盆地开发时期，而广大山区县的山地开发则是在明清时期基本完成的。

山区的开发实际上是和流民运动联系在一起的，山区开发的时空差异直接导致的是区域之间人口迁徙的动向。具体地说，宋元时期，大量人口聚集在赣南的中东部河谷地带和汀州等地，明清时期则从赣南的中东部河谷地带和汀州转移到赣南和粤东北山地。这种人口之间迁徙的动向会引起族群关系变化，直接影响到了"地方文化"，也就是一般意义上所说的"客家"文化的性质。因此，下节将集中讨论山区开发和流民运动之关系，以为后面深入阐述族群关系和"客家"文化之关系奠定基础。

有必要说明的是，以上所说人口的迁徙，主要是指大规模的、可以观察到的人口流动，而一些"化外"之民随着官府的招抚活动纳入官方统计体系，导致的"人口增长"并不包含其中。关于这个问题，本书第三章将专门讨论。

第二节　闽西的山区开发与向外移民

前文已经分析指出，汀州的山区开发在赣闽粤边界较早，在宋元时期已经有了一定程度的开发。正是在这样的背景下，山区得到很大开发，这里举两个明显的例子。

——潭飞礤。原本是一个"蛮獠"之地，"重冈复岭，环布森列，登陟极难"。《资治通鉴》记载这里在五代时就发生过蛮獠之乱，"是岁（894年），黄连洞蛮二万围汀州"，并注明"黄连洞在汀州宁化县南，今潭飞礐即其地"①，南宋后期的宴梦彪之乱起源地就是这里。但是到了南宋，这里已是"山环水合，有田有池"。②

——象洞。宋末汀州太守胡太初对其开发前后的状况作了对比性的描述：

> 象洞，在武平县南一百里，接潮、梅州界。林木蓊翳，旧传象出没其间，故名。后渐刊木诛茅，遇萦纡怀抱之地，即为一聚落，如是者九十有九，故俗号"九十九洞"。其地膏沃，家善酝酿，邑人之象洞洞酒。但僻远负固，多不乐输，故置巡检寨以镇焉。③

象洞地处闽粤交界的偏远山区，"林木蓊翳"，相传有大象等野生动物出没，但是到了宋代，逐渐得到开发，所谓"渐刊木诛茅"，当是山林正在开发之景象，时至宋末，这里已成为九十九个聚落的家园，土地肥沃，还盛产酒。酿酒需要大量粮食，说明象洞的农业生产已经达到了一定水准。

元代汀州官方控制的户口虽然比南宋大幅度减少，但是，户口的减少并不意味着真实人口的减少；相反，元代的汀州是一个人口流入相当频繁的地区。《元一统志》引《图志》云：

> （汀州）西邻章、贡，南接海湄，山深林密，岩谷阻岰窈。四境椎埋顽狠之徒，党与相聚，声势相倚，负固保险，动以千百计，号为畲民。时或弄兵相挺而起，民被其害，官被其扰。盖皆江右、广南游手失业之人逋逃于此，渐染成习，比数十年，此风方炽，古岂有是哉。④

上文最值得注意的是"比数十年，此风方炽"，说明"畲民"的活动在元代相当地活跃。武平县情况亦然，有记载曰：

---

① 司马光撰，胡三省注：《资治通鉴》卷二五九《宋唐纪七十五·昭宗圣穆景文孝皇帝上之中起》。

② 胡太初修，赵与沐纂：《临汀志》，《古迹》，长汀县地方志编纂委员会整理，福建人民出版社1990年版，第115页。

③ 胡太初修，赵与沐纂：《临汀志》，《山川》，第52页。

④ 《元一统志》卷八《江浙等处行中书省·汀州路》，中华书局1966年标点本，第629—630页。

南抵循、梅，西连章、贡。篁竹之乡，烟岚之地，往往为江广界上道逃者之所据，或曰长甲，或曰某寨，或曰畲峒。少不加意，则弱肉强食，相挺而起。税之田产，为所占据而不输官。乡民妻孥为所剽掠，莫敢起诉。土著之民日见逃亡，流聚之徒益见盗横。①

可见，元代的汀州有大量周边江西、广东人流入，导致流民的势力颇大，甚至超过土著力量。有大量流民进入的地方大多是号称"篁竹之乡，烟岚之地"的山区，且和"畲"人混杂在一起，虽然令官方头痛，但是，却客观上使山区得到了开发。

正因为宋元时期山区开发具备了一定基础，我们才看到明初局势得以稳定，汀州各县的户口数字在赣闽粤边界中相对来说是最多的（见表2－2）。但是，这并不意味着汀州已经得到彻底开发。实际上，明初的汀州仍然还有很多边界山区处于未开发的状态。在许多地方，瘴气还很重。"上杭与梅潮三郡夹界，风淳俗质，每遇秋冬之交，多有岚疫，民易疾病"②；天顺年间，福建巡按御史伍骥去汀州剿匪，竟"冒瘴疠成疾"。③ 瘴气是山林未开发形成的一种热带传染病，瘴气重说明山林还未得到彻底开发。在汀州的一些边界地区，还存在许多人迹罕至的大片山林。嘉靖《汀州府志》记载：

茫荡洋山，在县西胜运里，磅礴数百里，当上杭、永定两县之界，峰峦巉绝，林木参天，人迹罕至，西南通程乡，东通漳州，梗化者常据以为巢穴，急则南入于广。④

从"梗化者常据以为巢穴，急则南入于广"一句中可见，所谓的"人迹罕至"，其实并非是人不能至，而是因尚未开发而未被纳入官方的统治体系，因而在此聚集的都是非法的山贼。

实际上，类似的山区在汀州很多地方都存在。连城和上杭边界就有很多未开发的山林，同时也是盗贼的渊薮。明人有记曰：

---

① 《元一统志》卷八《江浙等处行中书省·汀州路》，第630—631页。
② 《永乐大典》卷七八九〇《汀·风俗形势》，中华书局1986年版，第10页。
③ 《明史》卷一六五《列传第五三》，中华书局1974年版。
④ 嘉靖《汀州府志》上册卷二《地理山川》，《天一阁藏明代方志选刊续编》（39），上海书店出版社1990年版。

嘉靖辛酉壬戌间，汀郡邑大饥，死者枕藉道路，广寇张琏之党罗袍辈由上杭突入连城境，勾结无赖肆行剽掠，焚劫村墟，势汹汹不可测。连界固多榛蔓荒林，为游寇渊薮。①

"多榛蔓荒林"和"游寇渊薮"联系在一起，说明了两者的密切关系。上杭的三图则是明代有名的"盗窟"。天启《重修虔台志》记载说："闽粤山寇时发，则以地险使然，而上杭三图之贼，历百有余年，根诛尚未尽拔，屡经斩刈，芽蘖复生。"② 另外，还有非常著名的盗贼出没之地大帽山。嘉靖二十二年（1543），南赣巡抚虞守愚疏略云：

臣所管辖地方俱系江湖闽广边界去处，高山大谷，接岭连峰，昔人号为盗区。然其最剧莫如黄乡新民，其地属赣之安远，名虽一乡，实比大县，中间大帽山一山，环绕三百余里。正德年间何积玉、朱贵、强风等恃险凭高，巢窟其中，因而剽掠居民，攻陷城邑，害及四省，未暇悉成。③

大帽山处于四省边界，是盗贼的老巢。类似的贼巢在边界地区还有很多。嘉隆年间，兵部尚书杨博对三省边界的"贼巢"有如下记载：

闽粤之贼所倚重者数巢穴耳，其大者在福建则有上杭峰头、永春、蓬壶，在赣州则有岑冈、下历；在广东则有潮州大埔、程乡、饶平等处。④

明末清初宁化人李世熊也对明代赣闽粤边界的"盗窟"有比较清楚的记载：

---

① 钟文会：《曹元峰御寇纪略》，乾隆《长汀县志》卷二十四《艺文》，《故宫珍本丛刊》第121册，故宫博物院编，海南出版社2001年版。
② 谢诏等修：《重修虔台志》卷七《事纪四》，明天启三年（1623）序抄本，原收藏于日本内阁文库，（台北）国家图书馆汉学研究中心影印本。
③ 谈恺：《虔台续志》卷四《纪事三》，明嘉靖三十四年（1555）刊本，原收藏于日本内阁文库，（台北）"国家图书馆"汉学研究中心影印本。
④ 杨博：《请催江西守臣依限平贼副使谭纶统兵疏》，《杨襄毅公本兵疏议》卷七，《四库存目丛书》第61册。

　　嘉靖末年，闽中苦倭，山寇亦乘是而起。虔州、惠、潮间，如斑竹楼、大帽山、连子山，上杭之山涂，武平之岩前、象洞，连城之郎村，皆盗窟也。①

　　这些所谓"贼巢"、"盗窟"，实质上是未开发的山地，因大量的流民进入开垦，从而聚集成一股官方控制不住的地方势力，形成"盗区"。②

　　从上文看来，汀州所属的上杭、武平、连城等县的交界地带是闽西比较著名的"盗区"。因为地方多盗，连城居民甚至养成了每年秋冬季节就把家眷安插在城市，以求安全的做法，有记载曰："昔在秋冬，往往剽掠村落，甚至市镇近城之地，间有乘虚而入者。……民用是每至秋冬，则移旌倪妇女，寄食于城中亲戚家，盖一岁而恐惧过半，非乐土得所矣。"③

　　笔者根据赣南的情况认为，这些"贼巢"其实也是开发中的聚落，而大大小小的"贼巢"联系在一起则构成一大面积的"盗区"。④ 正德年间，明廷发动三省官兵围剿大帽山，即攻破很多这样的贼巢。有记载如下：

　　江西兵从安远县入，攻破巢穴八：曰丹竹炉、曰淡地、曰双桥、曰黄竹湖、曰鼎山、曰寒地、曰甑背。擒斩贼首何积钦、罗德清、黄璠并其从一千五百一十名。广东兵从程乡县入，攻破巢穴九：曰大帽、曰大嶂、曰瓮渎、曰五子石、曰十二□、曰香炉嶂、曰鸬鹚角、曰军山笔、曰员子岩。擒斩贼首张番坛、刘镛、张玉瓒、黄沥保并其从二千一百七十九名。福建兵从武平县入，攻破巢穴八：曰岩前、曰上赤、曰中赤、曰下赤、曰悬绳峰、曰掛坑嶂、曰黄沙、曰大刘畲。⑤

　　这些贼巢一旦被官兵攻破，即被纳入了官方的统治体系，就成了"村落"了。

　　《长汀县志》的一段议论很能说明这种由"贼巢"向"村落转变"

---

　　①　李世熊：《寇变记》，中国社会科学院历史所研究室编：《清史资料》第一辑，中华书局1980年版，第28页。
　　②　唐立宗：《在"盗区"与"政区"之间：明代闽粤赣湘交界的秩序变动与地方行政的演化》，《台湾大学文史丛刊》（118），（台北）大学出版委员会2002年版。
　　③　民国《连城县志》卷六《城市》。
　　④　黄志繁：《"贼""民"之间：12—18世纪赣南地域社会》，第115页。
　　⑤　陈一堃修，邓光瀛纂：《连城县志》卷首《旧序》，民国二十七年（1938）石印本。

的过程。其文曰：

> 汀居崇山峻岭之中，扼要之地为最，故前志所载义民勇士，大率依山为寨，恃险为固，以御暴客，以保疆土，关隘盖可忽乎？但承平日久，本拔道通，生齿浩繁，居屋稠密，昔之称为岩疆者，今且视为坦途，而驻扎之地，要害之区，前人旧迹所存，今日形胜所居，犹班班可考也。①

由于清代人口和民居的增加，明代称为"岩疆"的险要之地已经成为清代的"坦途"了，所能存留的大概也只是地势特别险要的古迹而已。这一段记载比较形象地反映出从明到清闽西山地开发的过程。

伴随着山地开发进行的是流民频繁的活动与官方的征剿活动，所以，可以这么认为，凡是盗贼比较频繁的地方，流民活动也比较频繁。就闽西而言，连城、上杭、武平等汀州西南部，流民活动比较频繁。官府则一直在努力对这些流民进行招抚。天顺七年（1463），上杭盗起，时任福建巡按御史的伍骥带兵前往征剿，"贼见其至诚，感悟泣下，归附者千七百余户。给以牛种，俾复故业"。② 显然，这些归附的民户，其实是流民被纳入官方统治体系，成为编户齐民。

流民活动与官方剿抚之间互动的结果之一就是成化十四年（1478）永定县的设立。当时的都御史高明在阐述设永定县理由时说：

> 据福建汀州府上杭县申备通县里老耆民廖世兴等呈称，本县所管太平、溪南、金丰、丰田四里相去本县三百余里，接连漳州、广东地方。凡干办一应公务往复动经半月。又兼地僻山深，人民顽梗，平居则以势相凌，有事则持刃相杀。天顺六年间，李宗政等聚众劫掠乡村，今成化十四年钟三等又聚贼杀人，实固地方宽阔治理不周。呈乞转达上司添设一县管理，使公事易办，强梗知法。③

高明要求设立永定县的理由主要是永定所属地方离上杭县比较偏远，

---

①　光绪《长汀县志》卷七《关隘》。

②　《明史》卷一六五《列传》第五三。

③　高明：《题建永定县疏》，乾隆《汀州府志》卷四十二《艺文疏》。

容易啸聚成盗。虽然文中没有明确地说明李宗政、钟三等盗贼身份，但是可以推想，在一个偏僻山区集聚的盗贼，大多应是流民，而非已经归顺的编户齐民。

当然，宁化、长汀等汀州北部县也有一定数量的流民。例如宁化"其山多旷土，邑人招游民垦其中，至众数千。"① 宁化还有很多徽州木商，"邑故多木贾，其上流淮土，徽商所窟，骄逸为土人侧目。值霪甫河溢，商木蔽流而下，悉坏民居并损桥梁。"② 成化六年（1470）归化县的设立，虽和邓茂七之乱有密切关系，但也和流民大量集聚其地有很大关系。时人陈述当时设县经过曰：

> 此四乡之民，各去县治甚远，其地山岭险恶，其民多梗化顽法，襄沙尤邓寇作乱，四方之民皆胁从之党，大军征剿之余，协从尚不能格心向化，遭岁歉相率劫财物、焚室庐、掠子女，良善被其害。时巡按福建监察御史吴公璘，会同都、布、按三司等官奏公散等，以汀郡贰守程熙素得民心，委诸紫云台，抚字之至，则寇闻而悦，悉皆格心来降。成化六年，巡抚闽方都宪滕公按临，程侯备述民情，乞于明溪镇添设一县为宜。③

从文中"四方之民皆胁从之党"、"抚字之至，则寇闻而悦，悉皆格心来降"等言辞中，不难发现，归化县之所以有必要设立，根本原因还在于流民集聚之后，已经形成官方很难控制的地域社会，设立县治则可有效地控制当地。

汀州的山区开发基本在明中期完成。明正统十四年（1478）永定县设立后，汀州再无新县设立，表明大面积的山区开发已经结束。迟至明末，汀州已经开始出现过度开发之景象。万历年间归化县令就说"盖该县童山什九，荒山什一"。④ 他又说："且该县之田以亩计者什一，以分厘

---

① 吴士奇：《录滋馆征信编》卷一《七大寇》，《四库存目丛书》，第 173 册，第 17 页。

② 康熙《宁化县志》卷三《名宦》，《中国地方志丛书》（88）。

③ 万历《归化县志》卷二《建置志·公署》，《日本藏中国罕见地方志丛刊续编》第 11 册，北京图书馆出版社。

④ 周宪章：《条陈兴革事宜》，万历《归化县志·附录》，《日本藏中国罕见地方志丛刊续编》第 11 册，北京图书馆出版社。

计者什九，搜山理石，寻派分源，□落仅如杯掌耳。"① 可见，万历年间归化县土地已经很零碎了，在山石中间分布着大量的小块土地，这明显是山地已经过度开发的现象。明初拥有非常著名的"贼巢"三图的上杭县，明末已经是商旅辐辏之地，时人称之曰："上杭山多田少，农稀商众，士笃于学，地方官无可藉手。"②

到了清初，汀州已经是地狭人稠。上杭县尤其明显，"圣朝加惠穷檐、平徭宽赋，太平生聚、户口日增，地狭人稠、无莽不剪。"③ 清初人对上杭的山川景象有更详细的描述：

> 杭川在晋为新罗地，宋淳化五年始升为县。按其地势琴岗横案于前，金山列屏于后，折水萦回，重溪激湍，扶舆灵淑，代产英奇，烟火万家，商旅辐辏，洵称巨邑。④

上文完全是一幅山区得到彻底开发，人群聚落密布于山川之间的景象。

实际上，如果仔细观察开发时序，我们不难发现，汀州山地开发最早完成。表2-6列出了明清时期赣闽粤边界地区新县设立时间。

表2-6　　　　　　　　　明清赣闽粤边界新县设立情况

闽西		赣南		粤东北	
明成化六年（1470）	归化县	正德十三年（1517）	崇义县	正德十三年（1518）	和平县
正统十四年（1478）	永定县	隆庆三年（1569）	定南县	嘉靖五年（1526）	大埔县
		万历四年（1576）	长宁县	嘉靖十四年（1561）	平远县
		光绪廿九年（1903）	虔南厅	隆庆三年（1569）	永安县
				崇祯六年（1633）	连平州
				崇祯七年（1634）	镇平县
				乾隆三年（1738）	丰顺县

资料来源：各县县志。

---

① 周宪章：《条陈兴革事宜》。
② 乾隆《上杭县志》卷十《艺文志》，《故宫珍本丛刊·福建府州县志》，故宫博物院编，海南出版社2001年版。
③ 乾隆《上杭县志》卷三《版籍》。
④ 乾隆《上杭县志》，《序》。

从表2-6看，正统十四年以后，闽西就没有再设立新的县治。而赣南和粤东北则明中期以后乃至清末都有新县治设立。虽然设立新的县治更直接的原因是出于地方管理需要，但显然也与地区开发、人口增加有密切关系。从这个角度看来，闽西在明前期就已经有了一定程度的开发，基本上已经没有大面积土地可供开发了。这一点，前面也已经有所论述。

正因为明初就已经有了一定程度开发，我们看到闽西在三省边界中是最早输出移民的地区。明初就开始有闽西流民出现在赣南和粤东北等边界地区。同治《韶州府志》有记载说："明初地少居人，至成化间多有自闽及江右来入籍者，习尚一本故乡，与粤俗差异。"① 赣南也有不少汀州人移入，明末清初宁都土著魏礼回忆说："宁都属乡六，上三乡皆土著，故永无变动。下三乡佃耕者悉属闽人，大都建宁宁化之人十七八，上杭、连城居其二三，皆近在百余里山僻之产。"② 成化年间，还有大量汀州人流动到与宁都毗邻的广昌县，《明宪宗实录》记载说：

> 以河南左布政使李昂为都察院右副都御史巡抚江西，时镇守江西太监邓原等奏，二月二十八日流贼五百余人，至广昌县境，肆行劫掠。知县庄英率众御捕，被害。贼因乘胜突入县治，放狱囚掠官库，公私罄尽。察其语音，率多近境汀州之人，请敕福建镇守等官严加剿捕。③

可见，成化年间汀州流民就开始流转至周边地区。

明代汀州流民进入的地区大致都在赣闽粤边界，所以，赣南和粤东北是接纳汀州流民最多的地区。根据万芳珍教授对地名志资料的分析，汀州籍的移民村庄在赣南的福建籍村庄中占据了绝大部分（见表2-7）。

从表2-7可以看出，汀州籍移民在赣南的福建移民中占53%，超过一半。实际上，表中"福建其他籍"村庄数量主要为上引万芳珍表所谓

---

① 林述讯：同治《韶州府志》卷十一《舆地略·风俗》，（台北）成文出版社1966年版。
② 魏礼：《与李邑侯书》，《魏季子文集》卷八《宁都三魏文集》，道光二十五年（1845）本。
③ 《明宪宗实录》卷二九〇，成化二十三年五月丁未条，《明实录》，中研院历史语言所校印本。

表 2 - 7　　　　　　　赣南地区明清时期福建籍、汀州籍移民村庄情况　　　　单位:%

县名	福建籍村总数		汀州籍及其所占比例		福建其他籍及其所占比例		闽粤移民基础村总数		福建籍村庄所占比例	广东村庄所占比例
赣县	219	100	116	53	103	47	413	100	53	47
兴国	423	100	170	40	253	60	1000	100	42	58
于都	227	100	62	27	165	73	437	100	52	48
石城	245	100	218	89	27	11	245	100	100	0
宁都	264	100	111	42	153	63	280	100	100	0
瑞金	213	100	202	95	11	5	272	100	96	6
会昌	184	100	100	54	84	46	253	100	72	28
安远	22	100	15	68	7	32	51	100	43	57
信丰	92	100	20	22	72	78	280	100	33	67
龙南	46	100	19	41	27	59	83	100	55	45
定南	26	100	8	31	18	69	107	100	24	76
全南	19	100	10	53	9	47	83	100	22	78
寻乌	57	100	39	68	18	32	208	100	28	72
南康	35	100	23	66	12	34	563	100	6	94
上犹	52	100	29	56	23	44	560	100	10	90
大余	32	100	17	56	14	44	313	100	10	90
崇义	121	100	47	39	74	61	634	100	19	81
总计	2277	100	1206	53	1071	47	5782	100	39	61

　　说明:表中明确标示其村庄籍的有"汀州、长汀、宁化、上杭、武平、永定、连城、清流、归化、龙岩、平和、建宁",本表中汀州籍建村数量即为这些明确标示籍贯的村庄数量的总和(除"建宁"外,龙岩和平和等县则由于数量太少,忽略不计),本表的"福建其他籍"即为万表中"泛言福建"的村庄数量加上"建宁"的村庄数量。

　　资料来源:万芳珍:《江西客家入迁原由与分布》,《南昌大学学报》1995 年第 2 期表 1。

"泛言福建"的村庄数量,而这些"泛言福建"的村庄中必然有一部分村庄也为汀州籍移民所建,只是因为记载不详细而无法确认而已。因而,汀州籍移民村庄数量和比例都应比表 2 - 7 所列出的为大。基于此分析,我们可以说,汀州籍移民构成了赣南福建移民的大部分。

　　就分布地区而言,福建移民主要集中在赣南东部毗邻汀州的石城、瑞金、宁都、会昌等地,而到了中部的赣县、兴国、信丰、龙南等县,则广东和福建移民呈现平分秋色之势,而在赣南的南部和西部等靠近广东地区,则福建移民逐渐减少,而以广东移民为主体。这一事实说明,明清时期移民进入赣南遵循的是就近的原则。

就汀州内部而言，从赣南地区来看，靠近赣南的西部和西南部的长汀、宁化、上杭、武平等县是输出移民比较多的地区。表2-8可以比较清楚地说明这个问题。

表2-8　　　　　　　赣南汀州籍移民村庄具体籍贯统计

县名	汀州	长汀	宁化	上杭	武平	永定	连城	清流	归化	总计
赣县	37	27	3	40	4	4	1			116
兴国	10	13	37	76	25	1	7	1		170
于都		10	8	23	17	1		1	2	62
石城		4	200	6			1	6	1	218
宁都		14	80	10			7			111
瑞金		48	28	91	17	6	10	1	1	202
会昌	2	11	1	32	43	11				100
安远				15						15
信丰	17					3				20
龙南	3	2		14						19
定南	1			6	1					8
全南				10						10
寻乌			8	15	13	3				39
南康		4		19						23
上犹	4	2		22	1					29
大余		1		9	6	1				17
崇义	18	6		22	1					47
总计	92	142	365	400	138	30	26	9	4	1206

说明：表中将"归化、龙岩、平和"等县合并计算，考虑到其数量比较稀少，故本表将之全部视为归化县。

资料来源：万芳珍：《江西客家入迁原由与分布》，《南昌大学学报》1995年第2期表1。

从表2-8可以很清楚地看到赣南福建籍移民基础村中，籍贯为上杭、宁化、长汀、武平等县的村较多，而籍贯为汀州其他县的较少。

汀州输出移民的一个重要地区是粤东北，即韶州府、惠州府北部和潮州府北部地区。根据上一节的分析，粤东北地区除了南雄外，在明初开发均相对落后，因而，有相当大的空间接纳流民。而开发程度相对较高的汀州则成为向粤东北输出移民的主要地区。下一节将重点探讨这一问题。

第三节　粤东北山区开发与流民运动

　　粤东北山区由于明代前期人口稀少，成为外来人口集聚之所。这一地区吸纳的流民主要来自汀州、赣南、湘东南以及广东其他一些府县。粤东北与赣南、闽西，以及湘东南各县之间，民间历来都有往来的通道，来自赣、闽、湘的流民就是沿着这些通道进入粤东北山区的。明末清初宁化人李世熊描述道：

　　　　惠、潮之间有铜鼓嶂、九连山，其中延袤数百里，小径穿插数十条，可以透吾汀之武平、上杭，可以透江西之赣州、南安，可以达吉安及湖广之郴、衡。[1]

　　正因为如此，福建和江西的流民很早就开始透过这些山间通道进入粤东北。赣闽籍的流民进入粤东北可上溯到北宋时期，当时有大量的"虔贼"和闽西汀州之民到粤东北山区贩盐谋利。两宋期间，赣闽籍的流民还只是取道粤东北山区，并未长久驻留，对当地影响也是有限的。到了元代，来粤流民已有定居下来的倾向。"长汀涂某以盐徒来神泉村（属大埔）于茶山下筑城聚众，号曰涂寨，自称侍郎。据上杭、金丰、三饶、程乡之地，私征赋税，传弟涂侨，盘踞二十余年。"[2]

　　到了明代，这一区域流民活动具有阶段性特征。明初至正统年间（1368—1449），有大量的流民在政府的优惠政策下，到粤东北地区入籍。明初粤东北各府县都采取了招徕流民承种荒芜田地的政策，许多流民因此顺利定居并入籍。一个很有意思的情形是，面对官府的招徕政策，流民承种荒田的积极性并不是很高。正德《兴宁县志》就有记载：

　　　　县自洪武己酉复立，凡四十余里，既而江西安远贼周三作乱，攻破县治，居民窜徙，继以大兵平荡，炊汲殆尽，仅存户二十余，编为

――――――――――

① 李世熊：《寇变记》，中国社会科学院历史所研究室编：《清史资料》第一辑。
② 光绪《嘉应州志》卷三十一《寇变》。

二图，寄附长乐，及知县夏则中招携流亡，民虽欲集而病官田税重，莫肯承籍，则中请以官田减同民产，定赋□之分民耕业，稍缀贯。①

兴宁县遭周三乱后，人户流失严重，"仅户存二十余"，面对知县夏则中的招徕政策"民虽欲集而病官田税重，莫肯承籍"，夏则中只好"请以官田减同民产，定赋□之分民耕业"。这也表明当时可耕荒田很多，流民有很大的选择余地，只有条件十分优厚的情况下才肯"承籍"耕种。官府对流民的要求也尽量满足，上面史料中兴宁知县夏则中就请求把官田减同民产让民耕种，以减轻流民的赋税负担。另外，正统己未年（1439），任韶州府同知的滕员也有类似迁就流民的举措：

> （韶州）地介江楚之冲，主户少而客户多，少拂其意辄相煽动，而翁源、乳源尤甚，员巡行开谕，许其占籍，遂与编户无异。②

正因为官府对流民的大肆招徕，有大量的流民在粤东北定居入籍。今列举其例如下：

> 明洪武二十七年，乳源贼首邝友明作乱，大军进剿腊岭西南，平之，杀戮过多，致荒民田二百余顷。招人承种，江楚闽汀之民多占籍于乳。③
> （杜宥）英宗复辟起知英德县……未几有通判韶州之命，招来流亡，客户占籍者以千数。④
> 明初地少居人，至成化间多有自闽及江右来入籍者，习尚一本故乡，与粤俗差异。⑤

以上几则史料表明，明代从洪武至成化年间，有来自江西、福建、湖

---

① 祝允明纂修：《祝枝山手写正德兴宁志稿本》卷一《乡都》，1962 年苏州文物保管委员会，据顾氏藏祝枝山手写稿本影印，第 1 册。
② 同治《韶州府志》卷二十八《宦绩录》，林述训等修，单兴诗、欧樾华等纂，同治影印本，（台北）成文出版社 1966 年版。
③ 同治《韶州府志》卷二十四《武备略·兵事》。
④ 同治《韶州府志》卷二十八《宦绩录》。
⑤ 同治《韶州府志》卷十一《舆地略·风俗》。

南等省的流民到粤东北各县承种荒田，并定居入籍。

除此之外，也有大量的流民未能入籍，但也聚居在粤东北各县。例如：

> 通济镇旧日火径，天顺以来为无籍者所据，横征阴窃，无所不至，商民病之。①
>
> 公兵备岭南，时寇横行，韶属邑乐昌为尤惨，其钣塘二里多为贼据，势日盛莫敢谁何，乃至攻城郭、劫府库，流及郴、永，事闻上，命合兵讨之。公则帅岭南之兵，先是宜章民以接壤有隙，滥指钣塘之黄圃皆为巢穴，公力办之，湖帅兵者欲核户籍之不登，与贼所攀指者而概诛之，公皆持不可。②

第一则史料中，南雄的通济镇自天顺以来有大量无籍流民聚集，且势力很大，"横征阴窃，无所不至"；第二则史料叙述的是弘治年间任岭南兵备副使王大用的事迹，从中可以看到乐昌县的钣塘有大量没有入籍的流民聚集，以致被与之有隙的宜章民滥指为盗。

自发进入粤东北地区的流民大多以佃种土著田地为谋生手段。佃种的流民还与土著发生过激烈的冲突。天顺年间（1457—1464），巡抚两广都御史叶盛就奏称：

> 广东韶州等府，逃民动以万计，俱依附土民佃田耕种。殆至年久，弱者多为土民侵害，强者遂与土民仇杀，不蚤区处，恐坐生变。③

直到弘治年间流民与土著的冲突仍然没有得到很好的解决，以致弘治元年（1488）礼科给事中李孟旸还就此事上奏称：

> 又韶州荒田，江西、福建一带窨民，多托此处老户垦田为业，其

---

① 道光《直隶南雄州志》卷十七《艺文一·通济镇记》，黄其勤纂，道光四年（1824）刊本，（台北）成文出版社1967年版。
② 同治《韶州府志》卷十九《建置略·坛庙》。
③ 万历《广东通志》卷六《藩省志·事纪五》，陈大科、戴燿修，郭棐等纂，明万历二十九年（1601）刻本，参见《中国地方志汇刊》（42—43）。

本处老户又回而告争田土，或者田土既被夺于老户，往往贼杀报怨。
乞行勘报，果在彼安业者，别设县治容其编籍，若愿附籍于旁近州县
者，亦听其便。原垦田土，量其科税。原系军籍者，查报区处。[①]

由此不难看出，随着流民数量日益增多，流民在粤东北地区处境日益
艰难。明初，流民往往能享受官府较多的优待，或减免田税，或入籍定
居，以后只能"依附土民佃田耕种"。随着"江西、福建一带窘民"日益
增多，可供承佃的田地资源也逐渐紧张，流民与土著由于争夺田地而引发
的仇杀也日趋激烈，也因此引起了官方更多的关注。但总的说来，官方在
这一时期对流民采取了较宽容的态度，李孟旸奏疏中对于流民的处理意见
中就有"果在彼安业者，别设县治容其编籍，若愿附籍于旁近州县者，
亦听其便"的提议。

从以上论述可看出，明初由于大军征剿，导致大量民田荒芜，居民逃
散。当地官员奉檄大力招附流民，而且给予流民相当优厚的政策。如减少
税额，买给耕牛等。从来源上看，流民大多来自邻近的江西、福建、湖南等
地，当然也有本地居民重新返回的可能。流民人数在一些地方甚至超过土著，
如翁源、乳源出现了"主户少客户多"的情况，兴宁则有了"城中皆客廛"
的现象。从分布区域来看，流民多流入粤东北的西部地区，且被安置在耕作
条件较好的荒芜田地上，这与粤东北的西部地区开发较早有很大的关系。

明中期以后，大量原属于里甲编户的人脱离里甲体制，逃亡各地，形
成全国性的大规模流民运动。因此，尚未大规模开发的粤东北山区成为流
民谋求生存的主要场所。这些流民脱离了明朝政府的户籍约束，没有编户
齐民身份，故此也被官方话语贴上"盗"、"贼"、"寇"的标签。已有的
研究已经对这些"贼"、"寇"的身份已有精辟的论述[②]，笔者只想在此
基础上对进入粤东北山区流民的演变进程及其分布进行梳理。

景泰至弘治年间（1450—1505），有大量的流民进入山区，与山区中
的土著人群，即猺、畲、獠、僮等共处同一场域。这也引发了一系列社会
问题，其主要表现为猺贼、峒寇、山贼、海寇频发。

表2-9列举了粤东北部分府县，流民进入山区引发的动乱情况。从

---

① 《明孝宗实录》卷十二弘治元年三月庚午条，《明实录》。
② 黄志繁：《"贼""民"之间——12—18世纪赣南地域社会》，第108—135页；刘志伟：
《在国家与社会之间——明清广东里甲赋役制度研究》，中山大学出版社1997年版，第92—108页。

表中不难看出，各县志所载的寇乱都与"山贼"、"流寇"、"流猺"等人群有关，寇乱发生地也大多位处"峒"、"山"等场域，这其实正是流民进入山区后引发的社会问题。明政府于弘治八年（1495）在赣州设立南赣巡抚，以加强对闽粤赣湘四省交界区域的控制。弘治九年（1496），南赣巡抚就要求各府县"量度远近险易要害之地，设立关隘，编金附近民壮把守，以备不虞"，最终在粤东北设立了多处关隘，"南雄府所属保昌始兴俱九处，韶州府所属仁化乐昌俱四处，翁源三处，惠州府所属长乐十一处，兴宁二处。"① 这一时期，流民虽然已被视为威胁地方安全的"贼"、"寇"，但规模较小、对当地冲击不大。② 凭借当地官府本身的力量，采取剿抚政策，流民问题也得到有效控制，南赣巡抚也"因事宁"，而于弘治十七年（1504）被裁除。

表 2-9　　　　　　　　景泰至弘治年间粤东北流民活动情况

府县名	流民活动情况	资料来源
翁源	①天顺七年，广西猺獠犯翁源，梯城燎门。是年再犯 ②弘治十一年，连山贼刘扬保入翁源黄峒，诱众作乱 ③广东河源县黄峒，流民来居，尽将峒田强占，以及逃民入峒盗住为盗	①同治《韶州府志》卷二四《武备略·兵事》 ②同治《韶州府志》卷二四，《武备略·兵事》 ③《明孝宗实录》卷一〇七，弘治八年十二月，丙子条
程乡	①正统十四年，上杭贼范大满乘邓茂七声势掠石窟、松源等都。天顺四年，海寇梁崇辉等为乱，据夏岭等村。程乡山贼罗刘宁、张福通等伪称头目，相倚生变。天顺五年春，罗刘宁寇程乡，据城剽掠 ②广东程乡皆流移错杂，习斗争，易乱	①光绪《嘉应州志》卷三一《寇变》 ②《明史》卷一八七《列传》，中华书局 1974 年版
兴宁	①成化壬寅（1482）福建流贼五百，两犯县城，城典吏江璟与民固守，一战水关口，一战西门，一战拥秀楼，交敌五日，贼不能胜而退 ②弘治癸亥（1503）流猺作乱，据大望山。其魁彭锦据大信上下傘，刘文玉据宝龙，练成才、叶清各据险，四出流劫。……统调汉达士兵剿之始息。自是以来未殄之逋，时出寇抄	①嘉靖《兴宁县志》卷三《地理部下·兵防》 ②嘉靖《兴宁县志》卷三《地理部下·兵防》

① 天启《重修虔台志》卷四《事纪一》。
② 笔者阅读了粤东北各府县志，在这一时期有关寇乱的记载寥寥无几。据此笔者认为，流民进入粤东北山区还是小规模的，对当地冲击不大。

正德以后，流民以更大规模涌入粤东北山区。这一时期，进入山区流民活动在粤东北呈现出一定差异性。进入粤北南雄和韶州等地的流民主要还是以骚扰为主，而在粤东的惠州府北部和潮州府的程乡县附近山区流民则不仅聚集而且形成了一些据点。

正德年间开始，粤北南雄府就不断有从江西而来的流民的骚扰。试举几例："正德七年，安远峒寇流劫乡村。""嘉靖三十五年，龙南贼直达小东门，焚掠民家，势甚猖獗。""嘉靖三十七年戊午春二月，龙南贼犯始兴石坑等处。""隆庆元年丁卯夏四月，龙南贼流劫乡村。"① 当地官府对于数量越来越多、力量越来越强的流民侵扰已感到无力应对。南雄府延水村的居民被迫呈请官府，愿意自费建城抵御流民的侵扰。谭大初的《延村水城记》对此事有详细描述：

> 延村旧无城，有之自庠士冯子正国始。先是龙南盗起辛酉壬戌间，殆无宁岁，正国以情闻于当道，其词曰：国等祖居延村，距城百里，连年盗贼出没无常，乡兵不敌，官军不前。当其锋者首领不存，被其掳者室农保，燃眉之急剥床以肤，人心惶惶朝不谋夕。将欲适彼乐郊，则香火之情不忍，欲修我墙屋，则仓卒之变难支。思得大庾之枫山、仁化之恩村、信丰之小江、上犹之营村、保昌之乌径、崇化。因族里之多寡，筑小城以自防，虽未必大如金汤，亦可保全老稚。辄不自揣效彼所为，欲于本村相地之宜，筑砌小城，横阔八丈，直深一十三丈，仍于取土之处积水为濠，辏集之区开门出入。愿各捐资产，不费官钱。保昌令杨君士中曰：义举也，况不须官帑，尤所嘉尚。雄守欧阳君念曰：义举也，其秉公趋事鼓舞一方。杨君复亲临区画。正为崇寰，中通街衢，西北各辟一门，西曰永昌，北曰拱辰。经始于嘉靖四十一年二月落成于次年十月。②

从中可以看出，官府对于出没无常的"龙南盗"，处于"乡兵不敌，官军不前"的尴尬境地。官府对于乡民的筑城举动不但大力赞成，而且保昌县令还亲自参与延村水城的规划，"杨君复亲临区画"。此外，冯正

---

① 道光《直隶南雄州志》卷三十四《编年》。
② 道光《直隶南雄州志》卷十七《艺文一》，《延村水城记》。

国申请筑城的呈词表明，有许多类似的以一村之力筑城自卫的情况。由此，我们不难看出流民势力的强大。韶州府乳源、乐昌等县受到东莞流民与猺峒等土著居民侵扰。康熙《乳源县志》称："东筦袁周引带乡人米三秀、胡袁等四十余人，来乳小水山，以□□□为名，知地利之险，乡人之弱，遂招亡纳叛，通深峒贼首邓象玉、魏崇通等流劫湖郴。"① 翁源、英德等县受到了聚集在清远大罗山流民的袭扰，到嘉靖四十五年（1566）流民数量更是发展到"为巢二百余所，众约四万"的规模。② 万历年间流民进入山区的数量已十分可观，庞尚鹏对清远的大罗山流民有这样的描述，"三省避役逃罪奸民，与百工技艺之人，杂处于中，分群聚党，动称万计，素以剽夺为生。始渐掳掠乡村，后乃攻劫郡县。永乐以来，屡勒铁钺。"③

这一时期，流民在粤东的大帽山、浰头、岑冈等处大量集聚。大帽山本名大望山，位于兴宁县北九十里，南界潮州府的程乡，北界赣州府的安远县，层峦叠嶂，茂林丛棘，横亘三省，是赣粤闽三省流民集聚的场所。时人欧阳铎对此有这样的描述："跨连三省，去县治远，旁邑又悬不相及，贼穴其中，断西南二路，兰石布渠，答即无道可闻，异时掉臂往来，莫有问者。"④ 弘治末年，已有大量流民进入山中"时猺寇据之，势张甚。其魁彭锦据大信上下輋，刘文宝据宝龙，练成才、叶清各据险要，四出流劫。"⑤ 到正德年间流民数量和势力进一步增长，"聚徒数千，流劫乡村，攻陷建宁、宁化、石城、万安诸县，支解平民，捉掳官吏。"⑥ 这也迫使明廷调集赣粤闽三省兵力，分别从江西安远、广东程乡、福建武平三路进剿，才对集聚在大帽山的三省流民势力有了一定的控制。事后的战报称，"总计擒斩首从七千有奇，俘获贼属一千八百有奇，夺回良善一百

---

① 康熙《乳源县志》卷七《武备》，张洗易修、李师锡纂，清康熙刻本，《稀见中国地方志汇刊》（44）。

② 同治《韶州府志》卷二十四《武备略·兵事》。

③ 庞尚鹏：《百可亭摘稿》卷一《建府治以保万世治安疏》，《四库全书存目》（集部），第 129 册。

④ 欧阳铎：《欧阳恭简公文集》卷十三《新城黄乡保碑》。

⑤ 嘉靖《惠州府志》卷一《事纪志》，姚良弼、杨载鸣纂，明嘉靖刊本影印，《天一阁藏明代方志选刊》第 19 册。

⑥ 光绪《惠州府志》卷十七《郡事上》，刘溎年修，邓抡斌等纂，清光绪七年（1881）刊本，（台北）成文出版社 1966 年版。

四十有奇，职仗一千一百有奇，焚荡巢穴以屋计有七千九百有奇。"①
遭焚毁的房屋有近八千之多，可以推知大帽山聚集的三省流民应在几万人
左右。

涮头位于"龙南、龙川接壤之所曰涮头水，其旁皆崇山绝壑，诸不
逞者盘踞其间。"② 王守仁在《添设和平县治疏》中提到"涮头、岑冈等
处叛贼池大鬓等，魁首动以百十，徒党不下数千，始则占耕民田，后遂攻
打郡县。谢玉璘、邹训等倡乱于弘治之末，而此贼已为之先锋；徐允富、
张文昌继乱于正德之初，而此贼复张其羽翼；荼毒三省。二十余年以来，
乃为三省逋逃之主，遂称群贼桀骜之魁。捉河源县之主簿，虏南安府之经
历，绑龙南县之县官，戮信丰所之千户；肆然无忌。规图渐广，凶恶日
增。"③ 从王守仁的奏疏中可以看到，弘治末年已有流民在此啸聚，而到
正德年间数量越来越多，"魁首动以百十，徒党不下数千"。各股流民拥
立了自己的首领池大鬓，"二十余年以来，乃为三省逋逃之主，遂称群贼
桀骜之魁"，并且势力十分强大"捉河源县之主簿，虏南安府之经历，绑
龙南县之县官，戮信丰所之千户。"正德十三年（1518），王守仁对在涮
头聚集的以池大鬓为首的流民势力进行征剿，虽然最终捕杀了池仲容
（即池大鬓）等流民头目，但对人数众多的流民也不得不采取就地入籍安
置的方法来解决。他在《涮头捷音疏》中也承认"其间多系老弱，及远
近村寨一时为贼所驱胁、从恶未久之人，今皆势穷计迫，聚于九连谷口，
呼号痛哭，诚心投招。臣遣报效生员黄表往验虚实，果如所探。因引其甲
首张仲全等数人前来投见，诉其被胁不得已之情。臣量加责治，随遣知府
邢珣往抚其众，籍其名数，遂安插于白沙。"④ 另外，他还请求在龙川的
和平峒设立和平县，以便把从各处涌入的人数众多的流民纳入官府的控制
之中。他要求"将先年各处流来已成家业寓民，尽数查出，责令立籍，
拨补绝户图眼，一体当差。"⑤

王守仁设立和平县并没有根本上解决该地流民问题。到嘉靖年间，和

① 嘉靖《虔台续志》卷二《事纪一》。
② 光绪《惠州府志》卷十七《郡事上》。
③ 王守仁：《王阳明全集》卷十一《别录三·添设和平县治疏》，上海古籍出版社 1992 年
版。
④ 王守仁：《王阳明全集》卷十一《别录三·涮头捷音疏》。
⑤ 王守仁：《王阳明全集》卷十一《别录三·添设和平县治疏》。

平岑冈又成为流民聚集的新据点。嘉靖六年（1527），原来也曾是浰头池大鬓手下的曾蛇仔、卢源、鬼吹角、黄尚琦等招抚"新民"又开始"背招倡乱，流劫河源、翁源诸乡村"，在这些"浰头余党"中李鉴势力最大，"拥众山谷间，时纵掠，有司莫敢问"。① 官府对于以李鉴为首的这伙"新民"也是颇为头痛，时抚时剿。李鉴曾与官府合作，杀死另一伙新民首领曾蛇仔，并帮助救出被俘虏的赣州府通判董鸣凤。② 李鉴为此曾获得官府的封赏，"给以冠带，使戢群贼。"③ 但随着以李鉴为首的新民集团势力的进一步坐大，官府被迫两次采取围剿行动，但效果并不理想。一次是在嘉靖二十七年（1548），官府派出以谢碧为首的新民团伙，进击李鉴的岑冈巢穴，双方各有伤亡。事后时任惠州知府沈垣出面调停，李鉴则以"自缚服罪，支附皆解散"应付了事。④ 另一次是在嘉靖三十一年（1552），南赣巡抚张烜带领官兵和一些新民团伙再次围剿岑冈。然而李鉴事先得到消息，率部扮成官军，伏击了前来围剿的官兵和新民，并溃围而去。⑤ 岑冈的流民团伙首领出现了家族化的倾向，李鉴死后其子李文彪"杀兄文高、文湧自立"⑥，至嘉靖四十五年（1566），"文彪死，李珍继之"，其后江月照，因为李珍"愚懦无能为"而取得了实际的领导权。⑦ 直到万历十六年（1588），李氏家族由于其自身失去流民支持"莫不怨怒，思归命朝廷非一日矣"⑧，加上官府围剿，最后被"擒斩二百四十六人"、"俘获贼属四十口"，遭灭族命运。⑨

正德以后，进入粤东北山区流民活动呈现多样化的趋势，除了传统意义上的佃耕土地之外，经济作物的种植和开矿射利是流民活动的主要

---

① 郭棐：《粤大记》根据明万历刻本点校，广东人民出版社 1998 年版；陈瓒：《广东按察使金事施公雨行状》，《国朝献征录》卷九十九《广东一》，第 158 页；光绪《惠州府志》卷二十九《人物·名宦·施雨》。

② 姚镆：《东泉文集》卷六《平韶州翁源县流贼疏》；潘希曾：《竹涧集奏议》卷三《剿平流劫叛贼疏》。

③ 海瑞：《海忠介公全集》卷五《龙南令雁峰吴公墓志铭》。

④ 邓晓：《广东惠州知府沈君垣墓铭》，《国朝献征录》卷一〇〇《广东二》。

⑤ 嘉靖《惠州府志》卷一《事纪志》。

⑥ 乾隆《安远县志》卷八《艺文》，吴百朋：《奏议二》。

⑦ 万历《惠州府志》卷二十《杂志》。江月照的身份有两种说法：一是李文彪的女婿，一是"妻其故妻，子其子"，即指江月照入赘李家，但是，其是李氏家族成员的身份却是毫无疑问的。

⑧ 万历《惠州府志》卷二十《杂志》。

⑨ 《明神宗实录》卷一九七，万历十六年四月辛酉条，《明实录》。

形式。

正德初年，湖广人就曾流入韶州府五石、番岭、尧山各处，偷采铅锡，后遭官府查禁。① 嘉靖初年两广总督姚镆的报告中称："广东惠、潮二府，接连江西、福建二省，先年盗贼相继为害；盖由各处射利之徒广置炉冶，通计三四十处，每冶招引各省流民、逃军、逃囚，多则四五百人，少则二三百人不等。"② 从姚镆的报告中看，开矿多是各省流民，而人数已非常可观，开矿场所"通计三四十处"，每处人数"多则四五百人，少则二三百人不等"，平均计算一下，大约有一万五千人之众的流民在惠、潮二府各山区开矿。而到了嘉靖三十六年（1557），据郭棐的记载，矿徒在韶州、惠州各府"盗矿倡乱，转相煽诱"，"为巢二百余所"，聚众已达四万余人。③ 人数众多的流民在山区开矿，一旦官府封禁，众多开矿流民生活无着落，从而造成了严重的社会问题（见表 2 – 10）。明人叶春及对此有详细的描述："先是长乐、海丰之间逃军坑有银穴，河源密坑亦有之，两处并开，则豪民往往膻附，及封穴，所获不足更费拆阅，遂持戟而起。……奸民渾沸乘衅俱发，索随和建名号者不可胜数。程揭之盗又倾洞其间，大群数千人，小群数百人，凡数十百群，东至兴宁、长乐、程乡、揭阳，北至河源、龙川，西至博罗，南至归善、海丰以及东莞，无不罹其锋者。"④ 嘉靖《广东通志初稿》也记载："韶、惠等处，系无主官山，产出铁矿。先年节被本土射利奸民，号山主、矿主名色，招引福建上杭等县无籍流徙，每年于秋收之际，纠集凶徒，百千成群，越境前来，分布各处山峒，创寨驻扎。"⑤ 综合研判，矿主多是当地"豪民"，以"山主、矿主名色"为号召，矿徒多是湖南、福建、江西等省的流民、逃军、逃囚各色人等。

流民来到山区还针对当地自然环境，进行适合山区的经济作物生产。蓝靛的种植是明代流民谋利的重要手段。光绪《惠州府志》云："上杭、武平豪民利蓝靛种艺者，记虑二千余人，聚众则行强，失则为乱，嘉靖末

① 同治《韶州府志》卷十一《舆地·物产》。
② 姚镆：《东泉文集》，《四库全书存目丛书》（集部），第46册]卷八《督抚事宜·一禁炉冶》。
③ 郭棐：《粤大记》卷三《事纪类》，第45页。
④ 万历《永安县志》卷二《前事志第八》，叶春及，明万历刻本，国家图书馆藏。
⑤ 嘉靖《广东通志初稿》卷三十《铁冶》，戴璟、张岳等纂修，据明嘉靖刻本影印，《北京图书馆古籍珍本丛刊》（史部·地理类）三八。

表 2 - 10　　　　　　　　　流民在粤东北各府县开矿情况

府县名	开矿地	矿类	矿徒来源
英德县	五石岭、尧山	锡、铅矿	湖广人
	蓝溪山	银矿	来历不明
	逃军坑	银矿	巨寇伍端
长乐县	羊肚湖、长埔	银矿	奸民陈万全、赖鞠、汪宗信等
	岐岭、下塔、金坑口、横流渡	金矿	长乐县商人
韶州府、惠州府	无主官山	铁矿	福建上杭等县无籍流徙
曲江县	火烧山	铁矿	炉商召集工丁，土著与外来者相杂其间，俱系赤贫无赖之辈
	大旺岭	煤矿	土棍串商
乳源县	铁山	铁矿	近山居民召集亡命
乐昌县	墟头江山场	银矿	土棍勾引楚匪

资料来源：同治《韶州府志》卷十一《舆地略》；康熙《乳源县志》卷七《武备》；光绪《惠州府志》卷四《舆地·山川》；道光《长乐县志》卷七《前事略》；万历《永安县志》卷二《前事志第八》；嘉靖《广东通志初稿》卷三〇《铁冶》；雍正《广东通志》卷六十二《艺文志四·请添设汛防疏》。

年遂成长吉（按：长吉在惠州长宁县，今新丰县境内）大盗。"① 天启三年（1623）四月，即有"邻邦封亡赖阑入惠州界，假种靛为名，实繁有徒，结伙为盗"。② 崇祯初年，因来自福建的种蓝流民与当地土民发生矛盾，还导致当时知府下令驱逐，从而引发种蓝流民的骚乱。③ 在韶州府，还有来自浙江的流民在深山种植香菇获利。同治《韶州府志》记载道："香菇产属内深山，浙人来此赁山，伐桑樟等木横置于地，凿空藏水，隆冬菌冒雪生，曰雪菇，有花纹曰花菇。"④ 清初屈大均指出永安"县中杂多秀氓，其高曾祖父，多自闽江潮惠诸县迁出徙而至，名曰客家，比屋诵

① 光绪《惠州府志》卷四《舆地·山川》。
② 天启《重修虔台志》卷十一《事纪八》。
③ 光绪《惠州府志》卷十七《郡事上》。
④ 同治《韶州府志》卷十一《舆地略》。

读勤会文，富者多自延师，厚修脯，美酒馔，贫者膏火不继亦勉强出就，外传户役里干皆奇民为之，中无士类焉。……西南乌禽嶂罗坑诸处人，尤作苦锄輋莳谷，及薯蓣、菽苴、姜、茶油，以补不足，名曰种輋。"① 这些"种輋"流民从事的主要是靠山吃山的经济作物种植。

起初，流民是以比较缓和的形式进入粤东北山区佃耕田地的。万历十六年（1588），永安县（隆庆元年新设），"田地莱芜，灌莽极目，于是异邑民入界而田之"，当时进入的客民有粤东兴宁、长乐人，还有来自江西的安远人和福建的武平人。② 这些"客民"刚到时"厚馈田主，得耕之后，惟其所欲与"，以后甚至发展到"劫辱人家，与强贼无异，土民畏懦不敢控诉"③。以至万历二十三年（1595），两广都御史陈大科与当地官府共同发布"拘客民八约"，其中规定"府县修举乡约之法，督名招主，将客户俱赴附近约正处报名编管，有作奸犯科如前项者，许约正据实开报，以凭拘审，情小则约正自行处分。"④ 在南雄府也出现了类似的情况，"介岭而郡，故客寓恒多；因山而田，故富岁恒少。富浮于主，则有强壮盈室而不入版图者矣；山浮于田，则有岁或不秋而在于秋徙他业者。"⑤ 史料表明，这一时期进入粤东北山区的"客民"不但人数众多，而且势力越来越大，以致当地土著都受其欺凌。

崇祯年间至清初，由于时局动荡，粤东北山区流民活动也十分活跃，也使这一地区"山寇"、"流贼"问题显得日益突出，粤闽赣三省交界的粤东北东部山区流民引发的寇乱尤为严重。崇祯元年（1628），聚居在程乡石窟等处的流民苏峻、龚义、钟岳等围攻石窟镇、平远县城甚至波及江西的会昌、定南等县。当时流民聚居之处有"员子山、梅子畲四十余寨"，最后明廷利用剿抚兼施的办法，暂时控制了局面。⑥ 但到了崇祯四年（1631），粤东的九连山和铜鼓嶂两处流民又大量聚集，从而引发了当

① 屈大均：《永安县次志》卷十四《风俗》，载《屈大均全集》，清康熙刊本，人民文学出版社 1996 年版，第 86—87 页。

② 光绪《惠州府志》卷十七《郡事上》。

③ 同上。

④ 同上。

⑤ 嘉靖《南雄府志》卷下《食货》，胡永成修，谭大初编，明嘉靖二十一年（1452）刻本，天一阁藏明代方志选刊续编，第 66 册。

⑥ 乾隆《嘉应州志》卷八《杂纪部·寇变》，王之正纂修，清乾隆十五年（1750）刊本，上海图书馆藏。

地社会的动荡。对于九连山流民聚集情况，时人黄士俊有这样的描述：
"山则九连，高造层霄，广环四省，丛箐叠嶂，万壑千溪，奸宄逋逃倚为
窟穴，中一二桀黠，役知驱使诸不逞，动至千万人，蚁聚蜂屯，出剽乡
落，恣所虔刘蹂躏。急则兽窜鸟飞，凭恃阻深，妄谓莫我谁何？甚且夜郎
王自大也。"① 由于九连山"广环四省，丛箐叠嶂，万壑千溪"，有来自粤
闽赣湘四省的"奸宄逋逃倚为窟穴"，而且人数众多"动至千万人，蚁聚
蜂屯"。这些"奸宄逋逃"根本不受官府的控制，所谓"妄谓莫我谁何？
甚且夜郎王自大也"。程乡的石窟都流民活动同样让官府感到无所适从，
当时负责围剿的官员报告称"石窟都向产盗贼……地方良民既避贼并避
兵，相率远徙亡命，不宄结茅以居，丑类繁多，致程乡之廖陂、蓝坊、松
源化为贼随，芟雉蔓延。"② 但他们也不得不承认："无奈余孽原是百姓，
朝方为民而暮可为贼，在家则民而出外即贼，零星则民而啸聚即贼，父兄
则民而子弟即贼，诚有诛之不可胜诛，散之无处能散者。"③ 对于这样一
些亦贼亦民的流民，官府在围剿流民聚居的"巢穴"后，也只好建立县
治，采取"愿充兵者充兵，愿归农者归农"办法，尽量将流民纳入官府
的控制之中。

在粤北地区，由于崇祯年间湖南发生饥荒，大量流民开矿谋生。时人
黄士俊记载："崇祯丙子（崇祯九年），楚饥，穴寇四出剽掠，附以矿徒，
势日炽。丁丑夏陷大桥，胁从宁溪，伪号划平王，斩木揭竿，择人而食，
燎原不可向迩矣。……不半朞而窥乳源者五，乳之不为，乐昌续几希
尔。"④ 从"楚饥，穴寇四出剽掠"来判断，应该是湖南的流民来到粤北
山区开矿，由于人数众多"势日炽"，从而引起了当地的骚乱。实际上，
由于粤北山区矿藏丰富，有清一代，流民来此开矿就从未间断过。康熙年
间赵弘灿的《请添设汛防疏》中指出："窃照广东韶州府属地方，山深箐
密，其中多有矿坑。自禁止开采之后，不法之徒，每每潜行偷挖，或无砂
可得，或借铁炉佣工为名子，则合伙抢夺，由是附近村庄零星散处者，恒
有刮掠之事。……再臣查勘一带山场，多有炉商开炉煽铁，其召集工丁，

---

① 雍正《广东通志》卷六十《艺文志二·建连平州治碑记》。
② 《明清史料乙编》第七本，中研院历史语言研究所编：《明清史料》，（台北）维新书店
1972 年再版，第 666—687 页。
③ 同上。
④ 雍正《广东通志》卷六十《艺文志二·张督府平寇碑记》。

土著与外来者相杂其间，俱系赤贫无赖之辈。炉商随便容留，来则不查其踪迹，去则任听其所之，是以往往入于匪类。迨追捕急迫，则又窜匿，铁炉为藏垢纳污之地。"① 由于"韶州府属地方，山深箐密，其中多有矿坑"，吸引诸多"外来者"来此开矿，这些人"系赤贫无赖之辈"，当然是流民无疑了。另外同治《韶州府志》中《乐昌墟头江禁采银矿案略》记载："道光二十一年土棍勾引楚匪采挖墟头江山场银矿，滋害乡村，绅民禀县详道由道详院，奉梁抚宪批严禁缉办。……今查墟头江山场邻近楚省郴桂、宜章，竟有乐邑棍徒勾引楚匪聚众盗挖矿山，实属大干法纪。"② 其中提到的乐昌县的"土棍勾引楚匪采挖墟头江山场银矿"，被称为"楚匪"的应该是来自湖南的流民。

综合以上资料分析，可以发现，流民进入粤东北地区既有阶段性共性，又具有地区性差异。从阶段性来看，明初洪武至宣德年间，流民进入大多是借官方招抚且能顺利入籍定居。正统至弘治年间，流民多以流寇形式侵扰，但规模较小，对当地的冲击也弱，大多流民被官府围剿和驱逐。正德至嘉靖年间，流民仍然是以流寇为主要形式进入，但也有以矿徒开矿的形式进入。这一时期，流民的规模和力量都十分可观，官府的力量难以控制，有相当数量的流民凭借着官府的招抚和安插定居下来。隆庆至天启年间，流民多以"客民"的形式进入，大多以佃种田地为业。明末至清中期，流民活动除了明清鼎革时期较活跃外，随后进入较平稳阶段。

就地区性差异看来，粤北地区开发较早，因而土著势力强大，因此除明初少数流民在官府大力招抚下能入籍定居外，而在其他时期，来自江西南赣地区和湖南地区的流民，大多只能以流寇和矿徒形式进入粤北山区，加之由于土著势力过于强大，粤北山区的流民无法形成较稳定的定居点，只要官府围剿往往就逃回原籍。粤东山区的情形则刚好相反，流民势力远远超过土著，因此流民往往能以家族的力量为基础，在一些比较险峻的山区，形成稳定的流民定居点。这些定居点的流民敢于且有力量对抗官府的围剿，并凭借着官府的招抚成为新民，被安插在当地，虽然几经反复，但最终能入籍定居下来。

就流民本身籍贯而言，进入粤北山区的多是邻近的赣南、闽西和福

---

① 雍正《广东通志》卷六十二《艺文志四·请添设汛防疏》。
② 同治《韶州府志》卷二十一《经政略·附例禁案略》。

建、浙江流民。虽然我们没有办法进行数量上的统计，但是可以推测出汀州籍流民数量比较多，其次是来自赣南和湖南的流民。

之所以说汀州流民数量多原因有二：一是如前所述，汀州开发比较早，加之山地多，平原和盆地少，因而向外移民的压力比较大；二是汀州籍流民比较早掌握了很多经济作物的种植技术，其中，尤其值得提及的是蓝靛和烟草种植技术，明代的粤东北和赣南地区，汀州流民似乎一直充当了这两种经济作物的引进者。

明人曾经这样说汀州人，"惟汀之菁民，刀耕火种，艺蓝为生，遍至各邑结簝而居。"① 而粤东北地区是这些结簝居住的汀州人进入的重要地区，嘉靖《广东通志稿》有记载曰：

> 韶、惠等处，系无主官山，产出铁矿。先年节被本土射利奸民，号山主、矿主名色，招引福建上杭等县无籍流徒，每年于秋收之际，纠集凶徒，百千成群，越境前来，分布各处山峒，创寨驻扎。②

这一段记载明确告诉我们，大量上杭等地流民进入粤北山区开矿。但实际上，在韶州和惠州开矿的主要是湖南人。汀州人进入山区，主要的活动仍然是从事蓝靛等经济作物的种植，《惠州府志》有记载说："上杭、武平豪民利蓝靛种艺者，无虑二千余人，聚众则行强，失收则为乱，嘉靖末年遂成长吉大盗。"③ 种蓝活动一直持续到明末，天启三年（1623）四月，即有"邻邦封亡赖阑入惠州界，假种靛为名，实繁有徒，结伙为盗"。④

汀州流民烟草种植技术来自漳州人，但比赣南和粤东北人掌握更早，因此，最初进入粤东北种植烟草的应是汀州人。但是，从史料上看，汀州人最先把烟草技术带到赣南，到了清代中期才逐渐转移到粤北地区。道光《直隶南雄州志》记载了山地种烟叶给当地带来的巨大的利润，"烟叶，

① 熊人霖：《南荣集文选》卷十二《防菁议上》，日本内阁文库藏崇祯十六年（1643）影印本，中研院傅斯年图书馆藏，转引自唐立宗《在"盗区"与"政区"之间：明代闽粤赣湘交界的秩序变动与地方行政的演化》，《台湾大学文史丛刊》（118），（台北）台湾大学出版委员会2002年版，第149页。
② 嘉靖《广东通志稿》卷三十《铁冶》，中华全国图书馆文献缩微复制中心，2001年。
③ 光绪《惠州府志》卷四《舆地志》。
④ 天启《重修虔台志》卷十一《事纪八》。

旧志未载，近四五十年渐增植，春种秋收，每年约货银百万两，其利几与禾稻等"。① 由此看来，明代汀州人在粤东北地区种植的经济作物主要还是蓝靛。

明清时期大量流民进入粤东北山区，虽然造成当地秩序的一度失衡，但也促进了山区的开发。流民进入山区之后，开垦出许多田地。在明代文献中，常常提到在"盗贼"巢据的山区有大量为贼所占据的良田。如王阳明在提议设立和平县的《添设和平县治疏》中记载：

> 浰头、岑冈等处叛贼池大鬐等，魁首动以百十，徒党不下数千，始则占耕民田，后遂攻打郡县。……和平峒地方原有二千余家，因贼首池大鬐等作耗，内有八百余家投城居住，尚存一千余家。本峒羊子一处，地方宽平，山环水抱，水陆俱通，可以筑城立县于此；招回投城之人，复业居住。分割龙川县和平都、仁义都并广三图共三里，及割附近河源县惠化都，与接近江西龙南县邻界，亦折一里前来，共辖一县。及将先年各处流来已成家业寓民，尽数查出，责令立籍，拨补绝户图眼，一体当差。……及差委公正府佐二官一员，清查浰头、岑冈等处田土，除良民产业被贼占耕者照数给主外，中间有典与新民，得受价银者，量追价银一半入官，其田给还管业；其余同途上盗田土，尽数归官卖价，以助筑修城池官廨之用。②

疏中提到"占耕民田"，"清查浰头岑冈等处田土"，"其余同盗田土尽数归官"实际都是流民进入山区后开垦出的田地。像这类由流民在山区开垦出来的田地还有很多。如嘉靖年间任岭东佥事尤瑛提到："山谷中多良田，流民杂居，易于啸聚，出劫分赃则贼多，归营守险则贼少，盖皆近巢居民半为贼党故也。"③ 又如万历初年（1573），惠州鲍时秀据义都猴岭，"分部各贼占夺该都田土万余亩，筑城统众，专擅杀戮，以次蚕食邻州县"。④ 万历年间两广总督吴文华平定岑冈后"捕胁从千五百人，皆释

---

① 道光《直隶南雄州志》卷九《舆地略·物产》。
② 王守仁：《王阳明全集》卷十一《别录三》。
③ 嘉靖《惠州府志》卷一《事纪志》。
④ 郭棐：《粤大记》卷三《事纪类·山菁聚啸》。

弗诛，没贼田几五千亩，以予屯卒。"① 毫无疑问，这些官方眼中的"贼田"其实都是流民开发山区的成果。

流民不但在山区开垦了大量的良田，而且所从事的粮食生产也取得了很好成效。如明嘉靖二十年（1541）进士洪朝选就因为广东惠州、潮州一带的开发颇有进展，"潮之谷多自程乡，饶平山县而出"，每石价钱低廉，以"潮惠山县及漳州山县颇有收成"为由，提议"听商人自往彼处收籴"。② 设县于隆庆三年（1569）的永安县，本是归善、长乐、龙川三县交界的地区，是官方眼中著名的"盗区"，直到万历年间还是"山谷中多良田，流民杂居易啸聚，出则贼多，归则贼少，皆近巢居民半为贼党"③ 的局面，然而经过流民近百年开发，到清初则是另一番景象了。屈大均是这样描绘永安县乡村面貌的：

> 至林田，渐有大村，高下棋列。稻田随山势开垦，徂夷相半，多狭长细零，无有方广至数十亩者。……谷贵则种峯者多，益尽地力。田虽稀少而峯多，无农不峯，则无山不为村落。县之富庶，可计日而俟也。
>
> 永安既县，违惠州府城二百余里。……县有古名、宽得、琴江三都。幅员几七百里，连峦复嶂尽其地，溪隧谽谺少夷衍，或二三十里无室庐。然地肥美，饶五谷，三都皆然。三都一曰古名都，自榄溪入，筰行二百里至火带。自火带以下皆秋乡江，旁溪注之甚众。水道纡曲，舟行半日，从陆以趋，尚不及数里云。两山麐沓，江流如线，树木蔚荟，多郁燠之气。民皆佃作，地腴多谷。秋冬间，衔接漕归。一曰宽得都，北界河源，二合南趾，古名"东入"县。而佛子凹绾毂其口，龙川江西下，都之门户在焉。义容、神两江皆皇流，衡贯都内入龙川江，而神江之源最远。聚落数十，盘错两江间。被山排崎，丰草茂树，散为夷陆，原隰衍沃，自昔以为上田。……一曰琴江都。……民务稼穑，饶积聚，有余以出米潭、大梧至潮。④

---

①　王世贞：《弇州续稿》卷一三五《御史大夫吴公平岑冈猺蛮碑》，《四库全书》本，第1283册。

②　洪朝选：《洪芳洲公文集·洪芳洲先生读礼稿》卷三《杂着·代本县上救荒事宜》。

③　万历《永安县志》，转引自《永安三志》卷六《邑事》，叶廷芳等纂修，（台北）成文出版社1964年版。

④　屈大均：《广东新语》卷二《地语》，《元明史料笔记丛刊》。

此时的永安不但有随山势开垦的众多良田，而且粮食产量也很可观。粮食不但满足了本地需要，而且还"有余以出米潭、大梧至潮"了。曾被视为"贼巢"的平远石窟都，在万历二十四年（1596）任平远县令的王文雷笔下还是"空山无地种桑麻，烟火依稀四五家。唯有春风深谷里，年年遍发野棠花"的景象。① 到明末虽然已经设立了镇平县，但还是十分荒凉，崇祯十年（1637）任邑令的胡会宾感叹："五总倡乱，钟孽继之，或流于纵，或失之激，既已莫可究诘，然而玉石俱焚，至今山鬼犹号，表燐屡见，可胜痛哉!"② 而到了雍正年间，已有借粮三千石给支潮阳兵饷的能力，连当时任潮阳令的蓝鼎元也羡慕不已地说："且镇平小邑，尚能急公，有盈余贷给，岂潮阳而甘出其下?"③

可见，到清代中期，粤东北地区开发已经基本完成，昔日荒凉的山区已经变成了人口稠密之区。

第四节　本章小结及讨论

关于明清赣闽粤边界的开发，学界关注比较多的是赣南，有关赣南山区的开发和研究比较集中，因此本章没有单独讨论赣南山区开发和流民问题。④ 笔者只想指出一点，即清初大量流民进入赣南是因为赣南发生了严重战乱，土地大量荒芜并不完全是山区开发的结果。顺治八年（1651）江西巡抚夏一鹗呈述说：

---

① 乾隆《镇平县志》卷六《艺文志·早春过石窟山中》，潘承焯、吴作哲纂修，清乾隆四十八年（1783）刊本，（台北）故宫博物院图书文献馆藏。

② 乾隆《镇平县志》卷六《艺文志·旧志序》。

③ 蓝鼎元：《平台纪略》，《序·行述》，四库本。

④ 参考前引曹树基《明清时期的流民和赣南山区的开发》；万芳珍、刘纶鑫《客家入赣考》、《江西客家入迁原由与分布》；于少海《试论明清赣南商品经济的发展》，《江西师范大学学报》1997 年第 1 期；谢庐明《明清赣南农村墟市的发展与社会经济的变迁》，《赣南师范学院学报》1998 年第 5 期；黄志繁《清代赣南市场研究》，南昌大学，硕士学位论文，1998 年；饶伟新《经济作物的种植与清代赣南农村经济困境》，《赣文化研究》第 10 期，（香港）文化中国出版社 2003 年版；《清代山区农业经济的转型与困境：以赣南为例》，《中国社会经济史研究》2004 年第 2 期；饶伟新《明代赣南的移民运动及其分布特征》，《中国社会经济史研究》2000 年第 3 期；方志远《湘鄂赣地区的人口流动与城乡商品经济》，人民出版社 2001 年版。

　　至于田地，他省条议荒残，不过无耕牛，无种粒，无田器；独江省先无男耕女馌之人，以至膏腴上田，土结水枯，极目秋原，草深数尺。今除九江造报无荒外，实计通省有主荒田44566顷有奇，无主荒田24398有奇。……至于赣州荒31377石零，南安荒10822石零，计米而言，又在十府荒芜总数之外。然此皆指民产也。他如卫所屯田边地，军裁弃产；逃宗逆宦，畏罪抛乡，佃不敢承，官难召种，则又榛荆蔽野，有田久与无田同矣。伤哉江土！有水荒，有旱荒，有贼荒，有兵荒，有逃荒，有绝荒。荒不一，而抛荒之惨，亦亘古未闻，实有司道未尽开造者。①

　　在这种情形下，官方想方设法招抚各地流民进入赣南开垦，而流民进入数量也依照各地荒芜程度不同而有数量的多寡。根据夏一鹗的呈报，笔者整理了赣南各县清初荒芜的情况如表2－11所示。

表2－11　　　　　　　　　清初赣南各县荒芜程度对照

县名	原额田粮（石）	见耕熟田（石）	无主荒田（石）	伤残及应蠲免情况
赣县	18345.7	3676.0	14690.0	伤残独重，荒芜最多，应蠲免七分，应征三分
兴国	13148.0	2260.2	10888.3	
宁都	21143.8	19273.4	1872.3	荒芜虽少，伤残亦重，应蠲免五分，应征五分
石城	4572.3	2322.0	2250.3	
南康	15301.9	9803.7	5497.0	
崇义	3788.7	1782.5	2005.0	
大庾	5779.0	3876.8	1902.2	近城伤重，远乡稍轻，应蠲免三分，应征七分
定南	686.5	576.8	119.7	
上犹	3040.2	1622.4	1417.8	伤残稍轻，民多复业，应蠲免二份，应征八分
雩都	4315.3	3449.0	866.2	
瑞金	1544.5	970.7	573.8	

　　①《江西省顺治初期迭遭兵祸地荒人亡严重情况》，顺治八年（1651）六月二十六日江西巡抚夏一鹗提，《户部抄档：地丁题本——江西（三）》，转引自彭雨新编《清代土地开垦史资料汇编》，武汉大学出版社1992年版，第5—6页。

县名	原额田粮（石）	见耕熟田（石）	无主荒田（石）	伤残及应蠲免情况
信丰	1943.8	1882.3	61.4	伤残更轻，田粮亦少，虽荒芜之多寡不同，而民皆安业，而酌量劝输，似应照额全征，不敢概议蠲免
会昌	835.2		27.6	
安远	471.0		2.0	
长宁	237.0		87.7	
龙南	3666.0			

资料来源：《顺治前期江西虔属各县兵祸之后凋残实况》，顺治八年（1651）九月二十六日南赣巡抚刘武元题，《户部抄档：地丁题本——江西（二）》，转引自彭雨新编《清代土地开垦史资料汇编》，武汉大学出版社 1992 年版，第 6—9 页。

从表 2-11 中可以发现，荒芜比较严重的是赣南中东部的拥有较大平原的县份，而荒芜程度最低的是赣南南部的山区县，这主要是因为中东部乃政治中心，容易受战争影响。康熙十三年（1674），吴三桂叛乱，又波及赣南，不过，这次影响不及清初，但也导致了部分地区土地荒芜，当时的江西巡抚王新命说："江右接壤楚粤闽浙，自遭诸逆变叛，人民死徙，田土荒芜，伤残蹂躏之状，荡析仳离之惨，十倍他省……但自十三年变叛之后，杀戮逃亡人丁 70 余万口，抛荒田地 17 万余顷"。

比较而言，粤东北和汀州则受战争影响要小得多。顺、康、雍时期，福建全省呈报荒地垦额，汀州府无数字呈报。雍正五年（1727），广东省劝垦之民无几，尤以粤东为最。[①] 因此，由于战乱，清初赣南有大量广东、福建流民进入。

闽西和粤东北的山区开发状况研究较少，而且大多是论述至商品经济发展的时候才有所涉及。[②] 对三地开发的综合研究则鲜有论及，目前所见，只有梁肇庭的研究对赣闽粤的边界地区开发有所论述，但他的论

[①]　彭雨新编：《清代土地开垦史资料汇编》，中国农业出版社 1990 年版，第 572、576 页。

[②]　徐晓望《明清闽浙赣边区山区经济发展的新趋势》，载傅衣凌、杨国桢主编《明清福建社会与乡村经济》，厦门大学出版社 1987 年版，第 193—226 页；戴一峰《区域性经济发展与社会变迁——以近代福建地区为中心》，岳麓书社 2004 年版，第 97—196 页；黄挺《明清时期的韩江流域经济区》，《中国社会经济史研究》1999 年第 2 期；刘正刚《汀江流域与韩江流域的经济发展》，《中国社会经济史研究》1995 年第 2 期。

述是放在一个整个南方山区开发的大背景下论述的。① 这种状况固然是由于该区域涉及面积较广，研究者惮于资料的查找和对比，但更重要的原因是，学界普遍局限于以省界作为划定研究区域的天然界限，而缺少从学理上重视将赣闽粤边界地区作为解决学术问题之个案的理念。② 事实上，笔者以为，正是对赣闽粤边界地区开发状况缺少细致的对比和研究，才会导致对该区域的流民运动状况认识不清晰，产生一些误差。

由于受罗香林影响，学界比较重视中原移民和"客家"移民中的"畲"、"猺"成分，但普遍忽视赣闽粤区域内部的移民。严格地说，区域之间的移民几乎没有规律可循，也不受所谓的省界影响。但是，赣南、闽西、粤东北之间三个区域之间确实长期存在相对固定的行政界限，③ 这就导致了三地地区开发和流民运动呈现不同的轨迹。

根据前面几节的论述，我们可以看到，汀州在宋元时期已经得到了一定程度的开发，至明代中期大面积的山区开发基本停止，赣南则只有平原和河谷地带在南宋得到了开发，广大的山地和粤东北地区（南雄州例外）都是在明中期至清初才得以开发的。正是因为呈现出这样的地区开发差异，赣闽粤边界之间的移民流动与之相应：北宋至元之间流民主要聚集在汀州，南宋时期赣南一些盆地县也进入一定数量流民，而明中期以后，则从汀州大量进入赣南的山地和粤东北的山区，到了清初，由于赣南的动乱造成大量田地荒芜，汀州和粤东北的流民又开始大量地涌入赣南。

这一流民运动轨迹，显然和单纯从中原移民的角度论述三地移民状况明显不同。虽然对移民迁入的时间还有分歧，但许多研究者相信，客家先民（大致相当于中原移民）是先进入赣南，再进入闽西，接着进入粤东

---

① ［澳］梁肇庭（Sow – Theng Leong）：*Migration and Ethnicity in Chinese History：Hakkas，Pengmin，and Their Neighbors*，Stanford：Stanford University Press，1997，pp. 39 – 68。

② 傅衣凌先生曾经强调闽赣毗邻地区具有独特的历史地位，应单独进行研究。参考傅衣凌《明末清初闽赣毗邻地区的社会经济与佃农抗租风潮》，载《明清社会经济史论文集》，人民出版社 1982 年版，第 338—380 页。

③ 只有在元代是个短暂的例外，变动比较大，参考黄志繁《"贼""民"之间——12—18 世纪赣南地域社会》，第 87—90 页。

北地区的，最后再倒迁回赣南地区的。① 姑且不论赣闽粤边界地区是否接纳了那么多中原移民②，就赣闽粤边界地区而言，区域之间的流民流动显然并不完全遵循由赣南再闽西再粤东北的地理规律，而是宋元之际主要集聚在汀州，导致了汀州山区的开发和地区的发展，③ 赣南人口第一次大发展应该是在南宋时期，但只限于盆地和河谷等生态条件较好的县，到了明清时期，流民从汀州等地扩散至赣南和粤东北，促进了赣南和粤东北山地的开发。清初，由于赣南的动乱和田地荒芜，又导致大量的汀州和粤东北流民再次进入赣南。

就本书而言，比较重要的是，这样一幅流民迁徙图像直接影响了三地的社会文化变迁轨迹。闽西的土客冲突与族群关系的调整可能是在宋元时期完成的④，赣南和粤东北则在明清时期必须面对土客冲突的问题，而赣南由于土著已经有一定的基础，土客之间的冲突与斗争更为激烈，粤东北则由于土著力量相对弱小，土客冲突并不明显，只在若干地区冲突与表现，粤东则几乎成为"客籍"流民的天下。另一个需要注意的问题是，在流民迁徙与山区开发的互动过程中，土著的"畲"、"猺"也在经历着一个"国家化"的过程，这一过程同样对"客家文化"之形塑有重要影响。

---

① 这方面罗香林的论述起了非常关键的作用，他说："客家先民，大抵本自中原南下徙赣，再由赣徙闽，由闽徙粤，其与宁化石壁发生寄居关系。"参考所著《唐代黄巢变乱与宁化石壁村》，载《国文月刊》第四卷合订本，转引自罗勇《客家赣州》，江西人民出版社 2004 年版，第 35 页。谢重光教授也认为，中原移民唐中后期主要移民赣南，宋元之际主要移民粤东，闽西则在唐末至宋初和两宋之际大量接纳中原移民，参考谢重光《客家源流新探》，第二章，第一节，福建教育出版社 1995 年版。

② 吴松弟注意到宋元时期闽粤赣地区并没有关于大量风俗习惯与土著不同的人口记载，并由此推出了"客家源流南宋说"。参见所著《中国移民史》第四卷，福建人民出版社 1997 年版，第 353—362 页。

③ 谢重光就注意到了宋代汀州的发展，参考所著《闽台客家社会与文化》，福建人民出版社 2003 年版，第 68—75 页，杨彦杰则主要强调了元代汀州的发展，见所著《闽西客家宗族社会研究》，客家传统社会丛书（2），国际客家学会、海外华人研究社、法国远东学院，1996 年，第 4—6 页。

④ 关于这一问题，刘永华做过研究，参考所著《宋元以来闽西社会的土客之争与佃农斗争》，《中国社会经济史研究》1993 年第 2 期。

第三章　生态变迁与族群关系

流民进入山区带来了山区生态的变化。生态的变化又引起流民与各种人群的冲突。就明清赣闽粤边界而言，流民与原住民"畲"或"猺"、流民与土著编户齐民是两对主要的族群冲突。这两对族群关系的冲突与融合是以山区社会接受"国家"认同观念为前提的。[①] 也就是说，只有在山区开发导致"化外之区"不断进入"化内"版图前提下，流民、"畲"、"猺"、土著等人群之间的融合才会为正统王朝接纳并带来自身身份的改变。同样，只有在共同接受"国家"认同观念前提下，他们之间的族群冲突才会明显起来，因为他们需要共同争夺土地、科举名额、户籍等在正统体制之内生存所必需的资源。本章拟在生态变迁的背景下，探讨明清赣闽粤边界的族群关系变动。

第一节　"畲"、"猺"与"汉"：山区开发与国家认同

在广大的南方山区，一直生活着许多"化外"之民，这些"化外"之民身份复杂，很难真正从族源上进行区分。就赣闽粤边界而言，主要有三种值得关注的化外之人，即"峒"、"畲"、"猺"。这些化外之民在史籍中多有记载，清代人对其分布描述如下：

> 五岭绵亘数省，自广西、广东、湖南，以至江西、福建，岭巅所在多猺人耕种，去住荒忽，名过山猺。而广西、广东、湖南三省交界

---

① 关于国家认同与土客关系，可参见黄志繁《国家认同与土客关系：明清赣南族群关系》，《中山大学学报》2002 年第 4 期。

处，有平坡千里，万山环抱，南通连州，北负永州，西枕平乐，东隔韶、连，为猺人祖宗以来巢穴聚集之处，名八排猺。大道自连州三江口入为咽喉，永州九嶷山为背脊，广西桂岭为首，湖南骑田、江西大庾赣岭为尾。永州猺匪系过山猺，有生猺、熟猺二种。熟猺与近山汉人杂居，风气略同。生猺言语不通，嗜欲亦异。熟猺强富，生猺瘠贫。生猺常听熟猺指使。是二是一，如鬼如蜮，所以啸聚动成千百，猺獞遂连三省者，地势联络然也。①

可见，在湖南、广东和广西交界处有大面积的猺人居住区，而江西、广东和福建之交界处，亦承其余脉，有猺人在此居住。

那么，这些猺人和畲人是什么关系呢？以往研究者多致力于从民族族源上进行各种分析，并产生很多争论，但是，可以得到公认的一点是，无论其是否属于同一民族，畲和猺应该有类似的族源与习俗。② 实际上，在史籍中，畲、猺往往混称，很难区分。而从文献上看来，"峒"更多是在泛指的意义上使用，特别是与"溪"联系在一起组成"溪洞"一词时，更多是泛指山居的各族类。刘克庄的《漳州谕畲》中说："凡溪峒种类不一：曰蛮、曰猺、曰黎、曰蜑，在漳者曰畲。"③ 可见，在宋人看来，"畲"、"猺"可能都是"溪洞"中的一种。当然，他们之间的复杂关系远非本书可以说清楚，也超出了作者的能力，因此，本节不纠缠民族成分问题。只想就"峒"、"畲"、"猺"三者相关的历史文献作一简单整理，就此讨论在山区开发和国家认同的背景下明清赣闽粤边界族群关系的变动的一侧面相。

为了在一个相对公允的视角下观察他们的活动，本人忽略浩繁的各类文集和县志的相关记载，而只摘录正史和府一级地方志中的史料，对有关这三种人群的动乱进行了一个简单的整理（见表3-1）。

---

① 葛士浚：《皇朝经世文续编》卷九十二《兵政十八·蛮防》，（台北）文海出版社1972年版。
② 施联朱主编：《畲族研究论文集》（民族出版社1987年版）中收集了多篇讨论畲猺关系的论文，有兴趣的读者可以参考。
③ 刘克庄：《后村先生大全集》卷九十三《漳州谕畲》，《四库丛刊》本。

表3-1　　　　　　　　宋至清赣粤闽交界峒、畲、猺动乱情况

时间	地点	动乱经过	资料来源	族群
乾德五年（967）	英州	十一月，李继明、药继清大破獠贼于英州	同治《韶州府志》卷二十四《武备略·兵事》	猺人
庆历年间（1041—1048）	韶州	杨畋……庆历三年，湖南猺人唐和等劫掠州县，擢殿中丞、提点本路刑狱，专治盗贼事。乃募才勇，深入峒讨击。……乃授东染院使、荆湖南路兵马钤辖。贼闻畋至，皆恐畏，逾岭南遁。又诏往韶、连等州招安之。乃约贼使出峒，授田为民	《宋史》卷三〇〇《列传》第五九	猺人
庆历三年（1043）	韶州、连州	湖南猺人劫掠州县，擢杨畋殿中丞专治盗……贼闻畋至踰岭南遁，又诏往韶连等州招安之，乃约贼出峒授田为民	同治《韶州府志》卷二十四《武备略·兵事》	猺人
庆历六年（1046）	英州、韶州	十一月湖南猺贼寇英、韶州	同治《韶州府志》卷二十四《武备略·兵事》	猺人
乾道间（1165—1173）	英州	叛兵峒寇攻英州	同治《韶州府志》，卷二十四《武备略·兵事》	峒人
淳熙年间（1174—1189）	汀州	上峒酋联结他峒为寇，克日齐发，师琭廉知，一伏卒峒口俟其出，一战擒其酋，郡赖以安	嘉靖《汀州府志》卷十一《秩官·名宦》	峒人
淳熙年间（1174—1189）	永新、龙泉	王居安……淳熙十四年举进士……权工部侍郎，以集英殿修撰知隆兴府。初，盗起郴黑风峒，罗世传为之倡，势张甚。……会江西帅欲以买降为功，遣人间道说贼，馈盐与粮，贼喜，谋益逞。……于是五合六聚，各以峒名其乡，李元励、陈廷佐之徒，并起为贼矣。放兵四劫，掀永新，撒龙泉，江西列城皆震	《宋史》卷四〇五《列传》第一六四	峒人

续表

时间	地点	动乱经过	资料来源	族群
淳熙年间（1174—1189）	南安	黑风峒罗世传寇郴阳，奸民潜通贼，阴济以粮。希怿捕治之，贼乏食，乃去。未几，李元砺寇郴，陈廷佐寇南安，复诱罗世传与合，劫掠至龙泉。有何光世者，能知贼动息，希怿授光世计，俾诱世传诛元砺以自赎	《宋史》卷二四七《列传》第六《宗室四》	峒人
庆元年间（1195—1200）	南安、南康、龙泉	沈作宾……庆元初，历官至淮南转运判官，以治办闻。……除宝谟阁学士，江西安抚兼知隆兴府。奏部内南安、南康、龙泉三县"迫近溪峒"三县令尉及近峒之砦曰秀洲，曰北乡，曰莲塘，并永新县之胜乡砦，宜就委帅、宪两司择才辟置，量加赏格	《宋史》卷三九〇《列传》第一四九	峒人
	始兴	王介，宁宗庆元中，峝寇剽掠乡村，逼城下，介遂奋勇？其前锋却之，以功擢武德将军，御题赐旗云海外四州都安抚使	光绪《直隶南雄州志》卷二十五《人物列传·始兴县》	峒人
开禧年间（1205—1207）	南雄	许之选……开禧间进士，除本州教授时，峒寇逼城，守令欲弃去，选率同僚修守备，避寇者至尽纳之	光绪《直隶南雄州志》卷六《名宦列传》	峒人
嘉定二年（1209）	南雄柯木坳	江西峒贼犯境，进义副尉梁满战于柯木坳，死之	嘉靖《南雄府志》，《纪一·郡纪》	峒人
	汀州	峒寇李元砺方起，汀州人震惧，郡会僚佐议守城……守以付希馆……夜半，贼数百衔枚突至，希馆矢石俱下，贼无一免者，余党闻风而遁	嘉靖《汀州府志》卷十一《秩官·名宦》	峒人

续表

时间	地点	动乱经过	资料来源	族群
嘉定三年 （1210）	南雄沙水	江西峒寇犯境，知州赵善契提兵督战至沙水，其子监朝、汝振，司法参军黄枢皆死之	嘉靖《南雄府志》，《纪一·郡纪》	峒人
嘉定四年 （1211）	汀州	邹非熊嘉定元年知本州，三年被旨特留节制军马提防邻寇，四年除广东提刑，植江西峒寇李元砺窃发，非熊修罗坑隘守备，又修城浚濠，申朝廷自左翼军外，再乞添拨五百人屯上戍，分处五僧寺，寇不敢犯	嘉靖《汀州府志》卷十一《秩官·名宦》	峒人
嘉定 七年 （1214）	南康	吴渊……嘉定七年，举进士……寻为沿江制置副使兼提举南康军兵甲公事，节制蕲、黄州、安庆府屯田使。湖南峒寇蔓入江右之境，破数县，袁、洪大震，渊命将调兵，生禽其渠魁，乱遂平	《宋史》卷四一六《列传》第一七五	峒人
嘉定 八年 （1215）	南安县上 保石溪六 团	照得南安县上保六团人户陈廷琳等被贼残害，杀人放火，掳掠家财牛畜，其被杀者尸骸甚多，至今尚在郊野，无人殡埋	《宋会要辑稿》第 149 册《食货》五八，第 5835—5836 页	峒人
嘉定 十二年 （1219）	南安、南 雄、赣州	南安境内三峒首祸，毁两县三寨，环雄、赣、南安三郡数百里，皆为盗区。……乃提兵三百，倡率隅总，破石门寨，俘其酋首……公率义兵力战，破高平寨，擒谢宝崇，降大胜峒曾志，皆渠魁也，三峒平	刘克庄《后村先生大全集》卷一五九《宋经略墓志铭》，四部丛刊本	峒人
嘉定间 （1208— 1224）	南安溪峒	宋赵汝擢官至承宣使，南安溪洞尹彦辉跳梁，汝擢□□谕之，彦辉顿首泣谢曰："天赐公活我"	金忠、车应魁：《瑞世良英》卷二，上海古籍出版社 1994 年影印出版，第 249 页。今查同治《南安府志》卷八《秩官》，赵汝擢可能为赵汝博之误	峒人

续表

时间	地点	动乱经过	资料来源	族群
不详	龙南	邑（龙南）上乡邻山峒民旧不输税，一日，数十人长枪系钱而至。吏惊怪，诘之。曰："闻有好长官，愿为王民"	钱士升：《南宋书》卷六十四《郑轮传》	峒人
嘉定年间（1208—1224）	安远	杨大异……登嘉定十三年进士第。……移安远尉。邑有峒寇扰民，官兵致讨，积年弗获，檄大异往治之	《宋史》卷四二三《列传》一八二	峒人
景炎二年（1277）	蒲寿庚	四月从二王入福州……世杰乃奉益王入海，而自将陈吊眼、许夫人诸畲兵攻蒲寿庚，不下	《宋史》卷四五一《忠义·张世杰传》	畲人
至元十八年（1281）	汀漳	汀漳寇陈吊眼作乱，伏诛……至元十九年征蛮元帅完者都等收捕吊眼余党	同治《汀州府志》卷四十五《兵戎》	畲人
至元二十六年（1289）	赣州、宁都	广贼钟明亮寇赣州，掠宁都，据秀岭。诏遣江西省参政管如德为左丞，将兵讨之。五月，明亮率众降。闰十月复叛，江罗等应之。诏月的迷失复与福建、江西省合兵讨之	同治《赣州府志》卷三十二《经政志·武事》	畲人
至元二十六年（1289）	赣州、宁都	春正月……癸卯……贼钟明亮寇赣州，掠宁都，据秀岭。诏发江淮行省及邻郡戍兵五千，迁江西省参政管如德为左丞，使将兵进讨	《元史》卷十五《世祖纪一二》	畲人
至元二十六年（1289）	长泰	正月……畲民邱大老，集众千人寇长泰县，福、漳二州兵讨平之	《续资治通鉴》卷一八九	畲人
至元二十六（1289）	梅州	钟明亮叛，广东宣尉使月的迷失招之，请以为循州知州，不允，诏明亮赴京，明亮复叛，十月寇梅州，声张甚。诏迷失合兵讨之	《乾隆嘉应州志》卷八《杂记部·变变》，广东省中山图书馆古籍部，1991年1月	畲人

续表

时间	地点	动乱经过	资料来源	族群
至元二十六年（1289）	南安	郭昂，字彦高。彰德林州人。……至元二十六年，江西盗起，昂讨之，进逼南安明扬、上龙、岩湖、绿村、石门、雁湖、赤水、黑风峒诸蛮，立太平寨而还	《元史》卷一六五《列传》第五二	峒人
至元二十七年（1290）	乐昌	六月丙子……广州增城、韶州乐昌以遭畲贼之乱，并免其田租	《元史》卷十五《本纪》一五	畲人
至正十一年（1351）	梅州	举寇陈满等啸聚梅塘，攻城邑。二十年，招讨使陈梅据城，克梅塘寨，举寇遂熄	《乾隆嘉应州志》卷八《杂记部·寇变》，广东省中山图书馆古籍部，1991 年 1 月	畲人
洪武二十三年（1390）	赣州、雩都	赣州山贼夏三，复结湖广峒蛮为寇。叶升为副将军，同胡海等讨平之，俘获万七千人。雩都知县查允中奏："近山贼夏三等作乱，袁州卫指挥蒋旺等领兵捕之。"	同治《赣州府志》卷三十二《经政志·武事》	峒人
宣德七年（1432）	会昌长河峒	会昌长河贼朱南郑、刘伯昂为闽、粤江西三省巨寇，流劫边鄙。乡勇李梅五擒其骁贼，郑与昂稍却，退巢石背。三省会请征剿，命东厂太监督兵讨之。屯于禾溪，年余无功	同治《赣州府志》卷三十二《经政志·武事》	峒人
宣德九年（1434）	会昌	设江西赣州府安远县大墩、板石，信丰县新田，会昌县承乡四巡检司……李梅五为新田副巡检，仍令大墩等各峒人……先是梅五随巡抚侍郎赵新至京，奏长河峒贼首朱南鹏等仇杀劫掠，今虽捕获及招抚复业，忧虑余党复发，其峒出入有四路，请于四路口各置巡检司防御	《明宣宗实录》卷八八八，宣德九年二月庚戌条，《明实录》	峒人

续表

时间	地点	动乱经过	资料来源	族群
天顺六年（1462）	信丰县新田里	朱南郑之孙绍纲入信丰县，据新田里罗老营场为巢，大掠者十余载。……长河峒贼朱绍纲谋叛，郡县驿骚。按察使副使余复往赣督兵讨之，生擒绍纲等七十余人，贼平	同治《赣州府志》卷三十二《经政志·武事》	峒人
天顺七年（1463）	翁源	广西猺獠犯翁源，梯城燎门，明年再犯	同治《韶州府志》卷二十四《武备略·兵事》	猺人
弘治五年（1492）	乳源	深峒贼江钦纠众，掠乳源腊岭、南水、龙溪等乡，知府钱镛遣乡民曾寿祺、黄裕擒之	同治《韶州府志》卷二十四《武备略·兵事》	峒人
弘治十六年（1503）	兴宁	大帽山寇起，命调大兵剿平之。大帽山本名大望山，在兴宁北九十里，时猺寇据之，势张甚。其魁彭锦据太信上下拳，刘文宝据宝龙，练成才、叶清各据险要，四出流劫，事闻，特命督汉达士兵剿之，始息	光绪《惠州府志》卷十七《郡事》	猺人
正德七年（1512）	南雄	安远峒寇流劫乡村	嘉靖《南雄府志》，《纪一·郡纪》	峒人
正德九年（1514）	乳源	东莞贼袁周等入乳源小水山，结深峒贼邓象玉等劫郴桂，知县李溥勋之	同治《韶州府 二十四《武备略·兵事》	峒人
正德十三年（1518）	乳源	高快马、龚福全等攻乳源城，知县沈渊率居兵邝、郴等固守，通判莫相督兵破之	同治《韶州府志》卷二十四《武备略·兵事》	猺人
正德十三年（1518）	上犹、乐昌	初福全等据江西上犹、广东乐昌等县山峒，出没剽掠毒流三省，而湖广郴桂之间受害尤甚，屡招复叛，乃命金等剿之，以度纪功。会两广、南赣镇抚官，亦以兵至，擒斩贼二千余人，遂平	《明武宗实录》卷一五九，正德十三年二月癸巳条，《明实录》	猺人

续表

时间	地点	动乱经过	资料来源	族群
正德十三年（1518）	英德	浛江罗山猺贼流劫英德	同治《韶州府志》卷二十四《武备略·兵事》	猺人
正德十三年（1518）	江西上犹、广东龙川	江西䣲贼、广东浰头诸贼悉平。先是江西、广东、湖广之交，溪峒阻深，江西上犹等县䣲贼谢志山等，据横水、桶冈诸巢，广东龙川县贼池仲容等，据三浰头诸巢，与猺贼龚福全等联络，亘千百里，时出攻剽，势甚猖獗，将连兵乘虚入广	《明武宗实录》卷一六四，正德十三年七月己酉，《明实录》	猺人
正德十三年（1518）	上犹、龙川	先是江西、广东、湖广之交，溪峒阻深，江西上犹等县䣲贼谢志山等，据横水、桶冈诸巢，广东龙川县贼池仲容等，据三浰头诸巢，与猺贼龚福全等联络，亘千百里，时出攻剽，势甚猖獗，将连兵乘虚入广	《明武宗实录》卷一六四，正德十三年七月己酉，《明实录》	畲人
正德十四年（1519）		黄寨、流寨、黎峒，猺贼起，通判莫相牙盘固等数百人	同治《韶州府志》卷二十四《武备略·兵事》	猺人
嘉靖六年（1527）	英德	英德猺贼起，知府唐昇设险御之	同治《韶州府志》卷二十四《武备略·兵事》	猺人
嘉靖六年（1527）	保昌	畲兵征田州，由信丰出保昌，所过凌轹	嘉靖《南雄府志》，《纪一·郡纪》	畲人
嘉靖三十八年（1559）	和平、龙川、河源	广东苏罗峒贼约结和平、龙川、河源各贼徒，流劫惠州府归善县等处。惠州府通判洪章纠乡夫数百迎剿之，比遇贼，乡夫奔溃，章为贼所执，既而放还	《明世宗实录》卷四七〇，嘉靖三十八年三月戊子，《明实录》	峒人
嘉靖四十年（1561）	乐昌	乐昌猺贼横掠，掳参政冯觐，觐免害出，遂集劲卒袭之，猺贼平	同治《韶州府志》卷二十四《武备略·兵事》	猺人

时间	地点	动乱经过	资料来源	族群
嘉靖四十二年（1563）	英德、乳源、翁源、曲江	提督两广都御史张臬，以擒斩英德大陂蒲昌等峒贼卓文昌、何子爱、李富来闻……文昌、子爱巢大陂，众二千余，占峒凡二十九所，富本河源小长江巨贼李亚元之党，徙据蒲昌。三十六年大征时，文昌等畏诛皆佯受招安，师旋即攻掠如故。……文昌等益披猖，四出流劫，乳源、翁源、曲江等处	《明世宗实录》卷五二〇嘉靖四十二年四月癸亥，《明实录》	峒人
隆庆三年（1569）	仁化	仁化南木罗峒贼流劫乡村，兵备许宗鉴督兵扑剿	同治《韶州府志》卷二十四《武备略·兵事》	峒人
万历四年（1576）	英德	英德陈黎二峒贼首李元乐，自嘉靖二十九年倡乱，三十六年守臣以状闻，莫能擒之，寻引大罗山贼数千荼毒愈甚，邑人伏阙上书请讨，元乐窜连阳，万历四年复起兵	同治《韶州府志》卷二十四《武备略·兵事》	峒人
万历六年（1578）	英德、清远	英德大庙贼首盘国珊，自嘉靖三十年犯清、英二县，破营寨，屠村落，有司不以闻，专事招抚，贼降而复叛。万历六年，益不能制，兵备道姜忻勒兵四出，尽覆其巢	同治《韶州府志》卷二十四《武备略·兵事》	猺人
崇祯十三年（1640）	乳源、英德	八排猺贼苏凤宇、王斗明劫乳源，冬入英德，次年正月劫浛洸	同治《韶州府志》卷二十四《武备略·兵事》	猺人
顺治四年（1647）	乳源	猺贼黄万胜纠连阳寇万余攻乳源，知县郭宏瓒告急，韶镇发马兵三十、步兵五十分五队进，贼惊遁	同治《韶州府志》卷二十四《武备略·兵事》	猺人

续表

时间	地点	动乱经过	资料来源	族群
顺治十四年（1657）	兴宁	南赣巡抚佟国器奏报、兴宁县雷连十二峒猺官庞国安等，率众投诚	《清世祖实录》卷一〇九顺治十四年夏四月甲戌，《清实录》	猺人
康熙十四年（1675）	南雄	伪周吴三桂遣畬何山贼攻城，被陷	光绪《直隶南雄州志》卷三十三《杂志》	畬人
康熙二十三年（1684）	丫髻山	猺贼结吴逆狡党，踞丫髻山，掳劫乡村	同治《韶州府志》卷二十四《武备略·兵事》	猺人
康熙四十一年（1702）	保昌	施其智字愚庵山东泰安人，康熙己卯由贡生授保昌令性刚介，一尘不染。……壬午（康熙四十一年）大兵进剿猺匪	光绪《直隶南雄州志》卷六《名宦列传》	猺人
乾隆年间	曲江、乳源	杨永斌……乾隆元年，兼署两广总督。永斌在广东数年，坦怀虚已，淬厉诸将吏。获剧盗余猊、陈美伦数十辈置之法，收曲江、乳源诸峒猺归化	《清史稿》卷二九二《列传》第七九	猺人
乾隆十二年（1747）	曲江、乳源、英德	广东韶州镇总兵毕映奏：臣属八排一地。周四百五十余里。俱系猺人聚处。……臣属曲江、乳源、英德等县汛内，均住有猺人。虽曰良猺，而频年劫窃，即皆此辈	《清高宗实录》卷三〇三乾隆十二年十一月丙辰，《清实录》	猺人

　　表3-1只是对正史和府一级地方志所做的统计，并不能代表真实情况。但是，从表3-1中还是可以看出一般规律。表3-2即是在表3-1的基础上所做的统计。

表 3-2　　　　　　　　宋至清赣闽粤边界各类族群动乱统计

动乱者	宋	元	明	清	小计
峒	17	1	11	0	29
畲	1	7	2	1	11
猺	4	0	11	6	21
小计	22	8	24	7	61

从表 3-2 可以看出，峒寇在宋代和明代比较活跃，而畲人则在元代喧嚣一时，猺人则在明清两代显现出来。当然本表并未进行参数化处理，只是一种非常粗略的统计，远未精确，但是大致符合史籍记载。

根据笔者对赣南的研究，所谓"峒"与"非峒"之间的差别更重要的不是种族，而是文化上的"汉"与"蛮夷"的分野。在文献中，关于蛮猺畲獠的记载十分混杂，很难区分汉与非汉，峒民与省民区别更关键的一点可能在于承担赋税问题，从现代"民族"概念出发，把"峒民"理所当然地看作少数民族，"峒寇"则是少数民族起义的看法其实并不准确。①

笔者以为，这个结论同样也适用于"畲"和"猺"。从根本上来说，我们其实很难区分"畲"和"猺"的民族成分，尽管他们可能有一些共同的特征。谢重光认为"畲族"和"客家"一样是个文化的概念，颇有见地。② 但是，还可以在此基础上做进一步探讨，即回到历史的场景，从制度上进行探讨。如果我们回到历史的场景，就会发现，用现代的民族概

① 研究华南地区"非汉民族"日本学者有白鸟芳郎、竹村卓二、佐竹靖彦等人，其中比较突出的是冈田宏二，他发表了一系列论文探讨华南地区非汉民族的社会史，研究涉及中国各王朝的羁縻政策、种族分类、生计形态、峒丁及其社会、马政和民族等许多方面，他的研究对本文启发很大。但是，冈田宏二还是以现代的民族概念来分析文献中的"峒"与"畲"、"猺"等族群。参见〔日〕冈田宏二《中国华南民族社会史研究》，赵令志、李德龙译，民族出版社 2002 年版。中国学者则习惯于把峒寇问题看成少数民族起义，例如赵继颜：《中国农民战争史（四）》（宋辽金元卷），湖北人民出版社 1991 年版。李荣村则认为，在宋代文献中，"溪峒"一词其特殊的含义，峒地全在山谷盆地，"宋代溪峒一词多指作蛮夷或其居住地，以与汉人居住的省地有所区别，因此省民十之八九应是汉人，而峒民则十之八九多属蛮夷"，因此，不可将《宋会要辑稿》所记之溪洞与洞民理解为居住在山洞中的居民。参考李荣村《溪峒溯源》，（台北）《"国立"编译馆馆刊》第 1 卷第 1 期。笔者曾对此问题进行过初步论述，参见黄志繁《"贼""民"之间：12—18 世纪赣南地域社会》，生活·读书·新知三联书店 2006 年版；《宋代南方山区的峒寇：以江西赣南为例》，《南昌大学学报》2002 年第 2 期。

② 参见谢重光《畲族与客家福佬关系史略》，福建人民出版社 2002 年版，第 8—11 页。

念去理解古代的族类概念，其实很不准确。在中国传统社会中，并无民族的概念，而在汉人文献和语境中，主要是从文化上区分"华"、"夷"，从制度上确定"汉"与"蛮"的界限。也就是说，其实统治者是站在"华"、"夷"之辩的立场上在文化上对"汉"与"蛮"进行区分，同时又在赋役制度上划定"汉"与"蛮"的界限。对于统治者来说，在实际操作中，更为方便地区分两者的办法就是看其是否承担赋役。

关于宋代溪峒山猺与省民的界限，笔者上引书中有过论述，为了更好地说明具体情况，现进行进一步论述。《通鉴纪事本末》卷四十八《桂阳蛮猺之叛》载：

> 庆历三年九月乙丑，湖南转运使司言，桂阳监蛮猺内寇。蛮猺者，居山谷间，其山自衡州常宁县属于桂阳、郴、连、贺、韶州，环纡千余里，蛮居其中，不事赋役，谓之猺人。

"不事赋役，谓之猺人"，正是猺人与省民的最本质区别，至少法理上是这样。猺人服赋役，则可能成为"省民"。以下记载即是证明：

> （赵必健为赣宁都丞），罗畲峒首黄应德久负固，亦请出谒，公延见，享劳之，感泣辞去。已而，邵农至其所，应德曰：吾父来矣。率妻子部曲罗拜，愿附省民，输王租，迄公去溪峒，无反仄者。①

在观念上，宋代人认为溪峒猺人，是化外之民，他们担心的是这些化外之民的作乱影响到"省地"，从而会影响政府的财税收入。李纲在形容虔寇危害时，有一句话很能反映宋人的这种看法：

> 契勘虔贼累年出没作过，正如溪峒猺人不复知有王化，致令虔州一州财赋催理不行，傍近郡县皆被其毒，为害甚大。②

这段话的目的，当然在于强调虔寇之危害。把虔寇与"溪洞猺人"

---

① 刘克庄：《后村先生大全集》卷一六〇《英德赵使君墓志铭》，《四部丛刊》本。
② 李纲：《乞差兵会合措置虔寇奏状》，《梁溪集》卷九十四，四库本。

相比，也恰恰说明，两者并非同类。

不过，笔者强调峒民与省民的区别关键在于是否向朝廷缴纳赋税，并不意味着峒民就一定不缴税。实际上，峒寇猺獠又有"生"、"熟"之分。按照冈田宏二的研究，宋政府对归附的华南少数民族赋税政策为：对边远地区者基本不征赋税；对临近内地的溪峒民，仅每丁收税三斗，比汉人的税额低，并免其赋役。① 冈田宏二所说的"临近内地的溪峒民"，在宋人眼中，是所谓的"熟"户，具有从峒民向省民过渡的性质。需要承担赋役的"熟"户山猺之出现并不意味着峒民与省民之间的区别不在承担赋税，恰恰相反，出现中间的过渡形态说明两者之间区分确实在承担赋役上，也说明政府其实一直在努力把化外的溪峒民转化为化内的编户齐民。

关于畲人不纳税，正史和文集中也多有记载。《宋史》卷四一九，《许应龙传》载："距州六七十里曰山斜，峒獠所聚，勾耕土田，不输赋。"这里的地名号为"山斜"，而"斜"有可能与"輋"同音，而"輋"与"畲"则同义，即上引《宋史》中的"峒獠"可能为"畲"民。刘克庄在著名的《漳州谕畲》说："畲民不悦（役），畲田不税，其来久矣。"②

在早期的畲族文献中，也保留有畲人祖先不用承担赋役的记载。广东潮安县凤凰镇石古坪村蓝氏《图腾画卷》在描述了著名的畲族盘弧传说之后说：

> 犬王奏帝，犬言：我不要平洋田地。帝曰：何？我要百姓，并免纳粮供国。我深山，离田三尺，离水三分，并（由）吾子孙永远耕种，不与军民等人混争。如坟林，只留中心一十八步，亦不与官员子弟争阻（执）。如有此情，送官究治。又奏，吾不要京城居住，我要深山空谷居住。③

这段文字记载固然是传说故事，但是，却反映了早期畲人居山垦殖且不承担赋役的生活状况。

---

① 参见冈田宏二前引书，第 21 页。
② 刘克庄：《后村先生大全集》卷九十三《漳州谕畲》，《四库丛刊》本。
③ 朱洪、李筱文：《广东畲族古籍资料汇编——图腾文化及其他》，中山大学出版社 2001 年版，第 3 页。

　　类似记载在畲人族谱中多有出现。丰顺县潭山镇凤坪村蓝氏《汝南堂长房族谱》有记载曰："敕赐御书录券与子孙都记。三姓俱是盘、蓝、雷，宗祖摇（猺）人，居会稽山七贤洞，免差役，不纳税粮，永乐人，兹将垂记，谨具于后。"① 增城市正果镇上水村畲族《盘蓝雷氏族谱》也有类似记载："平皇问猺人居住何处？青山为活，面道乡村，求乞官司，不得妄行取问猺人税租，具状赴官。若乱追户猺人租，准一条罪。"② 一首广泛见于各类畲族文献的畲人歌谣是他们早期生活的真实写照：

火住青山千万山（年），刀耕火种力如田，
斑衣赤领常常着，长胜（腰）木鼓答家先，
酒醉归家休莫怨，不理东西南北眠，
手执横弓求野肉，有甚弓（差）人求税钱，
富人说是我声低，马瘦毛长不敢嘶，
破屋更招连夜雨，斜花又被狂风吹，
富人来到贫家处，迎前近接胜如官，
答（若）是有人来取税，柴头木棍过头缠。③

　　这首诗比较真实地反映了早期畲人生活。结合以上文献，可看出早期畲人生活有两大特征：一是生产方式与汉人不同，不是以农田耕作为主，而主要是以垦山为生，其居住地也远离汉人聚集地，所谓"我深山，离田三尺，离水三分"；二是不向官府缴纳赋役，官府也不得主动向他们征收赋税。

　　笔者以为，以上两大特征可以适用于自宋以来的"峒"、"畲"、"猺"等山居的族类。关于畲人的生产方式乃是刀耕火种，学界已有公认。在文献中，本来就"畲"、"猺"经常混称，可以想象，"猺"人之生产，亦离不开耕山。宋人周去非的《岭外代答》中就说："猺人耕山为生，以粟、豆、芋魁充粮。其稻田无几，年丰则安居巢穴，一或饥馑，则四出扰攘。土产杉板、滑石、蜜蜡、零陵香、燕脂木。"④

---

① 朱洪、李筱文：《广东畲族古籍资料汇编——图腾文化及其他》，第7页。
② 同上书，第17页。
③ 同上书，第22页。
④ 周去非：《岭外代答》卷三《外国门下·猺人》，四库本。

　　前面已经论述，从文献上看来，"峒"更多是泛指山居的族类。上引刘克庄的《漳州谕畲》中说："凡溪峒种类不一：曰蛮、曰猺、曰黎、曰蜑，在漳者曰畲。"① 可见，在宋人看来，"畲"、"猺"可能都是"溪洞"中的一种。从这个意义上，我们不难理解，为什么表 3 - 1 中会出现宋明两代赣闽粤边界都比较多出现"峒民"作乱的记载，可能是因为把许多"畲"、"猺"的作乱也记为"峒"。

　　更进一步思考则会发现，问题还不是那么简单。"峒"通"桶"，意指山间的盆地，上引李荣村文亦认为峒地全在山谷盆地里。笔者也结合相关史料，分析认为宋代赣南峒寇作乱频繁出现表明的正是山间盆地的开发过程。② 而如前所述，"畲"、"猺"之居住地一般来说是在山地，离汉人聚居地有一定的距离。那么，"峒"寇记载在宋明增多，"畲"贼记载则在元代增加，"猺"乱则在明清频繁出现记载，是否可以表明一个山区开发的序列呢？很显然，这一序列符合宋至明山区开发的一般过程，即先从山间盆地开始开发，后逐渐转到山地开发，只不过由于文字记载的随意性，人们对"峒"之认定并不那么严格，导致"溪洞"常常联合出现，成为蛮人所居之山区的泛指罢了。

　　由此出发可以判定，宋代赣闽粤边界开始出现一个开发山间盆地的过程，其动力应当是笔者在赣南研究中揭示出来的生态压力。根据曾雄生研究，采取畲田这种刀耕火种生产方式的民族迁徙必然与周边民族发生冲突，而唐宋经济重心的南移加速了这种碰撞的到来。③ 因此，宋代赣闽粤边界山间盆地之开发，可以想象，必然是汉人与"蛮"人共同开发的结果。根据本书第二章第一节的相关论述，宋代赣闽粤边界出现了一个人口增长的高峰，而尤以赣南和汀州为突出。正是在人口增长的背景下，汀、赣之人大量地迁徙到各地，刘克庄的《漳州谕畲》说："南畲隶漳浦，其地西通潮、梅，北通汀、赣，奸人亡命之所窟穴。畲长技止于机毒矣，汀、赣贼入畲者，教以短兵接战，故南畲之祸尤烈。"④ 说明汀、赣之省民南宋末年就开始向外迁徙。大量的"省民"进入"峒"中，与峒民和该地区一直存在的私盐贩混在一起，酿成南宋汀、赣二州比较严重的

----

① 刘克庄：《后村先生大全集》卷九十三《漳州谕畲》，《四库丛刊》本。
② 黄志繁：《"贼""民"之间：12—18 世纪赣南地域社会》，第 66—79 页。
③ 曾雄生：《唐宋时期的畲田与畲田民族的历史走向》，《古今农业》2005 年第 4 期。
④ 刘克庄：《后村先生大全集》卷九十三《漳州谕畲》，《四库丛刊》本。

"峒寇"与"盐子"问题。①

这一趋势在元代得到了继续。元代赣闽粤边界地区出现过一次较大规模、持续时间较长的"畲"、"汉"合流过程。这一过程，已为众多研究者所观察到。② 在这一轮"畲"、"汉"合流的过程中，有许多汉人进入畲区，特别是闽赣边界，汉人进入畲区，有助于改变畲人比较原始的刀耕火种的生产方式，促进山区的开发，明初汀州人口并未减少就是明证。关于这一点，在本书第二章第一节中已有所介绍，此不赘述。

明代中期以后，赣闽粤边界掀起新一轮的山区开发热潮，山区的"化外之民"与因各种原因进入山区的人民混杂在一起，导致边界山区社会动乱频繁，族群关系变得复杂起来。

明代猺乱比较突出的是粤东北，早在天顺年间粤北就发生了猺乱，"天顺七年，广西猺獠犯翁源，梯城燎门。是年再犯。"③ 弘治年间，猺人开始在大望山进行大规模的猺乱，"猺人散居大望山大信、田岽角，终岁艰食，且去邑远，其性易动。弘治末，其党胡荫、彭锦屠牛，官府执之，急株连甚，众遂拒捕，啸聚而起，至不可支。"④ 此后大望山之猺贼一直困扰官府。我们注意到，大望山猺贼之所以势力得到增长，是因为大量流民进入山区开发所致。大望山也叫大帽山，位于兴宁县北九十里，南界潮州府的程乡，北界赣州府的安远县，层峦叠嶂，茂林丛棘，横亘三省，是赣粤闽三省流民集聚的场所。到正德年间流民数量和势力进一步增长，"聚徒数千，流劫乡村，攻陷建宁、宁化、石城、万安诸县，支解平民，捉掳官吏。"⑤

赣南此时畲贼不断骚扰，最著名的当是蓝天凤、谢志珊在南安府的叛乱，有史料称："其大贼首谢志珊、蓝天凤，各又自称'盘皇子孙'，收有传流宝印画像，蛊惑群贼，悉归约束。即其妖狐酷鼠之辈，固知决无所

---

① 黄志繁：《"贼""民"之间：12—18世纪赣南地域社会》，第66—79页。

② 参考谢重光发表了一系列论文谈及这一时期的畲汉融合问题，其观点集中体现在所著《畲族与客家福佬关系史略》（福建人民出版社2002年版）和《闽台客家社会与文化》（福建人民出版社2003年版）。笔者也对此问题有所关注，参考拙著《抗元活动与元代赣闽粤边界社会》，《江西师范大学学报》2003年第5期。

③ 同治《韶州府志》卷二十四《武备略·兵事》。

④ 嘉靖《兴宁县志》卷四《人事部·猺蛋》。

⑤ 光绪《惠州府志》卷十七《郡事上》。

就；而原其封豕长蛇之心，实已有不可言。"① 根据官方报告，这伙畲贼人数达致 8000 多人。当时官方报告如下：

> 查勘得南安府所属大庾、南康、上犹三县，除贼巢小者未计，其大者总计三十余处，有名大贼首有谢志珊、志海、志全、杨积荣、赖文英、蓝猛、陈曰能、蔡积昌、赖文聪、刘通、刘受、萧居谟、陈尹诚、简永广、蔡积庆、蔡西、薛文高、洪祥、徐华、张祥、刘清才、谭曰真、苏景祥、蓝清奇、朱积厚、黄金瑞、蓝天凤、蓝文亨、钟鸣、钟法官、王行、雷明聪、唐洪、刘元满，所统贼众约有八千余徒，且与湖广之桂阳、桂东、鱼黄、聂水、老虎、神仙、秀才等巢，广东之乐昌，巢穴相联盘踞，流劫三省，为害多年。②

同时，又有大量猺贼出没于湖南和广东边境，从当时湖南官方的报告看来，猺人之乱已经到了触目惊心的地步。其文称：

> 本县四面，俱系贼巢。正德三年以来，贼首龚福全等作耗，杀死守备都指挥邓旻；虽蒙征剿，恶党犹存。正德七年，兵备衙门计将贼首龚福全招抚，给予冠带，设为猺官；贼首高仲仁、李宾、黎稳、梁景聪、扶道全、刘付兴、李玉景、陈宾、李聪、曹永通、谢志珊，给予巾衣，设为老人。未及两月，已出要路劫杀军民。动辄百千余徒，号称高快马、"游山虎"、"金钱豹"、"过天星"、"密地蜂"、"总兵"等名目，随处流劫。正德十一年七月内，龚福全张打旗号，僭称"廷溪王"，李宾、李稳、梁景聪僭称"总兵都督将军"名目，各穿大红，虏民抬轿，展打凉伞，摆列头踏响器；其余猺贼，俱乘马匹。千数余徒，出劫乐昌及江西南康等县，拒敌官军。后蒙抚谕，将贼首高仲仁、李宾给与冠带，重设猺官。未宁半月，仍前出劫。本年正月十六日，一起八百余徒出劫乐昌县，虏捉知县韩宗尧，劫库劫狱；又一起七百余徒，打劫生员谭明浩家；一起六百余徒，从老虎等峒出劫；一起五百余徒，从兴宁等县出劫。切思前贼阳从阴背，随抚随

---

① 《王阳明全集》卷十，上海古籍出版社 1992 年版。
② 王守仁：《攻治盗贼二策疏》，《王阳明全集》卷九《别录一》。

叛。目今猺贼万余，聚集山峒，声言要造吕公大车，攻打州县城池。
官民彷徨，呈乞转达，请调三省官军来剿。①

从上文不难看出，官方对这一地区的猺贼束手无策，对其实行招抚，
设立猺官，反而让其更为发展壮大，至正德十二年，已经达万余人之多。

根据史籍记载可以判定，弘治至正德年间，是赣闽粤边界"畲"、
"猺"之乱最为猖獗的时期。《明实录》有记载：

> 江西峯贼广东涮头诸贼悉平。先是江西广东湖广之交，溪峒阻
> 深。江西上犹等县峯贼谢志山等据横水桶冈诸巢，广东龙川县贼池仲
> 容等据三涮头诸巢，与猺贼龚福全等联络。亘千百里，时出攻剽，势
> 甚猖獗，将连兵乘虚入广。②

正德十二年（1517），朝廷派王阳明担任南赣巡抚，负责剿灭三省边
界盗贼。正德十三年（1518），王阳明联合三省力量，基本上剿灭了以上
盗贼。但是，终明之世，南赣地区的盗贼并未根除③，只是在后面的记载
中，很少看到如这一时期大规模的"畲"、"猺"之乱了。

为什么这一时期会是"畲"、"猺"最严重的时期？笔者以为，应从
在赣闽粤山区开发的大背景下，从前面分析的"畲"、"猺"采取耕山的
生产方式和不承担赋役这两大特征理解。

首先，明代中期以后，也就是弘治、正德年间以后，由于商品经济的
刺激和里甲制的败坏，出现全国性流民浪潮④，在这些因素刺激下，赣闽
粤边界掀起山区开发的热潮，山区开发必然引起以农耕为主的汉人和以耕
山为主的"畲"、"猺"人群的交往与冲突。

---

① 王守仁：《攻治盗贼二策疏》，《王阳明集》卷九《别录一》。
② 《明武宗实录》卷一六四，正德十三年秋七月己酉条，《明实录》，中研院史语所校印本。
③ 唐立宗：《在"盗区"与"政区"之间：明代闽粤赣湘交界的秩序变动与地方行政的演化》，《"国立"台湾大学文史丛刊》（118），（台北）台湾大学出版委员会，2002年；黄志繁：《在贼与民之间：南赣巡抚与地方盗贼——以王阳明为中心的分析》，《中国社会历史评论》第四辑，商务印书馆2002年版。
④ 参考李洵《试论明代的流民问题》，《社会科学辑刊》1980年第3期，《明代流民运动——中国被延缓的原始资本积累过程》，《中国古代史论丛》第2辑，福建人民出版社1981年版；曹树基：《中国移民史》第五、六卷，福建人民出版社1997年版。

其次，元末明初，赣闽粤边界生活着大量"畲"、"猺"人群，大量的流民涌入本来是"化外"之民的土著"畲"、"猺"居住之地，必然引起社会秩序的失衡，从而出现各种形式的社会动乱，由于流民进入的大都是官方控制不到的"化外"之区，他们脱离了官方控制，不用缴纳赋税，某种程度是由"汉"入"畲"，因而，许多社会动乱就会以"化外"的"畲"、"猺"叛乱的方式显现出来，尽管有些叛乱的主体可能未必是"畲"、"猺"。

最后，经过王阳明等人的努力，采取"剿"与"抚"的各种措施对各种动乱进行弹压和想方设法扩大官方统治范围，正德以后已经很难找到大面积的"化外"之区，因而"畲"、"猺"之乱自然也就不可能大范围发生了。

笔者在这里想讨论的是，明代赣闽粤边界山区的所谓"畲"、"猺"动乱，并不是纯粹的族群动乱，而是流民与"化外"之民混杂在一起共同开发山区的表现。《明实录》有记载称："广东河源县黄峒，流民来居，尽将峒田强占，及逃民入峒盗住为盗。"① 可见，所谓的"峒寇"其实不少是"流民"。

南安府的"畲贼"中也有很多脱离里甲制度的编户齐民。有记载曰："吉安府龙泉、万安、泰和三县，并南安府所属大庾等三县居民，无籍者往往携带妻女，入畲为盗。行劫则指引道路，征剿则通报消息。"② 事实上，这些所谓的入畲为盗的无籍之徒就是附近逃避赋役的编户齐民。王阳明奏疏中说：

> 其初峯贼，原系广东流来。先年，奉巡抚都御史金泽行令安插在此，不过砍山耕活。年久日深，生长日蕃，羽翼渐多；居民受其杀戮，田地被其占据。又且潜引万安、龙泉等县避役逃民并百工技艺游食之人杂出于内，分群聚党，动以万计。始渐掳掠乡村，后乃攻劫郡县。近年肆无忌惮，遂立总兵，僭拟王号；罪恶贯盈，神人共怒。③

可见，所谓"畲贼"还有"万安、龙泉等县避役逃民并百工技艺游

---

① 《明孝宗实录》卷一〇七，弘治八年十二月丙子条。
② 王守仁：《王阳明全集》卷三三《年谱一》。
③ 王守仁：《立崇义县治疏》，《王阳明全集》卷十。

食之人杂出于内"。这就表明，"峯贼"成分复杂，文献中的"峯贼"并不一定指某一种有明确自我认同的"族群"，而可能是因种种原因聚集在一起的"化外之民"。事实上，因各种原因进入山区的各色流民和原来土著的"畬"、"猺"共同开发山区，是明代赣闽粤边界的共同特征。从下面两则史料中，我们可以看到两者的交流与合作。

> 岭南诸蛮有猺獠狑獞，而猺类最多。大抵言语侏离，服食诡秽，岩窦林菁之与居，狐狸豺狼之与群。本不可以中国之治治也，致乱之由，皆华人奸黠通山者诱之。治法在简其约束，禁其招诱，不失吾信义而已。彼潜安窟穴则慎勿苛扰，稍肆侵掠必早为扑灭。诸蛮非有包藏不轨之谋，骋武中原之志，亦岂能为大患哉？惟守臣平居不能禁戢抚定，或奸人侵刻以激狼子野心之怒，暨其倡乱则弥缝姑息，徒幸苟安。甘言重贿，不敢忤拂，使骄恣狂悖之气日肆。凭陵至今数千里之地，被其荼毒。然后奏调大兵禽狝草薙，虽获成功所损多矣。①
>
> 今之策粤事者，类曰獞猺乱内地，不知衅不在猺也。猺不习汉语，不识文书，自中国亡命之徒扞文网，吏捕之急则窜身穷谷，教猺伺向。又有游手罢民不事佣作，喜椎埋叫呼，计无复之，辄自结于猺，于是啗以厚利，导以剽掠，猺贪且狠堕其彀中，而祸中于村落矣。②

两则史料都表达了一个共同观点，发生在山区的獞猺之乱都是流入山区的汉民唆使的。第一则史料中的"致乱之由，皆华人奸黠通山者诱之"，第二则史料中的"自中国亡命之徒扞文网，吏捕之急则窜身穷谷，教猺伺向。又有游手罢民不事佣作，喜椎埋叫呼，计无复之，辄自结于猺，于是啗以厚利，导以剽掠"所提到的"华人"、"中国亡命之徒"、"游手罢民"毫无疑问，都是那些进入山区的汉族流民。抛开其中带有侮辱性的评价不论，这两则史料都透露出进入山区的汉族流民与山区原住民有非常频繁的合作与交流。正德年间南赣都御史周南有如下描述：

---

① 章潢：《图书编》，《文渊阁四库全书》第968—972册，卷四十九《两广总镇事宜》。

② 黄宗羲：《明海文》（苏浚：《粤事论》，《文渊阁四库全书》第1453—1458册，卷三四九《记二十三·纪事》）。

唯南赣地方田地山场坐落开旷，禾稻竹木生殖颇蕃，利之所在，人所共趋。吉安等府各县人民平常前来谋求生理，结党成群，日新月盛，其搬运谷石，斫伐竹木及种靛载杉烧炭锯板等项，所在有之。又多通同山户田主置有产业，变客做主，差徭粮税，往来影射，靠损贫弱。又有一种来历不明之人，前来佃田佣工及称斋人教师等名色，各多不守本分，潜行盗窃，间又纠集大伙，出没劫掠，不可踪迹。又或因追取久近债务或根捉脱逃军匠，往往各于原籍官司生情捏告，彼此文移往来，经年不得杜绝。①

这些流民，不论因为何种原因进入山区，一旦脱离官方体制，就成为官府眼中的"化外之民"，就很容易被打上"畲"、"猺"的烙印。

从上面周南的描述中，也可看到一幅山区开发的喧闹景象，正是在明代这一地区商品经济与地区开发带动下，移民往来频繁，山民族群认同意识亦不断流转改变。最具典型意义的是正德年间颇令官方头痛的"郴桂寇"首领龚福全在明人眼中其族群身份不断改变，龚福全到粤北为盗称其为"峯人"，转至湖广郴桂则指为"猺民"，而龚福全最初身份是广东东莞乡民。② 所以，我们根本不能依据"峯"、"猺"一类的称呼来判定其一定为山居的"少数民族"。

因此，"民"和"畲"、"猺"等化外之民之间的界限并不清楚，如前所述，他们之间最本质的区别在于是否承担赋役，编户一旦脱逃户籍，进入山地林区，就可能被称为"畲"、"猺"；同样的，原来具有"畲"、"猺"身份的人，只要承担赋役，就可能转化为民。正如刘志伟指出的，"明代广东'盗寇'实际上是两种看似相反的社会流动方向汇合而成的一股力量，一是本地的'蛮夷'的逐步汉化，一是原来的编户齐民逋逃脱籍。"③ 只有明了这一点才可以理解，其实明代的赣南流民活动并不存在所谓的"闽粤移民"与土著族群冲突，这就要求我们从山区开发的大背

① 周用：《乞专官分守地方书》，《周恭肃公集》卷十五，《四库存目丛书》（集部）第55册。

② 唐立宗：《在"盗区"与"政区"之间：明代闽粤赣湘交界的秩序变动与地方行政的演化》，《台湾大学文史丛刊》，2002年，第192页。

③ 刘志伟：《在国家与社会之间——明清广东里甲赋役制度研究》，中山大学出版社1997年版，第108页。

景下去理解明代赣闽粤边界活跃的"畲"、"猺"人群。

在山区开发、地方动乱的背景下，对于官方来说，人民一旦脱离官方体系进入山区，就成为"化外"之民，而脱离官方控制的山区则被视为"化外"之区。王阳明面对大面积"盗区"之扩大，即感叹："处处山田尽入畲，可怜黎庶半无家"。① 正因为如此，官府一直在进行一个努力，就是不断地把各类逃离官方控制的"化外"之民变成编户齐民。所以，我们常常可以看到，官府在大规模地剿灭盗贼之后，把大面积的"化外"之民收编为民。《明实录》有如下记载：

> 广东清军监察御史刘训言：高州、肇庆两府归化猺人往往被信宜泷水猺贼诱引，四出攻劫，累遣人招抚，虽一时从化，终非经久之计。乞如琼州府例，拘集猺首，推保有能抚管五百户以上者授以副巡检，一千户以上者授以典史，二千户以上者授以主簿，就于流官衙门到任，专抚猺人。或有别项猺贼出没，悉听总兵官调遣，同官军剿杀。②

可见，在猺人屡次被招抚，仍很难真正让官府放心，唯有真正设立如汉人般的流官，编立户籍归其管理，才是官方最愿意看到的结局。

明代对动乱过后的"畲"、"猺"区最有力的控制措施，应是设立县治，永久控御地方。这也是惯常的做法。例如正德十二年（1517）设立的崇义县，就是为此目的而设立，所谓"本县原系残破地方，仅为抚辇而设，名虽县属之侔，实则罢弊之甚，近以辇贼抢攘，生民荼毒最苦。"③表3-3列出了明代初中期因"畲"、"猺"之乱而设立的县治的情况。

表3-3　　　明代初中期因"畲"、"猺"之乱而设立的县治

项目	归化县	永定县	崇义县	平和县
动乱者	大帽山猺贼	大帽山猺贼	上犹畲贼	大帽山猺贼
设立时间	成化六年	成化十四年	正德十二年	正德十三年

---

① 王守仁：《桶冈和邢太守韵二首》，《王阳明全集》卷十。
② 《明英宗实录》卷一六七，正统十三年（1448）六月壬戌条，《明实录》。
③ 嘉靖《崇义县志》，《杂记》（不分卷）。

　　表3-3只是列出了史籍中明显有"畲"、"猺"特征之地区设立新县的情况，实际上，明代赣闽粤边界设立的12个新县中，大多数都与"畲"、"猺"之乱有关系，只不过，不如以上几县明显而已。

　　新县治的设立，表明官方统治范围的扩大，同时也意味着化外的"畲"、"猺"被纳入官方统治，成为官方体系内的编户齐民，这一过程也是他们的"汉化"过程。经过这一转变，他们从生产方式到精神面貌都逐渐向"汉"人转化。到了清代中期，随着山区开发的基本完成，许多所谓的"畲"、"猺"人已经变得和"汉"人相差无几了。

　　正因为经历了这一转变，在地方志中，经常可以看到方志修撰者对前面方志修撰者关于"畲"、"猺"人记载的惊讶。以兴国为例，康熙四十三年（1704）始任兴国知县的张尚瑗有文记曰：

　　　　太平乡崇贤里有山民户，国初兵燹，土旷人稀，流移争集。闽广之侨户，自为党类，势遂张，来自郴连间者，相率摈而孤之，号为山野子。其人多为雷、蓝、毕三姓，占耕其土自为婚姻，不敢出里巷，既久，力农蓄积，属籍输赋。邑人之狡者，笼其田于寄己籍中，而蚀其盈美，遇有逋粮辄归之山民，官欲为清厘，不可得也。甲寅寇孽即平，某巡简指为余盗负固，欲请兵禽狝之，乃号哭，泥首丐死，而畏匿益甚，邻郡皆哂兴邑山民为异类，与猺獞狼黎比。黄君惟桂始诱化之，俾自立户。黄去则仍匿迹诡寄，笼田之徒愈恐吓使不敢出。又二十余年，予因编册审丁，广为劝谕，按名核其诡寄，重惩之。三阅月，始就厘正，削去山民之名，与土著一体，有名之丁，悉造庭听唱，鱼贯抃踊。盖迩年来，其人固益驯习晓畅，究其初，特为奸民所愚，岂真狉狉野鹿哉。予之术非有加于黄君，不过踵而行之。但黄君著《治兴异迹》，作《山民图》，环目鸠舌，出入必挟刃，妇稚皆能博生，与予所见大相径庭焉。①

　　从其姓为"蓝、雷、毕"来看，这些来自"郴连间"的山民，可能是湖南畲民，他们来赣南开垦"既久，力农蓄积，属籍输赋"，获得户籍，成为编户。尽管曾遭受"闽广侨户"和土著之民的欺压，但到康熙

　　———————————
　　① 康熙《潋水志林》卷十七《近录·志事》。

十二年（1673）左右，兴国知县黄惟桂已经准许他们"自立户"。又过了二十年，到上文作者张尚瑗任兴国知县时，则"削去山民之名，与土著一体"，已经与一般编户相差无几了。因此，作者才奇怪自己所见之"山民"，与黄惟桂所绘之"山民图""大相径庭"。

这样的例子还有不少。清初长汀人范绍质曾经写有一篇《猺民纪略》，详细描述了当时他所见所闻的"猺"人情况。其文兹引如下：

> 汀东南百余里有猺民焉。结庐山谷，诛茅为瓦，编竹为篱，伐荻为户牖，临清溪，栖茂树，阴翳蓊郁，窅然深曲。其男子不巾帽，短衫阔袖，碓髻跣足，黎面青睛，长身猿臂，声哑哑如鸟。乡人呼其名曰"畬客"。妇人不笄包饰，结草珠若璎珞蒙髻上，明眸皓齿，白析经霜日不改。析薪荷畚，履层崖如平地。以盘、篮、篓为姓，三族自相匹偶，不与乡人通。种山为业，夫妇偕作，生子堕地，浴泉间不避风日。所树菽曰"稜禾"，实大且长，味甘香。所产姜薯蓣豆菰笋品不一，所制竹器有筐篚，所收酿有蜂蜜，所畜有鱼豕鸡鹜，皆鬻于市。粪田以火土，草木黄落烈山泽，雨瀑灰浏，田遂肥饶。播种布谷不耘籽而获。精射猎，以药注弩矢，着禽兽立毙。供宾客悉山鸡、野鹿、狐兔、鼠蚓为敬，豹虎虺间经其境，群相喜谓野菜，操弩矢往，不逾时，手拽以归。俗信巫事鬼，祷词祭赛则刑牲庀，具戴树皮冠歌觋者言，击铙吹角，跳舞达旦，送死棺椁无度，号泣无文，三日而葬，远族皆至，导饮极欢而去。其散处也，随山迁徙，去瘠就腴，无定居，故无酋长统摄。不输粮不给官差，岁献山主，租毕即了公事，故无吏胥追呼之扰。家人嗃嗃，妇子嘻嘻，各食其力，亦无□墙御侮之事。其性愿愨，其风朴陋，大率畏葸而多惧，望见衣冠人至其家，辄惊窜。入市贸布易丝，率俯首不敢睥睨，亦有老死不入城郭者。噫噫，是殆所谓山野自足，与世无求，与人无争者欤。①

在范氏笔下，这些"畬客"行为怪异，与汉人有根本不同，有很强烈的异文化色彩。但是，光绪《长汀县志》作者所见却与范氏不同，他说：

---

① 范绍质：《猺民纪略》，乾隆《长汀县志》卷二十四《艺文》。

案纪所云：当时或皆然，今则男子衣帽发辫如乡人，男女时为人佣工婢妾，未必皆三族自相匹偶不与乡人通，其有田产者亦必输粮而给官差，此以觇圣朝治化之隆，虽峒猺亦无异于乡里中编氓也。①

可见，到了晚清，清初那些看起来与汉人不同族类的"畲客"，已经从服装、生产方式，到婚姻都与汉人无异，而且，也纳粮输官，从而"无异于乡里中编氓也"。②

笔者以为，这一"畲"、"猺"族群特征转变的过程，正是山区开发不断深化和国家认同观念不断扩大的过程。

第二节　土客关系：流民与户籍

流民进入赣闽粤边界地区，必然带来一个问题，就是与土著如何共处，如何共享山林土地等自然资源、户籍科举等文化资源，如何共同面对和处理社会问题，显然，由于立场不一致，两者是不可能大致一致的，于是，争斗不可避免。在这个争斗过程中，作为先来的土著③，由于控制着本地的户籍和土地等资源，在竞争中处于优势地位。但是，流民总能冲破各种阻力，获得与土著抗衡的力量。他们的争斗是全方位的，从山林土地到户籍学额，从坟墓祖山到文化身份，其中，户籍和学额的争斗是其中关键。因为只有拥有合法的户籍，流民之"正统"身份才能被官方认可，才能与土著站在同一竞争线上，而学额则由于是通往仕宦的第一通道，也是政治资本和权力获得的起点，又指标有限，因而，争斗亦激烈非常。

在明清赣闽粤边界山区中，闽西的汀州由于明代以来，人口增加并不如其他地区迅猛，流民进入的不多，而是比较早就成为流民输出地区，土

---

① 光绪《长汀县志》卷三十二《杂识》，（台北）成文出版社 1977 年版。

② 笔者并不认为"畲"、"猺"已经全部汉化了，而只是指出，"畲"、"猺"实际上经历了一个汉化过程，尽管他们并没有完全汉化，但是，在这一历史进程中，肯定大部分"畲"、"猺"都汉化了，现今留下来的只是少数。

③ 本节的"土著"，主要指纳入国家统治体系，并被认为是本地人的编户齐民，而不是指山区原住民——土著"畲"、"猺"等人群。

客之间的冲突并不明显①，因而本节基本不讨论该地区的土客关系问题，而重点讨论赣南的有些地区和粤东北的土客关系。

赣南明清时期的流民活动已有很多研究成果②，本节拟在前人论述基础上，重点探讨流民与土著之间关系的演变。

明代赣南由于地旷人稀，很早就有人前来佃耕，早在成化年间，赣南当地大户就有招佃仆耕种的做法，《皇明条法事类纂》记载：

> 南、赣二府地方，地广山深，居民颇少。有等豪富、大户不守本
> 分，吞并小民田地，四散置为庄所。邻境小民畏差徭，携家逃来，投
> 为佃户，或收充家人。种伊田土，则不论荒熟，一概逼取租谷。借伊
> 钱债，则不论有无，一概累算利息。少拂其意，或横（加）种（疑
> 为摧）楚……以致大（疑为小）户贫苦，存活不得，只得纠集一搬
> 逃户，或四散劫掠，或勾引原籍盗贼，劫杀主家。③

这些被赣南当地大户收留的流民显然没有被官府登记，而是成为大户家丁和佃户，受当地大户的控制和盘剥，甚至成为大户为盗的基本力量。这种当地大户利用逃移佃户勾结为盗情况相当普遍，《明实录》称："江西盗之起由赋役不均。官司坐派税粮等项，往往徇情畏势，阴佑巨害，贻害小民，以致穷困无聊，相率为盗。而豪家大姓假以佃客等项名色窝藏容隐，及至事发，曲为打点脱免，互相仿效，恬不为怪。"④ 海瑞在著名的《兴国八议》中认为赣中流民"佃田南赣者十之一，游食他省者十之

---

① 参看本书第二章的相关讨论。另：估计汀州在宋元间有比较激烈的土客冲突，但已有研究也只限于推论，真正能看到的确实记载并不多，参见刘永华《宋元以来闽西社会的土客之争与佃农斗争》，《中国社会经济史研究》1993 年第 2 期。

② 万芳珍、刘纶鑫：《客家入赣考》，《南昌大学学报》1994 年第 1 期及《江西客家入迁原由与分布》，《南昌大学学报》1995 年第 2 期；罗勇：《略论明末清初闽粤客家的倒迁入流》，《国际客家学会研讨会论文集》，香港中文大学、亚太研究所、海外华人研究社，1994 年；梁洪生：《从兴国移民姓氏看赣南客家迁徙：对赣南早期客家的一种思考》，《客家研究辑刊》1996 年第 1 期；曹树基：《赣、闽、粤三省毗邻地区的社会变动和客家形成》，载《历史地理》第 14 辑，上海人民出版社 1997 年版；饶伟新：《明代赣南的移民运动及其分布特征》，《中国社会经济史研究》2000 年第 3 期。

③ 戴金编：《皇明条法事类纂》下卷《禁约江西大户逼迫故纵佃仆为盗其窝盗三名以上充军例》，东京大学图书馆藏本影印本，昭和四十一年（1966）版，第 719 页。

④ 《明孝宗实录》卷一九一《明实录》。

九"。① 可见，赣中一带流民进入赣南佃耕土地明万历年间已较普遍。

这些前来佃耕的流民采取"寄庄"方式进入赣南社会，被称为"寄庄户"。到明代中后期，他们的势力已经相当大。隆庆年间赣州通判廖宪所言：

> 余署篆信丰，览观风俗，考求利弊，最病者，田归异郡，役累土著，其为乡人所有者，殆四分之一耳。②

这些流民常常在财力上超过土著，如信丰县的土地"为乡人所有者，殆四分之一耳"，其余全归流民。类似信丰的情况，在赣南非常普遍，天启《赣州府志》曰：

> 赣亡他产，颇饶稻谷。……盖齐民不善治生，所恃赡一切费者，终岁之入耳。故口食之余，则尽以出粜，鲜有盖藏者。且田土强半邻壤，占籍土著亡几。③

"田土强半邻壤"指的就是邻近地区的流民占有一半以上土地。所谓的"邻壤"，可以指赣南交界的四省边界各县，但估计以赣中吉泰平原诸县之人为多。④ 赣中泰和人郭子章曾言：

> 夫虔州各县大半皆吉民田，以吉州土狭民夥，二百年来俱买田虔州，非自今日始也。愚意吉民买田虔县者，虔各县各有粮有册，照旧令吉民装回自食自粜，粜止给本乡人，不许半途串水客盗载出境。⑤

---

① 海瑞：《兴国八议》，《海瑞集》，中华书局1962年版，第203页。
② 廖宪：《警俗论》，载同治《赣州府志》卷六十八《艺文》。
③ 天启《赣州府志》卷三《土产》。
④ 饶伟新认为，赣中移民主要分布在开发较早的农耕区，移民方式也和其原来的生活方式有关，以从事农耕和工商业等"善营居"手段为主，他们和土著的冲突主要表现在经济资源的争夺和冒籍报考等问题，参见其硕士论文《明代赣南族群关系与社会秩序的演变——以移民和流寇为中心》（厦门大学，1999年）。这个见解有一定道理，但必须注意的是不能将之绝对化，实际上，赣中流民进入边界为盗贼的也并不少见，而闽粤流民要求户籍、田土的情况也常见（参见后面的相关论述）。
⑤ 郭子章：《傅草》卷七《上吴澈如公祖》，《四库存目丛书》（集部）第156册。

　　郭子章的本意是要在虔州（赣州）买田的吉安府之人，把粮食运回吉安家乡"自食自枭"，从"吉民买田虔县者，虔各县各有粮有册"中，亦可见寄庄户之普遍。

　　除了赣中一带流民，还有不少闽粤流民成为赣南佃户，不少被赣南本地土著视为"闽广流寓"。① 今举数例：宁都，明末清初宁都人魏禧说道，"吾宁田旷人少，耕家多佣南丰人为长工，南丰人又仰食于宁，除投充绅士家丁生理久住宁者，每年佣工不下数百。"② 但同时，魏禧之弟魏礼又认为，"阳都属乡六，上三乡皆土著，故永无变动。下三乡佃耕者悉属闽人，大都福建汀州之人十七八，上杭、连城居其二三，皆近在百余里山僻之产。"③ 瑞金，清初邑人杨兆年追忆明时情况，"（瑞金）无他产殖，惟树五谷。承平之时，家给人足，闽、广各府之人，视为乐土，绳绳相引，侨居此地。"④ 兴国，康熙《兴国县志》记曰："兴国土薄人稀，东北多旷地，闽粤流寓耕之，种蓝、栽苎，亦多获利，而土著弗业焉，葛不知采，桑无所树。"⑤ 安远，康熙《安远县志》说，"闽、粤之人，杂处其中，土著者七，流移者三。"⑥ 以上兴国和安远的记载虽依据康熙年间的方志，但同样可以看到明代情况。

　　明末赣南流民活动范围非常大，官方记载的动乱十分频繁，官府渐呈无力应付之势。试看同治《赣州府志》卷三十二《武事》的记载：

　　　　熹宗天启五年，广贼丁天胜劫掠定南，杀乡民胡敬泉等。后二年，广贼邹豺子复劫伯洪保。

　　　　怀宗崇祯元年四月，丫婆总贼数攻安远，城陷，掳掠一空。挟知县沈尧封去，邑绅富户购银赎归……寻攻龙南下历，执巡检汤之训，杀戮甚多……复攻龙南。

　　　　二年，广贼张庚子劫掠龙南……

　　① 以往的研究总是认为只有赣南以外的人民迁入赣南才是赣南流民，这就忽略了在赣南本地区之间来回迁徙的流民，赣南此时大量编户逃亡，许多躲避在山区，也成为流民。其实流民的概念是相对于土著而言的，移民的籍贯如何，并不重要。
　　② 魏禧：《与曾庭闻》，《魏叔子文集》卷七《宁都三魏文集》，道光二十五年（1845）本。
　　③ 魏礼：《与李邑侯书》，道光《宁都直隶州志》卷三一之一《艺文》。
　　④ 杨兆年：《上督府田贼始末书》，道光《宁都直隶州志》卷三一之三《艺文》。
　　⑤ 康熙《兴国县志》卷一《土产》。
　　⑥ 康熙《安远县志》卷一《舆地》。

三年，九莲山贼瘟痢总掠龙南，邑中戒严。广贼谢志良流劫四处……

四年，寇钟三舍等犯定南……

五年，粤贼丫婆总流劫，赣、吉属邑、雩都各乡，受祸甚惨……

十五年，广贼阎王总、剐刀总、番天营、猪婆总凡十余种，流劫各县村落。明年攻破安远、石城诸寨。

十六年，定南何氏家奴密教杨细徕以妖言惑众，作乱。

十七年，粤寇阎王总统兵数万，劫南、赣二郡，所过莫敢敌。

顺治三年（1646），清兵攻克赣州，但并未立刻全面控制赣南局面。顺治五年（1648），金声桓、王得仁据南昌反，围赣州。康熙十三年（1674），三藩乱起，赣南为闽粤枢键，成为重要战场。在这样的社会背景下，赣南盗贼蜂起。亲身经历了这一变乱的宁都人魏禧，三十年后对此回忆道：

> 汝生崇祯甲申之明年，纪年乙酉，三浹已为，今乙卯。汝之生祖父未老，吾与伯子季弟未及壮，家殷富有余田，衣食甘美过今日远甚。然当是时，甲申天下崩于乱，乙酉南京再不守，邑大猾群起为雄，四鄙之野人揭竿称名字者不可胜数，祖母襁褓汝，以窜伏于穷山邃谷之间者，十有余处，最后得翠微峰而侨焉。是为丙戌，汝适周岁……而去年甲寅西南变起，天下多事，吾弹丸之邑，数被兵寇至于今未已，人不得保其父母妻子，有其庐室，又相率凿山梯险而居者已二年。①

频繁的社会动乱使赣南兵盗不分，民盗不分，社会秩序全面动荡。时人对此多有描述：

> 自近始今江民所最惨毒莫告者，岂非盗耶？……其最叵测出没无时，流毒肆害，田污莱而人沟壑，则又莫若此湖东虔南数百里之

---

① 魏禧：《诸子世杰三十初度叙》，《魏叔子文集》卷十一《宁都三魏全集》，道光二十五年（1845）本。

地。……十里之郊，便同秦越，兵将捕盗不为功，不捕亦不为罪。赏罚既顽，刀功弥钝，甚且怯而纵盗，贪而通盗，暱而蔽盗，玩而养盗，抚而全盗。又甚且剽良妇为盗妻，剽良赀为盗积，见盗若戚，见民若仇，兵与盗环相生，民与盗环相死，其势不尽驱民为盗不止。①

郭门日萧条，盗贼纷纷起。十家村务中，乃有五家是。大者肆屠杀，小者驱牛豕。②

正是以此时赣南社会动荡为前提，赣南的流民乘机加强联合，频频向土著发难，正在此时，赣南流民活动活跃，流民势力开始进入赣南腹地。仅以阎王总的流寇武装为例。顺治三年（1646），清兵已席卷江西大部分地区，只有赣州仍在坚守，在酷烈的保卫战中，流寇武装成为守卫赣州的杨廷麟争取利用力量。康熙《续修赣州府志》卷十八《纪事志》记曰：

崇祯十七年甲申三月，闽贼李自成陷京师……乙酉年，阎王总乱，雩都等处路将金世任督兵讨之，副总兵徐必达领营将林宗、吴玉简率兵自雩之车头来，云贼愿受抚。必达报虔抚李公永茂，从之，发招安免死牌、官带花红，遣官赍至雩。宗独领兵八十人，诣赖村贼营中，贼众迎宗，尽杀宗兵。

丙戌年，原任兵科都给事曾应遴议抚阎寇……寇众受抚入郡城，肆剽掠。郡人合众闭城门，搜杀之，并毁遴家。赐阎寇号隆武将军。阎寇自是益恣，所过兴国、雩、宁各邑淫杀，百姓惨怨。③

可见，自明末以来，阎王总的武装就在赣南腹地纵横，官兵前往招抚，他们竟然杀害招降明将。杨廷麟、曾应遴等明朝大臣想利用其力量抗清，尽力对其笼络，结果反而促使其祸害地方。赣南还有其他武装力量，顺治初年南赣巡抚刘武元的奏折就描述了赣南此时的各色武装力量，

窃照南赣属邑，枕接广东，如信丰、龙南、长宁、定南、上犹、崇义等县与南雄之始兴、韶州之仁化、惠州之和平、潮州之平远及湖

---

① 彭躬庵：《与傅度山兵科书》，《耻躬堂文钞》卷四《四库禁毁书》（集部）第52册。
② 魏禧：《出郭行》，《魏叔子文集》卷三《宁都三魏全集》，道光二十五年（1845）本。
③ 康熙《续修赣州府志》卷十八《纪事志》。

广郴州之桂阳、桂东等邑，紧通联界，其间山深路窄，素为逆贼出没之区。今广省一开，余孽四散，如伪援江伯、伪都督府、伪燕王、翻天营、阎王总、乞刀总、肆营、捌营、玖营头等贼，分股逃溃；或窜入南安，计图窥犯；或遁往长宁，招集党众；或深入于上犹崇义之境，窃据山寨；或蔓延于南康信丰之间，肆行剽掠。明知我赣兵调广者，远在数千里之外，辄乘虚突犯。①

此外，还有顺治五年（1648），金声桓、王得仁反清，南下进攻赣州。面对这种情况，南赣巡抚疲于应付。顺治八年（1651）十一月十二日，南赣总兵胡有升回忆了其任内的历次平定叛乱的战斗：

> 如臣本抵赣时，即有渠魁叶南芝，伪称两广军门，勾连粤贼冯高明等拥立伪王……继而逆官刘飞，伪号七省军门，刘志谕伪号平北军门，各纠集亡命，作祟于上犹、宁都……此在四年十二月与五年正二月事也。时臣以为巨寇已除，地方渐可宁谧，岂料江省叛镇金声桓、王得仁等合谋犯叛，拥众不下数十万，于三月十九日围困赣城。……五月初九日誓师一战，贼方溃围而遁，得以保全孤城。……不意广逆李成栋董元策等又相继告变矣，聚全粤之众，召如洞猺诸蛮，纠合黑鬼、白鬼竟逼虔城，其势较之金王尤甚。……次第扑灭，不意巨逆李成栋带领标贼闰蝦蟆等，纠积寇阎王总、乞刀总、伪燕王、翻天王、伪安恪王等号称百万，分头逼犯，一股屯聚于信丰，进攻雩都……此俱在五年四五六七等月事也。此役未竣，又据雩都报警……旋极瑞金告急，臣随发本标前营参将鲍虎，疾趋极援阵，获伪王朱由植、伪监李之培等，又固瑞邑以无虞，此又在六年四五等月事。……及至十二月月内，王师方抵赣……各县之余孽又在次第恢剿……又自七年正月以至本年七月之事也。②

李成栋的叛乱也纠集了"洞猺诸蛮"、"黑鬼"、"白鬼"各色人等，又有"积寇阎王总、乞刀总"以及"伪燕王、翻天王、伪安恪王"等，

---

① 刘武元：《题为广省开复已久赣地单虚》，《虔南奏稿》卷一，北京图书馆藏清抄本。

② 胡有升：《圣明亲政伊始敬陈任内事实疏》，《镇虔奏疏》卷下，北京图书馆藏清学源堂抄本。

说明清初赣南的混乱局面，使原来不在官府控制范围内的各色人等互相联合，进入赣南腹地。

顺治年间的动乱使赣南一度极为萧条，所谓"赣南自围困以来，广逆叠犯……死亡过半，赤地千里"。① 因而地方官有招民开垦的措施。② 这样又引起更多的流民进入赣南开发垦荒。同时，清政府亦有安插沿海投诚军队的举措，康熙《潋水志林》卷十四《兵寇》载：

> 康熙八年己酉，廷议以闽漳海寇投诚，讲分布安插之政。赣、兴二邑，兵燹流亡，荒田独多。敕谴海澄公标下都督总兵许贞屯田于赣，蔡璋屯田于兴。次年庚戌，蔡璋率其属张治、朱明、石昭、黄捷先，黄成章、洪徽、洪宜化等目兵千有余人，挟挈家口，又数倍到县。……军之各籍者，不自耕，招募闽广流人赁耕，旁郡邑赁耕者来如市，或侵得民田，以荒易熟。

这些投诚官兵，原是郑成功部下，"目兵千有余人"，还"挟挈家口""数倍"，他们"招募闽广流人赁耕"，导致了"赁耕者来如市"的情况出现。

清初赣南流民反抗土著的斗争有一个值得注意的特征，就是流民有自己的组织。道光《石城县志》卷七《武事》载：

> 顺治二年乙酉九月，石马下吴万乾倡永佃，起田兵。……邑大户土著为多，万乾恐不能胜，又要联客纲头目郑长春、李诚吾、连远候，结党惑众，名纲义约。王振初名集贤会，纠宁都、瑞金、宁化等处客户，一岁围城六次，城外及上水村毁几尽，巡检署俱毁。

乾隆《宁都县志》卷七《兵寇》载：

---

① 内阁汉文题本，粮饷类，南赣总兵胡有升，顺治六年（1649）七月一日。

② 可以肯定，清初官府多次有招抚流民来赣南开垦的举动。顺治六年，南赣总兵胡有升有题本曰："臣方逐一招抚，将行各县，有司履亩劝农，假贷牛种，可望稍稍开垦。"（内阁汉文题本，粮饷类，南赣总兵胡有升，顺治六年五月十日）又："而赣州、南安二府所属县份……奉圣旨招徕逃亡，民人开垦耕种至陆年之后，方议征收钱粮。"（内阁汉文题本，粮饷类，江西巡抚朱延庆，顺治六年七月五日）可见，招抚流民开垦是清廷的基本政策。

国朝顺治五年三月戊子，温应宣招集客纲入寇攻城，严御之，遂逃遁。

宁都明末清初土著名士魏礼回忆其家败落时言：

予年十八，丁世变乱，佃户占租税，立万总、千总之号。田主履亩，则露刃相向，执缚索货贿，无敢过而问者。徽君遂贫。①

同治《雩都县志》亦载有：

雩本山县，田多荆臻，初居民甚稀，常招闽、广人来耕，其党日多，遂推其豪猾者，名为佃长，号召同辈。间有与田主构隙，则佃长酿金助之，甚至公然以身当其冲，小则抗租结讼，大则聚党踞抢。②

来石城、宁都、于都佃种土地者以闽粤流民居多，上述记载中的"客纲"、"佃长"、"千总"、"万总"都是闽粤流民的组织。这些流民组织和甘利弘树研究过的"山寇"组织有密切关系。例如，"总"就是闽粤"山寇"的重要组织形式。屈大均《广东新语》曰：

凡贼有大总、二总至于五总，又曰：满总、尾总。分哨为哨总，禽总演禽者也，书总掌书记者也，旗总职志者也。③

"总"字早在明中期就被闽粤流民作为其组织形式的名称，《虔台续志》载曰：

上杭县盗杨立、杨二纠合关亚苏、江小李、黄目等，巢穴其中，推陈宗祐为首，劫掠四方。嘉靖二十九年，凑聚钟远通、陈耐等五百余人，号为大总、天总、满总、禽总、书总等名目。④

---

① 魏礼：《析产后序》，《魏季子文集》卷七《宁都三魏集》，道光二十五年（1845）本。
② 宋启传：《策对》，同治《雩都县志》卷十三《艺文》。
③ 屈大均：《广东新语》卷七《人语·永安诸盗》，中华书局1985年版。
④ 谈恺：《虔台续志》卷五《纪事志四》。

上杭县位于福建与赣南边界，魏礼说宁都佃户，“大都福建汀州之人十七八，上杭、连城居其二三，皆近在百余里山僻之产。”① 清初在石城、宁都、瑞金等地出现的流民组织，和边界地区的“山寇”关系极大。②

土著与流民势力日益壮大、组织化程度日益增强不同，自明末清初直至“甲寅之乱”（三藩之乱），连遭重创，势力减弱。这从前引魏禧的回忆可看得很清楚。当时衰落的当不止魏礼一家。魏禧就有如下感叹：

> 官街有孤女，独向街中泣。发短不及眉，身长才二尺。双手抱竹筐，颠仆还起立。借问此为何？阿母不得食。前者阿父死，阿兄逃深谷。官吏大索逋，合并妇女录。……此是谁家女，东街有高屋，阀阅各峥嵘，夹巷相结束。龙蛇画梁头，雕刻及柱足。膏田一万顷，文钱十千斛。……财帛足骄奢，气势耀人目。伤哉真俜停，图圄多贵族。③

据曹树基、万芳珍等人的研究④，清初是流民进入赣南的高峰期，清中叶以后，流民活动才基本停息。清初赣南出现了“土著少而流寓多”的情况。康熙二十三年（1684）《赣州府志》这样描述赣州府：“且赣五方杂处，土著凋零，吴楚闽粤之民及远方贸易走险者聚集斯地。”⑤ 瑞金亦是“土著”少于“流寓”：兼之界连闽、粤，土著十之二三，流寓十之六七，主弱佃强。⑥ 石城县则是“主常不胜客”：“邑生齿不繁，率抚、吉、闽建之民，辐辏踯躅，主常不胜客。”⑦ 康熙十五年任兴国知县黄惟桂说：“兴邑地处山陬，民多固陋，兼有闽广流氓侨居境内，客家异籍，

① 魏礼：《与李邑侯书》，道光《宁都直隶州志》卷三一之一《艺文》。

② 关于“山寇”与“田兵”关系，可参见［日］草野靖《明末清初期における田面の变质——闽·江·广三省交界地带の场合》，《熊本大学文学部论丛》（1），1980年。

③ 魏禧：《孤女行》，《魏叔子文集》卷四《宁都三魏全集》，道光二十五年（1845）本。

④ 前引曹树基和万芳珍论文。笔者并不认为，他们用地方志资料统计的流民数很正确，但仍可反映大致的趋势。

⑤ 康熙《续修赣州府志》卷一《疆界》。

⑥ 同治《瑞金县志》卷十六，转引自《康雍乾时期城乡人民反抗斗争资料》，中华书局1979年版，第81页。

⑦ 熊懋官：《尹邑侯去思碑》，道光《宁都直隶州志》卷三一之三《艺文》。

礼义罔闻。"①

明末大量"流寓"的出现，已经引起赣南本地土著的不满和警觉。天启年间，《赣州府志》编修者表示了对"土著多而流寓少"的忧虑：

赣为四省之交，流寓实蕃，此疆彼界，踪迹匪易，乃告讦抵调者往往诡籍相蒙，肤受罔上，其意不在角胜，而在株连蔓引，以张机陷报宿怨焉耳。缓之则益为讧，急之则巧为避，神鬼出没，沈命舍匿之，法不得行，官府经年苦勾摄，民之受其荼毒，宁有已时耶？傥迹其尤重惩之，毋令脱纲，狡黠亡赖辈庶或有警乎。②

赣里数民籍不及邻封一巨邑，奈何以墺区上毛目之。盖地旷人稀，生理鲜少，惟赣为然，且人多乡土恋，不肯逐末，终岁株守田庐间……唯是以目前言之，釜筥久空，锱铢为苦，一有勾呼，相率逃徙……况今之赣，非无事之国也，闽广流民聚居山谷，为作奸薮。③

大致上说来，土著对"流民"进入赣南的担忧主要有：（1）流民活跃于边界，"聚居山谷，为作奸薮"，而赣南本地户口则大量流失，"一有勾呼，相率逃徙"，极易成新的流民和原来流民结合，引起社会动乱。（2）流民不正式入籍，"夫其立户也，非自外省转徙而占籍者"，容易规避赋役，而且又要冒籍考试。（3）流民在赣南谋生获利，"求田问舍"，导致"田土强半邻壤，占籍土著亡几"。这些因素交织在一起，冲击赣南原来的社会秩序。在一些土著势力薄弱的边远山区，流民势力盖过土著，王朝无法控制，就产生地方动乱，明中期以后赣湘闽粤交界地带动乱频繁，就和这种形势相连；在土著势力较强的地区，土著与流民的冲突主要通过科举考试名额和土地的争夺体现出来。

寄庄户不仅躲避赋役，而且还和土著争夺科举考试名额。前引天启《赣州府志》的议论中，就有对寄庄户争夺科考名额表示不满的字句："奈何长子孙即欲与土著子弟竞取乎"。与嘉靖十五年（1536）《赣州府志》相比，天启元年（1621）修撰的《赣州府志》充满了类似议论，再

① 黄惟桂：《请禁时弊详文》，康熙《潋水志林》卷二十《志政·国朝文移》。文中的"客家"一词是笔者发现的在赣南地方文献中最早出现的"客家"。
② 天启《赣州府志》卷一《疆界》。
③ 天启《赣州府志》卷七《户口》。

引二例如下：

> 赣为四省之交，流寓实蕃，此疆彼界，踪迹匪易，乃告讦抵谰者往往诡籍相蒙，肤受罔上，其意不在角胜，而在株连蔓引，以张机陷报宿怨焉耳。缓之则益为讧，急之则巧为避，神鬼出没，沈命舍匿之，法不得行，官府经年苦勾摄，民之受其荼毒，宁有已时耶？傥迹其尤重惩之，毋令脱纲，狡黠亡赖辈庶或有警乎。①

> 赣里数民籍不及邻封一巨邑，奈何以墺区上毛目之。……唯是以目前言之，釜罃久空，锱株为苦，一有勾呼，相率逃徙……况今之赣，非无事之国也，闽广流民聚居山谷，为作奸薮。②

天启《赣州府志》主笔为赣县人谢诏，以上议论均冠以"谢诏曰"。作为土著的谢诏发出如此感叹，无疑反映了一种本地人意识。这种意识在与流民的冲突中很容易得到加强，有时就会转化成"流寓"的冲突事件。信丰即发生过因流寓"钻刺冒考生员"引起的事件，曾任浙江副使的信丰人黄大节，对此事有如下陈述：

> 敝邑四封，大不过如股掌，其在赣属，最称凋瘵之乡。往者民不谋生，安坐而食。故田土财赋，蚕食于吉之万、泰者七、八，即今比屋列廛而市，多属异乡之人，几于中分信邑矣。所仅仅保全学宫一片地，守之甚严，而悍（疑为捍）之甚力。自开国以来二百数十年，未尝容一外籍者搀入其间。盖不如是，则蕞尔信邑，名隶于虔，而实入于吉矣。顷因童人徐、谢诸人钻刺冒考生员曹某等，从公屏逐，亦修往年之故事耳。特其意气乖张，语言失次，触怒于父母陈令，致以聚众讪侮申之。诸生诚不能无罪，然其中亦有可原也。……至于冒籍一节，所关敝邑利害者甚大。缘土著式微，才力不足以敌流寓，若此端一开，其牵朋引类以客乘主，而鞍轹我邑者何所不至。刘石诸胡之乱华，金元二虏之倾宋，往事固可鉴矣。所恃老公祖在上，殿我邦人，忍令属邑陵夷一至此乎？……外禁冒籍一册，伏希留神赐阅。③

---

① 天启《赣州府志》卷一《疆界》。
② 天启《赣州府志》卷七《户口》。
③ 黄大节：《为阻冒籍与杨太守书》，同治《赣州府志》卷六十九《艺文》。

　　从这段文字能大略看出当时事件的经过，值得注意的还有"缘土著式微，才力不足以敌流寓"，"所仅仅保全学宫一片地"之类的说法，异乡之人的经济实力已超过土著，土著唯一能显露出优势的，是在科举考试上，"未尝容一外籍者搀入其间"。如今在科举考试方面，流民亦想"以客为主"，土著显然十分愤慨，黄大节用"诸胡"、"二虏"等字眼比称"流寓"，反映了土著对"流寓"的蔑视和防备。

　　在当时，土著身份是一种复杂的社会文化资源，一方面，拥有户籍可以考试和缴纳赋税相结合的权利义务关系；另一方面，土著与流民之间的界限不仅为户籍，更多的是一种社会身份和心理的认同，在土著看来，"非土著的人群"地位相对低下。

　　在海瑞任职的兴国县，有所谓的"客户"：

　　　　料是先年里老人等虑有乡兵之忧，奸计以客户充隘长、总小甲等役。故亦即比客户随田耕作，星散寥寥，数人为居之地为之也。此等客户，居税户之庄所，资税户之牛谷，大概无妻子、无家当，一有警闻，孑孑一身挈而去耳。[1]

　　此等"客户"大约相当于佃户，从属于"税户"。瑞金县的流民，则多从事传统社会中低等职业：

　　　　土著之人，为士、为民，而农者、商者、牙侩者、衙胥者，则皆客籍也。即黔徒剧贼窜匿其中，亦无分别。[2]

　　这种情况相当普遍，前引天启《赣州府志》说流民，"非藏于廛市则役于公家"，隆庆年间赣州通判廖宪对比土著和流民，说道：

　　　　吾尝深思其故，而知信人不若异郡者五焉：彼异郡人蔓衍于吾邑也，朝夕课利至老死不殆，其家居也，盖百无一二焉；而吾民殊怠惰，牵家累，此勤不若也。盖郡人蔬饭恶衣，弗以为耻，盖时而粥

----

① 海瑞：《兴国八议》，《海瑞集》，第207页。
② 杨兆年：《上督府田贼始末书》，道光《宁都直隶州志》卷三一之三《艺文》。

食；而吾民自奉殊丰靡，或以"小南京"目之，此俭不若也。异郡人经营，刀锥算无遗策，而吾民赣直无他肠，此算计不若也。异郡人自为童稚时，则已习律尺、弄刀笔；而吾民安四野，懵前经或不识官府，此智识不若也。异郡人涉江湖，逾岭表，弗以为劳；而吾民顾脆弱，溺宴安，此筋力不若也。①

异郡人"习律尺"、"弄刀笔"、"涉江湖"、"逾岭表"等求利行为导致的是"田归异郡，役累土著"，土著对此虽表轻蔑但无可奈何。可是，当流寓要和他们争夺文化身份资源——科举考试名额时，显然是对他们地位的挑战，于是就有黄大节所述事件发生。这种土著与流寓的划分，很早就有，流寓要变成土著，获得土著户籍不仅仅是经济行为，明末清初宁都土著魏礼，盛赞其友善待"侨寓"时说：

　　瑞金杨惟才君，少登贤书而乡里有善人之诵，侨处为过宾于瑞金者咸能道。……虽然，予更有请焉。窃见上邑者，有自宋元以来不得为土著。法三世居其地，许编入户，彼数百年客寄，祖里从旷不可考，势莫得反，是彼一族累百叶皆为弃人，雍遏无由仕进，亦仁人之所恤。君倘与二三君子倡明而少宽假之，则君之德愈大。②

从这段文字似可猜出，"数百年客寄"者，无法"仕进"是由于没有户籍，而没有户籍理由可能是其"祖里从旷不可考"，不知祖先来历，故无法被本地人接受为土著，可见，土著与流寓之间的界限又有一层文化含义。从这一点也可以理解为什么土著那么激烈地反对流寓冒籍考试，而流寓则热衷于科举。

土著的优势地位是和土著在现有的社会秩序中居于控制地位有关。大致说来，在赣南东部，土著势力相对强大，在清初的动乱中又损失较小，在与流民的争斗中处于比较强大的地位，流民只在清初社会动荡中进行了有力的反击，两者之间关于租佃的斗争异常激烈，但是，到了清代中期，

---

① 廖宪：《警俗论》，同治《赣州府志》卷六十八《艺文》。
② 魏礼：《杨惟才五十一序》，《魏叔子文集》卷七《三魏全集》，道光二十五年（1845）本。文中"上邑"不明所指，大概是上引魏礼所言宁都的"上三乡"。

大规模租佃斗争平息下来，流民"地著"为土著，两者和平地共处一地。① 在赣南西部和中部的一些地区，由于清初战乱的影响，流民乘机进入，土著与流民之间的冲突就表现得异常激烈，有时甚至直接表现为酷烈的流血斗争。例如上犹县，就发生过激烈的土客冲突流血事件。《南安府志》有如下记载：

> 康熙十三年甲寅吴三桂反，上犹流寓广人余贤、何兴等聚众作乱……十七年戊午……贼始平。盖自甲寅至是蹂躏五载，上犹象牙湾朱氏、浮潮李氏、周屋围周氏，石溪之王氏、杨氏、水头之胡氏，竟至合族俱歼，无一存者。②

通过这些地方动乱，使土著势力受到打击，流民势力增强，形成了清代赣南"土著少而流寓多"的局面，也使部分流民开始尽力"土著化"。

无论土著如何反对，随着形势的稳定，大部分进入赣南的流民也必然逐渐定居下来，而流民一旦"地著"，就必然占用土地、科举等经济和文化资源，也必然引起土著的不满和反抗。康熙《雩都县志》就表达了这种不满："又如近日外郡寄庄他处，学者寡少，买田数亩，希图冒籍，彼籍仕宦如林，乃复系籍于此，其为仁人轸念，不知又何如也？"③

这种不满情绪最为的集中的体现当是修于康熙二十三年的《续修赣州府志》，该志主修者对大量流民进入，占用土著的学额，表示强烈不满，处处设防，力图杜绝其弊。其卷首的《凡例》就提出："一丁口田赋，虽载黄册，亦载志书，凡以杜冒籍，清国课也。赣五方杂处，冒籍纷纭，兹集严谨诸寄粮寄丁希占籍贯者，清查详载，以杜前弊。"其卷一《疆界》又议论道：

> 赣自兵燹后，死锋镝者十之五，展转沟壑者十之三，近编审户册，反增丁口，岂生齿繁盛欤？抑亦合征宜增而不宜减也？且赣五方杂处，土著凋零，吴楚闽粤之民及远方贸易走险者，聚集斯地，虽孑然一身，亦资赣薪米，渐次经营，始而房居，继而膏腴，寄粮寄丁，

---

① 黄志繁：《地域社会变革与租佃关系——以16—18世纪赣南山区为中心》，《中国社会科学》2003年第6期。
② 光绪《南安府志》卷五《武事》。
③ 康熙《雩都县志》卷四《户口》。

起户朋充。……今者寄粮寄丁，起户朋充，冒籍纷纭，良苦莫辨，其弊安所底哉？

《续修赣州府志》编撰者并不认为赣州户口增加完全是人口自然繁衍增长所致，而认为是大量外来人口进入的结果。在他看来，外来人口进入导致户口增加，并没有给赣州带来太多的好处，因为这些外来人口的目的只是在于"冒籍"，冒籍的目的当然是参加科举。

在《续修赣州府志》卷五《学宫》中，作为本地人代表的修撰者集中论述了流民在赣州"冒籍"科举的前因后果及解决方法。今引其文如下：

乃今之赣则大不然他郡他县，当年即可入籍，今日买某氏之田，明日即某氏朋里。卖田者利其多金，卖田者即以卖里；买田者乘其巧便，买田即以买籍。未数年而考试，则曰：吾赣民也，吾与某氏朋充里役也。彼原籍之田粮完欠既不可查，而娼优隶卒匪丧妇丁总莫可辨。欺罔上官，贪缘相引为奸。呜呼！赣学抑何不幸而至此耶，近查冒籍于赣县者，除二三十年外，一二年间，朋充起户者凡百有余家。国朝新制，取士务核其实额数，赣县止十五名，每一冒籍必占一名，以新旧百十就之冒籍，争占于额数之十五名，是十余科之考试，尚不足以供百十家之冒籍占取也。且已冒籍者未完，而方来者又起，沿沿相承，曷有止极？赣子弟欲望弟子员，其可得乎？

从这段引文中，可以发现两点：一是赣州府流民比较容易获得户籍，只要购买土地就可以很容易地和土著之民"朋充"户籍；二是流民冒籍的人数不少，对土著的科举造成比较大的危害和影响，例如赣县一二年之内，就有一百多家外来流民冒籍。鉴于赣州府冒籍现象严重，修撰者认为，户部的"三十年之例"① 来辨析土著与流民的办法并不适用，而是应该采取"保结"的办法。他说：

---

① 《清会典事例》卷一五八《户部七·户口》记载："顺治十年题准，凡外省流民附籍年久者，与土著之民，一例当差，十一年定新来者，五年当差。"根据这条规定，大概流民附籍15年即可当差，拥有正式入籍的权利。但是，在实际执行过程中，户部又不断颁发新的条例来调整流民入籍年限。文中所谓"三十年之例"大概是户部当时颁发的一个条例。

即日近奉部檄，有三十年之例。不知部檄原为远省脱籍而设，非
为附近有籍可归者坏法也。若谓附近有籍可归者坏法，则近科冒籍中
式者，查出奉令革公又何为哉？今日赣严冒籍之法，不必稽册籍也，
不必问田舍查坟墓也。何也？稽册籍则已有田舍则既富有，查坟墓又
造假买嘱里甲抵塞众口。即明知其非，一时之党羽群吠，谁肯以一身
与为仇敌相攻讦于不可问之时势乎？莫若保结廪生，共矢公忠，维持
学校，互为籍查，务期清白为便。如遇考试，同堂齐集明伦堂，设誓
公议，各立一公簿，众书名押簿中，公约如保冒籍，即以公令之罪罪
之。土著子弟来求保结者，登名簿上必然填里甲祖父同堂名下保结童
生，俱名登完，又约齐集明伦堂，互相检验，务期人人清楚，不得半
字朦胧。①

所谓"保结"的办法，大概是与考者必须经过土著绅士共同商议和
担保程序，才能有资格参加科举考试。这就意味着把科举考试资格审查的
权利给了土著绅士，显然是想给流民参加科举考试设置障碍。

没有直接材料说明"保结"的制度在实际中是否实行过。但是，笔
者在上犹县营前访得一故事，颇可以说明这个制度可能得到相当程度的实
行。故事内容大致如下：

过去营前参加科举考试必须有秀才以上的人担保。流民没有秀
才，土著也不担保流民，流民就无法考试。有一胡姓男童，他外公是
土著秀才，胡生整天待在外公家帮外公干活，外公很喜欢他，教他读
书，他却显得极笨。有一年他外公作科考廪保，他突然缠着外公要求
去考试，他外公以为他很笨，只是去玩玩。谁知，胡生一到考场就换
了个人，一举考中秀才。后来，他做廪保，就专门保客籍流民。②

这个故事当然不太可能完全是真实的，但是，故事所反映的制度背景
却有可能是真实的。从这个故事中，不难看出，土著秀才一类人物"保
结"乃是参加科举的必经程序。故事中的"胡生"考上秀才后专门保

---

① 以上引文俱见中国国家图书馆所藏康熙《续修赣州府志》。
② 此据营前黄营堂老人讲述，特此致谢。

"客籍流民"的事实也从一个侧面说明了，即使在土著绅士强烈反对下，客籍流民也仍然有办法获得参加科举考试的资格。

实际上，对于官府来说，只要流民能真正纳粮当差，成为王朝控制下的"编户齐民"，给予其参加科举考试权利是合理的。所以，我们可以看到，即使土著绅士强烈抗议并用种种制度来限制流民参与科举考试，但是，史料中仍不断出现流民获得户籍和参加科举考试的记载。上引营前所在的上犹县知县就说："虽人才随地可兴，而考试以籍为定。胡子田一户称已入籍，呈请与考，庶亦近理"，并最终允许流民参与科举考试。① 上述"胡生参加科举考试"的故事也说明流民已经有了参加科举考试的权利。乾隆《南康县志》卷十九《杂志》亦有记载曰："国朝雍正九年辛亥，东粤新民五十一户入籍与考"。

康熙年间，赣南有过多次重新编排里甲的过程。康熙《龙南县志》卷四，《图里》载有知县白贲的《增图碑文》，内载："卑职看得龙南甲户李有等具呈一案，缘于康熙十九年间奉藩宪檄行各属，援江南藩宪慕题明奉旨，通行均田均役。"可见，和全国其他地区一样，康熙十九年（1680）江西布政使亦在江苏布政使慕天杰等人的均田均役运动影响下，要求各县均田均役。均田均役实际就是按粮额重新编排里甲的过程。② 同书同卷又载："今幸康熙三十年八月内蒙—藩宪卢奉—抚宪大老爷宋檄行各属州县，准粮户另立图甲，各自输纳，绅衿齐民一体当差。"可见康熙三十八年（1699），江西省又允许各属州县粮户另立图甲。另立粮户，表明粮户可以自立户头，可以不再与人共用原来的老户籍。这个政策，无疑对一直受制于户籍的流民相当有利。

文献中多次提到许多民户要求单独立户，并获得批准。上引《龙南县志》继续记载曰："又奉藩宪牌催，内称：据粮户王天栋等恳于七图之内，提出另编一图，已奉宪批，允应行开立该县备造确册，赍司以凭查核立案。七月内蒙廉饬房提清编成十甲，图名龙兴。"③ 可见，重新分立户头的不仅是李有等人，还有王天栋等人。除了上述龙南县民之外，定南县

---

① 乾隆《上犹县志》卷十《杂记》。关于营前地区流民与土著围绕科举考试而展开的斗争经过更详细的论述，可参考本书第五章相关论述。

② 参见刘志伟《在国家与社会之间——明清广东里甲赋役制度研究》，中山大学出版社1997年版，第214—215页。

③ 郑世逢：《增龙兴图碑文》，康熙《龙南县志》卷四《图里》。

亦有类似情况发生，其知县记载曰：

> 康熙辛酉夏，余视事定南，目击时艰，正图整理。适奉藩宪王檄行通省州县，均图均甲，合民自封投柜，革除陋规。随计花户邱大兴、郑贵生、赖兴郁、徐永旺、（疑有脱字）安国、曾文盛、郭二仔、胡受、张仲信、谭兴等哀切具呈本县，申请院、司、道、府各上宪，于四里之内，酌编十甲。凡有正杂，俱照额粮，分为五股，各自输将。业奉本宪示允行，饬令勒石永遵。[①]

以上记载没有直接说明要求重新立户籍的人是流民，但是，这些县都是广东流民比较多的省份，流民要求立户头，已摆脱土著里甲的控制当是理所当然。康熙《上犹县志》中《康熙三十五年编审均粮记》一文，则明确地指出，把广东流民合编入一里。其文曰：

> 盖以牛田里又七甲二十三姓之粮，补充龙下五甲郭时兴绝户，……，遂如议衰益而改郭时兴户为龙长兴，龙者，里名，长兴云者，谓东粤流寓二十三姓之人，自拨入龙下五甲当差，而长久兴旺从俗便也。[②]

从这段记载不难推测出，大量流民正是通过几次重新编排和整顿户籍，获得了正式的户籍，从而有了科举考试的权利，也最终成为赣南的"土著"，其身份实质上发生了变化。土著也被迫接受现实，和流民共处一地，流民和土著之间矛盾已不再引起大规模武装流血冲突，但还是残留在心理、文化、风俗习惯等方面，形成有各自身份认同的流民和土著两大集团，构成赣南社会一个重要的地域文化特征。

明初粤东北各府县都采取了招徕流民承种荒芜田地的政策，许多流民都因此顺利定居并入籍，本书第二章第三节对此有过论述，此不再赘述。

明初至成化年间，流民借官府的招徕多在粤东北生态条件较好的山间盆地承种荒田，定居入籍。而随着荒芜田地被重新耕种，已没有更多的荒田来接纳流民。明成化、弘治以来，流民已成为不可遏制的一股浪潮，这

---

① 林诜□：《新编十甲记》，乾隆《定南厅志》卷七《艺文下》。
② 康熙《上犹县志》卷十《艺文志·文》。

时的流民更多是进入尚未开发的粤东北山区。特别是正德以后，流民往往突破政府的禁令自发流动到山区进行垦殖。这个时候，官府不再实行招徕政策了，而是主要采取剿的手段进行镇压，官府往往在平定大规模叛乱后，把这些叛乱之民重新纳入其控制体系。除了这个途径，流民要获得土地，殊非易事，但是，流民往往能冲破各种阻挠，运用各种手段获得户籍。下面通过对族谱资料的分析来进一步论述这个问题。

据梅县（明代为程乡县）《杨氏族谱》载，杨氏明初由福建汀州府宁化县迁入程乡县，其《始祖远绍公家传》对这一经过有这样的描述：

> 公姓林，传七世而易杨姓。原籍福建汀州府宁化县石壁村人，元明之交，兵燹骚然，宁民转徙。公所善戴姓结伴携家入粤，初抵程之东境，见阴那五指奇峰插天，沂流而上，至蓬辣之浒，缘逐而八十余里，为半迳村，山环水曲，窈然而深廓其有容。公指谓戴曰："兹村荒山可辟，爰集宁处无踰于斯。"遂定居焉。时值明初定鼎，徭赋繁重，增户例当加役，公以瞻乌方定，丁口仅存，不能独一面，而邻居杨姓者，籍旧丁单，苦以应役，乃寄籍于杨，计租均役，欢如骨肉，不知其为异姓也。无何杨没无嗣，户籍无所属，公不能自引避，任籍输课如旧，为杨经营窀穸，岁时祭扫必诚必信，迄今四百余载，子孙展祭公茔者，必备物虔祀杨墓，无敢忘其始焉。①

从记载来看当时林氏始祖远绍公携家来粤并非由于官府的招徕，故此没有取得户籍。林氏始祖为了逃避繁重的赋税，因此寄籍邻居杨姓，两户人家以一个户籍应役，在外则称为一家，"欢如骨肉，不知其为异姓也"。联系前引正德《兴宁县志》所载："及知县夏则中招携流亡，民虽欲集而病官田税重，莫肯承籍，则中请以官田减同民产，定赋□之分民耕业，稍缀贯"②来分析，明初粤东北地区招徕流民，因为"官田税重，而莫肯承籍"，可见当时确实"徭赋繁重"。对于初来的流民家庭而言，寄籍他户实是迫于生计的无奈选择。在杨氏死后无嗣情况下，程乡县林氏就一直以邻居杨氏的名义"任籍输课"。

---

① 梅县《杨氏族谱》卷首《家传·始祖远绍公家传》，（清）杨兆清等修，清宣统二年（1910）刻本（序）。

② 祝允明纂：《祝枝山手写正德兴宁志稿本》卷一《乡都》。

梅县林氏户籍真正得到官方的认可，则是明嘉靖年间（1522—1566），官府剿灭以林朝曦为首的流民活动以后的事了。对于以林朝曦为首的流民活动，官方志书有较详尽的记载。乾隆《嘉应州志》记曰：

> 林朝曦、陈绍禄，嘉靖四十年，二贼纠党聚众，劫掠江西、福建、广东两省，流毒日甚。四十一年，自处州破庆源、龙泉二县，突归程乡，夜屯南门呐喊，邑大震。知县徐甫宰初抵任，登城谕之曰："尔等为我百姓，何得无礼？明日入城相见可也。"及谒见，贼以黄金四十两为寿，却之。复予五十金劳之，许以请抚，曰："从北往来，莫见疑也。"设宴款待，贼酣宴往赴，尽醉而归。久之贼党徐东州为子所杀。甫宰复请朝曦及黄子云议其罪，伏兵擒解军门伏诛。绍禄遁徐溪，为其族人所杀。①

从这段史料的描述来分析，以林朝曦为首的流民团伙并无意与官府对抗，他们声势浩大"夜屯南门呐喊，邑大震"却并未攻入城中，而且还一再向县令献金示好，只求"许以请抚"，并表明无其他意图，只不过"从北往来，请莫见疑"。流民的一系列举动，都可以说明他们并不是一般的杀人掠货的盗贼。他们的行动之所以被官府视为强贼，只是因为他们没有合法身份，未取得户籍。也正因此，他们才会急切的"请抚"，希望获得官方认可的合法身份。

上述对于以林朝曦为首的流民团伙的分析，可以从康熙《程乡县志》关于县令徐甫宰的记载得到印证，其文曰：

> 徐甫宰号镜湖，浙江山阴人，举人，嘉靖间任先任福建武平县，因程乡有寇警，两台廉公才，题改程乡，公奉命单骑赴程，经群盗纵横中，无敢犯者。至县，则寇环城数匝，呼譟动地，满城震骇，公适至，已二鼓，即登城传谕：新令至矣，尔等无哗，静以听抚。盗咸辑。次早大开城门曰："皆吾赤子也，何谓盗？"亲率数役莅贼营，赏以牛酒，令各归田，众遂散。厥后以计诱贼，密擒首乱数十人，缚

---

① 乾隆《嘉应州志》卷八《杂记部·寇变》，王之正纂修，清乾隆十五年（1750）刊本，上海图书馆藏。

解正法，余置不问，邑遂安。以定乱功，超迁潮州兵巡道。①

　　从这段史料描述"寇警"的情形判断，应该就是指以林朝曦为首的流民团伙的活动。县令徐甫宰对这伙所谓的"寇盗"身份也有清醒认识，否则他也不敢轻易"大开城门"，所以他所言"皆吾赤子，何谓盗？"，在当时情境下虽说是一种安抚言语，但从"众寇"以后的行动"令各归田，众遂散"来看，徐县令所言"皆吾赤子"却也是实情。

　　梅县《杨氏族谱》对林朝曦身份也有一段描述，其文曰：

　　公讳仕瓒，号西崖，善德公之次子也。自曾祖缵业公祖齿德公及父善德公，承三世祖种德公孝友之训，家庭雍睦，力勤稼穑，世隐德，年远不能具述。公器识宏远，智能料事，尤笃于行谊，有重望，为乡党所推服。族有林二者，于公为无服兄弟，素行无赖，公恶其不法，率族众驱逐之。既而闻江西有流寇林朝曦，挟其党陈绍禄等三十六人，肆掠郡县，势日猖獗。公合族老而谋曰："是殆即林二矣，不先事首明，恐害吾族。"先是远绍公迁居初定，丁口仅存，不能独自开籍，因寄籍于杨，合供徭役，而姓则仍林也。公于是诣县具陈林二不法事，请即以寄籍之杨为姓，以别其属，县主许之，遂易林为杨。洎贼突归程乡，公集乡人堵御严拒，星驰赴县，密献所以制贼之策，县主徐公纳之，及贼薄城，徐公从容镇静，不遗一矢，而群贼悉就戮矣。讨贼事，志载甚详。事平，县主以公德高望重，举行乡饮酒礼，延公为大宾，并亲送"耆德优宾"匾额以旌之。以孙绅任福建永宁卫经历，驰赠公为征仕郎。公生于正德乙亥年十一月二十八日申时，终于万历五年二月二十二日未时，享年六十有三。
　　赞曰：公更姓保世，去危就安，诚先几之苦哲哉。自远绍公由宁迁程，至公之身凡七世，世业农桑，淳庞浑相之风几于顺帝之则矣。忽遇非常之变，使巨擘速殄，合族无害，固祖宗忠厚之积累，有以阴祐之，而易林为杨，当寄籍之初亦若有前定焉。此吾族转移之一大机也。自公之子若孙易农而士，文学肇兴，甲科继起，书香传薪，于今

―――――――――

　　① 康熙《程乡县志》卷五《官守志·名宦传》，刘广聪纂，据清康熙三十年（1691）刻本影印，日本藏《中国罕见地方志丛刊》。

十余世矣。公之承先启后，厥功懋哉。①

据族谱叙述，林朝曦本名林二，是文中所述西崖公的"无服兄弟"，因"素行无赖，公恶其不法，率族众驱逐之"。由此不难判断，林氏家族自明初从福建迁来程乡县，至此时一直未获得合法户籍。因此，在林二等一些林氏家族子弟参与流民团伙的劫掠活动后，由于害怕"不先事首明，恐害于族"，西崖公"诣县陈林二不法事"，并请求"即以寄籍之杨为姓，以别其属"，当时的县令徐甫宰"许之"。林氏家族以改姓为代价，最终取得了官府认可的户籍，也获得了合法身份。这实在也是一种无奈之举，因为当时程乡县有大量未取得户籍的流民活动，而此时又有林氏子弟参与其中，为了与其他流民团伙区别开来，也为了家族的更好发展，林氏改姓杨，原来寄籍的户籍于是顺理成章成为合法户籍。另外林氏改姓之后，还主动与官府合作，平息了当时流民活动造成的社会动荡，"洎贼突归程乡，公集乡人堵御严拒，星驰赴县，密献所以制贼之策，县主徐公纳之。及贼薄城，徐公从容镇静，不遗一矢，而群贼悉就戮矣。"林氏家族通过改姓、与官府合作平乱等行动，极大提升了家族在当地的影响力，"县主以公德高望重，举行乡饮酒礼，延公为大宾，并亲送'耆德优宾'匾额以旌之"。林氏家族取得合法户籍之后，家族子弟也获得了参与科举考试的资格，林氏（杨氏）实现了从流民到土著的转变。合法户籍的取得对杨氏的发展极为重要，其族谱的编纂者也称"此吾族转移之一大机也，自公之子若孙，易农而士，文学肇兴，甲科继起，书香传薪，于今十余世矣"。此后，杨氏子弟参加科举更是人才辈出，其《八世祖孝友公传》中有这样的叙述："公讳曰昌，字汝禄，号仰文，西崖公长子，性至孝，事父母愉色婉容，先间承志，终其身如一日。……识见高明，天姿英卓，承累世力农务本之业，奋志读书，独见古人大意，而归于践履笃实，出而应试，则冠其军。顾不屑谐俗，专以庭训诗礼为本。子五人，孙十二人，悉皆蜚声庠序，品优行卓。贡八，大学者四人，登仕籍者三人。吾族文学之兴实自公始，值有明万历五年，西崖公卒。"②

除了像程乡县杨氏那样获得合法户籍从而在当地重建社会关系网络

---

① 梅县《杨氏族谱》卷首《家传·七世祖西崖公家传》。

② 梅县《杨氏族谱》卷首《家传·八世祖孝友公家传》。

外，在粤东的平远县，流民则通过其他途径实现。有的是通过经商致富后，在当地广施恩惠从而获得当地人的认同，从而顺利融入当地社会。嘉庆《平远县志》载曰："林贵，东石人，先世居福建莆田，后移居汀州武平上杭县，洪武初其祖彦英，父国资始居东石，以长厚见推于乡，邑远近仰之。及贵益懋修厥德，好施不倦，岁饥遍给里人牛种，又数运米后岗，分赈贫乏，旋以成市。人感其德，识其事，遂名其居为籴米岗焉。贵之子本清，绳厥祖武，以守兼创，益振家声，富甲邻邑，生九男。后裔蕃衍迄今，人文炳炳，为平望族，人谓皆积德所致云。"① 明初，林贵的祖父和父亲才迁入平远县东石，到林贵时，通过"好施不倦，岁饥遍给里人牛种，又数运米后岗，分赈贫乏"，使"人感其德"，从而较顺利地融入当地社会，经过几代的发展成为"富甲邻邑""人文炳炳"平远县的望族。有的则凭借出色的才华而获得地方官的赏识，从而融入当地社会。"徐鹏起，号九万，拔贡生，其父豫章之临川人，有隐德以商贾业来平，因家焉。父逝时，鹏起甫十岁，与弟鹏翔领岁荐者，尚在襁褓，能体母志，食贫力学，十三岁就童子试，邑令袁公（引者注：万历三十八年任，袁世望）欲首拔，因人议其初立籍而止。后李公三浦（引者注：万历四十三年任，李允懋）奇其才，旋饩于庠，会明崇正诏取宿学，贡入成均，居家不仕，教授党塾，游其门者，皆一时誉髦。生平敦孝支尚气节，遇不平事辄侃侃直之。时官兵败流寇于境内，俘幼口七十余人，当事疑为寇党，将歼之，鹏起廉知被掠良民也，力辩白之，生子四俱以文学名。"② 徐鹏举之父本是江西临川人，因经商来到平远县，时间应该是万历年间，这也是赣闽流民进入粤东地区的高峰时期。徐鹏举父亲到平远县时就取得了户籍，徐鹏举十三岁就童子试时只因初立籍而未被首拔，不过才过几年因县令李允懋"奇其才"而"旋饩于庠"。徐鹏举虽"居家不仕"，但"教授党塾，游其门者，皆一时誉髦"，可见其在当地已是德高望重的名士。徐鹏举还曾为被当时疑为寇党的七十余人辩白，由此可见其在地方官心中也有相当的威信。

综合以上官方志书与民间族谱的记载来分析，在粤东这些开发较晚的山区，流民在官府平定流民动乱的过程中，有的被招抚为新民并被安插在

① 嘉庆《平远县志》卷三《人物》，卢兆鳌等修，欧阳莲等纂，清嘉庆二十五年（1820）修，民国二十三年（1934）重刊本，（台北）成文出版社1964年版。

② 嘉庆《平远县志》卷三《人物》。

当地而取得合法身份，有的凭借着与官府的合作并在平乱过程中起到的关键作用而取得合法户籍。这些流民通过合法户籍的取得，而获得社会关系网络的重建。另外还有一些流民因在当地经商致富，并在当地广施恩惠，从而较容易融入当地社会。

粤北山区开发较早，不过由于元末明初战乱影响，使当地百姓大量流亡，从而造成许多田地荒芜。当地官府采取招徕措施，赣湘闽等省流民借此大量进入粤北山区承种田地，并因此取得合法户籍。粤北各府县的方志中对于流民的入籍有较简略的记载，正统己未年（1439）任韶州府同知的滕员有允许流民入籍的举措："（韶州）地介江楚之冲，主户少而客户多，少拂其意辄相煽动，而翁源、乳源尤甚，员巡行开谕，许其占籍，遂与编户无异。"①

在翁源县，据嘉庆《翁源县新志》载："翁源元时四乡七十里，洪武初三乡，曰长安、曰宜阳、曰怀德，计里五，经蒙志昌之变，旧姓残减存者无几，永乐间除怀德乡并于二乡。宣德、正统间，福建江西流民开垦，复渐克积。成化间田里殷盛，增六里，共十一里。"② 翁源县元代有四乡七十里，到明初只剩下三乡五里，且"旧姓残减存者无几"。直到宣德、正统间"福建江西流民开垦"，田里才逐渐增加。这些福建江西流民由于是官府招徕，所以都顺利取得了户籍，他们的子弟也因此入庠就读。县志中记载了流民子弟受教化的情形，"林永龄，字延年，莆田人，天顺三年任教谕。时经寇乱，旧家残破，庠生多流民子弟，人袭獠风。永龄下车，皆徒跣出迎，手执彩旗谒道左。永龄不悦，至则端严整肃，令诸生习礼，三月方训以诗书。数岁人服其化"③。英德县明初地旷人稀，县志载曰："英州号小法场，土旷人稀，为农者择沃土以耕，而于硗确不多用力。"④ 故此有大量江西福建流民来此承耕入籍，"明初地无居人，至成化间，民皆自闽自江右来入籍者，习尚一本故乡，与粤俗差异"⑤。天顺年间任英

---

① 同治《韶州府志》卷二十八《宦绩录》。

② 嘉庆《翁源县新志》卷四《舆地略》，谢崇俊修；颜尔枢纂，嘉庆二十五年（1820）刻本，（台北）成文出版社1974年版。

③ 嘉庆《翁源县新志》卷十一《宦绩》。

④ 道光《英德县志》卷四《舆地略》，黄培燦、刘济宽修，陆殿邦纂，据清道光二十三年（1843）刻本影印。

⑤ 道光《英德县志》卷四《舆地略》。

德知县的杜宥就曾"招徕流亡，客户占籍者以千数"。[①]

不仅粤北各府县志对明初流民入籍有记载，粤北各地的族谱也印证这一点。今天乐昌市的西北部的梅辽"客家地区"，俗称"梅辽四地"，包括旧时的梅花、高富、秀水、清洞等四乡镇，不含沙坪，该地区原属乳源县辖地。地质属石灰岩溶蚀山地的地貌，境内有鱼牙河经辽河水流入武江，流露石山多，植坡少，可耕面积不到百分之四十，水源缺，东部多林区，种杉木杂树，西南多水田和旱地，民国时期，四地人口总共不过三万人，梅辽界于湘粤赣三省交界之处。这一地区居民大多于明初由江西、湖南、福建等地迁入。在梅花镇附近邓氏就是明初迁入的，据《邓氏族谱》记载："明洪武七年（1374），朱（元璋）皇帝大征边寇，时边寇扰乱乳邑等处，十三年庚申岁复征杨参将事平息，打破梅花石，曾留题记，抛荒七十余载，自始有张礼兵奏闻朝廷，钦命官员至广东田亩过笕，十三道册籍，招民承粮"。[②] 明初梅花石遭战乱影响，大量田地抛荒至"七十余载"，故此"招民承粮"。乐昌邓氏开基祖邓东福原籍福建汀州，正是在这种背景下从福建迁来广东，其族谱对此有这样的描述"广东乳源梅花土地肥沃，抛荒多年，无耕种，标榜告示，招民定居。"[③] 邓氏迁入广东后，先定居在翁源，然后一支迁居梅花镇。其迁移经过为：明正统四年（1439）东福便从福建汀州带着二弟东禄和妻室儿女共九人，从翁源至梅花定居，在翁源鸭麻陂住了几年后，大约在1443年，东禄定居翁源，而东福与妻邹氏及六子移居乳源梅花大庙下定居，邓东福在此开荒种地，勤劳经营，创家立业，经过几代人的努力，家道有所展。

梅花镇东部笔山村一带居住的杨氏也是明初天顺年间由福建汀州上杭迁徙而来。据《杨氏族谱》所载：杨氏迁粤始居翁源，当时杨清率侄杨宗辉、杨宗英、杨宗福等由福建汀州上杭迁徙而来，到广东河源暂住了一段时间。然后于明天顺二年（1458），杨清偕侄宗辉、宗英、宗福与邻居饶成福、石福旺等从广东河源迁居梅花，建宅于梅花乡笔山村（坊），与王、饶、石三姓承顶绝户张子贤寮庄，将田地山岭各分一份建宅创业。在杨与其他三姓迁居梅花乡之后，曾呈请官府要求认可他们来此承耕的合法

---

① 道光《英德县志》卷十《列传上》。

② 乐昌《邓氏族谱》，转引自《乐昌县的传统经济、宗族与宗教文化》（谭伟伦主编，国际客家学会、法国远东学院、海外华人资料研究中心出版）。

③ 乐昌《邓氏族谱》。

性。《杨氏族谱》中保留了一份当时的呈文,其文曰:

> 大明天顺二年,戊寅岁二月初三日四姓承基。具呈新民饶成福、杨宗辉、王永昌、杨清、杨宗福、饶智、石福旺等,为承居开垦乞天准照,以垂久远事。窃唯圣皇在上,普天均属王土;明君惠下,四海悉属子民。民等身居福建汀州府上杭县,地僻村隅,人众产稀,虽丰年必须移济,遇凶荒难免流亡,仰事无资,俯蓄何赖。用是卖产离乡,携妻带子,登山渡河,不辞跋涉之苦,自东抵西,不畏王道之遥,思公行仁爱之政,愿受一廛而为氓。兹有天台治下,梅花大坪地方,东自平坑飞龙山、帽峰、乐昌坳、大水坑、山川坑、崩冈坑、上下坳、斜岭、杉木崎、岭背斜至老屋场东山坳止,碌潭等处,回头山、水口。南自长冲坳、歇马亭、圆墩、岐山下,长坪、大塘边、山背、杨柳塘牛牯岩、深湖等处,西自亚公岭、狮子大岭、猴古岩、大竹山、岩背、白石下等处,俱面背一向,北自天塘坳、马脐湖、铅锡坑、上龟、高桥、长歪岭、石钟山、老鼠冲、猪鼻冲等处,罗列四围田地山岭,额粮贰石六斗,实系张子贤名下产业。自元末丧乱至国朝洪武年间,田地荒芜,无人耕种纳粮,迄今四十余载,民等自愿承耕,待土熟田治起,户当输纳赋税,永归版图,但恐界址日久,被富豪强占并吞,掘井徒劳,为此陈情冒奏,绘图呈电,伏乞愿异域新民,悯间关劳苦,准给印照金批永管,施经久之仁,注册存案,杜绝后患,庶孤远获安居之乐,室家沐生养之德,将见出作入息,在咸歌仁风,朝饔夕餐,时时均沾德雨,公侯世祝,子孙永载,上赴大爷批示。①

杨、饶、王、石四姓均系福建流民,由于所居上杭县"地僻村隅,人众产稀",生计艰难,"虽丰年必须移济,遇凶荒难免流亡,仰事无资,俯蓄何赖"。在这种情况下,他们只好"卖产离乡,携妻带子,登山渡河,不辞跋涉之苦"从闽流徙来到广东。梅花大坪地方一带田地山岭,本系原有居民张子贤的产业,但"自元末丧乱至国朝洪武年间,田地荒

---

① 乐昌《杨氏族谱》,转引自谭伟伦主编《乐昌县的传统经济、宗族和宗教文化》,国际客家学会、法国远东学院、海外华人资料研究中心出版。

芜，无人耕种纳粮，迄今四十余载"。四姓人户承耕张子贤田产后，由于担心"界址日久，被富豪强占并吞，掘井徒劳"，所以，主动表示"待土熟田治起，户当输纳赋税，永归版图"，并要求"准给印照金批永管，施经久之仁，注册存案，杜绝后患"。杨饶王石四姓显然是想官府认可他们承耕田地的所有权，而田地所有权的实现是以拥有合法的户籍并承担输纳赋税的义务为前提。最后这四姓人户也实现他们的目的，得到官府批文的认可。其批文曰："据新民尧成福等，承顶梅花大坪田地山岭，开垦耕种，该民等三年土熟田治，仍然额例还纳国课，注册永存，至于东西南北四址，仰依罗列图内界限，永远管业，日后不得越界滋事，致干法宪等语。"[1] 该批文的真实性姑且不论，它至少表明流民们非常急切地想取得合法户籍，以使拥有的田地等财产合法化，也便于他们更好地融入当地社会。

可以说，粤东北流民融入当地社会，重建社会关系网络，最关键的一步就是取得合法户籍。流民取得合法户籍途径多种多样，而且在粤东北地区呈现出一定的差异性。粤东山区由于开发较晚，土著力量较弱而流民势力强大，社会秩序动荡，官府为了维护当地的正常秩序，剿抚兼施。大量流民在官府的剿抚过程中，被招抚为新民并获得合法户籍。新民还通过与官府合作平乱，不断提升在当地影响力，从而加速了融入当地社会与重建社会关系的进程。另外，还有一些流民因在当地经商致富，并在当地广施恩惠，从而较容易融入当地社会。粤北山区相对于粤东山区开发较早，土著力量强大。虽然元末明初土著势力因战乱的因素而受到较大的打击，但土著的影响力仍然很大，因此流民进入该地区阻力较大。流民往往只有在官府的招徕政策下，才能较顺利地取得合法户籍，进而融入当地社会。

第三节　向外移民：生态与生计

大量流民进入赣闽粤边界山区，直接导致人地关系紧张，生态危机显现。关于这一点，笔者在赣南的相关论述中已经有所阐述。[2] 在这里重点

---

① 乐昌《杨氏族谱》。
② 黄志繁：《清代赣南的生态与生计：兼析山区商品生产之限制》，《中国农史》2003 年第 3 期。

论述闽西和粤东北的生态与生计的恶化及其引致的向外移民情况。

明清赣闽粤边界山区生态变化最直接也是最现实的一点，就是大量人口涌入并定居下来导致的粮食紧张问题。这种现象早在明代就在边界地区普遍出现了。在赣南、闽西、粤东北三地中，闽西开发最早，而山地最多，因而，人地关系紧张局面，最为严重。早在明代中期，闽西就出现本地粮食不敷食用的尴尬局面。嘉靖年间就有人说连城：

> 窃惟连城土多亢燥硗瘠，不堪耕植。俗虽俭，不阜于财。民多僿，不闲于礼。田赋不过七千石，计田不过一万四千顷，岁收计丁口不足以给半载。①

可见，连城土地贫瘠，粮食出产量不高，导致粮食只够半年。

其实，不仅连城土地贫瘠，山多田少，人民生计困顿，粮食紧张是汀州共有现象。有人就说长汀县，"我汀邑山多土瘠，田中下厥赋上中，民□□□，又拙于谋生，岁稍不登，凶饥立见。"② 上杭人则认为，分设永定县导致了上杭人地关系紧张，时人言："余维杭，自分永后封域广狭已异，迄今人稠地瘠，富者绌于财，贫者困于力。"③ 到清代问题更加严重。清高宗认为汀州的清流县田少丁多在福建全省比较突出，要求地方官想办法减轻负担。《清实录》有记载曰：

> 惟漳州府之平和县、汀州府之清流县、延平府之永安县，尚有田少丁多之苦。每田粮一两徵丁银四五钱不等，较之别邑，多至加倍有余。所当酌量变通，俾此三邑一体沾恩者。著该督抚斟酌本地情形，当如何裁减便民之处，悉心定议具奏。④

可见，清流之"田少丁多"在福建比较突出，其实，这种现象在汀

---

① 《连城县志》卷首《旧序》，民国二十七年（1938）石印本，（台北）成文出版社1975年版。

② 黎士宏：《邱赵二公报德祠记》卷二十四《艺文》，《故宫珍本丛刊》第121册，故宫博物院编，海南出版社2001年版。

③ 康熙《上杭县志》，《重修志序》，中国国家图书馆分馆编：《清代孤本方志选》第1辑第30册，线装书局2001年版。

④ 《清高宗实录》版六十乾隆三年（1738）正月甲子条，《清实录》。

州比较普遍。乾隆年间有人分析长汀情况时说："长汀之民富家守禾税，贫夫治山畲，可谓得本计矣。而市廛之间游手游食之夫，庶民在官之属，不无仰给于农而制其缓急。"① 农业对于长汀来说相当重要，但是，长汀农业生态条件都不好，一个基本的情况就是山多田少。《长汀县志》说："闽中壤狭田少，山麓皆治为陇亩，昔人所谓磳田也。按此田即汀□梯田。"② 整个汀州府都是如此，清人就说：

> 闽地多山，虽三代圣人亦不能井。若宁化则山陇高下流泉是资，大概畏旱者，十之八九；畏潦者，十之一二耳。③

闽地本来多山，闽西更甚，《上杭县志》径直就说"杭故山国，耕垦维艰。"④ 宁化县不仅山多，还缺水。山地缺水主要原因当然是大多数田都是山上"梯田"，自然灌溉起来非常不便，而需要山陇之泉水。

人多地少，土地贫瘠，直接导致闽西粮食不够维持本地消费，民事艰难，生活困顿。《上杭县志》就说：

> 杭邑山田硗瘠，濒溪之田又苦水涝，一岁所收常不足供一邑之食。幸获有秋尚藉江西瑞金、会昌之粟时相灌输。猝遇凶荒，非流移载道，即嗷嗷思逞耳。⑤

可见，清初的上杭县，在丰收的年份尚且还需要赣南的瑞金和会昌的粮食，而凶荒的年份则难免出现"流移载道"之现象了。康熙《上杭县志》回忆了明末至清初，上杭县粮食灾荒之年，粮食紧张之困境。其文如下：

> 万历四十四年大水，民饥，各仓无积储。知县李自华先捐俸为邑

---

① 乾隆《长汀县志》卷七《风俗》，故宫珍本丛刊，第121册，故宫博物院编，海南出版社2001年版。

② 乾隆《长汀县志》卷七《风俗》。

③ 民国《宁化县志》卷三《水利志》。

④ 康熙《上杭县志》卷三《版籍志·储恤》。

⑤ 同上。

殷户倡，复诣府借籴於富室，得谷米二千余石赈之，全活者甚众。四十八年大旱，山田弥望皆赤地，民大饥。署寻道洪世俊捐俸并赠锾，及劝输得银七百余两，先后就邻境谷贱处召买，行县按期分赈。凡当赈者编名於册，剃其眉以为记，冒领弊绝，饥者咸沾其惠顾。天启六年夏水，坏田禾。知县吴南灏尽发仓谷赈饥者，不足，巡道朱大典捐俸助之，遣标官赴赣州告籴，旬日间商贩之米四集，民始有起色。崇祯九年大水，四月江赣间遏籴，合郡米价腾贵，每斗银一钱八分。知府唐世涵具檄请于赣院弛其禁，瑞金、会昌之粟始通，旋平价为每斗一钱，遍檄八县，劝富室各发粜相济，民乃苏。国朝顺治四年秋旱，苗已秀者半槁。至五年三月，斗米价一两二钱，贫民无所得食，汹汹煽动。巡道张嶙然急劝邑中殷户量力捐赈，或数石，或二三石不等。义民黄鏮独捐米一百余石，於西郊盖厂煮粥以食，饥者救活甚多。①

从上引文可看出，由于"一岁所收常不足供一邑之食"，上杭的粮食供应严重依赖邻境赣南，而一旦赣南禁止米粮出境，出现"遏籴"现象，上杭则米价腾涌，民情沸腾，出现严重的灾荒。

其实，整个汀州粮食都依赖赣南的接济，只不过，上杭问题比较严重而已，长汀等县也需要赣南的粮食，所以，清代上杭县人认为粮食紧张之时，长汀人采取的"遏籴"会导致上杭的粮食发生严重问题。他们议论说：

汀之邑八，惟杭生齿较繁而远郭之田少，仰食者半资舟楫之贩载，而所贩载则率取给于汀、武二邑。盖汀壤接瑞金，武壤接会昌，金、昌两邑，平田亿万顷，岁入粟米无算。昌之贩载虽时由武境至杭，然不如金之至汀者络绎不绝，金米虽日至汀，而实藉杭为之委，不则粟死于汀矣。故杭岁稔则商贩每以金、昌之粟下程乡、大埔，江广流通而为利薮，而杭岁歉则仰取给于汀，何者？汀粟故金之粟，借道于汀，而非汀之所得而闭也。岁癸未秋旱，斗粟百五十钱；甲申至二百五十钱，皆前所未有者。是时杭民嗷嗷所仰止金、昌二邑之粟耳，乃金粟之至汀者汀人禁杭籴，舟不得载，群请于郡司马沈公，沈公曰："天灾代有，义期相恤，奈何遏杭籴？且今之肩贩相续者赣瑞

① 康熙《上杭县志》卷三《版籍志·储恤》。

米耳。彼利汀，而汀遏杭，可乎?"①

从文中不难看出，赣南瑞金和会昌的粮食运输对汀州府之重要。文中虽然没有直接谈及长汀对赣南粮食之需求，但是，从长汀对上杭采取"遏籴"的措施看，长汀对赣南粮食相当的需要。同时，武平的粮食运输对上杭也很需要。时人说："杭邑田少山多，民人稠密，所出谷米不足供岁需，武平中堡四乡运米於西郊，民甚赖之。"②

下面一段记载则直接反映了包括上杭、长汀和永定等县在内的汀州府对赣南粮食的依赖。其文曰:

> 惟米食仰给于江右之赣、宁，而杭、永及潮又往往资贩糴于郡，稍留滞乏继，市价跃腾。前贤王守仁规立以米易盐，彼无茹淡此免啼饥，赖其利者百余载。今此规渐弛，汀之盐壅米虚，急望司民牧者调护其间。③

长期以来，汀州其实依靠贩卖潮州盐给赣南，进行米盐贸易实现粮食的满足。上引《长汀县志》有如下说明:

> 县境连江接广，客贩络绎，而懋迁化居米盐为要，其远商往来，货泉流通，充饷在官者曰"埠"、曰"行"，邑人贩易米盐，凌杂不堪充饷者曰"子店"。按汀运潮盐以给民食，余则发卖江贩，裕如也。(《盐法志》)

实际上，赣南与闽西之间的米盐贸易，至少从明代就开始了。④

值得注意的是，赣南粮食对汀州很关键，但是赣南本地粮食并不充足，甚至民食艰难。这在地方志中多有反映，例如，南安府，"无广谷平原，生谷之土，多崎岖幽辟，而灌以陂池，佑以薯芋，虽有旱潦，菜色者

---

① 陈与阶:《郡司马大竹沈公疏籴赈荒碑记》，康熙《上杭县志》卷十《艺文志·古文》。
② 康熙《上杭县志》卷十二《杂记》，《艺文志·古文》。
③ 光绪《长汀县志》卷三十《风俗·商贾》，(台北)成文出版社1977年版。
④ 黄国信:《区与界:清代湘粤赣邻地区食盐专卖研究》，生活·读书·新知三联书店2006年版，第59页。

寡。然而客户猥多，土不加扩，游食日益，籴且日增，势不能无待于振
赡"[1]；会昌县，"野无旷土矣，所收三倍于昔而米贵独甚于今，以生齿日
蕃而食之者众也"[2]；定南，"土瘠硗，无地产，惟耕田出稻，然贫民一岁
所树，苟无荒歉，仅可足食"。[3]

　　赣南粮食大量外运不是因为本地粮食太多，而是受市场力量牵引，即
由于周边地区粮食价格往往高于赣南，赣南粮食受利润驱使，大量调运出
境，导致赣南粮食供应更加紧张。[4] 雍正年间，赣州每石米价一两四五
钱，而潮州高达三四两，差价之大足以使人寅卖卯粮。[5] 与此同时，方志
中常记载本地米运出境，导致民食艰难。如兴国"一遇俭岁转运出境者
络绎不绝"，以致正常年景有时也发生饥荒，"虽不甚丰亦不甚歉，何
遽至是？则曰：兴邑向无商贾拥厚赀权十一者，仅有田间所出，食取于
是，衣取于是，冠婚丧祭以及不时之需，莫不取于是。故谷常易钱，转输
于外县者多，而本境辄形支绌焉"。[6] 会昌"载米舟楫衔尾而至，倘遇歉
岁，下流垂风遏籴，则嗷嗷哺者，有仰屋坐毙而已……。承乡山田颇号膏
腴，……亦徒饱邻人之腹。……故谚之曰：'好个承乡，不养会昌！'"[7]
乾隆以后，又进入一个全国性的米价腾涌期，在全国普遍缺粮的情况下，
赣南粮食问题更为紧张。[8]

　　开发较晚的粤东北粮食同样非常紧张。乾隆《嘉应州志》就提到，
"土瘠民贫农知务本，而合境所产谷不敷一岁之食，藉上山之永安、长
乐、兴宁，上山谷船不至则价腾涌"。[9] 面对粮食紧缺的状况，各县都对
本地粮食采取保护性措施，不准贩运出境，从而出现了"遏籴"的情况。
如大埔县，因缺粮，即使是丰年也需从别县糶米接济民食，一旦遭遇
"遏籴"，全县便陷入缺粮的窘境。乾隆七年（1742）任大埔县令的蔺璘

　　① 同治《南安府志》卷四《仓庾》，同治七年（1868）本。
　　② 乾隆《会昌县志》卷十六《土物》，乾隆十六年（1571）本。
　　③ 同治《定南厅志》卷六《物产》，同治十一年（1872）本。
　　④ 参考拙文《清代赣南市场研究》第三章第二节，硕士学位论文，南昌大学，1998 年。
　　⑤ 陈春声：《市场机制与社会变迁——18 世纪广东米价分析》，中山大学出版社 1997 年
版，第 36 页。
　　⑥ 同治《兴国县志》卷十二《物产》，同治十一年本。
　　⑦ 乾隆《会昌县志》卷十六《土物》，乾隆十五年本（1570）。
　　⑧ 关于乾隆朝的粮食问题，参考唐文基《乾隆时期的粮食问题及其对策》，《中国社会经
济史研究》1994 年第 3 期。
　　⑨ 乾隆《嘉应州志》卷一《舆地部·风俗》，王之正纂修，清乾隆十五年（1570）刊本。

上书要求解决"遏籴"问题。他说:

> 埔邑连年米价昂贵,穷黎乏食,惟赖赴潮卖运庶可稍资接济,讵
> 郡城居民借通洋出海之禁,不容埔民卖运。虽累蒙道宪示谕,而闭籴
> 如故,是不特有负上宪爱养斯民之意,而且与圣朝疏通米谷之治相违
> 也。查大埔一邑山多田少,所产谷石不敷民间半载之需,虽遇丰稔之
> 年尚且泛舟郡城,偶或小歉,斯乞籴者愈多。若不设法疏通,是民未
> 获禁米出口之利,而下邑先受遏籴阻饥之害矣。应请嗣后凡有赴郡卖
> 运米谷者,下邑查明确系本县商民,给以关移,令该商民亲赍海邑投
> 缴,并给印照填明买运数目,倘遇盘诘验照放行,仍于照内限定日期
> 回县缴销以杜冒滥及重叠买运之弊。至于贩运竹木柴炭赴郡贸易米谷
> 并回埔小船,遵照宪明示,准其载米五石毋庸给照关会以省案牍,卑
> 职为民食起见,伏惟宪台俯念埔民均属赤子,一视同仁,饬谕潮郡文
> 武衙门,转饬兵役人等毋得籍端闭籴,俾埔得免难食之虞,地方幸
> 甚,百姓幸甚。[①]

从蔺琦关文中看到,大埔县缺粮十分严重,"查大埔一邑山多田少,
所产谷石不敷民间半载之需,虽遇丰稔之年尚且泛舟郡城,偶或小歉,斯
乞籴者愈多"。虽然官方一再申明不准"闭籴",但"讵郡城居民借通洋
出海之禁,不容埔民卖运",使大埔县民赴潮买米受到各种阻挠。为解决
大埔的缺粮问题,一些致仕官员动用各种关系解决家乡百姓的口粮问题。
乾隆年间致仕在乡的杨缵绪,就曾写信给自己的好友欧阳藩台,要求解除
海阳禁米出境的禁令。其信曰:

> 羊城分袂已阅五月,前曾具札奉谢托盐台转达想登室,闻老公祖
> 大人驾驻老龙,弹压闽兵地方敉宁,实邀洪福兹启者。去岁歉收,惠
> 嘉及埔邑被灾尤酷,敝县山多田少,向惟仰食郡米,今值饥岁需米益
> 急,近因嘉应各属赴潮告籴者众,海阳禁米出境,商贾不行,敝地束
> 手待毙,陆令虽禀请给照赴买,而米船概不放行,即有照无济于事。
> 伏思米谷原许流通,即嘉应亦属邻封赤子,况埔邑均系潮属,防其漏

---

① 咸丰《大埔县志》卷十八《艺文志·请给关照卖运米谷接济民食文》。

而并绝其口粮，毋乃已甚乎。且遏籴非所以救荒，通商即所以平价，现今潮禁益严，潮米益贵，其明征也。献禁米之策者，惟无赖赤棍串通胥吏兵丁，竿官示禁为拦阻需索之计，动辄借口闽兵经过恐米不敷支应。其实沿途兵米皆地方官自碾仓谷发给，固无妨于民食也。近日米行断绝，人命如丝，控愬无门，势填沟壑，特雇急足请命台前，伏乞公祖大人严行申饬，遍张告示，凡沿途有拦阻需索者，无念兵民概行拿究，庶间间得延残喘，所谓生死而肉骨也，肃沥布悃仁望雨膏，伏惟亮鉴临池神溯。①

杨缵绪的信最终取得很好效果，"会己丑（乾隆三十四年，1769）岁大饥，邻境遏籴，上书藩宪弛禁，大埔嘉应全活甚众"②，暂时解决了大埔邑民的口粮问题。

与大埔县情况相反，同处粤东北东部山区的兴宁县，为解决缺食问题，知县仲振履（嘉庆十五年任，1801）就明文禁止私贩运米出城。其文如下：

为勒石晓谕，永禁私贩以裕民食事。照得兴邑山多田少，生齿浩繁，所产之米计口授食多有不敷，兼之西北皆山不通商贾，近有不法棍徒私贩，米价腾贵以致饥口嗷嗷，奸邪窃发，查例载地方所产之米仅敷民食者不准流通。兴邑地广二百余里，丁粮不足八千，食少人众较然可稽，设遇凶岁民何以堪？现据绅士耆老呈请，通详上宪勒石入志，永远禁止。本县业已据实通详，并设埠头编查船只，兼于水口议设浮桥，俾奸商远无处潜出。桓念节流不若清源，防外尤宜治内。查兴邑旧例，在东街设链子升便民籴粜升，无米行名色，后经奸商移于西城脚浮桥等处，僻在水次，设立米行便于私贩，除将西门外私设米行一例革除，押令更换字号易赁开张，不准再行私设外，自今以后仍复链子升斗移置老街，一则奸商不敢私贩出城，一则民间籴粜平易，不致价有低昂，永楚汉私贩之策，莫善于此。此示谕阖邑诸色人等，嗣后米担不许私摆设西城脚下，务于黎明同赴老街用链子升公平买

① 咸丰《大埔县志》卷十八《艺文志·与欧阳藩台书》。
② 咸丰《大埔县志》卷十七《人物志》。

卖，私贩运米出城，准居民拏送究办，尔等其永远遵行毋忽。①

兴宁县禁文中提到禁私贩的理由，"照得兴邑山多田少，生齿浩繁，所产之米计口授食多有不敷，兼之西北皆山不通商贾，近有不法棍徒私贩，米价腾贵以致饥口嗷嗷，奸邪窃发，查例载地方所产之米仅敷民食者不准流通。"从中不难看出，兴宁县的"永禁私贩"也是出于所产粮食不敷民食的无奈之举。大埔、兴宁两县对粮食流通的态度虽然不同，但所面对的问题却是共同的，即粮食匮乏，不敷民食。

粮食的紧张使得山区人民被迫过度开垦山地，而山地的过度开垦又带来生态的恶化，从而引致农业生产危机，导致粮食紧张，这是一个恶性循环。关于赣南在这方面的情况，已有专文讨论，此不赘述。粤东北和闽西其实面临同样的问题。

流民进入粤东北山区，开垦山地种植蓝靛、烟草等经济作物，另外由于流民在山区开矿破坏了地表植被，这都给山区的生态环境造成了极大的破坏。其后果之一就是森林、草皮等地表植被消失。例如，在大埔县天印山，"是山当三水交会之处，而屹然独立，端于浮印，秀如拱璧，俨然与邑治相对。盖虽宾山，而实镇山云。山之南麓，环以居民，斧斤入焉，牛羊牧焉，故尔濯濯"②；另外，万历二十九任大埔县令的王演畴则描述了邑人入山"樵采"而造成"山且将童"的情况：

> 偶承乏度岭而入境，峰头石上，见男妇老弱皆樵采，负戴相错于道，鬎面跣足，披烈日，履嵯岩，走且如骛。甫下车，进邑父老问焉："古称男耕女织，今皆以力事，人岂非农桑无地，故以樵负当耕织与？良苦矣。"父老为予言：君侯谓其苦，此犹乐事，彼之生计在樵，所从来矣。今道旁之山且将童，非深入不能得。③

嘉应州的程乡县，"坑达山泉导之即可灌溉，乃往者山中草蓊翳，雨

---

① 咸丰《兴宁县志》卷十二《外志·艺文》，仲振履原本，张鹤龄续纂，咸丰六年（1856）修，民国十八年（1929）铅印本，（台北）成文出版社1966年版。

② 嘉靖《大埔县志》卷八《文章志·纪述》，吴思立草创，明嘉靖三十六年（1557）本，大埔县地方志办公室整理、大埔县人民政府2000年再版。

③ 咸丰《大埔县志》卷十八《艺文志·大埔县义田记》。

渍根荄，土脉滋润，泉源渟蓄，虽旱不竭，自樵采日繁，草木根荄俱被划拔"。① 明人贺一弘的《湖寮田山记》描述了掘山开矿对植被的破坏，"嘉靖壬午以来，双坑何氏潜入山林伐木抄纸，建壬辰攒册，妄意首垦，图自封植，是为六社害不小也。于时里耆邹宗召、黄伯琪等赴县呈罢，弗遂。厥谋反词告大尹方公琦秉公勘断册，山公六社罪服何氏，金事宪江公滙太守汤公哻咸可其议，百姓称平且德之不衰也。越十年，壬寅何氏复据前山，招商伐木煽炉专利，至于己酉山就童而泽缘涸，田粮荒害。"②

植被遭破坏导致土壤无法保固水分，从而加剧水土流失。乾隆《嘉应州志》就注意到植被遭破坏前后迥然不同的情形，"坑达山泉导之即可灌溉，乃往者山中草翁翳，雨渍根荄，土脉滋润，泉源渟蓄，虽旱不竭，自樵采日繁，草木根荄俱被划拔。山土松浮，骤雨倾注，众山浊流汹涌而出，顷刻溪流泛溢冲溃堤工，雨止即涸，略旱而涓滴无存，故近山坑之田多被山水冲坏，为河为沙碛至不可复垦，其害甚钜，此宜培植草木。"③ 道光《直隶南雄州志》记载了因垦辟山地种烟草而引起人们对水土流失的关注，"烟叶旧志未载，近四五十年渐增植种。秋收每年约货银百万两，其利几与禾稻等，但种烟之地俱在山岭高阜，一经垦辟，土性浮松，每遇大雨，时行冲刷，下注河道，日形壅塞，久则恐成水患，然大利所在，趋之若鹜，是唯有土者严禁新垦，庶可塞其流而端其本耳。"④ 永安县则有因水土流失造成河床抬高的记载，"城南之河一自钟坑、火带迳、鹧鸪塘、石坑、古坑等处，一自丫髻山、林田一带等处，其源皆二三十里内，旁溪小水注而之川，指不胜屈。今之河，视昔高不知几丈尺，由上流滨河贫民，排山倒水，山崩一尺则田广一尺，即分疏下流。一番大水一番沙"。⑤

植被破坏导致大量的泥沙流入河中，抬高河床，淤塞河道，轻者使河流改道，重者加剧水灾的危害。例如，程乡县梅溪就因河道淤塞而改道，

---

①　乾隆《嘉应州志》卷一《舆地部·水利》。

②　嘉靖《大埔县志》卷八《文章志·纪述》。

③　乾隆《嘉应州志》卷一《舆地部·水利》。

④　道光《直隶南雄州志》卷九《舆地略·物产》，黄其勤纂，道光四年（1824）刊本，（台北）成文出版社1967年版。

⑤　道光《永安县三志》卷一《地理·山川下》，叶廷芳等纂修，道光影印本，（台北）成文出版社1964年版。

"梅溪上流，曲折平缓，道淤塞，偶值霖潦，汛滥溃决，遂有冲啮城址之虞"[1]，为了保护县城，人们在疏浚原河道的同时，还开挖了一条新溪以泄水势，结果旧河道被泥沙淤塞，变成了田地。河源县槎江因河床抬高，加剧了水灾的危害，迫使河源县治迁移以避水害。河源县明以前县治建于桂山脚下，"桂山为河源巨镇，葱蒨秀特，昔人据桂干为城，而枝布为三郭环之，肇自南齐迄于宋，上下千年，生齿蕃育，四时歌游，人文萃焉。元来城陷于寇，孑遗之民逃散四远，城因以废"[2]。明初"国初乃即中下二郭间滨江为城"，以后二百余年都未经大的水患，可到了隆庆以后连续遭受了二次大水灾。一次在隆庆辛未（隆庆五年，1571）"五月初一日，河水一日一夜忽长水三丈，时值狼兵掳船，船尽远避，人民被溺无船可渡，死者一百余人，邝曹二姓有全家覆没。水后又病死者百余人"[3]。另一次是在万历壬午（万历十年，1582），"至壬午五月初四日，为灾愈甚，蓝溪义合山水汹汹，有移岭三十余丈者，溪谷烟塞，覆压田亩千余顷，□廊房屋漂流者不下千间，入夜水怪百出，或谓观音神灵救苦难云，未可知也"[4]。辛未、壬午两次水灾水势惊人，辛未年"河水一日一夜忽长水三丈"，壬午年"河水暴涨，视辛未更加四尺"，而且还伴有大面积山体滑坡，"蓝溪义合山水汹汹，有移岭三十余丈者"。在严酷的自然环境逼迫下，人们最终还是花费了巨大财力和人力，于万历十一年（1583）完成了迁城之举，从隆庆五年议迁到万历十一年，整整历时十三年。河源县治在明初以后的二百余年都未受水患困扰，而隆庆后却因水灾被迫迁移县治，此中原因不难理解，这是明中叶以后流民涌入山区活动带来的生态恶化的后果。

山地的过度开垦还使原本紧张的资源更加紧缺。水土流失造成的灾害毁坏了不少的良田，康熙《河源县志》载有，"蓝溪义合山水汹汹，有移岭三十余丈者，溪谷烟塞，覆压田亩千余顷"[5]，咸丰《大埔县志》记载，"越十年，壬寅何氏复据前山，招商伐木煽炉专利，至于己酉山就童而泽

---

① 乾隆《嘉应州志》卷一《舆地部·水利》，《舆地部·水利》。

② 康熙《河源县志》卷七《艺文·制府湖记》，王驹修、邝奕俊等纂，清康熙刻本，《稀见中国地方志汇刊》（44）。

③ 康熙《河源县志》卷七《艺文·迁县始末记》。

④ 同上。

⑤ 同上。

缘涸，田粮荒害"。① 乾隆《嘉应州志》也提到，"故近山坑之田多被山水冲坏，为河为沙碛至不可复垦，其害甚巨"。② 另外，因水土流失导致水利废坏，使农田受到影响，咸丰《大埔县志》对此有切中要害的论述：

> 埔多山少田，山多则蒸云致雨，包蒙孕泉，宜于水无不足者，乃迩年来病涝者什不二三，病旱者什常七八，何哉？盖埔田有二，一曰附山之田，一曰滨河之田。滨河者土沃息饶，然其为地远泉而近涨，故涝则受病速，而旱亦先受病也。附山者土瘠息薄，然其为地近泉而远河，故旱则受病迟，而涝遂不受病也。然而每病旱者何耶？盖山之息泉，资乎草木繁林翳，荟停液流膏少，或旱干犹含津润。近日之弊则有如童山濯濯，倏逢大雨百道流潦，沟渠颓塞。夫山无茂木则遇雨不留，故泉易涸也。水挟泥沙则停淤多滞，故圳难通也。又况陂之倾颓，惮于兴复，塘之壅塞遂为田园。动辄病旱，盖由于此。传有言：雨者水气所化，水利修亦致雨之术也，埔田所出不敷邑半岁之粮，苟水利之不讲，几何不相索于枯肆哉？③

由于农田资源不足，导致人们开山为田，填湖为田，结果只能加剧生态的恶化，产生恶性循环。道光《永安三志》描述了人们垦山为田导致的恶果，"每见捐山为田者，田成而既归他人，可私垦之不足致富也。况山崩不已，河高水溢，耕者彼此为堤，以河相吞，河狭水涨必至坏堤，屡筑屡坏所获不足以偿所失，甚有称熟待割而忽被水，茔田又成沙，贫者益贫，富者亦贫"。④ 乾隆《嘉应州志》则记载了人们垦塘为田的无奈之举，"近乃垦而为田，塘不蓄水，或仅存小沟，其流单弱无以及远，是当严禁，垦塘不可图日前升科小利，致荒熟田也"。⑤

另外，山林资源也逐渐减少，前面已论述了一些地方因开垦山地种植经济作物或开矿，山林资源被开采一空，而"山且将童"。再加上当地一些人以贩卖木材为业，更加剧了山林资源的开采，而使山林资源呈日渐枯

---

① 咸丰《大埔县志》卷十一《艺文志》。
② 乾隆《嘉应州志》卷一《舆地部·水利》。
③ 咸丰《大埔县志》卷二《山川志》。
④ 道光《永安县三志》卷一《地理·山川下》。
⑤ 乾隆《嘉应州志》卷一《舆地部·水利》。

竭之势。例如，嘉靖年间大埔县"乌槎山……接饶平县界，山势崔嵬旋绕，所产竹木，海、饶、大埔多资之。"① "潮郡下游诸县，桁梁等太平桥……正德知府胥文相为石墩上架屋三十间。自记其略曰：汀水发源于州北之正溪，至州境而东，与西溪合，迂回曲折南汇于潮以入海，即所谓鄞江也。春夏间霖雨弥旬，山溪骤涨，下流壅塞，滞不能洩，辄渟蓄为巨浸，轰虺险悍势莫可御，凡行旅往来及公使有事于兹者，缓急不得渡"。②

不少商人因贩卖竹木发财致富。如万历年间湖寮双坑人何少松（1555—1630 年）为木商，把家乡木材大量贩卖到潮州，"不数年广置田产，称饶裕焉。某年洪水为灾，木排缆脱，木冲湘桥，而湘桥第十四墩建筑年久，因而圮毁"，他竟独力出资修复。③ 毋庸置疑，木材商人致富的背后则是山林资源的急剧减少。

汀州山区生态破坏也相当严重。而且，由于开发较早，生态问题比较早就显现出来。明代就出现严重的水土流失现象。有记载说：

> 太平桥……正德知府胥文相为石墩上架屋三十间。自记其略曰：汀水发源于州北之正溪，至州境而东，与西溪合，迂回曲折南汇于潮以入海，即所谓鄞江也。春夏间霖雨弥旬，山溪骤涨，下流壅塞，滞不能洩，辄渟蓄为巨浸，轰虺险悍势莫可御，凡行旅往来及公使有事于兹者，缓急不得渡。④

《长汀县志》谈及长汀的水灾情况时，亦提到山洪暴发。并且，县人认为是一个严重的历史遗留问题：

> 郡治万山斗绝，水四驰而下，旬日不雨浅狭处即可褰裳，若淫潦滂沱则山水骤发，势若怀襄。自圆珠山下，两山对峙逼窄，若关隘中夹溪流一线，湾环旋折行石峡中者数里，水势自上游建瓴而下，奔腾委注，至此总汇一门，口甚隘，水郁闭而不流则泛滥四溢，平土顿成

① 嘉靖《大埔县志》卷二《山川》。
② 乾隆《长汀县志》卷六《城池附桥梁》，故宫博物院编《故宫珍本丛刊》第 121 册，海南出版社 2001 年版。
③ 同上。
④ 乾隆《长汀县志》卷六《城池附桥梁》。

巨浸，所以易于为灾，宋元以来水患之见于志者，历历可按焉。①

不难想象，汀州山洪暴发的根本原因在于过度开垦山地带来的水土流失的加剧。

生态破坏现象源于向山地过度索取资源的农业生产。《长汀县志》比较详细地描述了汀州府的农业耕作方式。其文曰：

> 汀踞闽上游，复岭崇冈，山多于地，田瘠而囏水。
>
> 雨阳稍愆辄损禾稼，惟坑田获泉源灌溉，不厌晴。原田则筑陂开渠，甚至操竹木为输激而行之以润数亩，其旷野土田，直望雨时以卜岁稔，而种山畲者尤赖多雨。
>
> 又猺民所树艺曰"稜禾"，实大且长，味甘香，粪田以火，土草木，黄落烈山，泽雨瀑灰，浏田遂肥饶，播种布谷不耘籽而获，今树艺者甚众。他如春种角谷，夏种芒谷，秋种穧谷，冬种稜谷，分八节以纪农功，大率与全闽无异，何氏《闽书》云：山畲。蔡司铎言：汀民得本计者。此也。②

汀州本来就土地狭小，山多田少，所谓"若汀在万山中，何处不隘，马不得联辔，士不得并肩，转一谷即换一局。"③ 加上如此全方位地向山区索取资源，山林资源必然走向枯竭。

至民国年间，宁化县的山已大部分成为童山。其县志曰："森林则松杉皆鲜人力，听其自生，松木止供爨薪不作他用。杉木向颇饶足，间有运售省垣者，亦用之不竭。自客商入山截作连段（一丈六尺）不择大小，多多益善。于是四乡之山，强半皆童，论价六十倍有余矣。"④ 民国时期，长汀县的情况也差不多。其县志有如下记载：

> 长汀山邑，其实业曰农，曰林，曰商，曰工，曰矿，而地瘠民贫

---

① 光绪《长汀县志》卷三十二《杂识》。
② 光绪《长汀县志》卷三十《风俗·农事》。
③ 乾隆《长汀县志》卷十三《兵防》。
④ 民国《宁化县志》卷十《实业志》，《中国地方志集成》第 35 辑，上海书店出版社、巴蜀书社、江苏古籍出版社 2000 年版。

未设场厂，以故利不兴而业不振。昔惟竹木二项为出产大宗，今则杉木渐乏滋长，非岁月可期，竹被虫食，岁入锐减。

……　……

二曰林业。长邑崇山复岭树林蓊郁，向称竹木为出产大宗，杉木昔时运售潮汕佛广者，岁以十数万计，近则一落千丈，不过数万而已。①

到民国时期，长汀县的林业产业已经一落千丈了，虽然县志没有分析其原因，但是，不难想象是过度开垦山地的结果。

综上所述，我们可以比较清晰地看到明中期以来赣闽粤山区生态恶化与生计艰难之间相辅相成的关系。正是由于生计艰难，除了大规模战乱后的移民和官方组织的移民外②，三地人民开始陆续自发向外迁徙，即开始由人口迁入地区转变为人口迁出地区。汀州明代即已开始移民，本书第二章第二节已经有过论述，清代继续了这个趋势。例如：

杭故山国，耕垦维艰，细民之禁末作而就食他乡者所在都有，冀其生齿之日登、硗确之日辟，盖几几乎难之。③

汀州人除了迁徙到相对比较落后的赣南和闽西之外，还往福建本省经济发展相对较好的地方转移。《清实录》有记载说：

又查延、建、邵、三府。风俗素淳。近亦健讼。缘有一种寄籍民人。大半自江西、汀州、漳、泉等处而来。赁山开垦。种植茶果麻靛之类。其桀骜不驯者。藉端滋讼。土民耳濡目染。渐为浇薄。亦经严饬地方官。实力化导。如不安分。严惩递籍。其土著之人。如将田山租赁与外郡刁恶民人。日后滋事连坐。得旨。好应如是留心清

① 民国《长汀县志》卷十八《实业志》，《中国地方志集成》第35辑，上海书店出版社、巴蜀书社、江苏古籍出版社2000年版。
② 关于这广东和福建两省这类移民，可参见刘正刚《东突西进：闽粤移民台湾与四川的比较》，江西高校出版社2004年版，第1—29页。
③ 康熙《上杭县志》卷三《版籍志·储恤》，中国国家图书馆分馆编，《清代孤本方志选》第1辑第30册，线装书局2001年版。

理者。①

从迁入人口相对较少的地区到迁入人口较多的地方，表明汀州等地的生态关系已经到了确实比较紧张的地步。上文中，提及的所谓"江西人"，可能就是指赣南人，而根据曹树基的研究，赣南也早在清初由人口迁入地区变成了人口迁出地区。②

粤东北山区早在明末就开始了向外迁徙，明清鼎革以及随之而来的迁海及复界，使粤东北山区人口大量迁往邻近平原地带。③ 这种迁徙潮流一直没有停止，清中期乃至成为一种地区性的生计模式。最迟至雍正年间，因人多地少，已有记载说："入山诸邑，人稠地狭。崇冈大阜，种稻黍薯芋，如悬崖瀑布，尚苦不给。多佣力四方，则亦未如之何矣。"④ 文中所谓"佣力四方"，就是指向外移民谋生。到晚清，嘉应州人向海外谋生，已经是一种司空见惯的现象了。光绪年间嘉应州人温仲和说：

> 州俗土瘠民贫，山多田少，男子谋生各抱四方之志，而家事多任之妇人，故乡村妇女耕田、采樵、绩麻、缝纫、中馈之事无不为之，絜之于古盖女功男功皆兼之矣。处海禁大开，民之趋南洋者如鹜，始至为人雇佣，迟之又久囊橐稍有余积，始能自为经纪，其近者或三四年五七年始一归家，其远者或十余年二十余年始归家，甚有童年而往，皓首而归者，当其出门之始，或上有衰亲下有弱子，田园庐墓概责妇人为之经理，或妻为童养媳，未及成婚，迫于饥寒遽出谋生者，往往有之。然而妇人在家，出则任田园樵苏之役，入则任中馈缝纫之事，古乐府所谓健妇持门户，亦胜一丈夫，不啻为吾州言之也。其或番银常来（俗谓往南洋者为番客，故信曰番信，银曰番银）则为之立产业，营新居，谋婚嫁，延课子，莫不井井有条，其或久赋远游，杳无音信，亦多食贫攻苦，以俟其归，不萌他志。凡州人之所以能远游谋生，亲故相因依，近年益倚南洋为外府，而出门不作惘惘之状者，皆赖有妇人为之内助也，向使吾州妇女亦如他处，缠足则寸步难

① 《清高宗实录》卷二八五，乾隆十二年（1747）二月庚寅条，《清实录》。
② 曹树基：《中国人口史》第五卷，复旦大学出版社2001年版，第865页。
③ 曹树基：《中国移民史》第六卷，福建人民出版社1997年版，第374—399页。
④ 蓝鼎元：《潮州府总图说》，《鹿洲初集》，《四库全书》本。

移，诸事倚婢媪，而男子转多内顾之忧，必不能皆怀远志矣。其近山诸乡，妇女上山樵采，负薪入市，求售以谋升斗者，尤为勤苦，然皆习之而安，无若朱翁子之妻以是为耻而求去者。①

从这段话中可以得到两点认识。第一，正是由于嘉应州"土瘠民贫，山多田少"，导致"男子谋生各抱四方之志"，而男子出外谋生的一个重要方向就是往南洋谋生；第二，男子得以大规模向外谋生，妇女的作用殊大，里外兼顾，支撑起家庭的重担。应该说，温仲和所描述出来的嘉应州人的谋生景象，是一幅被近代学人所认为的典型的"客家"景象，而其背后的根本动力正是明中期以来该地生态和生计的变化。

大致说来，闽西和粤东是移民输出比较多的地区，赣南后来也有许多移民转移到赣西北和四川等地。清代中期，在他们聚集比较集中的两个地区——赣西北和珠江三角洲及粤西、海南一些地方，都导致了严重的土客冲突，形成棚民问题和"客家"问题。②

第四节　本章小结及讨论

通过以上论述可以看到，生态变迁和随之而来的社会动乱与国家认同，从根本上改变了赣闽粤边界地区的族群关系。

随着山区开发的进展，原来居住在山区的化外之民"峒"、"畬"、"猺"等人群也逐渐与化内之民交混在一起，从而引起各种夹杂着族群色彩的社会动乱，借着官府对动乱的弹压，这些化外人群逐渐转为化内之民，开始接受正统王朝的统治，到清代中晚期，已经看不到大面积的"畬"、"猺"聚集地了，即使有一些曾经特征明显的"畬"、"猺"之人，其族群特征也和汉人无异，而且，更关键的是，他们不再是"化外"之民，而是与其他人一起编入正统的王朝体系。因此可以说，自宋以来，赣

---

① 光绪《嘉应州志》卷八《礼俗》，（台北）成文出版社1967年影印。
② 参考［澳］梁肇庭（Sow-Theng Leong）：*Migration and Ethnicity in Chinese History：Hakkas，Pengmin，and Their Neighbors*，Stanford：Stanford University Press，1997；曹树基：《中国移民史》第六卷，福建人民出版社1997年版，第222—268页；程美宝：《地域文化与国家认同——晚清以来"广东文化"观的形成》，《中国社会科学季刊》（香港）1998年夏季卷，总第23期。

闽粤边界山区开发的进程也是"峒"、"畲"、"猺"等化外人群逐渐纳入王朝正统体系的过程，换言之，"峒"、"畲"、"猺"的人群身份转变的过程，是自宋以来至清代山区开发逐步进行和国家认同观念进一步扩大的过程和结果。

流民是开发山区的重要力量，随着流民的进入，流民与土著之间的冲突不可避免地要产生。由于流民进入的数量并不多，我们看到，闽西较少出现流民与土著之间的冲突。流民与土著之间冲突比较严重的是赣南，特别是在土著势力与流民势均力敌的情况下，两者之间的冲突非常残酷。就粤东北而言，由于粤东地区流民势力比较大，流民与土著之间的冲突虽然有，但是，并不如赣南很明显，粤北则土著势力强大，流民进入阻力较大，冲突也不明显。流民与土著之间的冲突主要表现在对各种资源的竞争上，其中，比较关键的是户籍，获得官方正式承认的户籍是流民被当地社会所认可的关键环节。流民获得户籍的方式有很多种，其中，官方的招抚是很多流民获得户籍的重要手段。另外，清初政府重新编排里甲，也使得很多流民获得户籍。但是，获得户籍仅仅是制度上，被纳入正统的王朝体系，流民要真正融入地方社会，还必须获得土著的心理认同，正是心理上无法相互认同，一些地区的流民与土著长期存在竞争与隔阂，导致土客之争长期存在，成为"客家"文化的重要特征。但从历史实际情况看来，这样的地区并不多。

大量流民进入山区，原本相对空旷的山区人地关系趋于紧张，过多人口使人们生计困顿，清代三地普遍出现粮食紧张局面，汀州对粤东北及赣南粮食有较高依赖，但是，赣南粮食亦不足。生计之困顿迫使人们过度开垦山地，从而导致生态恶化，生态的恶化又使生计问题更加严重，两者呈恶性循环关系，于是，向外转移过剩人口成为一种必然的选择。到了清代中期，赣闽粤边界三个地区已经成为向外输出移民的地区，其中汀州早在明代就成为向周边地区输送移民的地区，而赣南和粤东北也在明末以后开始了向外移民的过程，至清代中期，向外移民甚至成为粤东地区人民生计的重要手段。向外移民实际上导致赣闽粤边界地区与其他地区人民的接触与冲突，致使粤东等地人民产生了强烈的"客家认同"意识，对"客家"形成产生了关键作用。

以上三个方面历史进程描述，有助于我们在一个新的角度认识"客家"形成问题。

　　长期以来，学术界比较习惯从族源上探讨化外之民"畲"、"猺"与"汉"的关系，并因此意见纷呈①，本章的研究揭示，如果我们回到历史场景，就会发现，严格地说，"畲"、"猺"族群特征逐渐消失，不能简单称之为"汉化"，更应该看成是在山区开发逐渐深入和国家认同逐步推广过程中，"化外"无籍之徒转化为"化内"编户齐民的过程。因为如前文所述，"畲"、"猺"是一种族类的标签，同时也是一种文化和制度上的区分，这些"畲"、"猺"族群之人未必是纯粹的"非汉"之人，很多逃亡的"汉民"也混杂在其中。因此，所谓的"畲"、"猺"的汉化，更关键的不是生产方式和民族特性被汉人同化，而是在王朝制度上把这些"化外"之民纳入正统体系，是山区逐步开发和国家认同观念在地方社会推广的必然产物。

　　另一个值得注意的事实是，明清时期赣闽粤边界地区流民与土著的冲突虽然在某些地区和某些时期比较突出，但并不如想象中的那么激烈，也没有如清中晚期赣西北和珠江三角洲和粤西那样引起广泛的心理认同，更多的情况是，流民通过官方招抚和各种手段，最终融入当地社会。从这个意义上来说，如果我们把"客家"当作一个具有自我认同的族群的话，则我们探讨赣闽粤边界地区"客家形成"问题，晚清广东三大族群之间的互动所导致的"客家"认同心理的形成是个关键。② 除此之外，更应该关注的是，流民融入当地社会的历史进程所导致的当地社会文化风貌及特质。很明显，在这个过程中，生态变迁及国家认同观念推广所带来的地方社会人群身份的认同转变，包括流民入籍及化外"畲"、"猺"转为化内编户齐民及对地方文化的发挥和创造，是相当重要的方面。

---

　　① 关于"畲"、"猺"族源及与"汉"的关系，研究成果甚多，本书无力一一列举。可参考前引施联朱主编《畲族研究论文集》和谢重光《畲族与客家福佬关系史略》。
　　② 关于这一问题，可参考前引梁肇庭及程美宝的研究。

第四章　从"畲乡"到"邹鲁乡"：动乱、国家认同与"客家"文化

——以广东大埔县白堠乡为例

　　明以前，在赣闽粤边界生活着大面积的化外"畲"、"猺"之人，随着山区开发的进展和国家认同观念的推广，到清中晚期，虽然仍然还有"畲"、"猺"聚集区的存在，但大面积的"畲"、"猺"之区已经从历史上消失了。这是赣闽粤边界地区社会变迁中一个十分值得注意的现象，关于这一现象第二章第一节已经在总体上进行了初步论述，但没有具体对村落和人群进行论述，因而对这一过程的论述还不够深入细致。实际上，这一转变过程不仅仅是族群身份的转变，而是一个相当复杂的整体社会变迁的过程和结果，涉及山区开发、地方动乱、士绅身份、家族历史、宗族制度、科举人才、民风民俗等诸多方面的改变、沿袭与创立。

　　本章以广东大埔县白堠乡①为个案，对这一过程进行更深入而细致的分析，希望有助于重新认识"化外"的"畲"、"猺"之区转变为王朝体制之内的"化内"之区的过程，从而对"客家形成"及"客家文化"性质的重新理解有所裨益。

第一节　村落概况、早期历史及畲□文化

　　大埔位于潮州北部山区，"其地皆复岭重冈，滨海只三四百里许，当山海之交"②，是沿海平原地区与内陆山区之间的过渡地带。关于其地理

---

　　①　白堠村，相传因古时在村口山上建有白色瓷土砌成的报警用的堠台，因而得名为"白堠"。民国初年以后，改名为百堠（参见李德元《大埔部分地名考》，《大埔文史》第1辑，1984年）。本书主要研究明清历史，故用原名"白堠"。

　　②　嘉靖《大埔县志》卷一《天文志·气候》，大埔县地方志办公室整理本，2000年。

形势的重要性,雍正年间曾任潮阳、普宁知县的蓝鼎元称:

> 县小赋薄,而以大为名,埔邑是也。其地广二百二十里,袤一百七十里,洵不小矣。山多田寡,硗确崎岖,名为大而实未大耳。介闽粤两省之交,东邻永定,西瞰海阳,南接平和,北控程乡,西南与饶平错壤,东北为上杭连界,六县唇齿,辅车相依。虽曰僻处山陬,实汀潮间一枢轴,可不谓雄且壮乎![1]

大埔虽地处山区,但介于福建和广东两省之间,与六县交界,是连接沿海与内地的重要通道,地理区位十分重要,被称为是"汀潮间一枢轴"。白堠所在的清远河流域位于大埔县东南部,地处两省三县的交界地区,东与平和县相连,南与饶平县接壤,距县城茶阳60华里,是大埔东南地区至饶平和福建平和县的必经之地,地理位置十分重要。嘉靖五年(1526年)建县之初,白堠成为全县所设11个关隘之一,并为南部关隘的总会。"白堠隘,在县东南六十余里,白罗、进灌、帽山、九峻山、大产各处总会于此,故立隘以戒不虞。"[2] 白堠地理位置如此重要,与其所处自然环境密切相关。

白堠为一方圆20平方公里的山间盆地,清远河"一水中开",从东向西将盆地分为堠南、堠北两半。清远河虽为小河,但其腹地处于闽粤交界地区,同时又处于山海之间,因而地理位置相当重要。

该河主要流经清远都,又有清泉溪、远水溪汇入,因而名为清远河。至梅子潭后,与源自汀州的大河和源自龙川的小河相对称,又名小溪。清远河源头有二,一为芦溪,"源发三团,自漳汀流入坪回,南行至赤石岩,与河头水会"。[3] 一为河头溪,源自平和高山、官寮,流经县城九峰、赤石岩入大埔县境,名为清远河。经白富、古村、柏林、富宅溪、双溪、黄砂、枫朗、白罗后,流入白堠,再经湖寮入三河汇入韩江。途中所"受诸涧水",较大的有家荣水、富溪水、清泉溪、远水溪、横溪、调河水、石圳溪、旧寨水等。"总集雨面积1603平方公里,大埔境内721平方

---

① 蓝鼎元:《大埔县图说》,《鹿洲初集》,《四库全书》本;同治《大埔县志》卷一《图说》。

② 嘉靖《大埔县志》卷六《兵刑志·关隘》。

③ 康熙《平和县志》卷一《疆域志》。

公里，干流总长 137 公里，大埔境内 83 公里；自然总落差 194 米。流域内山高林密，植被较好，雨季雨量充沛而集中，水流湍急，洪水易涨易退，冲刷严重。"① 大埔县东南部的主要村落，都位于清远河及其主要支流河畔。

具体而言，白堠位于清远河下游的一个冲积盆地上，四面环山。东有郭山嶂，"盘围如城郭，故名。"南有南阳崬，"尊崇丰伟，岿然壮观，与郭山嶂对峙。"② 北有天保山，"其山崇峻，顶稍平阔。乡人筑土寨于上，以避寇乱。其东北有五岳山，状如莲花，亦称莲花山，崇峻壮丽。"西南有西山，西有马山，"其形头高如马，下有溪滩，名滑濑，船行颇险。"③ 清远河从郭山嶂进入白堠盆地，再由险峻的马山流出至湖寮等地，至三河汇入韩江约 50 里。白堠的山形水势，也因之在各乡中号称全县之最。"乡之盛者莫如白堠，远则西岩万笏，秀若列眉，近则马山一峰，桀如注涧。"④ 如果控制了马山，即控制了清远河地区。因此建县之初所设之白堠隘，就建于马山顶上。

白堠盆地介于东南沿海与内地的山海之间，白堠人透过水陆交通与外界建立紧密联系，成为影响当地生计的重要因素。在当时条件下，水运是主要的交通方式。清远河航运的发展，与山区开发和地区经济发展是相一致的。

本节主要研究范围为白堠盆地，即这一区域中心地带的村落历史变迁和姓氏关系。主要村落包括车头方、圳头方、窟背方、西山下、下村方、坪头方、南阳方、石边上、梅树滩、凹头方、田心方、山下方。

白堠盆地的这些村落实已连成一片，因而一般俗称白堠村。相传因古时在村口马山上建有用白石、白色瓷土砌成的报警用的堠台，因而得名"白堠"。民国初年以后改名为白堠⑤。白堠村是传统以来当地人对白堠盆地村落的总称。正如民国《大埔县志》所载：

（白堠）全甲划分溪南、溪北两部……全甲四边皆山岭重叠，小

---

① 大埔县地方志编纂委员会：《大埔县志》，广东人民出版社 1992 年版。
② 康熙《埔阳志》卷一《地纪》。
③ 乾隆《大埔县志》卷一《疆舆志·山川》。
④ 嘉庆《大埔县志》卷二《山川志·形势》。
⑤ 李德礼：《大埔部分地名考》，《大埔文史》1984 年第 1 辑，第 90 页。

村环列。中部一片平原，东西约十余里，南北七八里，是为白堠村。村之南部有白堠墟，商店 147 间，营业颇盛。附墟为人烟最繁密处。①

白堠村，"东接白寨甲，西接五斗背，全村以梅潭河划分溪南、溪北，其东部曰车头，曰坪头。居民溪南多杨姓，溪北及车头多肖姓，坪头多丘姓，共计 12728 人。"②

1949 年以后，白堠村先后归属侯云区、白堠区、白堠人民公社管辖，1983 年以后成为白堠镇的一部分。③ 白堠镇南接枫朗镇，西连湖寮镇，东为大东镇，北为岩上镇。镇政府驻地侯南村，距茶阳旧县城约 40 公里，新县城（1961 年迁）约 10 公里。

白堠村以一个约 20 平方公里的盆地为中心，包括周边丘陵山地。清远河由东而西，将盆地划分为南北两半，俗称堠南、堠北，入口处称堠东，出口处称堠西，盆地方位四至分明。居民主要聚族而居，堠南以杨姓为主，还有丘、池、李、陈等小姓；堠北以肖姓为主，还有林、钟等小姓；堠东以肖姓为主，为堠北迁居者；堠西以杨姓为主，由堠南迁居者。四地以墟市为中心，形成一个紧密联系的群体，互相通婚，形成共同性的社区观念——白堠村，包括四个大的"角落"及其周边众多小自然村。

全村现有居民 10357 人④，有杨、肖、丘、池四大姓和陈、林、李、钟等十多个小姓，其中杨姓 5000 余人，肖姓 4000 余人，丘姓 300 余人，池姓 200 余人，其余各姓 100 人以下。整个村落硕大，基本连接成片。全村有明清古建筑数百栋，庙宇数十座，墟市店铺 100 余间。当然，这是数百年来历史"层累"⑤ 的结果。要了解这一"层累"的过程，自然得考究村落发展历史。

对于家族早期的历史，由于文献缺乏，留传下来的多是传说，因而研究者在处理这段历史时，往往称之为"传说历史"。⑥ 白堠有肖、杨、丘、

① 民国《大埔县志》卷三《地理志》。
② 同上。
③ 大埔县地方志编纂委员会：《大埔县志》，广东人民出版社 1992 年版，第 53—56 页。
④ 中共白堠镇委办公室：《白堠镇二〇〇三年年终基本情况表》，2003 年 12 月。
⑤ 顾颉刚：《古史辨》第一册，《自序》，上海古籍出版社 1982 年重印本，第 52 页。
⑥ 谢剑、房学嘉：《围不住的围龙屋——记一个客家宗族的复甦》修订本，广州花城出版社 2002 年版，第 17 页。

池、林等数十姓。

关于杨氏始迁祖开基于白堠的历史，据乾隆《杨氏族谱》载："始祖四十一郎公，其先居于闽汀之宁化县石壁村。因宋末避乱，徙于粤潮之白堠，家焉。时民风古朴，未有谥号，传系延平龟山先生后裔。娶沈氏小六娘，生一子，曰大一郎。合葬曹碓坑。是为始迁之祖。迁居之日，埔邑未建，白堠地隶饶平。后于明嘉靖间始置大埔县，割饶平之白堠属焉。"① 大埔县是嘉靖五年（1526）从饶平县划出建立的，而饶平县建于明成化十四年（1478），建县以前至宋末，这一区域都属海阳县管辖。杨氏始迁祖历史只追溯到曾属于饶平大埔的，而未考虑大埔和饶平都曾属海阳，可以推知，这一说法当形成于饶平建县至大埔建县之间。

关于杨氏始祖迁居的过程及从事的职业，流传最广的是"铁炉坝"打铁定居的故事。关于杨氏开基于白堠铁炉坝的传说，见诸文字的是杨佐君的研究。杨佐君在《大埔杨氏始祖四十一郎公人名辨》称："据现存清康熙三十八年族谱载，始祖四十一郎公先世居江西，避宋兵之势而徙居闽汀宁化石壁村。而后始迁于粤潮大埔永安社维新甲大靖下北塘松林下肇基立业……妻余氏，生一子，留居北塘。继而四十一郎公往清远都白堠铁炉坝为铁匠，观看地形善美，又娶妾沈氏，在白堠南开基立业。"②

2003年杨氏宗族所编《大埔白堠杨氏族谱》卷一，称："四十一郎，先居福建省宁化县石壁村，宋末因避兵乱，迁西河下北塘阿隔口定居，娶妣余氏大娘，生一子行一郎。公来堠做工，见白堠土地肥沃，村庄秀丽，利于居住和谋生，遂生迁居之念。商之于妣，妣不愿迁，而留在北塘抚儿育孙。公只身来堠定居，又娶沈氏六娘，生一子大一郎。"③

民间传说杨氏三兄弟从宁化石壁过大埔，老大四一郎迁北塘，老二四二郎迁白堠下村，老三四三郎定居南山。四一郎与池姓始祖一起从石壁过来，池姓一开始就迁居白堠。④ 四一郎先到西河北塘阿隔口定居，娶妻余氏，生一子。后接受池姓人邀请，也来到白堠，在今称铁炉坝的地方起炉打铁。他见白堠比北塘更好，也想迁居白堠。但同妻子余氏商量时，余氏

---

① 乾隆《杨氏族谱》卷二《谱传备考》。

② 黄志环：《大姓姓氏录》，《大埔县地方志丛书》，2001年，第188页。

③ 大埔白堠杨氏族谱编委会：《大埔白堠杨氏族谱》卷一，2003年，第1页。

④ 2003年8月11日，对杨启新的访谈。杨启新，白堠堠南人，70多岁，退休教师，居于池屋旁荣新居。

不肯迁居。四一郎只身迁居白堠，再娶沈氏六娘为妻，生子大一郎，传下白堠杨氏一脉，四一郎因此"花栽两地"。后代为纪念先祖艰苦创业，称最早定居之地为"铁炉坝"。①

四一郎之所以决定迁居白堠，相传是因为他相信白堠风水好。有一年春节回北塘过年，年后回来时，发现炉火仍然很旺。炉火半月不熄，因而认为该地龙气很旺。同时走时所养母鸡正在生蛋，此时已带着一窝小鸡四处觅食了。因此认为，此地风水很好，决定迁居于此。②

在白堠关于祖先打铁为生四处游动、因风水而定居的母题衍生的故事很多。如张姓迁白堠南山，以及由南山蕉里迁居饶平上饶，其故事和杨姓迁居的故事几乎一样。

张姓始祖先居大靖，在南山打铁，有一年回去过年，一个月后回来炉火未熄，便以为此地能够繁衍后人，因而迁此定居。③ 恋州溪南埔的张秀安迁至白堠廓山嶂背后的蕉里定居后，其子张盛因打铁而定居于饶平上饶堡、后称"张盛坝"的地方。"相传肇基始祖秀安公之次子张盛有铁工手艺，四处流动，过村越乡，以锻打锄头、镰刀等家具谋生，后在饶平张盛坝村设立作坊。某年除夕，盛公作坊封炉歇火，返家过年。年后重返作坊，发现炉火仍未熄灭，认定此地大吉大利，乃决定在此开基创业。后将年迈之老母亲陈氏背负至张盛坝度晚年，寿终于此。故有张盛坝张姓始祖坟有祖婆无祖公骨殖、黄砂坝上张姓始祖坟有祖公而祖婆骨殖之说。"④

关于开基祖是铁匠的传说在大埔相当普遍，而且还和宁化石壁联系在一起。相传以前宁化石壁有很多铁匠，从石壁迁到大埔多数是打铁的。如罗姓始祖迁湖寮，张氏始祖迁南山，郭氏迁居大麻小留，池氏迁居白堠，都是先来打铁，后再定居的。民间认为，打铁在当时是先进技术，土著没有这一技术。⑤

把祖宗说成铁匠，可能与大埔的传统民间信仰有关。粤东地方自隋唐以来崇拜三山国王，关于其产生、传播及其社会影响，已有众多研究成果

---

① 2003 年 8 月 9 日，对杨禹功的访谈。杨禹功，白堠堠南大巷口人，70 多岁，退休干部，杨氏宗亲会负责人。对白堠历史相当了解，是笔者在白堠调查时的主要报告人。

② 2003 年 8 月 9 日，对杨禹功的访谈。

③ 2004 年 5 月 10 日，在广州对白堠蕉里人张在更的访谈。张在更，80 多岁，离休干部，有亲戚居于堠南，早年在堠南读书，对白堠一带历史相当了解。

④ 张韶元：大埔县白堠镇蕉里村《张府积厚堂族谱》，1997 年，第 4 页。

⑤ 2004 年 5 月 10 日，对白堠广州同乡会的访谈。

作了揭示，此不多述。① 在白堠及上游溪背坪、黄沙等地，三山国王的形象不是揭西河婆祖庙中的明山、巾山、独山三山山神，而是当地人所说的红脸、黑脸、白脸三山国王，其中的红脸国王被认定为铁匠神。传统以来，每年五月端午节，白堠上游 10 里处的溪背坪、黄沙一带要组织三山国王游龙船祭神活动。② 把铁匠神化，可能也表明铁匠所生产的铁制工具在推动山区开发做出了突出贡献。如南宋末年白堠开凿的蔡仙圳，没有铁器的广泛使用是无法想象的。

说祖宗是铁匠，可能还与身份认同有关，即自认不是土著。当地多有传说，认为土著居民畬猺人没有掌握铁器锻造技术，汉人得以此种先进技术立足当地，并开垦山林以定居。民国期间曾任大麻中学校长的大麻小留村人郭孟恕根据传说所撰《广东大埔大麻郭氏源流考略》中的说法，很有代表性：

> 大麻郭氏，望属太原，系出虢叔，为有周之苗裔。宋末元初（约当德佑、景炎之间），宋室南渡，元兵及于岭海，干戈遍地，兵火流离。吾始祖考千二郎天锡公，亦于是时由上杭迁徙来麻。时大埔尚未开邑，籍属海阳，中原衣冠之族，先至者多占城邑，乡僻之地，犹为土著猺族畬民所居。大麻离邑已远，则尤荒秽，田畴未辟，土旷人稀。始祖考至后，乃相择地形，草创数椽安身，栉风沐雨，躬自开辟。复以余力，从事锻冶，以供当日土著民族刀耕火种之需。而迁来各族，亦胥赖之而耕冶。计至今已历四朝，阅时六百七十余年，而传世亦近三十矣。③

且不论此一叙事结构是否受当时客家人来源传说故事④影响，纯就其解释开基祖打制铁器以供当地土著刀耕火种而言，一定程度反映了当时地方社会生活真实形态，即当时此地尚处于刀耕火种阶段，掌握先进技术的

---

① 典型的如吴金夫《三山国王文化透视》，汕头大学出版社 1993 年版；参贝闻喜、杨方笙《三山国王丛谈》，汕头大学出版社 1999 年版；等。

② 粤风：《大埔民间的祭神习俗》，《大埔文史》1988 年第 7 辑，第 83 页。

③ 郭汤盛：《大埔先贤诗文钞》，（台北）先锋打字排版印刷有限公司 1992 年版，第 264 页。

④ 罗香林：《客家研究导论》，广东兴宁市政协：《兴宁文史》2003 年第 27 辑。

外来者与土著共同开发山林的社会生活。白堠杨、池等开基祖为铁匠的传说,似也可做此种解释。

对于祖先开基的传说故事,只有置于当地的社会环境中,结合地方历史发展的时间序列,才能理解其社会意义。

研究宗族历史,传统做法是查阅宗族的历史记载——族谱。但族谱是后人对以往历史的追溯,是为建构宗族编纂出来的,并非是始祖开基后的真实记录。至于其编纂过程,刘志伟认为,它是把以祖先崇拜为中心的口传族谱与以宗法观念为中心的成文族谱结合起来的产物。"明清族谱其实融合了两个不同传统,一是基于祖先崇拜观念的民间口头流传的祖先系谱叙述的传统;二是基于宋明理学家极力建立的宗法观念,以敬宗睦族达致明宗法序昭穆目的的成文族谱传统。"①

受该观点启发发现,粤东地区的族谱就是这样构成的。证据是:

首先是对始祖历史的模糊不清。如肖氏,认为其始祖廿三郎为江西泰和人,宋末进士,由潮州路总管而迁居白堠,但"生子多少及生卒年月,俱失传。"② 对其生卒时间,乃至生子多少,一概不知。杨氏始祖四十一郎公,"生卒俱失记。"③ 池氏始祖廿三郎公,"时民风古朴,未有谥号,自此至五世生卒,皆缘兵燹失记。"④ 池榘于乾隆六年作《累世名字歌》曰:"茫茫五代谱残阙,惟自六世详旧乘。"⑤ 以兵灾为失记的理由,表明没有现成的文字记录可作依凭。⑥ 有的甚至连祖宗名字也没有,只好由后代在追溯时为其取名,如湖寮黄氏始祖"蒙复公"的来历。

湖寮《黄氏族谱》载:"蒙复公,姓郑氏,湖寮黄之鼻祖也。因世远难稽,不知其讳。上世无谥,蒙复或其号也。凡蒙复公派下之各谱,都作如此记载:'一世蒙复公,先闽汀石壁乡人。元末避乱,流移奠居于大埔湖寮横塘,始其基也。姓郑氏,生二子月梅、月明。二世月梅公,姓郭氏,谥懿恭,生一子廿一;月明公,姓郭氏,生一子廿二。三世廿一公,

---

① 刘志伟:《附会、传说与历史真实——珠江三角洲族谱中宗族历史叙事结构及其意义》,载《中国谱牒研究》,上海古籍出版社1999年版。

② 大埔《肖氏族谱》卷二十《谱传》,1935年稿本。

③ 乾隆《杨氏族谱》卷一《世系》,第1页。

④ 池昭世:《池氏族谱》卷一同治七年(1868)抄本。

⑤ 池昭世:《池氏族谱》卷首。

⑥ 刘志伟:《从乡豪历史到士人记忆——由黄佐〈自叙先世行状〉看明代地方势力的转变》,《历史研究》2006年第6期。

姓罗氏、陈氏，四世守素公。'"蒙复公历史看似清晰，但实为后人统合的结果——大麻敬里岸洋尾黄氏（属湖寮窠里支派）手抄老谱记载："（一世、二世、三世）生住黄泥塘，及后死俱葬穿龙窠左侧'风雨过排'形，寅山申向，未有石碑记。及后世孙名楼字于安首事未认，难分祖姒姓氏，改称蒙复公，为始祖。"① 由此有了始祖"蒙复公"之名。

其次是取郎名的传统。客家族谱中，在士大夫模式族谱普及之前的口述族谱传统痕迹最明显的是，明代及明代以前的早期世系大量采用"郎名"或"法名"。这一现象早为许多修谱者和研究者所注意。② 罗香林在其《广东民族概论》中认为，客家人祖先的郎名，是"土著畲民之巨阀，依其入境次序给以几郎几郎的名号"。③ 不过李默对此驳辩甚详，认为取郎名是闽粤赣边方言区的一种命名习俗。郎名为法名，须进行一定的法事仪式（或称祭仪）而取得，人死后才使用。而取法名的命名习俗，是畲猺族人的传统，即在男子16岁举行"做醮"（又称"度身"、"入篆"）的祭祖仪式后取得。④ 关于郎名、法名的文化历史意义，陈永海先生认为："郎名、法名的传统存在于客家族谱这个事实，反映了一种习惯的遗留，他们普遍存在也是由于以前的人与祖先的关系通过奉朝的仪式建立，这个做法成为在书写的族谱流行之前的宗族的元素。"⑤

据此，族谱中所见之郎名，当是传统上因祭祀祖先而留传下来的"口传族谱"部分，反映士大夫儒家传统进入以前的原始面目。表明当时社会深受畲猺风俗的影响，或者说，当时社会受畲猺族群控制。在明以前，这可能确为实情。

粤东地区居民的历史族属变迁问题学者多有研究。代表性的观点，如谢重光认为，土著隋唐为俚人，至宋明为畲猺，逐渐被外来的汉人融合而成为客家⑥；房学嘉认为，土著为古越人的后裔，后融合南迁的汉人而成

① 黄志环：《大埔县黄氏源流》，《大埔县黄氏源流》编委会，1997年，第45—46页。
② 刘志伟：《族谱与文化认同——广东族谱中的口述传统》，载《中华谱牒研究》，上海科学技术文献出版社2000年版。
③ 中山大学：《民俗》第56—63期。
④ 李默：《梅州客家人先祖"郎名"、"法名"探索》，《客家研究辑刊》1995年第1期。
⑤ Chang Wing-hoi, Ordination Names in Hakka Cenealogies: A Religious Practice and Its Decline, in David Faure and Helen F. Siu (eds.), *Down to Earth: The Territorial Bond in South China*, Stanford, Stanford University Press, 1995.
⑥ 谢重光：《客家源流新探》，福建人民出版社1995年版。

为客家。① 虽都持族群融合说，但在具体融合方式的研究上则多以概述为主，少见结合地域历史背景阐述融合过程的具体个案分析。实际上，族群融合的过程，有着丰富多彩的方式和具体内涵，粤东地域社会的底层文化，因之有着深厚的畲猺文化传统。

粤东、闽西地区的深山穷谷中，在明初以前，生活着"土人"与"山客"两个族群。康熙《平和县志》卷十二《杂览·猺獞》对此进行追溯，认为：

> 猺人猺种，椎髻跣足，以盘、蓝、雷为姓。……闽省凡深山穷谷处，每多此种，错处汀、潮接壤之间。善射猎，以毒药傅弩矢，中兽立毙。居无常所，视其山之腴瘠，瘠则去焉。自称狗王之后，各画其像，犬首人身，岁时祝祭，无文字。其贸易商贾，刻木大小短长以为验，亦有能通华文者。……与土人交，有所不合，或侵负之，则出而詈殴；讼理，一人讼则众人随之，一山讼则众山随之。土人称之曰"山客"……明初设抚猺土官，使绥靖之，略赋山税，羁縻而已。②

清远河流域处于福建汀州与广东潮州接壤之区，正是这两个族群的栖息之地。所谓"土人"，即以耕土为生、接受汉文化的汉人群体，而"山客"，正如陈支平的研究所揭示的，则是世居山中的畲猺族群。③

至宋末，大埔县南部的畲族势力仍相当大。至今流传民间的许夫人助宋抗元的故事可以充分反映。民国《大埔县志》"许夫人"传曰："许夫人，潮州畲妇也。吾埔妇女相传受宋帝昺封，世代为孺人，得加银笄，盖由夫人之故，故夫人当为邑人。景炎元年（1276），蒲寿庚叛，宋帝昰趋潮州。张世杰遣人招纳义军，夫人倡率诸峒畲户应命（勤王抗元）。二年六月，世杰自将淮兵讨蒲寿庚于泉州，夫人遂与巨盗陈吊眼各率所部往会，兵势稍振……帝（宋端宗）所泊之浅湾（今拓林），元兵攻浅湾，夫人复率兵海上援之。至百丈埔，遇元兵，与战，死焉。土人义而祀之。"④

---

① 房学嘉：《客家源流探奥》，广东高等教育出版社 1994 年版。
② 康熙《平和县志》卷十二光绪十五年（1889）刻本。
③ 陈支平：《从客家族谱所见之两个史实问题》，载陈支平、周雪香编《华南客家族群追寻与文化印象》，黄山书社 2005 年版，第 418 页。
④ 民国《大埔县志》卷三十《人物志·列女》，民国三十二（1943）年。

据调查，许夫人为今大埔县桃源人，许夫人去世后，当地人建夫人庙祀之，该庙至今仍存，并受乡人祀奉。[①] 根据统计，大埔县至今尚有带"畲"字村名37处[②]，可知历史上是畲族聚居之地。而潮剧《辞郎洲》开场也有她带凤凰山畲民拜月一段，可证明当时畲民之众和势力之大。

位于南山与湖寮之间的白堠，除开凿蔡仙圳的钱氏、蔡氏等居住外，还有钟姓，至今村中仍有数户，相传为白堠的土著。堠北下陈段地方，与白堠南山、湖寮湖家坪一样，有座"狗头王"坛，崇拜"狗头王"，反映了白堠传统社会的畲猺底蕴。而载于白堠各姓族谱上的祖先郎名的命名习俗，是这种畲猺传统文化影响的体现（见表4-1）。

表4-1　　　　　　　白堠主要姓氏一至五世祖先名讳字号

	一世	二世	三世	四世	五世
杨	四十一郎	大一郎	敬宗，谥淳叟	德广，谥清隐	荣，谥守素
下村杨	四十二郎	大二郎	次三郎	隐乐，处士	逸士，永昌
肖	廿三郎	六十一郎，谥敦守	福，谥清隐，大五郎	宗敬，号乐耕	俊，谥宜标
丘	廿八郎	大五郎、大六郎	清隐	容万，谥诚直	谦，谥逸侃
池	廿三郎	嘉逐	乐耕	泰，号恒若，谥青春	碧，讳毅直
林	字、号俱逸，谥恭确	诠，谥谅直	汪，号逸叟，谥守质	森，号醇叟，谥敦厚	炜，字晦之，号耀寰，谥宽厚
李	廿八郎	元一	思存	远乐	汉，号东山，谥敦逸

资料来源：各族族谱。

肖姓、杨姓相传定居于宋末，池、李姓定居于元初，丘廿八郎（1343—1417）为洪武四年由闽汀上杭县迁白堠[③]，林未详。虽然各姓迁居白堠的时间不同，但从其命名习俗来看，却有一部共同的定居史。[④]

①　李德礼：《许夫人与飞天马》，载余耀南编：《大埔县民间故事传说笑话集》，《大埔乡讯》社，1999年，第161—162页。按：近年来有研究认为许夫人为漳州人，言之凿凿。但大埔地方也有崇拜许夫人的传统，因此不排除大埔也有类似于许夫人经历的人，或漳州的许夫人曾转战于现大埔地方。

②　广东省大埔县地名委员会：《大埔县地名志》，1987年。

③　丘玉辉：《白堠丘氏族谱》，大埔白堠丘氏族谱编委会，2004年，第60页。

④　赵世瑜：《小历史与大历史——区域社会史的理念、方法与实践》，生活·读书·新知三联书店2006年版，第296页。

由表 4-1 可知,除林姓(林姓直至清同治年间才编有房谱,祖先名字可能被重构)外,各姓开基祖之名全为郎名。其中丘、李两姓同为廿八郎,肖、池两姓同为廿三郎,同名现象突出。而杨氏四十一郎、四十二郎,明显为两兄弟。杨、丘、肖三姓二三世仍用郎名,至四世以后就少见了,表明传统的畲猺命名习俗渐为消失。从二世开始出现名、字、谥号,至三世以后渐多,至五世约明中叶时则成为普遍现象,表明儒家的价值观念开始进入这一区域。三世、四世的杨、肖、丘都用"清隐"的名或谥号,肖、池并用"乐耕"的名号,杨、林用"淳叟"、"逸叟"、"醇叟"的谥号,反映这些人在此隐居,以农耕为生,民风淳厚,并以此满足。反过来,宗族的历史是把祖先供奉起来的士绅①建构的,能否成为开基祖,实为开始建构宗族时被追认的结果。以儒家正统思想为代表的士绅在建构宗族时,往往通过调查被祭祀的祖先,结合口头传说和文字记录,编成祖先系谱,从而使系谱结合口传的祖先系统与儒家的成文系统。如乾隆初年进士杨缵烈在怀疑始迁祖迁居白堠的时间时,就提到最初编族谱是抄墓碑的方法。"或初秉笔之人,泥定宋末迁粤一语,而迁就附会之耶?抑所载原不诬,大一郎以下,仍有一再传之祖,因兵燹而淹没坟墓耶?"②

畲猺文化的影响,还表现在通婚关系上。现存各姓早期的通婚情况,详见表 4-2。

表 4-2 白堠各姓一至六世祖通婚姓氏

	一世	二世	三世	四世	五世	六世
杨	沈	蔡	蔡	陈、曾、童	温、李、刘	曾、陈、罗、黄
下村杨	温	陈、黄	肖、丘	丘、李	蔡、林	丘
肖	苏	危、赖	张、蓝、傅	林、刘、钟、陈、蔡、危	张、黄、李、杨、林、陈	何、黄、赖、丘、张
丘	廖	赵	罗	蓝	温	陈、杨、黄
池	范	杨	宋	杨	陈	郭
林	杨、卓	肖、温	丘	郑、杨	邓	陈
李	钟	温、赖、林、黄	孙	杨、张、王、钟	陈、罗、杨	丘、林

资料来源:各族族谱。

---

① 关于士绅的含义,尚多争议。本书采用张仲礼所定标准,即无论是通过科举"正途",还是捐纳"异途",只要取得功名,都可称为"绅士"。(参见张仲礼《中国绅士——关于其在19 世纪中国社会中作用的研究》,上海社会科学院出版社1998 年版,第1 页。)
② 杨缵烈:《本族族谱生卒考》,载杨朝珍《白堠杨氏文萃》卷上,1929 年,第10 页。

宋末至明中叶，白堠杨（中村）、杨（下村）、肖、丘、池、林、李七姓祖先所娶 84 例 32 姓中，娶土著的不少。与肖、丘通婚的蓝姓，与肖、李通婚的钟姓，当是土著畲猺族类。苏姓为枫朗人，很容易联想明中叶饶平"较斗"的苏继相父子，后来苏继相进入这一带山中而不知始终，可能即是当地土著。① 土著还有江姓。据大埔湖寮《莒村何氏族谱》载："白堠杨姓，每值迎神赛会，或年节等，必先拜江公，流传数百年不替。江公有祠，民初为公安局办公处。据云：'江公先至白堠，为地主，杨姓继至，颇蒙庇护，其后失传。'此杨姓后人感其德而祀之。"②

杨氏除得江氏庇护外，还与土著蔡氏通婚。杨氏二世大一郎（1274—1320）、三世敬宗都娶了蔡氏，而蔡氏正是宋末兴修蔡仙圳的重要参与者，当为有势力的土著。正是与当地土著联姻，才使杨氏真正定居下来，从而奠定了后来杨氏发展的基础：

> 三世敬宗，公淳厚长者，创置上杨、下杨屋基，垂裕后昆。生卒失记，寿七十三，谥淳叟。娶蔡氏，谥慈善。合葬本村城前角石子坟，坐丁向癸兼未，形如"倒地金钩"，左砂湾抱收水，面对壬尺案山，实为吾族发祥之地。生二子，曰德广、德旺，遂分两房。③

因此可以推断，杨、池等虽自称从宁化石壁迁来，但打铁的职业表明与当时的刀耕火种、开发山林的生产方式密切相关。而取郎名、通婚、民间信仰等生活习俗，则显示他们有着深厚的畲猺文化背景。

杨氏始迁祖四十一郎公"铁炉坝"打铁定居的传说故事，反映铁制农具在当时刀耕火种生产条件下的重要性，体现了当地社会深受畲猺文化传统影响的社会背景。

宋明时期，两个族群之间既有融合，也有冲突，至今当地仍流传许多两者关系的传说。

---

① 黄挺：《读弘治十六年潮州府〈本府告示〉碑札记》，《华南研究资料中心通讯》第 37 期，2004 年 10 月。

② 新加坡茶阳何氏公会：《粤埔上莒村何族成裕堂谱系》，1991 年冬 23 世何乃权抄本，第 64 页。

③ 杨缵绪：乾隆白堠《杨氏族谱》，《谱传备考》卷二，第 2 页。

1. "客家"移入："杨林太公与'狗头王'相斗"的故事

白堠北下陈段地方，原有一座"狗头王"神坛，相传是从白堠南山迁来的。[①] 而其缘由，则与当地流传至今的"杨林太公与'狗头王'相斗"故事有关。

现在白堠南山村的清远河畔有一座杨林太公宫，主祀杨太公、林太公两尊神明，宫中碑刻显示建于南宋庆元六年（1200）。[②] 关于这座神宫的来历，当地一直流传着"杨林太公与'狗头王'相斗"的故事：

> 杨勇、林为两位太公，均系南山人氏（1130—1186）。他俩同年同月出生，从小志趣相投，结拜金兰，是南宋初期的乡贤、英雄。
>
> 南宋高宗皇帝赵构在位期间，软弱无能，终日沉醉酒色，不理朝政。推行奸贼秦桧的议和偷安政策，听信奸臣谗言，大批爱国忠臣良将相继被杀，国力减弱，军心涣散，致使我国北方领土被金人占领，最后被迫称臣纳贡，宋室江山面临灭亡。全国各地盗贼群起，占山为王，拦途抢劫，举国上下，人心惶惶，不可终日。
>
> 那时候的南山村，被畲族首领南山霸占据，他培植一批亲信打手，霸占一方，胡作非为，依仗强权，终日鱼肉乡民。更令人恨之入骨的是，凡在南山居住的乡民，每年按户派两名美女供他们玩弄，若是抗拒，则要受到灭门之祸。
>
> 当时，年青的杨勇、林为二人，看在眼里，恨在心中，决心为民除害。为此共结同心，弱冠之年便千里迢迢同赴江西省龙虎山"上清观"，师从张天师练武、学医。他俩勤奋刻苦，坚持夏练三伏，冬练三九，一去就是十余年。
>
> 他俩学成回乡之后，在乡亲帮助下，以开药店作掩护，日夜为乡民诊病。由于医术精湛，医德称著，助贫助弱，扶贫济困，深得乡民信任，上门求诊的病人络绎不绝。宋孝宗乾道九年（1165）秋，南山霸患顽疾，病延多日，虽经治疗，未见收效，特召杨、林会诊，他俩认为这是收拾他的极好时机。擒贼必须擒王，只有除掉南山霸，百

---

① 2006年6月12日，对白堠南山张晋忠的访谈。张晋忠，30多岁，出租车司机。他说该传说是从父辈处听来的。后得到白堠杨永汉的证实。杨永汉，白堠墟南楼下人，60多岁，退休教师，对白堠历史相当了解，是笔者在白堠调查时的主要报告人。

② 张益祥：《南山杨林两位太公轶事》，《大埔文史》2002年第20期，第114页。

姓才有安宁之日。他俩与乡中父老兄弟秘密商议，达成内外夹攻共识。一日在为南山霸看病之机，他俩乘其不备，迅速将南山霸刺死，然后提着他的首级示众。南山霸的部下见此，个个吓得魂不附体，纷纷在乡民面前下跪求生，黑恶势力土崩瓦解。全村乡民奔走相告，祝贺南山结束了南山霸鱼肉百姓的历史。

南宋孝宗淳熙十三年夏（1186），南山村山洪暴发，大部分房屋被淹没倒塌。危急关头，杨林俩人奋不顾身，跃入洪流中抢救乡民。当他俩一连救起了十多位乡民之后，由于体力耗尽，同时被洪水卷走，献出了宝贵生命，终年五十六岁。村民建庙祭祀，并命名为杨林太公庙。[1]

杨勇、林为的名字，让人怀疑是事后为他人所取；而在无文献记录情况下，对于近千年前所发生事情的清晰记忆，也令人难以信服。经访问作者张益祥得知，故事中的人名、时间，都是村民口耳相传保留下来的。[2] 时至今日，南山、白堠、枫朗等梅潭河边的村落，每年正月和十一月都要请杨、林太公两尊神明到村中去"祈福"、"完福"，仪式相当隆重。杨林太公的故事，也就在这些活动中流传，成为当地居民的"集体记忆"。

在田野调查中，村民报告说，杨勇、林为从外地迁来定居后，与村民一起开水利，垦田地。现在村中不少田地相传就是那时开垦的。原村口有一座"狗头王"庙，主神为"狗头王"，每年有隆重的祭祀活动。"狗头王"法力高强，如果要求不满足，就会"落童"、"作法"，发洪水毁坏田地、水利。在杨勇、林为从江西学到法术打败畲族首领南山霸后，"狗头王"庙也被拆除了。杨林太公庙建立后，村民们代之以奉祀杨林太公。相传"狗头王"神像被杨勇、林为扔到河里，被河水冲到白堠时，白堠人把"狗头王"像捞起来，在白堠下陈段地方建坛祀奉。[3]

杨勇、林为开垦田地的传说，反映当时人们开始开发山林，过上定居生活。所谓"畲族首领南山霸占据"南山村，反映畲民是当地的主人，而且势力相当大。而作谓"作法"破坏农田水利，折射出居于山中以刀

---

① 张益祥：《南山杨林两位太公轶事》，《大埔文史》2002 年第 20 期，第 110—114 页。

② 2006 年 5 月 10 日，对张益祥的访谈。张益祥，白堠南山人，80 多岁，老中医，2006 年 12 月去世。

③ 2006 年 6 月 12 日，对南山张晋忠的访谈。

耕火种为主的畬民与兴修水利开山辟田的外来汉人之间生产方式的激烈冲突。面对强大的以"狗头王"为首的土著势力，尤其是法力高强的"狗头王"，杨勇、林为到中国道术最高、官府认可的江西龙虎山天师府去学"法"，获得正统地位，从而"象征性"地战胜对手。[1]

透过这个故事我们看到，南宋年间，外地迁入的汉人曾与当地土著之间有过激烈的冲突，但融合是主流，"南山霸"部众只是一走了之，并未被赶尽杀绝，而白堠则与崇拜"狗头王"的畬族有密切关系。

2. 畬民移居平地："赖家与蓝家易地而居"的故事

畬民居于山中，其耕作方式，南宋末年刘克庄在所著《漳州谕畬》中指出："刀耕火耘，崖栖谷汲。"[2] 他们充分利用山区山林资源，种植黍稷，主要以刀耕火种为主，一山耕尽另转一山，过着游耕生活。[3] 至宋元时期，部分畬民学习汉人，开始从山上迁居平地，由游耕到定居，开发山间盆地。大埔蓝姓定居在当地最大的湖寮盆地中，对此当地一直流传着"赖家与蓝家易地而居"的传说，反映了畬民移居的过程，具有代表性。这个故事被当地文史工作者，也是易地而居的赖氏后裔赖扬石收集整理后，发表于《大埔文史》第21辑：

　　相传湖寮蓝姓开基祖蓝大兴于宋元间从福建龙海隆教乡迁居现岩上上塔村的山里，有好友赖仁甫居于湖寮龙岗，彼此交往甚频。大兴来湖寮探友时常捎带去番薯、芋头、杨梅、桃、李，还有竹笋、蘑菇、茶叶之类土特产，令主人喜不自禁，谢不绝口，心里挺羡慕山里人柴炭竹木样样有，薯芋野果可充饥。想到此，竟滋生一种奇异的念头：何不迁到山里去住呢？他把这个想法告诉家人，可谁也不赞成。一次，蓝公来访时，仁甫询问道："由湖寮进山里路有多远？怎么走法？"蓝公答道："从骥村进去后，要从砧板上面过，再从石涵崆里钻进，然后攀藤蔓登礤上，约3小时可到。"身旁的人听后长嘘了口气，不敢问下去。

---

① John Lagerwey, *Notes on the Symbolic Life of a Hakka Village*，载台北汉学研究中心编《民间信仰与中国文化国际研讨会论文集》，（台北）汉学研究中心，1993年；杨彦杰：《闽西客家宗族社会研究》，香港国际客家学会、法国远东学院等，1996年，第278页。

② 刘克庄：《漳州谕畬》，《后村先生大全集》卷九十三，《四部丛刊》本。

③ 雷弯山：《刀耕火种——"畬"字文化与畬族确认》，《龙岩师专学报》1999年第4期。

斗转星移，人生七十古来稀，大兴公终未离开山里，殁后就地埋葬……山里人讲诚信，大兴公后代同湖寮赖家仍有交往，承前启后，友谊长存。某日，蓝友来访时，赖宅主人终于向故朋袒露了移居的想法，这使来客感到吃惊和诧异。看到眼前朋友一副憨厚的神态，半信半疑，就说，若真如此，那我们就互换一下吧！你湖寮的房屋借给我暂住，待我家安定后再建新屋；我在山里的陋室就让给你去管用。男人出口将军箭，两家终达成口头协议，蓝家迁至湖寮，赖家则迁入岩上上塔村。此事发生在元代，距今约 750 年。①

关于迁居的故事，可从蓝姓人的族谱记载中得到确认。明万历年间所修《蓝氏族谱》称：

> 湖寮之蓝，宋末有兴公者，避乱来自闽汀宁化之石壁乡，抵今大埔之莒村社止焉。历元而明，凡四世，移居湖寮古城里，兴公乃湖寮蓝氏肇基之鼻祖也。②

迁出之地虽不是岩上上塔村，而是莒村，但都是山里。透过这个故事可以得出几点认识：蓝姓原居于偏僻的山里，刀耕火种；至元明始从山中迁出，定居于湖寮盆地，从事水田农耕生活；蓝姓立足于湖寮盆地，反映蓝姓有着相当大的社会控制势力。

蓝姓移居湖寮盆地后，与周边的罗、吴、黄等姓共同兴修水利，开垦了大片良田，成为大埔县耕地面积最多的地区。湖寮黎家坪地方以前一直有一座"狗头王"坛，祀奉畲族人崇拜的"狗头王"，香火很盛，一直至20 世纪 80 年代才因建房被拆除。而清嘉庆以来湖寮广福宫作福，神坛设所神位的第三号就是"盘古大帝"神位，当与"狗头王"信仰有密切关系。③

3. "畲""汉"合作："钟杨结盟"的故事

相传杨氏定居白堠后，开始发展不顺。因地处深山野林，猛兽很多，

---

① 赖扬石：《赖家与蓝家易地而居》，《大埔文史》2003 年第 21 辑，第 224—225 页。

② 廖复一：《续修蓝氏族谱序》（万历四十四年），蓝海文《大埔县蓝氏族谱》第 1 册，香港天马图书有限公司 2003 年版。

③ 肖文评：《大埔县湖寮广福宫的传统庙会》，《客家研究辑刊》2005 年第 1 期。

其中二世、五世还被老虎吃了。四二郎比四一郎早到白墈，定居墈南下村，四一郎的儿子被虎吃后，没有儿子，就由四二郎公的孙子过继给四一郎做孙子，即后来的杨氏三世祖清隐公，从而传下四一郎公一脉。（后来四一郎子孙兴盛，四二郎子孙不多，反被视为"小杨"，甚至贬为"狗日阳"。但四一郎公子孙考中科举，要先到下村四十二郎公祠堂拜祖，再回本村拜四十一郎的祠堂。这是后话。）直到六世杨安采取了与本地土著"结盟"的策略，取得有势力土著的支持，杨氏才开始崛起。① 所谓"结盟"，就是当地传说的"钟杨结盟"。

相传杨氏发展至六世、七世时，约明代成化年间，墈南钟屋村钟姓人多势众，杨姓与钟姓比邻而居，人少力单，常受外姓欺负。为了生存，六世杨安等与村中关系较好的钟姓人结盟，并发下誓言：两姓人互相支持、互相帮助。以后不论是钟姓强大，还是杨姓强大，不能取对方财产，否则不昌不盛。杨姓人得到钟姓人的支持后，逐渐强大起来。这种结盟关系的见证，就是双方在墓碑上互刻对方的姓氏。据报告人称，在今上街头的坡地上曾见过几座钟姓人的坟墓，上面刻着"钟杨氏"字样；在凉坟坝的杨姓坟地发现有"杨钟公"的墓。② 见诸文献者，则有南山杨氏。其开基祖亦名四十一郎，其墓碑云："始祖考四十一郎杨钟公妣元配训爱李氏之墓"③。相传他与墈南杨氏四十一郎、四十二郎是兄弟，一起从由宁化石壁村迁来的。不过，为什么也名为四十一郎，则不得而知。

4. 汉人对畲族地区的开发实例："蔡仙圳"的故事

宋时的白墈盆地称白墈洞，可能是畲民聚居之地。传统白墈人的生计，俗称"墈北人吃田洋"。墈北地势虽高，却不乏灌溉水源，因而良田尤多。宋朝开禧年间开挖了一条名为"蔡仙圳"的水渠，长七八里，从上村流到下村，灌溉着上千亩良田，成为当地人的主要粮食生产地。该圳发源之处，石壁巉险陡峻，工程浩大，人力难为，可谓鬼斧神工。关于其来历，在该圳水口旁有一石刻，道出其原委：

余甲申年四十有二，因开此圳。缪言四句：白墈洞里号神仙，一

---

① 2003 年 10 月 19 日，对杨永汉的访谈。

② 2003 年 10 月 18 日，对杨禹功的访谈。

③ 佚名：《祭始祖墓文》，杨景璜编《大东杨氏族谱》，1923 年稿本，第 31 页。

带江山数百年；余今开垦乾坤地，永与鬼为（笔者按：应为儿孙）祭祀田。开启元年乙丑仲春，开山钱公超刻石。[①]

由石刻可知，水圳由钱公超于南宋开启（禧）元年（1205）所开。钱氏或许就是较早来白堠的汉人，他们利用自己掌握的水利技术，为当地兴修水利设施。但乡中传说认为是法术高强的蔡仙人所开，故名"蔡仙圳"，并在水圳旁的崖穴里，塑女道士蔡仙人神像祀之。现村中已无钱氏、蔡氏居住，联系蔡仙人的道士形象，或许可以理解为蔡仙人就是为崇拜道教的畲民[②]所崇拜的一位汉人工匠，他们赋予他以无比的神威，使蔡仙人与杨林太公一样，成为一个"得道"的法师。"蔡仙圳"的故事虽然看起来不符合事实，但却有相对先进的技术的汉人进入"畲乡"兴修水利，与畲民一起开发山林的痕迹。

以上四个故事反映的应当是宋明时期汉人迁徙进入白堠地区，并和当地土著"畲猺"既冲突又合作，共同开发山林的历史。这从另一个侧面说明白堠，实乃一名副其实的"畲乡"。

第二节　地方社会的转型：从"盗窟"到"吾邑名乡"

进入明中期，白堠社会进入"多盗"的时期，地方社会动荡不安，同时，社会也开始酝酿着转型。杨氏是白堠乡村中最大的宗族，现有成员5000余人。杨氏对白堠地方社会影响巨大，其作用也是举足轻重的。本节将以杨氏历史为中心，讨论明中期至清中期白堠地方社会的转型问题。

关于杨氏祖先的传说，以始祖四十一郎公、六世祖达尊公和八世祖直

---

　　① 民国《大埔县志》卷三十六《金石志》，2006年7月3日中山大学与嘉应学院联合主办的"海峡两岸'探索客家族群记忆'研习营"活动在考察这一碑刻时，经郑振满教授现场辨认，"鬼为"二字当为"儿孙"。

　　② Cang Wing－hoi, *The Deline of Ordination and the Emergence of the Hakka Lineage in Changle County*, 载香港中文大学等编《国际客家学研讨会论文集》，香港崇正总会，1994年；林国平、彭文宇：《福建民间信仰》，福建人民出版社1993年版，第118—120页；李默：《梅州客家人先祖"郎名""法名"探索》，《客家研究辑刊》1995年第1期。

斋公最多。一世祖为始迁祖，六世祖为发家祖，八世祖为承前启后之祖。八世杨淮之前杨氏的早期历史，除康熙五十五年（1716）初修、乾隆二十六年（1761）续修《杨氏族谱》留下来的文献资料外，村民所熟知的更多是传说。除已经介绍过的"铁炉坝开基"和"杨钟结盟"传统之外，还有许多传说。结合国家典章制度和历史背景，对这些传说进行解读，基本上可看出杨氏和白堠早期发展轨迹。

关于杨淮（1484—1573）的生平，乾隆《杨氏族谱》载其传曰：

> 八世淮，乐道公三子也。字大有，号直斋。度量宽厚，孝以祀先，敬以礼贤。诸所创置，规模宏远，迥不与庸人伍。立义冢，施渡田，济人利物，殚力为之。凡游学过客，资其匮乏，一无所靳。恩例授益王府典膳。生于成化甲辰年六月二十日戌时，卒于万历癸酉年十月十六日戌时，寿九十。[①]

嘉庆《大埔县志》载其传曰：

> 杨淮，号直斋，白堠人。由国学授益王府典膳。家素封，轻财好义。时值土寇张琏为害，淮罄家赀以守御，乡里赖安宁。年九十余，犹孜孜施济不倦。或谓淮："曷不为子孙计？"淮曰："吾非不为子孙计，特不欲积金以累子孙耳。"时以为名言。[②]

从后人所撰传记内容来看，杨淮是一个讲究忠孝、仁义的善士，并为抵御"土寇"张琏、保卫乡土做出了重要贡献。但实际上杨淮是明代中后期大埔县清远河流域的一方势豪。一方面他与当地传统的"盗贼"有着千丝万缕的联系，另一方面与官府又有着密切的关系。在他的影响下，以官府镇压"张琏之乱"为契机，白堠乡村发生了社会转型。

在传统农耕时代，家族的发迹不乏"力农起家"、"工商起家"的例子。但在粤东北这个王朝控制力量薄弱的山区，很多家族的发家与地方权势和动乱有关。如刘志伟研究的大埔茶阳饶氏认为："这个后来在当地最

---

①　杨缵绪：乾隆《杨氏族谱》，《谱传备考》卷二，第5页。
②　嘉庆《大埔县志》卷十七《人物志·耆德》。

有影响的宗族发迹的历史，是明代初年由元利开始的。这个叫元利的人及其儿子，很可能在明初的时候是当地有一定势力的小豪强。"① 白墔人发家的历史，亦与此类似。以下以杨氏为中心，探讨这一问题。

杨安（1424—1501）为杨淮之祖父，是杨氏的发家祖。关于其发家过程，村中流传着许多传说故事，其中最有名的有"杨钟结盟"和"鬼子担银"。"杨钟结盟"上一节已经进行了分析，本节重点分析"鬼子担银"的传说。其故事大意如下：

相传杨克昌早逝，留下妻子温氏和3个儿子安、瑾、宣。温氏德行过人，为慰夫在天之灵，力图振兴杨家，对三子谆谆而训，善善而诱，言传身教。虽自己节衣缩食，但对更困难者慷慨大方，尤对乞丐多有接济。邻居富家请风水先生看风水建坟，风水先生为找好风水，天天在周围山中寻觅，费时较长，花费不少，渐为主人怠慢，甚至恶言相向。风水先生气不过，在一天傍晚收拾行装准备夜间回家，这在当时猛兽横行的山区是相当危险的。在路过磜下克昌家茅房时，被温氏母子发现，便婉言相劝，并留宿家中。他们将床铺让给风水先生，而母子睡在灶间。第二天为招待他，又将家中唯一生蛋的母鸡杀了。但在早餐时，风水先生所吃的都是鸡骨头和鸡杂，心想温氏也不过如此。上路后，他越想感到越不对劲。待到肚饿打开温氏所送的饭袋时，发现里面装的全是鸡肉。他为温氏的热情好客所感动，并非常后悔错怪了她，因而要报恩于她。当即返回杨家，将为邻居看的好风水送给了温氏，为其夫克昌作风水，修坟莹。

葬后几个月，就有过客寄存货担于家。当时是晚上，看不清人面，不断有人挑担进门。温氏见门槛高，挑担人进门很辛苦，就在门槛前垫了一块石头，但此后就再没有人挑担进来了。本讲好三个月后来取，但半年也没来。杨氏兄弟打开货担，发现全是白银，杨安三兄弟因此发了财。这就是广为流传的"鬼子担银"的故事。民间认为杨安为其父杨克昌所葬之风水"主富"，此银是鬼神所送。风水先生掉头的地方，后来被称为"转水完"，意为风水先生打转水来还恩于

---

① 刘志伟：《宗法、户籍与宗族———以大埔茶阳〈饶氏族谱〉为中心的讨论》，《中山大学学报》2004 年第 6 期。

克昌婆温氏，以彰其行义之举。①

这个故事在白堠甚至粤东一带广为流传，成为人们解释杨氏崛起的一个主要依据。

用文字记载这一故事的，现所见最早的是杨之徐。杨之徐在康熙三十三年（1694）为其五世祖克昌公起祭所撰的《五世祖春祭序》中，对杨氏发家有一个回顾："克昌公……生子三，曰达尊公、悫庵公、尚德公。（达尊公）少时贫穷，及葬父蔡子坑之原，数月后鬼运神输，兄弟皆富。"达尊即杨安。把俗称的"鬼子担银"故事说成是"鬼运神输"。杨之徐还以见证人的角色，把祖宗灵验的故事神化："至今妇人常至祖墓，祈徵辄应，果山灵使然与？五世迄今已十余代，而祖孙一气，犹感通不倦若此，慎毋谓邈远难格也。"② 从而很难让人不相信。

康熙五十二年（1714）仲秋杨之徐作《八世祖直斋公祭簿序》时，"乃记其所闻于先人者"，其中也提到杨安发家的故事：

> 达尊公兄弟三人，家无担储。后葬父克昌公于蔡子坑之原数月，有数人挑笼寄其室，曰："三月不至，即以与汝。"越半年，竟不至也。开视其笼，悉白镪，若近于神输鬼运之为者。以是遂富，八与宾饮，故谥达尊焉。③

在故事中，杨安出身贫穷，埋葬父亲后，即有人挑担寄存于家，后无人来取，打开后发现全为白银，似乎是"神鬼"所送，杨氏兄弟因此发财致富，身份陡贵，先后8次被县令聘请为"乡饮大宾"，参与县中学宫举行的乡饮酒礼。但发财的具体原因未明。

关于致富原因，在乾隆年间所编修族谱中，才明确指出是其父坟风水"丰荫"："达尊公兄弟三人，考克昌公早逝，恪遵母训，安贫食力。后葬克昌公礤子坑之原。几阅月有数人挑笼寄其室，曰：'三月不至，即以与汝。'

---

① 杨永城：《白堠杨氏源流小考》，《大埔文史》1998 年第 16 期。
② 杨之徐：《五世祖春祭序》（康熙三十三年），《企南轩诗文集》卷一，雍正十三年（1735）刻本。
③ 杨之徐：《八世祖直斋公祭簿序》，《编年录》下编，第 15 页；乾隆《杨氏族谱》，《祀田备考》卷四，第 27—28 页。

越半年，竟不至也。启视其笼，悉白镪，若近于神输鬼运之为者。以是兄弟各富致千金，岂非祖茔山川之灵所丰荫乎?!"① 事实果真如此吗?

查阅族谱，杨安是克昌长子，"生于明永乐甲辰年（1424），卒于弘治辛酉年（1501），寿七十八，例授寿官、将仕郎，八与宾饮。"② 除捐得寿官、将仕郎官衔外，还8次参加"乡饮酒礼"，确为一传奇式人物。杨安致富，约于成化年间。杨氏因此开始迅速发展起来，当地素有"无昌不成杨"之说。不过，这一时期村中各姓普遍有发家致富现象。如肖氏五世肖伟（1414—1476）"壮岁创家，称八万"③，六世肖恭（1441—1507）"家号素封"④，池姓六世英彦（？—1497）、质恒、森庵三兄弟也"富至万金"。⑤ 整个白堠村落表现出特别兴盛、富裕的景象。

而在这一时期，当地社会却相当动荡，"贼乱"不断。成化二年（1466），两广盗贼太多，形成严重社会问题，明宪宗连发"赦盗二诏"，认为盗贼为饥寒所迫，允许他们"改过自新，免其本罪，有司不许违扰。"⑥ 成化十四年（1478），因这一带"壤连汀漳，丛岭险阻，寇盗啸聚"，从海阳县分析了8个都而新设了饶平县。⑦ 可见，结合当时社会环境，所谓"鬼子担银"，可能与参与"寇盗"活动有关，而被虎吃则可能是在为匪打劫时被打死。

大埔一带，自宋末以来为豪强所盘踞。元朝对粤东的控制，就是在平定以茶阳为中心的涂寨基础上建立起来的。"至元二十一年（1284），长汀涂氏以盐徒来神泉司。于茶山下筑城聚众，号曰'涂寨'，自称侍郎，据有上杭金丰、三饶、程乡等处岁赋。传弟涂侨，二十余年。安抚使月的迷失谕降之。"⑧

元明间，大埔地方社会虽发生很大变化，但山民反叛官府的传统一直延续。成化初年，小靖土民曾秉宽与郑金龙、郑金牛聚众百十人，据岩洞。"尝出没流劫饶平、黄冈等村。潮州知府谢光见贼势猖獗，乃檄

---

① 《杨氏族谱》，《谱传备考》卷二，第3—4页。
② 同上书，第5页。
③ 肖惠南：大埔《肖氏族谱》卷二十《谱传》，1935年稿本，第18页。
④ 刘斐：《六世正直公墓志铭》，大埔《肖氏族谱》卷二十《坟山墓志》，第109页。
⑤ 池昭世：《抄录祖上遗簿并合议》，《池氏族谱》，同治七年（1868）抄本。
⑥ 顺治《潮州府志》卷七《兵事部》，潮州市地方志办公室影印，2002年。
⑦ 康熙《饶平县志》卷一《建置》，潮州市地方志办公室影印，2002年。
⑧ 顺治《潮州府志》卷七。

巡检魏志率总甲卢士雍、乡约正饶永九统引乡兵，擒获巨魁九十余名。解送总督府，诛之。地方稍宁。"① 在知府谢光诛杀首犯后，社会才稍微安定。

鉴于海阳县与福建汀漳接壤地区依山阻水，"不逞之徒啸聚为乱"，为加强控制，成化十四年因两广都御史朱英疏请，拆海阳绖歌、宣化、信宁、隆眼城、恋州、清远、苏湾、秋溪8都，建饶平县于绖歌都。② 但对于偏远山区仍不足以控制。尤其是增设县治后，乡人负担加重，因而反抗更为频繁。

弘治末年，清远都的黄白眉及其党雷震、赖英、蔡成、温火烧等数百人，"起自本都平廻、进灌，复与连境漳浦流贼合，延蔓作乱，依山谷筑营垒，分队流劫漳泉等州，潮、揭等县。各郡乃上其事于监司。正德十二年，参议张公简、佥事顾公应祥、都指挥黄某，约兵征剿。生擒黄白眉等首恶五人，凌迟于三河市，其党悉除。"③

雷震、温火烧等人起事的平廻、进灌一带多为白堠肖氏财产。肖伟"壮岁创家，称八万。时土著饶平，自办饶之粮户者四。生四子，每分粮九十六石有奇。"④ 肖恭为肖氏第一个庠生，中年后经商，获利甚厚，家号素封，在三饶、海阳及本地置买了很多田地山林。肖恭同学弘治十二年进士、江西布政司右参政海阳人刘斐于正德五年冬月所撰《六世正直公墓志铭》说：

> 白堠恪庵肖公讳恭，字廷钦，潮郡庠儒也。始祖原籍江右泰和，有宋末年官于潮，乃卜居白堠。六传至恪庵公，博学能文，屡试秋闱不遇，以命自安。敦孝弟，笃宗族，睦里邻，而温和中有刚毅，正直不阿。凡族党有过，畏公知，因而革化者亦众。往于赴试旅寓中，获交其人矣。中年颇治生，家号素封。买置三饶、海阳田地及本处山林，受垦升科甚多。建宅于本村溪北凹头。正德改元之二年丁卯，卒于家。距生时寿六十有七，谥正直。⑤

---

① 顾炎武：《天下郡国利病书》，原编第29册，《广东下》，续修四库本。
② 万历《东里志》卷一《沿革纪》，潮州市地方志办公室影印，2004年。
③ 嘉靖《大埔县志》卷九《杂志·寇贼》。
④ 大埔《肖氏族谱》卷二十《谱传》，1935年稿本，第18页。
⑤ 刘斐：《六世正直公墓志铭》，载大埔《肖氏族谱》卷二十，第109页。

在正德年间，三饶、大产等地山民反官府现象不断，肖恭与他们是什么关系，值得探究。

《肖氏族谱》保留了两份正德二年潮州府知府的判词，就是肖恭去世之前请求官府立的：

> 黄堂判照：
>
> 首垦人肖廷钦，年甲在籍，系饶平县清远都民。状首缘廷钦祖田一所，坐落本都土名进灌、许宅溪、赖家营等处，额米六十五亩，每亩登带秋粮正耗米六升七合，以兼重租在户。因进灌等地方生反，大兵征剿，本米迷失甚多，思无可补。只将三角塘山并双公坪、青草湖及赖家营、犁别寨、平山一套，山埔颇堪种作姜、薯、青蓝等物，山林竹木荫灌源泉，以为水车樵采之。诚恐外人越境，砍伐光洁，阻荒粮税，贻累身家。势得具首，赴仁主太老爷台前准首，乞给印信、判照、禁革、首垦界址。存留木植，以补粮差之用，仍不许越境人民砍伐。永世沾恩，诚为阴陟上首。
>
> 正德二年闰正月二十一日首垦人肖
>
> 潮州府正堂批：本山竹木，止许采作水车之用，不许人民私去采伐。若有多余者，许山主同取，均分家用，毋得引惹别处流民采扰。如违，许呈究治。[1]

作为重新圈占大片山林田土的依据"因进灌等地方生反，大兵征剿，本米迷失甚多"，指的是弘治末年至正德初，"上漳溪盗朱秉瑛作乱。"至正德二年，"总督檄金事胡某、都指挥黄某、知府张某率兵征讨，悉平其党。"[2] 在朱秉瑛起事之时，平廻、进灌等地黄白眉也开始起事。他们联合漳浦"流贼"，依山谷筑营垒，成群结队流劫漳州、泉州、潮阳、揭阳等沿海经济发达地区。[3]

肖廷钦即庠生肖恭，所居白墩与进灌、许宅溪等地有 30 里之遥，以祖遗田地山林因山民生乱、税粮遗失为由，又圈占了附近的三角塘山、双

---

① 大埔《肖氏族谱》卷二十 1935 年稿本，第 131—132 页。
② 嘉靖《大埔县志》卷九《杂志·寇贼》。
③ 同上。

公坪、青草湖及赖家营、犁别寨、平山等大片山林土地。实际上此地山民已经生乱，四出抢劫，官府无法控制。对于肖氏请求，官府也就特别大方。

但肖氏如何管理和开发这一片山林田土，以完纳官府的差徭田赋，则不得而知。因为这一时期这一带山民势力已相当大，活跃于粤闽赣三省交界地区，引起相当大的社会反响：

> 闽广贼首詹师富、温火烧等，恃险从逆，已将十年。党恶聚徒，动以万计。鼠狐得肆跳梁，蛇豕渐无纪极。劫剽焚驱，数郡遭其荼毒；转输征调，三省为之骚然。①

地方官员对此一直无力清剿。直至正德十二年正月，担任总管三省八州府的南赣巡抚王阳明上任后，第一件事就是出兵征剿福建象湖山的贼首詹师富和广东大产的贼首温火烧。

> 正德十二年正月，两省合兵攻象湖山，被大产人劫杀。行据大溪哨指挥高伟呈报，统兵约会莲花石官兵，攻打象湖山。适遇广东委官指挥王春等，领兵亦至彼境大伞地方。卑职与指挥覃桓、县丞纪镛，领兵前去会剿。不意大伞贼徒突出，卑职等奋勇抵战，覃桓、纪镛马陷深泥，与军人易成等七名，兵快李崇静等八名，俱被贼伤身死。……②

正德十二年正月，岭东兵备道顾应祥等出兵大产等地，至三月基本平定：

> 广东按察司分巡岭东道兵备佥事等官顾应祥等会呈："遵依本院案验，委官统领军兵，会同福建，克期进剿。随奉本院进兵方略，当即遵依，扬言班师，一面出其不意，从皮石、岭脚隘等处，分为三哨，鼓噪并进。贼瞻顾不暇，望风瓦解。节据指挥杨昂、王春，通判

---

① 王守仁：《闽广捷音疏》，《王阳明全集》卷九。
② 同上。

徐玑、陈策，义官余黄孟等各报称：于本年正月二十四等日，克破古村、未窖、禾村、大水山、柘林等巢，生擒大贼首张大背、刘乌嘴、肖干爻、范端、肖王即、肖五显、蓟钊、苏瑢、赖隆等，并擒斩首从贼犯。乘胜前进，会同福建官军，克期夹攻。间探知大伞贼徒溃围，杀死指挥覃桓、县丞纪镛等情，当即进兵策应。各贼畏我兵势，烧巢奔走。生擒贼首罗圣钦，余贼退入箭灌大寨，合势乘险并力拒敌。蒙委知县张戬督同指挥张天杰分哨，由别路进兵，攻破白土村、赤石岩等巢，直捣箭灌大寨。诸贼迎战，我兵奋勇合击，遂破箭灌。当阵斩获首从贼犯共计二百二十四名颗，俘获贼属八十四名口，及牛马赃仗等物。各寨贼党闻风奔窜，已散复聚，愈相联结，各设机险，以死拒守。各职统兵，分兵并进。于三月二十等日攻破水竹、大重坑、苦宅溪、靖泉溪、白罗、南山等巢，直捣洋竹洞、三角湖等处。前后大战十余，生擒贼首温火烧、张大背、雷振、蔡晟、赖英等，并擒斩贼犯共一千四十八名颗，俘获贼属八百三十八名口，夺获马牛、赃银、铜钱、衣帛、器仗、蕉纱等物。前后共计生擒大贼首一十四名，擒斩贼犯一千二百五十八名颗，俘获贼属九百二十二名口，夺获水黄牛马一百三十九头匹，赃仗、衣布等物共二千一百五十七件疋，葛蕉纱九十六斤一两，赃银三十二两四钱八分，铜钱一百四十二文，各开报到道收审。①

这次战役以官军全胜而告结束，历时十年的地方动乱基本平定。不过从所缴获财物的种类和数量来看，这些人并不是富有的土豪，也不是一般的土匪，可能更多的是耕山的平民百姓，因灾荒为生存到外地"劫掠"而已。而这一带地区，被王阳明称为"猺寨"②，当属正在开发地区，可能还存在较为激烈的族群冲突问题。当然，也可能是不服从官府管辖的"化外之民"。③

"箭灌"即"进灌"，"苦宅溪"即"许宅溪"，这些地方一直为肖氏的祖业，但却是温火烧、张大背、雷振、蔡晟、赖英等人的"老巢"。由

---

① 王阳明：《闽广捷音疏》，《王阳明全集》卷九。
② 王阳明：《添设平和县治疏》，《王阳明全集》卷四。
③ 刘志伟：《在国家与社会之间——明清广东里甲赋役制度研究》，中山大学出版社1997年版，第101—102页。

此推知，肖氏可能正是这些山民的"窝主"。

据族谱记载，实际上进灌等处山林，肖氏并没有放弃。一直至民国年间，那些地方还是肖氏的产业——不过已不是肖恭上祖的祀产，而成为肖恭的祀产：

> 六世正直公田山一所，坐土进灌、许宅溪、赖家营、三角塘，山林竹木，并双公坪、青草湖、黎别寨、平山一套，山埔额米六十五亩，每亩登带秋粮正耗米六升七合正，共米四石三斗五升合正。[①]

另外还有祀田三项，"共田种一石一斗，递年实纳大冬租一十石八斗正"，也位于赖家营炉下。[②]

当地人耕种或经营田产山林一直须向白堠肖氏缴纳地租。如乾隆五年（1740）大产坪山坤斗坑杨氏为其五世祖昌荣公设置蒸尝田业时，就明确规定须向白堠肖姓缴纳税钱：

> 公坐买大产坪山窠仔里田居一座，田种一斗；又相连田种三斗，又游屋坑田种一斗，上岗仔田种一斗，共种六斗，共额租十八石正。又来二屋右仓间一间，每年罗家纳出税银一钱。其租谷昌荣公原坐二分，继溪公坐一分，内拨递年实纳谷七石帮贴纳粮。每年值办之需，仍十一石，永为二祖每逢春分日墓祭费用。又递年众要纳出税钱一百文，白堠肖亲收。此是蒸尝田业志，予故谱内详记，则后人展谱知源矣。是为志。乾隆五年孟秋之月十三世孙达懿志。[③]

杨昌荣尝产田地共计6斗，租额18石，每年须向白堠肖氏宗族纳税钱100文，这是肖氏拥有这些产业之明证。当地的田野调查也证实了这个说法，即白堠肖姓是地主，每年须向白堠纳租税。[④]

---

① 大埔《肖氏族谱》卷二十，1935年稿本，第102—103页。
② 同上书，第130—131页。
③ 杨达懿：《五世祖昌荣公蒸尝田业志》，杨景璜《大东杨氏族谱》，1923年稿本，第5页。
④ 2006年11月20日，对大东坪山杨远省的访谈。杨远省，40多岁，大东坪山人，公务员，对大东地方历史较为熟悉。

可见，肖氏一直没有放弃对山区大片山林的控制权。肖氏与官府及其与山民的关系，值得深思。黄挺在解读弘治十六年潮州府《本府告示》碑时难以理解的田主与山中的土著之间的关系问题①，在这里也许得到了解决。即肖姓士绅以向官府包纳税赋为条件，依靠官府的权势，圈占山中没有登记纳税的土地；再由肖氏依靠自己的身份和地位，向山民收租以缴纳赋税。

成化、正德年间白堠人的致富可能与所控制的山民流劫各地有密切关系。杨安8次被请去参加乡饮酒礼，也反映地方官府对此地居民的笼络态度。而白堠人的为盗习俗，还可从大埔建县的背景中得到反映。

大埔境内层峦叠嶂，县民环山以居。在明代中期以前，这一地区在行政上属海阳县辖地，因"僻远官府，政教弗逮"，山中所聚，多梗化之民。② 成化十四年饶平县设立后，这里依然是"法度不行，教化不及之地。"③ "盗贼"横行，官府难以控制，为"贼"为"盗"相当普遍。专门为控制赣闽粤湘四省交界地区"盗贼"活动而设的南赣巡抚④在请求设立大埔县时说：

> 恋州、清远二都东连福建平和县，北接上杭、永定二县，西距程乡，南抵海阳、饶平二县。地方旷荒，谿峒险隘，治教鲜及。是以盗起必蟠结于二都，而延及邻郡，屡经行剿，未几，漏网者复聚而据之。⑤

关于建县过程与白堠"盗贼"的关系，明万历年间饶平乡官陈天资所修《东里志》说得更为明白：

> 饶平所统恋（州）、清（远）之民，恃其险远，负固梗乱。正德末，益肆猖獗，屡掠近地。白堠、胡寮大乡为甚。巡抚御史熊兰，因

---

① 黄挺：《读弘治十六年潮州府〈本府告示〉碑札记》，《华南研究资料中心通讯》2004年第37期。

② 江朝宗：《新建饶平县治记》，康熙《饶平县志》卷十四，潮州市地方志办公室影印，2002年。

③ 饶相：《奏拨大埔县都图疏》，康熙《大埔县志》卷五《文纪》，第2—3页。

④ 王士性：《广志泽》卷四《江南诸省》。

⑤ 谈恺：《虔台续志》卷四，嘉靖三十四年（1555）刻本。

乡官饶金等呈议，奏增县治，以弹压之。于是分清远、恋州二都，置大埔县。①

茶阳乡官饶金所以推动建县与其经历有关。饶金为成化十三年举人，先后任汀州通判、剑门知州，后以疾致仕。饶金居于茶阳大背湖村庐笙竹寨，嘉靖四年，"程（乡）赣（南）流贼数百人绕出大背湖山，遂围饶金宅，获金。掳至三河，复入东文部村，大肆劫掠，焚庐舍，杀数人。新寨社总急集乡人，追至万江峡中。贼示欲杀金以挟，乡人不敢击。与守至夜分，贼乃释饶金而走。"②

清远、恋州一带距县城饶平很远，地方偏僻，官员少到，"里僻多寇"。当时清远、恋州之民，尤其是白墈、胡寮大乡之民，"恃其险远，负固梗乱"，益肆猖獗。堂堂知州饶金居然也被盗贼挟持，其他百姓的处境可想而知，因而百姓纷纷躲避，社会动荡不安。为稳定地方秩序，因此"饶金倡议立县治。"③ 官府为弹压这些不稳定分子，同意饶金建议，从饶平将其单独划出，建立大埔县。由此看来，大埔建县，与白墈人的为盗为贼有着密切的关系。

因而完全有理由推测，所谓"鬼子担银"等发财故事，当是借助无法验证但却为广大民众信奉的风水致富的传说，隐藏了为"盗"致富的历史事实。关于这一点，还可从人丁的发展情况中得到验证。

据乾隆《杨氏族谱》对明代的有限记载，正统年间，六世杨永昆所生四子清、斌、昌、唐都移居白富坪上，杨斌再移富宅溪。而此时的白富、富宅溪一带，正是温火烧等人聚以为"盗"的地方。

以族谱统计，在成化至嘉靖初年，杨氏人丁损失相当严重。如七世祖英（1480—1536），所生三子仕玑、仕奇、仕学，文通、牧、福、文岳、文强；弟雄所生子广、姐克，孙宗琼、宪、俊，俱不传。说明当时杨姓人的社会生存环境相当恶劣。换言之，可能因多以为盗谋生，因而人丁损失相当严重。

杨氏的另一传奇人物是八世杨淮。关于杨淮的传奇故事，影响最大的

① 万历《东里志》卷一《沿革纪》，潮州市地方志办公室影印，2004年。
② 顾炎武：《天下郡国利病书》，原编第29册《广东下》，《续修四库》本。
③ 郭春震：嘉靖《潮州府志》卷7《人物志》，潮州市地方志办公室影印，2003年。

是"杨李相劂（音：持）①"。该故事的发生与明代中后期粤东地区发生的"张琏之乱"有关。明代中后期的岭南地方社会动荡不居是其突出特点，尤其以粤东潮州为最。② 发生于粤东地区的"张琏之乱"，是与发生于珠江三角洲地区的"黄肖养之乱"具有同等社会意义的大事件。关于"黄肖养之乱"与地方社会变迁的互动关系，前人时贤多有研究，尤以刘志伟、罗一星的研究最具代表性。③ 关于"张琏之乱"，以饶宗颐先生的研究为代表，但主要着力于张琏的起事过程与明政府镇压文献的收集整理，尤其是对张琏出逃南洋三佛齐之说，辩驳甚力。④ 唐立宗在其所著《在政区与盗区之间——明代闽粤赣湘交界的秩序变动与地方行政演化》中，揭示了明代粤、闽、赣、湘交界地区的动乱不断和国家加强控制的努力。⑤ 陈春声在《从"倭乱"到"迁海"——明末清初潮州地方动乱与乡村社会变迁》中，揭示了粤东地方从明嘉靖末年至清康熙初年100多年间潮州地方动乱与社会变迁过程。⑥ 他们都意识到在这一时期的社会变迁过程中，"张琏之乱"相当重要，但因讨论的着眼点不同而没有详论。本节试以杨淮故事及其解读为切入点，就"张琏之乱"与地方社会及其变迁的关系，作一初步探讨。

关于"杨李相劂"的故事，民间一直有各种版本流传，至今仍为村

---

① 劂，音：持，当地方言，杀的意思。

② 刘永华在《17至18世纪闽西佃农的抗租、农村社会与乡民文化》（《中国经济史研究》1998年第3期）对傅衣凌《明末清初闽赣毗邻地区的社会经济与佃农风潮》（参见所著《明清社会经济史论文集》，人民出版社1982年版）的统计做了订正，认为自明正统至崇祯218年（1436—1644），赣东南、闽西北以及一部分粤东的毗邻地区差不多每隔二年零八个月即有一次农民暴动。而广东更为频繁。汤维强根据地方志资料对明代11省的"盗乱"作的统计结果表明，无论是动乱的数量、频度，还是动乱波及的州县，明代的广东都排在全国首位，而且各种指标甚至比排在第二位的另一动乱大省福建多了一倍以上。转引自刘志伟《在国家与社会之间——明清广东里甲赋役制度研究》，中山大学出版社1997年版，第97页。

③ 刘志伟：《明代广东地区的盗乱与"里甲制"》，载中山大学历史系编《中山大学史学集刊》第3辑，广东人民出版社1995年版；《在国家与社会之间——明清广东里甲赋役制度研究》，中山大学出版社1997年版，第95—96页；罗一星：《明清佛山经济发展与社会变迁》，广东人民出版社1994年版，第71—78页。

④ 饶宗颐：《论明史外国传记张琏逃往三佛齐之讹》，载黄挺编《饶宗熙潮汕地方史论集》，汕头大学出版社1996年版。

⑤ 唐立宗：《在政区与盗区之间——明代闽粤赣湘交界的秩序变动与地方行政演化》，台湾大学出版社2002年版。

⑥ 陈春声：《从"倭乱"到"迁海"——明末清初潮州地方动乱与乡村社会变迁》，《明清论丛》第2辑，紫禁城出版社2001年版。

民津津乐道。而记载于文字者，首先是杨之徐。后来杨拔元又写成《八世祖直斋公行状》，登诸族谱。

杨之徐是杨淮的五世孙，于康熙五十三年（1714）仲秋"手录列祖祭簿"时，"乃记其所闻于先人者"，作了"八世祖直斋公祭簿序"。他从先辈那里听到关于杨淮的传说，据该序言摘录于下：

> 八世祖讳淮，字大有，别字直斋。乐道公（其）父……乐道公年三十六，早世。生二子，长讳洪，即车头坪之春秋莹固轩公是也。固轩公子曰尧、舜、汤、孔，率以奢侈结匪人，取败。久之，乃不传。次即我直斋公也，恂恂儒者，为人慷慨，有大志。仁以祀先，敬以礼贤，乐善好施，老而不倦。以恩例阶授益王府典膳。其所经划创置，规模宏远，迥不与庸人伍。初艰于嗣，年近五旬，以庶祖姚何氏举丈夫子二，今所称高祖敦义公与三房之嗣祖新泉公也。
>
> 山寇张琏为乱，新泉公被本乡李某杀死。控之官，李举汤、孔阴结张琏事，以谋叛告。敦义公困顿讼狱者数年，卒之获解脱于理刑某公，而李氏凶首伏法诛。直斋公之家殖，遂中落矣。新泉公未获嗣，乃以敦义公第三子为之后。
>
> 直斋公之支分也，田屋悉作两房均坐。独烝尝之立，五房轮流，官丁亦五房匀纳，毋亦分而仍合之征意也乎?! 昔岁在丁丑（1697）起立八世祭规时，余出宰光山，未有弁言。甲午（1714）仲秋手录列祖祭簿，乃记其所闻于先人者，而为之序。[①]

在这一叙述中，杨之徐表明了几个问题。一是杨淮是继承祖父杨安财产致富；二是杨淮为富仁义，慷慨大方，礼贤好施；三是杨淮与"山寇"张琏无关，与张琏结伙的是侄子尧、舜、汤、孔；四是本乡李某杀死了杨淮的二儿子被告后，揭发了杨家结伙"山寇"张琏谋叛之事，杨淮的大儿子被关进监狱数年，杨淮花费了大量钱财，得到"理刑某公"的帮助后，才告倒李某，救出儿子。在此，杨之徐以儒家的伦理观念为宗旨，把其五世祖先杨淮塑造成了一个虽家富万贯，但讲究仁义、礼贤下士、乐善

---

① 杨之徐：《编年录》下编，第13—15页；乾隆《杨氏族谱》，《祀田备考》卷四，第27—28页。

好施并拥有官衔的乡村富翁形象。虽吃了官司，但却是被迫的。整个事件以"张琏之乱"为背景，以杨家与李家打官司为主线，李家杀死杨兆，杨家告李家，李家反告杨家通叛，经过一番曲折后，终于将"凶手"绳之以法，只是一般案件，并非什么"惊天"大案。

杨之徐稍后，杨淮的六世孙也是杨之徐侄子的郡庠生杨拔元（1673—1731）撰写了《八世祖直斋公行状》，登诸族谱。20世纪40年代从南洋归来的杨子球所抄写的《杨辉公房谱》（下三房）中，又保存了另一个比载于族谱者稍原始的版本，现以族谱所载版本为底本，房谱版本与之不同者以括号标识。全文抄录于下：

> 祖考从事公讳淮，字大有，直斋其号，乐道公三子也。乐道公早卒，公以孝友守先人旧绪，尝以欲养不逮，抱风木余恨。时席祖父之遗，家富于财（以财著于乡），由国子监监生，补益王府从事（典膳，当时以为荣）。能折节自下，循循然以礼检其身，无富贵状。性宽厚，爱人喜施。自宗族贫乏，以逮乡党交游，鳏寡孤独，下至乞丐，皆有以济之。（门侧为二库，一贮米，一贮旧衣帽履被等物，有贫困者，量其人上下施之，）而次序分明，秩然不紊。
>
> 年四十余无子，公略不介意。构大厦，规模宏敞。乡人颇笑之，曰："作此大室，无子谁居？"公闻而怡然曰："如吾者，固尝无子者耶?!"复为书室于屋侧，祖妣曰："吾未举子，有室足矣，书馆何汲汲为？"公曰："不然，迨有子而后置馆，晚矣。"公（次兄瀚早卒，）长兄固轩公，有子四人，曰饶、顺、唐、孔（尧、舜、汤、孔），皆荡轶不自检束。闻公作室，驰马至门，欲为叔董理工作。公遣之去，曰："无劳若为也。"
>
> 有闽士二人，游学至乡，公欣然留之，馆谷甚丰。自冬徂春，不见有子弟至馆。二人讶而询之仆人，（因谓公仆曰："余客久矣，何学堂之上犹未见翩公子也？"）仆以公尚未有子对。（仆告以实。）（士曰："如此，何留我？"）（仆曰："家主常留贤，何争相公一二哉！"）二士大惊，急辞去。公强留之，曰："但恐积枳棘非凤楼耳，宁必设帐授经耶?!"（且朝夕之间，得闻所未闻，又何莫非先生教泽之所至乎！先生幸无归。）二士感其诚，不忍遽去。及秋，以赴闱告别。公盛席祖饯，各赠五十金。

　　嫡配林孺人早卒，继配肖孺人及诸侧室，俱无出。公四十八岁，庶祖妣何孺人，始举一子，即我九世祖考潜溪公，次举叔祖考新泉公。于斯时也，有子斯足，为善最乐，将优游以终老矣。

　　（孰虑祸从天降，难发李贼，风波且四起矣。）居无何，新泉公丧于李凶。李凶为谁，即公姊夫名相者也。嘉靖末年，张琏反于饶平。（李昏不知，谓当乱，欲趁此鱼肉乡里。）李凶素觊觎公财产，欲乘机倡乱，鱼肉乡邻，并吞我家。冬月，（诱公为稈把会，）以会众为名，各携稻草一束至田间为坐具，阴戒（结）其族党，置刀稻草中，期日中举事，公不知也。公姊知之，急遣婢召公小饮，告以故。公大惊，不知所为。姊束金于囊，牵马于圈，促公去，无回家，"吾既遣人报伊家矣。"公遂从两磜逸去。李凶候公久不至，归家讯之，既不见。遂大噪，拔刀杀人，害同姓住下村者近百人。潜溪公闻报，急与母子兄弟走溪北。时新泉公病，乘舆而行，为贼所及，遂殒命。

　　公之走两磜也，遇群丐，皆尝受公惠者，遮道问所向。公告缘因。丐曰："（山）路崎岖，（追骑且迫，）公体又丰，（马恐不可用，）行迟，追且及，不如舍马。"乃更迭负公，迁道而去。又使数丐牵马路旁，绐李以他往，李不能及。而公由帽山出高陂，下潮州，入陈通判署中。

　　陈公讳令，闽之龙溪人。三年前赴任过白堠，因伊妻分娩，（其夫人将分娩，寄孥于公，公馆之，诞男。凡所以供养者，无不备至。用德公。）借宿公家，素德公。公哭诉来由，陈怒曰："鼠辈敢尔！"急详府，公亦控于府。亡何，县详文至，报公通张琏，引贼寇白堠，杀人数百。详其日，则李凶发难之第三日也，有公侄顺（舜）、唐等名。陈曰："翁在此，何以有此事？此必翁侄闻难，谓翁已死于凶，故借贼以复仇也。然李氏狐鼠，朝廷不知，张琏猘突，（僭名张官，）方厪睿虑，难与辨矣。"公顿足浩叹，计无所出。陈谋于其书记，为状首其侄不检，为"赵母先请"之计。公涕泣不忍，陈曰："不能两全矣。事实由彼，俱死无益。（且公俱死，于叔侄之义固无愧，于清白氏之鬼不其馁，而其若宗祖何？翁死而无救于侄焉。用之，侄死而翁存，犹可以庇宗。妇人之仁，实害事。智士烛机为达权，存祀与爱侄，较之果孰重而孰轻乎？"翁其勉从之。）"公不得已，勉从之。更易年月，于陈来潮过白墈出首，以故纸书之，挂号存案。及府中质讯，公自言不知情，且引昔年首状以自辨。府宪移牒索之，果有状，事颇解。

然既通详上宪，且通贼大事，前李凶杀人数百，公未及报县。及顺、唐以张琏兵至，杀伤李家，李控县，并其前所杀百人，皆归罪于公，几成冤狱。公至省，谳于臬司陈公讳仕贤。（巡按）陈见公大惊，略问即散堂。其夜遣亲信吏，召公入内衙，（公疑之，）及殷勤晋接，且证故交，乃当年闽士游学至公家者也。赖公惠，赴闱登贤书，旋捷南宫，迁御史，提刑东粤，常念公不忘，未有以报也。此夜相见，大喜，力任雪冤之事。且言其友张公名谷，当年同游学至公家者，亦既获隽，现任刑曹，吾为叙明始末，作书与之，此事当无虑。公大喜，狱遂解。

呜呼，天之报善人，如此其巧也。公以财贾祸，亦以轻财脱难，数之所极，德足以维之。假若守钱奴，一文不舍，危急存亡之秋，荆榛满路，将何以自全哉！李相首乱，残杀乡里，问极刑，毙于狱，其党皆处斩。公侄顺（舜）外出，唐因于禁，公竭力营救，（公借三公力，竭家赀）以谋其甦，然既无及，亦卒于狱，田舍没官。

（方）公之未遇难也，（财足以供交游，泽足以被远近，固一世之豪也。）家方隆盛，宾客酬酢，亲戚交游，贫乏借贷，公应之不吝。门侧为二库，一贮米，一贮旧衣帽履被等物，有贫困者，量其人施之。及脱难归，田园半鬻，资财渐消，而爱人喜施之念，未改于前。或劝之节省，公曰："贫富有命，奈何易吾素？且人急而求我，我安可谢之乎！"命家人汰冗费（减他用以佐其施，盖公之积于中者厚，故穷通不能易其操也）以给之。年近九十，有孙五人，则今五房分派之祖也。新泉公无后，以第三孙继之。延师教诲，劝学不辍。

固轩公诸子，散亡略尽。其长子饶前卒，有子希魁公，于首状中落（按：即漏）其名，故得无恙，（得不及于难。公救其遗，厚抚之，惜不传。）久之乃不传。（舜）外出，不知去向，相传在饶平有子孙，然亦无所考。

公生长富贵，得以遂其爱人利物之心。及暮年，为讼所累，家稍窘，不得大展其愿。又痛新泉公陨于非命，诸侄散亡，居常郁郁。赖潜溪公孝敬，诸孙谨厚，用以自慰。年九十，尚矍铄。一日，偶不

快。公知时既至,召子孙,教以孝友姻睦、忠厚平恕、爱人济物为
务,毋坠家声。未几,卒。(公预营寿域,在下坑乙山辛向,层帐拱
卫,曲水朝迎,千岩竞秀,万壑争妍,为石楼坟,略如祖父式,甚壮
观。手书碑文及"栖鹤"二字。)卒之前一日,呼庶姒陈孺人之姪陈
机回,以田手契付之。(现今拔单犹存。)机回者,从公于患难,始
终不倦,报其劳也。①

[傅将军一段失录。傅将军者,即公之家人也。公既观其气力品
貌非庸,力助他投军。临行时赠金一百两。去到湖乡,并行李俱一赌
尽。不能往,回家禀公。公又助金二百两。去到三河,又如是。后亲
着人送他到府城,嘱勿赌银钱一空。公又赠金五百五十两,为运动一
名外委顶戴。又将银一百三十两,运动实授地方。后送他者回报公,
公知之,心遂安。至公患事时,公既为潮州总镇府任。闻公在府内,
问此案,他便带剑即亲到府衙,嘱咐府尊此案要从何而开,文书要甚
样具。府尊龃龉不允,遂一剑砍去案桌,遂成两断,几中其头脑也。
后府尊畏其威风,遂从将军之志。所行文书至省,又遇陈、张二位大
人,此事遂寝。后将军闻公出(狱)归家,他亦辞官,愿随公出入
左右。六十二岁而卒。卒时,公亦以家人之礼葬之。地在本村田心
岗,乾山戌向。至今犹存。公之清明节前后祭日,他亦要备牲仪挂
扫。惜乎其不传也。]②

该《行状》为杨淮六世孙杨拔元撰写,叙述了杨淮经历及其与李姓
打官司的详细过程。白堠白罗人温廷敬在1930年修《大埔县志》写杨淮
的传记时,参考了该行状和《杨氏族谱》。在《传》后温廷敬所附加的
"按语",表明他对《行述》及杨淮本人的看法。"按:《(杨)淮》传,
旧志甚略。杨拔元《行述》虽有冗蔓,或祖护,及叙述未明流传之误。
然淮固奇人,即其事亦颇奇也,故更删润为此传。拔元《行述》,通判陈
令误作姓马,按察使陈士贤误作巡按,与张毂并不载其名,俱就《(杨
氏)族谱》改正增入。《族谱》亦纪为拔元所撰行状,多有删改,然精神

① 乾隆《杨氏族谱》,《附录备考》卷六,第14—16页。杨子球:《杨辉公房谱》(下三房),1940年抄本,第16—19页。

② 杨子球:《杨辉公房谱》(下三房),1940年抄本,第19页。

益不及矣。"①

　　杨子球所编《房谱》在抄录《八世祖直斋公行状》时，题名为"之徐公印本"，但查杨之徐《编年录》，未见著录，当为杨之徐家族所刻印之本。从版本角度看，房谱所载内容更原始，族谱版本当由房谱删削而成。而就温延敬所言，《族谱》所载杨拔元之行状，已多删改，且"精神益不及矣"。比对房谱的版本，他当时可能还见到更原始的版本。

　　在温延敬所见杨拔元《行状》中，"通判陈令误作姓马，按察使陈士贤误作巡按，与张毅并不载其名，俱就《（杨氏）族谱》改正增入。"可见较早的版本没有官员名字，姓氏也被弄错了，应是后人在编族谱时加进去的。而族谱之编写，一是康熙五十五年杨之徐之二兄杨鲲云，一是乾隆二十六年杨之徐之子杨缵绪。杨之徐在康熙五十三年时还只是说杨淮得"理刑某"所助，而族谱《行状》中详列各官员名称及职务，当是任过陕西按察使而对审判制度相当熟悉的杨缵绪所增削。而关于"傅将军"一段内容的插入，与前段内容相比较，除文字显得粗糙不够老练、流利外，还有方言、口语化的痕迹，明显为笔录口述的内容，显得更接近原生形态，表明村人在不断传说这一故事过程中也在不断地加工和完善，使故事显得更为合理和完整。

　　这则故事所述内容比杨之徐所记丰满得多，解读这一"历史记忆"，可以得到以下几点认识：

　　（1）杨淮是乡中的势豪，所谓"固一世之豪"，以财富称雄于乡中。为扩充势力，他在家中设有专门的粮库、衣库等，"自宗族贫乏，以逮乡党交游，鳏寡孤独，下至乞丐，皆有以济之。"所谓成群的"乞丐"，实际上是对没有合法社会地位、不被正统社会所认可的部众的称呼，如傅将军，相传就是乞丐出身。因而他实在"招兵买马"，蓄养了许多部众，而成为一方豪强。后来逃命时，得到他的部众救助。

　　（2）杨淮善于结交各路人物。他不是一般的"山大王"，而是充分利用自己控制的人力、财力、物力资源，建构了复杂的社会关系网络。所谓"所经划创置，规模宏远，迥不与庸人伍"。他援引当时政府的惯例，出资购买功名，"由国子监监生，补益王府从事"，"以恩例授益王府典

_____

① 民国《大埔县志》卷二十九《人物志·义行》，民国三十二年（1943）。

膳"①，提高自己的社会身份和地位。对于路过的读书人、官员等，都善为结交，慷慨大方，提供方便，乃至厚为馈赠。甚至不惜重金，派"家人"傅某从军，谋得一官半职。经过精心经营，构建了一张广泛的社会网络，使他们家族与官府建立了密切关系。

（3）杀死他儿子杨兆并和他打官司的是他姐夫的同村人李相及其族党。相传李相家族是村中大姓，势力很大。也许是杨姓与村中钟姓结盟后，杨氏势力发展太快，威胁到李相家族的利益，因而借张琏起事引起粤东地方动荡之机，企图吞并杨淮家族，因而策划了"谋杀"行为，杀死杨姓 100 多人。

（4）其侄为救杨淮而死。当其侄子舜、汤得知李相杀杨淮家后，即从张琏处"借兵"回村，杀死李氏家族 100 多人。打官司时，虽极力营救，其侄子汤还是死于狱中。杨淮认为汤是为救自己而死，因而对其侄子及后人关爱有加。关于这一点，还有事实佐证。相传杨淮为报答侄子汤，在东山村车头杨汤父杨洪坟墓边用大麻石为杨汤建了一座大坟墓——"万聚园"，并立有牌坊，嘱咐子孙世世祭祀。后来，杨淮子孙每年都要到万聚园扫墓，一直延续至 20 世纪 50 年代的"移坟上山"运动被平坟后才停止。②

同样，被杨淮子孙祭祀的还有傅将军。相传杨淮打赢官司后，傅将军辞官护送杨淮回到白堠，成为杨淮的贴身护卫。后来就在白堠娶妻定居，没有再出去任职。死后葬于堠南田心岗，但没有留下后代。所居之屋后来称为"傅家祠"，墓、祠由杨姓人祭祀。至 20 世纪 50 年代"移坟上山"时，移其坟者对其"骨罐"中硕大的骨骸印象深刻。在杨氏的《家礼本》中，有一则祭祀傅将军的祭文——《会祭傅将军祝文》，可以帮助我们了解傅将军的生平：

> 于戏，将军卓哉千古！俗尚繁华，自敦古处；金石有盟，始终不渝。堂堂大义，凛凛生风。我祖能识将军于风尘，将军亦能挽我祖之危苦。安乐与同，艰难共济。既有德于前人，敢忘情于子孙?! 某名等会取姑苏，祭奠桑梓，望马鬣之高封，冀灵旆庥止。聊陈牲醴，佑

① 乾隆《杨氏族谱》，《谱传备考》卷二，第 5 页。
② 2004 年 9 月 21 日，对杨禹功的访谈。

我后人，衣冠楚楚。谨告。①

这是乾隆以后经商苏州的杨氏族人所立"姑苏会"回乡后祭祀有恩于杨氏的傅将军的祝文。文中塑造的傅将军是风尘之人，后得杨淮救助，成为将军，两人义结金兰，患难与共。杨淮后得傅将军救助，才得以幸免于危难，因此被杨淮子孙世世祭祀。

较之杨之徐所记，杨拔元所撰"行状"没有局限于事件的简要介绍，而是将打官司过程展现于事件发生的背景和过程中，显得更为顺理成章，其内容也与民间传说的版本基本一致。正如温廷敬所言，有"祖护"之嫌"及叙述未明流传之误"。

要理解这个故事，了解这段历史，还须将其置于所发生的社会环境中考察，从当地社会发展的历史脉络中理解。

大埔是介于沿海与内陆之间的山区，自明代中叶以来，山区居住着不听朝廷教化的"梗化"山民，不时"造反"，因而先后设立了饶平县和大埔县，以加强对这一带山区的控制。② 但伴随着控制加强的同时，山民所承担的赋役负担也大大加重了，因而引起山民进一步的反抗。③ 其中大埔东南部的木窖是反抗的中心之一。

木窖位于大埔与饶平交界地带的深山中，是连接两县乃至粤东北山区与饶平沿海地方的一条捷径，距白堠约 50 里。嘉靖三十七年（1558），木窖地方出现一群以陈村、郑吕养为首的"山寇"。第二年，他们"流劫福建漳州地方。"④ 祖居距木窖约 20 公里的饶平县上饶乌石村的张琏"杀家长亡命投窖贼郑八、肖晚"，也加入了"窖贼"。后来陈村等在湖寮生员吴与言、蓝田学等劝说下，被官府招抚。"湖寮生员蓝田学、孝廉吴与言、里排邹如晋等为地方虑，遣人致书谕以顺逆祸福，使之改过自新。贼大感悟，遂听抚招之说，散其余党焉。"⑤

当时正值"倭寇"肆掠东南沿海之际，潮州沿海乃至地处山区的大

①　杨典祺：《家礼》，第 217 课，民国年间抄本，第 81 页。
②　刘志伟：《宗法、户籍与宗族——以大埔茶阳〈饶氏族谱〉为中心的讨论》，《中山大学学报》2004 年第 6 期。
③　饶相：《奏拨大埔县都图疏》，康熙《埔阳志》卷五《文纪》。
④　康熙《埔阳志》卷六《外纪》。
⑤　同上。

埔深受其害。三十九年（1560）夏，"倭奴"数百沿韩江进入大埔，"由县境大黄坑抵双坑，屯扎四月（应为日——笔者注）。趋湖寮，攻破河头，屯扎十日，大肆杀毁。知县马傚芳动调产坑抚民关相、沐教抚民陈村等，抵河头，分左右翼夹击，贼大败。斩首数十级，余党奔窜出境。"但至八月，"又有二千余贼复大举入寇，初屯三河月余。进屯湖寮古城月余，趋莒村、双坑，抵枫朗，共屯月余。至十一月始迤逦出境。凡经屯劫之地，横尸遍野，掳掠子女、焚毁民居无算，惨不可言，亦埔地之一大劫运也。"①

对"倭寇"的肆虐，官府无力组织有效的抵抗，百姓受害尤惨。因而纷纷组织起来抵御。当时大埔乡官饶相在《赠少参养白冯公剿平潮寇迁秩回省序》中就指出了这种现象：

> 庚申（三十九年）夏，倭寇大肆掠于海、揭、潮、惠诸邑，延及大埔、饶平，受祸尤酷。于是七邑之民不胜荼毒，亦纷然而起。依山负海，啸聚梗化者十有六七。公始念其迫于倭患，或非其本心，犹冀其悔祸，故招抚之令行焉。②

陈村受抚后，张琏没有接受招抚，而带领同伙趁粤、闽、赣一带海倭山寇交相蜂起之机，在大埔、饶平、平和三县交界处的柏嵩关立起营寨，与大埔木窖的肖晚、枫朗的罗袍等互相呼应。"时沐教倡乱，肖晚、罗袍、赖赐、白兔、李东津，皆其党与。及木窖听招，各贼巢本地，荼毒惠潮漳泉等处。且与饶平巨寇张琏相为犄角，声势枭张，远近戒严。"③

后来肖晚等加入张琏陈营，势力大涨。时任兵部尚书、浙直总督的胡宗宪对此事在奏言中有一概括：

> 饶平巨寇张琏家故丰，以妖术惑众，聚徒数千。贼首肖晚、刘子冲、袁大为等率众归之，党至万余。琏号大王，出没汀漳平和、诏安、漳浦诸郡，分合不常，流劫靡定。丁巳（嘉靖三十六年）至己

---

① 康熙《埔阳志》卷六《外纪》。

② 饶相：《赠少参养白冯公剿平潮寇迁秩回省序》，《三溪文集》上卷，光绪四年（1878）重刊本。

③ 康熙《埔阳志》卷六《外纪》。

未（三十八年），猖獗三岁矣。以其巢界闽广赣南，互相推诿。遂攻云霄城，卷子女财帛，筑朱家山城为巢。大埔贼首肖雪峰、郑文峰，程乡贼首林朝曦、苏东湖、郭玉镜等复归之。琏乃建号称尊，筑城百十五座，建伪职。民有私受琏职者，乡戚共贺为荣。奸细遍郡邑，众至十余万，势益炽。①

肖雪峰，即肖晚。势力强大后的张琏"建号称尊"，建立了自己的政权——"飞龙国"，占据了三个县的地盘，建城近百座，部众十余万人。有自己的国号、年号，设立了各级衙门，并开科考试，选派官员，俨然一个独立王国（张琏活动范围见图4-1）。"民有私受琏职者，乡戚共贺为荣。"当地民间社会均以接受张琏委任的职务为荣。关于张琏王国的概况，当时负责惠潮军事的岭东惠潮分守道冯皋谟说：

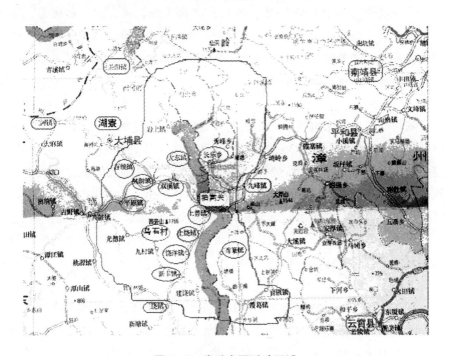

图4-1　张琏主要活动区域

说明：大红圈内为其控制区域，加圆圈者为其主要根据地，加矩形圈者是他攻打过的地方。

① 胡桂奇：《胡公行实不分卷》，《四库存目丛书》（史部），第83册，1997年。

张琏者，诏安和平间大盗也。聚众数万，僭称王号，改季，设科取士，伪署十三道都督、阁老、翰林等官，筑城八十余，占据三县地。流劫江省，杀副使汪一中。声言长驱江浙，取南都。①

杨淮的侄儿杨舜，在张琏起事之前，也是割据一方的小头目。在张琏起事和建立"飞龙国"过程中，杨舜贡献尤大，因而成为早期被张琏分封的三王之一。时任南赣巡抚的陆稳的主要功绩就是镇压张琏，在他去世后其朋友所撰《行状》中说：

初琏为县治书，盗官银坐罪，亡入贼巢。又阴刻玺投池中，乃伴会众作食，使人竭池以渔，得玺曰"飞龙传国之宝"。于是众大惊，以为帝王之符也。而大埔贼肖晚、罗袍、杨舜三人因与琏歃血，琏为长。而诸巢数百辈皆附之，于是琏封晚、袍、舜三人为王，其余伪授官不可胜记，而琏自称飞龙人主。劫兴宁、长乐二县，去。攻南靖，据之。围平和县城。又使林赞屯南靖为响应，以吕细截汀漳道路，以罗袍、杨舜伏大埔，以兵出永定、连城，断饷道，肖晚据木窖为遥制。②

杨舜、罗袍、肖晚成为张琏的主要头目，其中杨舜被委任为"顺一王"，罗袍为"天罗王"，肖晚为"产平王"。③ 从嘉靖四十年起，张琏、杨舜等多次率众出攻闽西。据当地方志记载："嘉靖庚申（1560）以来，广寇张琏、肖晚等蜂屯蚁聚，四出劫掠，所经连城之界无虚月。掳人民，烧储积，侵扰无孑遗。"④ "伪天罗王罗袍、顺一王杨舜先奉琏令，率众五千犯永定截粮，屡与官军接战。"⑤

张琏起事以来，因得杨舜等人支持，势力大增，造成岭南地区尤其是粤、闽、赣地方动荡不安。"潮自逆琏倡乱，荼毒生灵，海滨所在盗起，

---

①　钟兆斗：《乌槎幕府记》（《丰阳先生集》附录），《四库全书存目丛书》（集部），第122册，1997年。

②　郑明选：《南京兵部侍郎北川陆公行状》，黄宗羲：《明文海》卷四五二，《四库全书》本。

③　胡桂奇：《胡公行实不分卷》，《四库存目丛书》（史部），第83册。

④　民国《连城县志》卷十九《祠祀》。

⑤　胡桂奇：《胡公行实不分卷》，《四库存目丛书》（史部）第83册。

其乡邑流移破灭者不可胜数。山林草泽，亡命之徒，靡然从之。于是负险称孤，分部置属，东接倭夷，引瓯粤，徜徉于江福之间，诸路大震。于是垦野积储，闭关通贾，南绝潮粮道，而又垒石为城，煮海为盐，销铁以造兵器，而反形成矣。当此之时，羽檄旁午，道路讹言，吏莫能禁。而琏又以虚文妖书，徵礼儒士，以荧惑愚民，民愈摇动。"①

张琏的崛起及其反官府行动，极大地威胁明王朝对东南"财赋之地"的控制。为平定张琏之乱，嘉靖四十年（1561）八月，朝廷开始调集官军围攻张琏。至四十一年（1562）四月，两广、江西、福建三省汉达土目官军10万余人会攻张琏，由兵部尚书兼浙直总督胡宗宪、两广提督张臬、总兵陈王谟指挥。当两广兵从潮州、福建兵从漳州、江西兵从汀州分七路围攻张琏时，其中一路就是攻打白堠。关于攻打过程，当时广东著名乡宦黄佐在所撰《岭东平三饶寇碑》说：

> 右哨由大埔胡料乡，以掣其臂，则分巡南韶佥事贺君泾与浔梧参将祝君明监统之。攻克白堠、吴家畬等巢。而饶平联结大埔之凑，遂摧折矣。②

当时在前线指挥作战的浙直总督胡宗宪说得更为具体：

> 五月甲申朔，三省兵合，连破虎头冈、高陂、小靖、北坑、白堠等十数巢。贼且战且守。③

可见白堠是"飞龙国"的一部分，并为主要"巢穴"。在官军强大攻势和参将俞大猷等的急攻之下，五月十三日张琏被部下郭玉境缚献，"张琏之乱"被平定。此役共"斩级六千六百余级，招降安插男妇一万五千一百余口。"④

而杨舜、罗袍等头目于嘉靖四十一年在福建连城被擒。当时"张琏

---

① 林大春：《贺督府张公平逆奏功序》，《井丹诗文集》卷十，香港潮州会馆董事会影印本，1980年。

② 黄佐：《岭东平三饶寇碑》，黄宗羲：《明文海》卷六十九，《四库全书》本。

③ 胡桂奇：《胡公行实不分卷》，《四库存目丛书》（史部）第83册，1997年。

④ 郭子章：《国朝平寇考下》，万历《潮中杂记》卷十一。

之党罗袍、杨舜、赖赐等复由上杭突入连界,侯(县令刘永寅——笔者注)遣人谕以祸福,复行间以离其腹心,赖赐降,舜、袍亦就擒。"① 县令所派之人为庠生童邦杰,他对张琏所部进行了离间,从而使杨舜部众在连城遭到惨败:

> 广寇罗袍等据席湖营,生员童邦杰计禽之。广寇张琏党罗袍、赖赐、杨舜等,蹿汀潮,摇荡我连,势张甚。虔抚陆移镇汀城,徵能禽戎首者予之爵。邦杰抵席湖营,大呼愿见主帅言呈。赖赐年少,富家子,亦诸生,为袍诱胁者,留邦杰宿。邦杰说之降。上其事于陆。袍等进掠长汀,抵河田,(赖)赐受邦杰计,宰袍及舜以降。诏赐邦杰六品冠带,禀膳于其身。②

童邦杰以诸生而败罗袍、杨舜,可谓一传奇人物。不过在县志有关他的传中,邦杰是奉南赣巡抚之命去招安,借此机会与"贼首"赖赐豪饮而趁酒酣耳热之际,说服赖赐得手的:

> 嘉靖四十一年,寇逼汀郡。杰面军门,请生擒罗袍以献。抚台命邦杰捧招安檄直入营招顺。贼哚之,杰神色不变。时赖赐原属胁从,见杰胆智,遂饮杰。杰谕以将功抵罪,饮酣,遂缚罗袍、杨舜,余党溃而贼首擒。敕赐杰禀膳终身。③

对于这些被捕头目的处理,当时兵部尚书杨傅认为:"为照广东逆贼张琏,本以编民,曾充斗库。多招亡叛,明怀不轨之谋;妄自尊崇,大犯无将之戒。或开科取士而鼓动人心,或僭号纪元而擅专刑杀。攻城破县,千里为之丘墟;铸印授官,一方因而响应。盖世之恶覆,载不容滔天之罪,神人共愤。其次则肖雪峰,再次则罗袍、杨舜,并立称雄,相助为虐。论情殊无可原,据法均在不赦。"④ 当时兵部官员有京城献俘之议,

---

① 民国《连城县志》卷十九《祠祀》。
② 民国《连城县志》卷一《大事志》。
③ 乾隆《连城县志》卷二十一《列传》。
④ 杨傅:《覆江西纪功御使段顾言等飞报擒获逆贼张琏等恭请献俘并议处善后事宜疏》,《杨襄毅公本兵疏议》卷九《续修四库》本。

后议罢，因而被就地处决。

杨淮是一方豪强，其侄儿杨舜等在张琏起事之时已是大埔著名的"贼"之一。后来杨舜投奔张琏，被封为"顺一王"，听从张琏号令，"以兵出永定、连城，断饷道"，征战各地。杨淮的发家致富，可能与这种"生涯"有着密切的关系。

在传说故事中，杨姓、李姓各被杀100多人。以当时社会环境而言，该地已由张琏控制，而杨舜是其重要头目，势力很大，李姓无法与之抗衡，因此合理的解释当是杨舜借张琏之兵，或者自统所部攻杀对杨氏或张琏有异心的李姓。而杨氏的100多人则应是官军在攻占白堠时为官军所杀。

"天一王"杨舜被俘后被明政府处死，杨拔元《行状》中称"公姪顺（按：即舜）外出"，实为隐语。而"唐因于禁，公竭力营救，以谋其甦。然既无及，亦卒于狱，田舍没官。"可以理解为杨淮因与官府密切配合，花费大量钱财后得以脱身，而侄儿是头目，因而财产被充公，人当然无法生还。

据杨氏后人杨启献的研究，"杨舜和四弟杨孔被擒杀，三弟杨汤被监禁。其长兄杨尧未被害，后其子孙徙居饶平县上饶坑背。"① 相传杨尧之所以未被处死，是因为"未落名"，即在被告名单上未列其名，因而没有被处理。实际情形则可能是在官军平定张琏之乱后，杨希魁等被官府迁出其"老巢"，"安插"在饶平县上饶坑背。所谓"其长子饶前卒，有子希魁公，于首状中落其名，故得无恙。久之，乃不传。（舜）外出，不知去向，相传在饶平有子孙，然亦无所考。"实为以儒家伦理为宗旨的白堠杨氏士绅不愿与"盗贼"历史联系而有意掩盖事实的托词。

嘉靖三十九至四十一年的张琏事件是粤东地方的大事，对后来当地社会发展影响巨大。要了解这一事件对当地社会的影响，可从多方面进行考究，而当地人口的增减，无疑是一个重要的方面。

白堠《杨氏族谱》始修于康熙五十五年（1716），所依据的是各方旧稿。至乾隆二十六年（1761），又据旧谱再加重修。据族谱对明代人丁的有限追溯统计，嘉靖三十九年杨氏健在人丁为72丁。但至四十一年的"张琏之乱"平定前后，在相当于明嘉靖后期的第七、第八世的《世系

---

① 杨启献：《潮汕杨姓》，汕头大学出版社2002年版。

表》中, 明确指出死于嘉靖四十至四十一年者 5 人, 未明确时间而曰"卒年失记"者 17 人, 人丁损失过 30%。表明嘉靖末年此处发生过较大事变, 从而出现了较多死亡的现象。

与此相关的社会传说, 在白堠还有"下陈事件"。嘉靖四十年以前, 白堠下陈段居住不少陈姓人, 但后来全走了。据大埔甜竹仔《陈氏族谱》记载:

> 陈国珙居原白堠溪北下陈塅。明嘉靖时是多事之秋: 四十年程乡(今梅县)梁宁起义。四十一年集闽、赣二十万兵杀梁宁起义, 民称"大征兵赋之年"。四十一年壬戌岁因某族尊亲伊与他姓挣闹, 年前将陈族傢器一概借去。待年初一元旦天将明时, 被林恶尊杀害散。举家逃难他乡, 有的下落不明或亡失。史称"下陈事件"。①

文字虽不通顺, 但事情基本明确。当时社会动荡不断, 确为多事之秋。不过嘉靖四十一年所征剿的, 并不是梁宁。梁宁为福建武平人, 后至程乡田坑开矿, "煽炉为业"。嘉靖四十年五月起事, "与酋长陈绍绿、林朝曦等聚众六七千人寇江闽。"在江西泰和杀副使汪一中等, 引起朝野震动。赣、闽、粤三省合兵围攻, 至十一月田坑等"巢"被攻占, 梁宁的势力基本被消灭。② 所谓四十一年调兵"二十万杀梁宁", 所征讨者实为张琏。可能陈姓也因参与了张琏的活动, 因而在被官兵征剿杀散后, 就以与林姓争斗的故事而把事实给掩盖下来了。

而丘容万(谥诚直, 1478—1562)于嘉靖年间在堠南中村所盖大屋, 亦被兵毁。"由三世而四世诚直公, 始创立基宇于堠南之中村, 方广各二十余丈。无如值胜明中叶, 变乱相仍, 兵燹数起, 所存仅茅椽数间, 足以存宗祀而蔽风雨而已。"③

这一时期变化最大的是村落姓氏结构。白堠村落为多姓所聚居, 在成化十九年(1483)捐资铸造堠北圭竹宫大钟时, 所列姓名, 计有郭姓 10

---

① 陈氏宗亲网: http://www.chens.org.cn/shownews.asp? newsid = 644, 时间: 2004 - 3 - 19, 17: 31: 59。

② 唐世济:《三省会剿程乡贼》,《重修虔台志》卷七, 天启三年(1623)刻本。

③ 丘宸微:《归厚堂记》(原名惇叙堂记), 载丘玉辉主编《大埔白堠丘氏族谱》, 2004 年, 第 64 页。

人，丘姓 8 人，林姓 4 人，陈姓 2 人，宋姓 2 人，梁姓 1 人，江姓 1 人。①
这 7 个姓，再加卓姓，时称墩北"八大姓"。但至康熙初年，墩北大姓为
肖、林、郭、宋、梁、丘已变为小姓，其余各姓均未见②，相传就是在这
一事件中或被杀，或逃散各地。如当时墩北最大的郭姓，原居墩北石边
上，据《大埔郭氏天佑公源流考》记载，在这一事变后，大部分迁至枫
朗保安西山、大埔角、黄沙坑麻竹岗、大东进滩郭屋等地。③

而墩南大姓原有李、杨、池、钟、张、刘、丘、江、蔡等姓，至清初
已不见刘、张、江、蔡等姓。④ 其中刘姓原居白墩南田藤之刘屋井，"因
正德朝中争权夺利，民间科派难堪，自潜山乡，避世之乱。分居偏僻之
处，山庄名曰新村畲上村梨树下，买山贩木锯枋，搭一茅舍。"⑤ 居于墩
南山下坪者，"因朝纲腐败，外姓强行占取，只余下祖祠屋迹。儿孙英慨
（子，号十四郎）、敏达（孙，号二十郎）迁往官宅溪背开基创业，架造
房屋，题名为燕翼堂。"⑥ 正德至嘉靖年间，因世乱和外姓强占，刘姓从
白墩分迁各地。

换个角度，考察那些被白墩杨姓视为救命恩人的官员履历，也许可以
对这一事件有更好的理解，得到更多的判断依据。

潮州通判陈令为福建龙溪人，据乾隆《龙溪县志》中"陈令"传载，
陈令为正德丙子（十一年）（1516）举人，"授庐州通判，为民举利除害，
以刚直忤上官，调江西断事。寻判潮州。值漳大饥，资潮粟以济。潮民闭
粜甚严，令力请开禁，漳民赖以全活，勒碑于县门。及致仕归，修坟墓，
建祭业，立宗祠，设义学。卒，祀庐州名宦。"⑦

陈令以举人身份担任过潮州捕盗通判。关于陈令任职时间，嘉靖二十
六年（1547）潮州知府郭春震编修《潮州府志》时记为："陈令，举人，
司防御，现任。"⑧ 而在其后还有涂渠等 7 人于嘉靖年间任此职。⑨ 因此，

---

① 民国《大埔县志》卷三十六《金石志》，1943 年。
② 杨之徐：《编年录》上编，第 44 页。
③ 黄志环：《大埔姓氏录》，《大埔县地方志丛书》，2003 年，第 373—374 页。
④ 民国《大埔县志》卷三十六《金石志》。
⑤ 大埔县刘氏族谱编委会：《刘氏族谱》，2002 年，第 207 页。
⑥ 同上书，第 770 页。
⑦ 吴宜燮：《龙溪县志》卷十六《人物》，乾隆二十七年（1762）修，光绪五年（1879）
补刻本。
⑧ 嘉靖《潮州府志》卷五，潮州市地方志办公室影印，2003 年。
⑨ 康熙《海阳县志》卷二《职官》，潮州市地方志办公室影印，2001 年。

陈令任此职的时间当在嘉靖二十六年左右,不可能续任至嘉靖末年。

福建福清人陈仕贤,"字邦金,福建福清玉涧人,嘉靖十年举人,十一年林大钦榜进士。"先后两次任职于广东。一是嘉靖二十六年至二十八年,任广东承宣布政使司右参政;① 一次是嘉靖三十四年(1555)任广东提刑按察司按察使,只任职一年,三十五年为侯官人林应亮接任。② 后官至都察院右副都御史。③

福建福清人张蒉,为明成化五年进士。④ 成化十八年(1482),任广东按察司金事。⑤

关于傅将军任职的潮州总镇府,据方志记载,潮州镇守总兵府始设于正统年间。"正统末黄肖养乱,设副总兵。贼平,裁革。后以广东界在江闽,多警,复设总兵,驻扎程乡、兴宁。嘉靖四十三年,督抚吴桂方奏移潮州,驻扎在郡治右,万历元年建。崇祯末,移驻潮州卫,在道署左。今因之。"⑥ 由此可知,潮州总镇府嘉靖四十一年时不在潮州,而在兴宁或程乡。嘉靖四十三年以后才移至潮州城,一直延续至清朝。

以上三人都是距大埔不远的福建人,在广东担任过审判盗贼案件之类职务,与该故事所介绍的背景相符。但如果白堠人关于这三个人的"历史记忆"不误的话,则无论如何也挽救不了因被告与张琏结伙而打官司的杨淮。因张蒉任职时间为成化十八年,而陈令为嘉靖二十六年,陈仕贤为嘉靖二十六年至二十八年,嘉靖三十四年。张琏崛起在嘉靖三十七年以后,杨淮的二儿子杨兆死于嘉靖四十年六月,打官司当于嘉靖四十年六月以后。而在此时,大埔、平和、饶平三县大部地区基本已在张琏的王国控制之下,官府根本就无法进入。

甚至四十一年四月,两广提督张臬奉命带兵至潮州平叛时,当地士绅还为能否平定张琏充满疑惑。"以嘉靖四十一年四月移师潮州。先是师守潮阳,有上书戏下言便宜事者,因言贼众甚未易与状。"⑦ 因而打官司之

---

① 万历《广东通志》卷十《职官》,《四库全书存目丛书》本。

② 万历《广东通志》卷十《职官》。

③ 康熙《福清县志》卷六《名臣》。

④ 朱保炯、谢沛霖:《明清进士题名碑录索引》,上海古籍出版社1998年版,第498页。

⑤ 嘉庆《广东通志》卷二十《职官表十一》,上海古籍出版社1988年影印本。

⑥ 康熙《海阳县志》卷一《兵防考》,潮州市地方志办公室2001年影印。

⑦ 林大春:《贺督府张公平逆奏功序》,《井丹诗文集》卷十,香港潮州会馆董事会1980年影印。

事，可能只是一个"幌子"。而这一故事的官府背景，折射出当地社会经历的一个重大事件，而杨氏之所以能继续生存和发展，是因为与一些官员有着密切联系。

结合前文，嘉靖四十年前后在潮州和广州打官司得到捕盗通判陈令、广东按察使陈仕贤、刑部张毅以及傅将军的援助，可能是当地人编造的"虚拟"故事，其目的是解释说明嘉靖四十一年官军攻占白墈后，现存白墈人尤其是杨姓人为何得以保全性命、进而发展壮大起来。当然，还与康雍年间因生存资源竞争激烈、杨李矛盾突出的社会背景有关。

杨氏在六世杨安等与钟氏结盟后开始崛起，族谱称杨安三兄弟各"富致千金"，又称有"亲堂兄弟八人，因心则友，乡党称之。创业垂统，子孙赖之。"① 似乎成为乡中一股不小的势力。但奇怪的是杨安虽富，但在弘治十四年（1501）去世时却没有为自己留下祀产。而其孙子杨淮死时，除支分两个儿子五个孙子产业外，还为自己留下了500多石租谷的祀产，这还是在打官司家道中落以后。一个可能的解释是，在官军到来之后，杨淮以"益王府典膳"的职衔身份，与官府合作，以承纳赋役为条件，占有了大量本地人的田地。他的堂侄监生杨善一房产业也颇厚，可能也是如此得来的。即在官府镇压张琏过程中，杨姓利用官府力量，重新对白墈地方社会进行整合，占有大量田地产业，从而为后来子孙兴盛奠定了经济基础。

现今所遗留的实物和传说，也可对杨淮当年的行事作更好的认识和理解。杨淮为其祖父杨安于村中央所营建的"五星归垣"大石坟，表明他有相当实力，称雄于乡中。杨安（1424—1501），娶村中大姓李氏女为妻，相传致富后，"例授寿官、将仕郎，八与宾饮。"② 弘治十四年去世时，其独生子杨富（1457—1492）已先于他9年去世，因此杨安当由其孙子杨洪、杨淮安葬。其坟墓位于村落中央，为一大石坟，该地地名因此名为"大坟顶"。其风水名为"五星归垣"，即"合廓山嶂崋、南洋崋、西山崋、天保寨崋，四山凑成五行，其地称为'五星归垣'。"③

"五星归垣"是整个白墈盆地的中心点。至今民间还在传说，当年为点准"穴位"，特意派人到东边郭山嶂、西边西山崋、南边南阳崋、北边

---

① 乾隆《杨氏族谱》，《谱传备考》卷二，第3页。
② 同上书，第3—4页。
③ 侯南杨凤来房《历代祖考姚郎名逐（族）普（谱）》，不分页，杨思海1970年抄本。

天保寨这四座高山山顶拉绳子,东西、南北两条绳子相交的中心点就是六世祖坟"穴位"所在地。因此大家认为,该坟风水最好,社会评价也最高:"此地乃吾族中唯一之大名地,已绘图与(于)地理之书。"① 墓用花岗岩石条辅成,有石碑坊、石栏杆,面积达四五百平方米,是杨氏最大也是最豪华的坟墓。后来整个村落的发展,基本以此为中心,向周边展开。全村后来发展至"三十六条巷",巷巷都可通到这里。② 一直至20世纪70年代,村中为建戏院才被拆除。

可见,当时杨淮建此坟时即有称雄全村的意图,而在杨安时代,大致还没有这个能力。后来嘉靖二十九年(1550)杨淮在为自己营建"寿城"时,也仿祖父之坟而建。"公预营寿域,在下坑乙山辛向,层帐拱卫,曲水朝迎,千岩竞秀,万壑争妍,为石楼坟,略如祖父式,甚壮观。手书碑文及'栖鹤'二字。"③ 而祭祀六世祖坟的产业,是从八世杨淮祀业中分拨出来的,康熙三十六年(1697)所立保护六世祖坟风水的禁令④,也是在制订八世祖祭规时做出的,因此"五星归垣"祖坟当是杨淮所创立。

在这一事件中,杨氏利用张琏削弱了李姓,下段陈姓被赶走,刘姓被逼迁至新村畲等地,嘉靖十一年(1532)与杨厚一起捐资购买村中端平寺香炉的张凤家族也不见记载。同时,杨厚及其后裔也无从查找。因此,杨氏除部分房支受损外,一些房支的经济实力明显增强。这一事件为杨氏在白堠的发展提供了空间。

杨舜参与张琏活动被镇压后,杨氏的发展面临着空前的社会抉择。因为官府平定飞龙国后,实行了一系列举措,加强了对一地区的控制。

1. 添设新县与巡检

轰动一时的"张琏之乱"被平定之后,明政府为稳定在粤东地方的统治,采取了一系列强化管制的善后措施。首先是增设新县,加强控制。

据《大明世宗肃皇帝实录》载,在嘉靖四十二年(1562)正月二十八日皇帝召集大臣商讨善后之策时,"提督两广都御史张臬、纪功御史段

---

① 侯南杨凤来房《历代祖考妣郎名逐(族)普(谱)》,不分页,杨思海1970年抄本。
② 2003年8月9日,对杨添顺的访谈。杨添顺,70多岁,退休干部。其父曾任观音亭庙祝,小时随父在庙中,听闻乡中故事颇多。
③ 杨子球:《杨辉公房谱》(下三房),1940年抄本,第16—19页。
④ 杨行可:《八世祖直斋公蒸尝起祭序》,乾隆《杨氏族谱》,《祀田备考》卷四,第29—30页。

顾言各条陈善后事宜",经户部讨论履实,认为可以执行的有三事,其中之一就是"添设县治":

> 潮州、海阳之辟望,为倭奴入寇门户,宜设一全县,以增潮南之藩篱,应割都图者七。潮阳之㳇水宜设裁减一县,以控扼海丰、惠来、长乐三县之要冲,应割都图者四。又程乡县之豪居,新设平远县,远隶江西,不便,宜割程乡兴宁田粮立为裁减县份,仍属广东。其原议割武平、安远里分,宜还各省。……疏上,允行。乃设澄海县于辟所,普宁县于㳇水。①

平定"张琏之乱"与新设三县之因果关系,地方志中亦有明确表达:

> 先是饶平抚盗张琏以三饶叛,分部流劫江闽二省。而海、程、潮、惠黠贼王伯宣、林朝曦、陈八、黄启荐等,复与连和,为犄角之势。于是督抚都御史张臬会兵剿之。及琏等伏诛,因建议善后之策。以海、程边地分置澄海、平远,而拆潮之羊乌、㳇水、黄坑三都置县曰普宁。②

　　粤东地方从明初的 4 县添置明末的 10 县,时间长达近 200 年,但其中一年中竟添设了 3 县,无疑是社会经济长期发展的结果,但是在一府之地短期内突添 3 县,反映当地社会的巨大变迁以及朝廷控制的加强。

　　同时还要加强对乡村基层社会的控制,首先表现为添设巡检等县府派出机构。在平定"张琏之乱"过程中,随宜安插了胁从、降民"一万五千余"。③ 为加强对动乱之区及"新民"的控制,明政府大量添设巡检司。"嘉靖四十一年十一月二十二日,添设广东岭脚社把总一员;白堠、大产、云落径、鹅埠头、乌槎、虎头砂、潘田、磁灶村各巡检一员;移潮州守备驻黄冈,柘林守备驻南澳。"④

　　在此之前,大埔县仅大产、三河两个巡检司,平定张琏后增添了白

---

① 《明世宗实录》卷五一七《明实录》。
② 隆庆《潮阳县志》卷一《建置沿革纪》,潮州市地方志办公室 2005 年影印。
③ 顺治《潮州府志》卷七《兵事部》,潮州地方志办公室 2003 年影印。
④ 《明世宗实录》卷五一五《明实录》。

塅、乌槎、虎头砂3个巡检司,另外新添的海阳县潘田、磁灶村等巡检也在大埔县附近。大埔一地竟有一知县五巡检,足见这次动乱后政府对大埔乡村社会控制强化的程度。

其次是添置图里。粤东地区经历元末明初战乱后,地广人稀,在明初重编里甲、调整县治时,整个地区仅设4县。随着人口的繁衍,山区的开发,经济的发展,新县不断添设,乡村基层社会组织里甲也不断增设,从而进一步加强了对乡村社会的控制。如大埔在嘉靖五年建县之前仅3里,后添至20里。嘉靖四十二年(1563)正月二十八日朝廷中通过的三大善后之策之一的"整顿里甲",要求添设里甲:

> 程乡县延袤千里,原额止十八图,豪猾营充千长隘官名色,凌烁乡民,起盗之源,实由于此。惠、潮二府所属诸县皆然。宜及今大造之年,添设图分,增立里长,督办租役。其他名色,悉为除革。①

不过,对照嘉靖前后各县里甲的数量,不但没有增多,反而有减少趋势。因此添设里甲之策并未得到实施,但地方政府确实对里甲的田粮人丁等进行了调整,使里甲之役趋于均匀。

2. 里甲制与条鞭投柜法

大埔县位于五岭之东,闽广之交,为隋唐万川县旧地,但历代废置不一。"入明渐被声教,凡百十余年,民之无良者犹恃险梗化。嘉靖五年,守臣始请于朝,度地于神泉茶山之阳,设立县治。"②

大埔县是从海阳县划分清远、恋州二个都建成的,官府登记的粮丁相当稀少。"恋州都原额里长二名,清远都里长一名,粮共三千七百余石,人户未及二千余户。"在建县时"遇例通融,粮白相兼,恋州都编作十一里,清远都编作九里。每一里长粮户未及二十石,人丁共凑五十余丁,中间见存者少,逃亡者多,丁粮稀少,莫过于此。"③由3里扩充为20里,乡民负担大大加重。尤其是地处交通要道,官员差使往来频繁,百姓差役尤为繁重。

---

① 《明世宗实录》卷五一七《明实录》。
② 饶相:《贺邑侯困宇吴先生荣膺宪奖序》,《三溪文集》卷上,光绪四年(1878)重刊本,按:吴困宇即吴立思,嘉靖三十四至三十八年大埔县令。
③ 饶相:《奏拨大埔县都图疏》,康熙《埔阳志》卷五《文纪》。

"建置以来，逮今三十年矣，额赋甚寡，宾使经往兹邑者日众，供输百倍于昔。"而当时的地方官风又相当腐败，"潮俗凡事上官宾使，大都以奢靡相尚，吏兹土者类浚民以媚上，剜肉医疮，无所怯惜。"因而导致贫民起事不断。"暴客盘踞于汀潮之界，负固作孽，莫可究治。""邑北有高山，产坑之民索习无良，岁久遂成盗薮，啸聚盘踞，党与渐众，流毒千里之内。"①

减轻县民财政负担，稳定地方社会治安，成为当时地方官员的一大时政，为历任官员所致力。因生财之道有限，历任地方官员多以节省里甲，即裁省作为裕民之策。

冯皋谟在担任惠潮分守道期间，"裁省里甲浮费，酌处均徭力差，划除仓廒积蠹，著之章程，以垂永久，每岁节省潮惠民财不下数万金。"②"今所行条鞭投柜法，公所创也。"③ 认为因裁省地方经费而所实行的一些措施，成为潮州后来在当地实行一条鞭法和投柜法的源头。

为落实对付张琏的军事行动，广东监司特调碣石卫官员郭龙冈署理大埔县事。他对于解决县内的财政难题多有建树。"复因兵荒之余，丁口消耗，申请督府并里图以从省约。查处寄庄粮，各就近编里役管辖，不致贻累土著贫农。永为埔邑造无穷之福。"乡官饶相的评价是："自建邑逮今几四十年，能裁省里甲洁己裕民者，无出侯之右。"④ 其做法得到了当时绅民的肯定。

另一减轻县民负担的措施是整顿。继郭龙冈而任大埔知县的张孔修，鉴于战后大埔乡村社会凋零，也以整顿里甲以苏民困作为首务：

> 吾邑大埔自庚申（三十九年）以来，寇盗繁兴，加以师旅，饥馑接踵数载，荆榛满野，元气几丧矣……乃张侯自壬戌（四十一年）冬莅吾邑，承凋敝之余，即以爱养元元为首务。招抚流移，遂归于本业。简讼谍，慎招呼，罢不急之征。民有应募投兵者，恐沿袭无良，力言当道追复农亩。各乡类有没官田，查系新民父兄物业，俱给回以为恒产。时当攒造，册弊视诸邑为最，侯力任其事，将逃绝丁口覆实开除，据现存人户通融编造为二百里，多寡虚实，秤量停匀，持廉秉

---

① 饶相：《贺邑侯困宇吴先生荣膺宪奖序》，《三溪文集》卷上。
② 饶相：《赠养白冯公迁粤台宪副序》，《三溪文集》卷上，光绪四年（1878）重刊本。
③ 冯梦祯：《冯丰阳墓铭》，《明文海》卷四四九，《四库全书》本。
④ 饶相：《郭侯去思碑记》，《三溪文集》卷下，光绪四年重刊本。

公，可质诸神明而无愧。以故数十载积弊，一旦划除，将来由此而赋役均平，永无偏累，其垂惠邑民，岂浅浅哉。①

而当时里甲值役，须承担县衙里的日常费用，役费相当繁重。以海阳县为例。嘉靖年间揭阳人兵部尚书翁万达为海阳知县朱宠所撰《去思碑》中有言："往者县里甲直官供亿，日辄费十余金，重苦无恤，甚有不旋踵而贫窘死者。"②

张孔修整顿里甲，根据全县现存人户通融编造为200个里长，每年轮值20个里长。据饶相的《请拨大埔县都图疏》可知，大埔建县时的编制就是20里，200个里长，因而只是通融均平，从实际上减轻百姓的负担，而没有裁并里甲。

3. 教化与乡社教育

由于地方多乱，大埔乡间社会风俗随之发生变化。"吾邑大埔自庚申（嘉靖三十九年）以来，寇盗繁兴，加以师旅，饥馑接踵数载，荆榛满野，元气几丧矣。民见奸宄得志，强梗莫惩，多弃本业而恣浮荡，蔑训典而志淫邪，正气亦复不存。"③

有鉴于此，官府积极推行教化政策。县令郭龙冈在张琏被镇压后，"各社礼教不及，民用蹈于匪彝，侯为申明。置立社学，且量拨没官田土以赡社师。复议立乡约，宣扬圣谕，演为说文诗歌，颁布各社，期于遵行，以训迪民间子弟，良切风教。"④

嘉靖四十一年（1562）接任的张孔修，也以教化为首务：

承凋敝之余，即以爱养元元为首务，……乃立社学，以训民间子弟，择生儒有行谊者，资以没官田亩，以为社师。每月朔望躬诣学宫，督课诸生，定为程式，新为品题讲解。故士咸力学而民知向方。夫由前言之，是仁政头养民、能培元气者也，由后言之，是善道教民，能扶正气者也。教养兼举，令闻日彰。⑤

---

① 饶相：《贺潮山张公荣奖序》，《三溪文集》卷上，光绪四年重刊本。
② 光绪《海阳县志》卷三十二《列传一》，《朱宠传·附翁万达撰去思碑》。
③ 饶相：《贺潮山张公荣奖序》，《三溪文集》卷上，光绪四年（1878）重刊本。
④ 饶相：《郭侯去思碑记》，《三溪文集》卷下，光绪四年重刊本。
⑤ 饶相：《贺潮山张公荣奖序》，《三溪文集》卷上，光绪四年重刊本。

至嘉靖四十五年（1566）十一月，县令张孔修因御寇有功，抚民有方，政绩优异，被皇帝通令奖赏，"诏加……五品服色俸级"。[①]

经过几年卓有成效的整治教化，至隆庆初年，时任江西兵备副使的吴与言回乡省亲，所见大埔乡村已是另一番景象：

> 见其荒芜垦，田野治，多力作而鲜游惰，四民各一其业，暴客化而儒者立，流移者复薮泽，无荷戈之夫。间阎里井，诵声相闻，崇礼让而寡争讼，绰有承平康阜之风。询诸乡之父老，咸曰：此邑大夫刘侯之化也。侯之莅任也，持己以廉，处家以俭，不通关节，不染苞苴，心事如青天白日，罢不急之征，省里甲之需，民有讼者反复开谕，苟得其情，徐从轻赏，终不加苦。尤倦倦于作兴士类，重礼让，崇教化，躬帅以德而缓刑罚，盖所谓善善长而恶恶短者也。是以民得躬亲亩亩，各复其本业，耻于游惰，寡讼而尚学，骎骎乎咸成淳厚之俗……埔民经大兵之后，咸畏威守分，力稼服勤，无啸聚弄兵之徒也。惩忿啬财，淳朴寡讼，鲜起灭珥笔之人也。差输以时完报，甘贫守艺，无奸宄豪侠之夫也。[②]

吴与言在南昌任职时就与县令刘汝翱打过交道，同时说的又是自己家乡，所言虽有溢美之嫌，但经过地方官员努力，社会风气已发生了根本性的改变，则是毫无疑问的。

在官府强大压力之下，白堠人如仍与官府抗衡，显然行不通，因而只能服从官府统治，与官府合作。而要和官府拉上关系，获得国家资源，提高社会地位，取得控制乡村社会的合法性，在 "学而优则仕" 的社会环境下，唯有走读书科举之路。

官府积极推行教化政策，也为白堠人重视科举创造了外部条件。县令郭龙冈在大兵镇压之后，为使当地人服从国家统治，普遍设立社学，积极在乡村推行教化政策：

> 各社礼教不及，民用蹈于匪彝，侯为申明，置立社学，且量拨没

---

① 《明世宗实录》卷五六五《明实录》。

② 吴与言：《贺观吾刘侯荣奖序》，《三溪文集》卷上，光绪四年（1878）重刊本，按：刘汝翱，字观吾，隆庆二年（1568）至六年（1569）大埔县令。

官田土以赡社师。复议立乡约宣扬圣谕，演为说文诗歌，颁布各社，期于遵行，以训迪民间子弟，良切风教。①

而对于读书科举的重要性，在白堠有着关系身家性命的传奇故事。在这次灾难中，杨淮之所以能够脱难，除身为富豪外，最主要的是他曾有恩于几个读书人和为官者。陈令、陈仕贤、张縠等考中举人、进士后才任职为官，取得对国家资源的支配权和地方事务的处分权，从而挽救了杨家性命，这使杨淮深刻认识到读书科举的重要性。

早期控制乡村的豪强，在这次官府的镇压行动中基本被扫除。白堠杨氏、肖氏等，从明代弘治年间起，就有人读书参加科举，但效果不显著，考中科举的人数少，士绅的社会影响小，乡村基本由豪强所控制。杨氏的第一个庠生杨凤（1445—1518），甚至在家乡难以安居，只好移居潮州府北门，后官至成都府经历。② 在官府镇压"张琏之乱"过程中，村中豪强受到沉重打击。

由于以上社会因素的影响，白堠人接受教化，服从官府统治成为大势所趋，读书科举成为提高社会地位的正途。为此，幸免于难的杨淮，不惜重金建筑了规模宏大的书院——"大书斋"，并为子孙"延师教诲，劝学不辍"③，希望他们能够走读书科举为官之路。

嘉靖年间曾入国子监学习的监生杨善虽屡受教官赞赏，却没有出去为官，可能与家乡及家族遭遇这一次事件有关。杨善，"幼遵父训，谨守绳墨，不逾尺寸。嘉靖甲寅（三十三年）由廪生入国子监肄业，为郭司成所推许，例得官，不就。家居教子，甚有义方。祀先睦族，极尽其诚。好善乐施，尝倾囊以济人之急。"④

其迁居潮州府北门、隆庆四年举人、后曾官至"京兆少尹"的堂弟杨泷于万历年间所作《静春兄像赞》亦言："吁嗟！学士仁义存心，忠厚用意；恂恂宗乡，怡怡昆季；终始典学，颐养林谷；襟怀洒落，器宇宏深；内不失己，外不失人；乡邦表率，圣世逸民。"⑤

---

① 饶相：《郭侯去思碑记》，《三溪文集》卷下，光绪四年重刊本。
② 乾隆《杨氏族谱》，《谱传备考》卷二，第4页。
③ 杨拔元：《八世祖直斋公行状》，乾隆《杨氏族谱》，《附录备考》卷六，第14—17页。
④ 嘉庆《大埔县志》卷十七《人物志·耆德》。
⑤ 杨朝珍：《白堠杨氏文萃》卷中，1929年。

可见，杨善在这一事件后，居家教子。后来其子世承、世亨先后成为庠生，成为杨氏最早的科举世家之一。同时"祀先睦族"，以自己的身份和地位，在家乡树立社会礼仪典范，对家族进行整合，从而使白堠社会逐渐转型。

至万历四年（1576）大埔县令李汝极为白堠人捐资设渡时，称白堠为"吾邑名乡"，表明白堠在官府视野中社会形象已明显改变，社会地位明显提高。至万历三十四年（1606）时，全乡杨、肖、池等姓的庠生已达15人①，初步形成一个士绅群体。

这些士绅开始有意识地对传统乡村社会进行整合，迁居潮州北门的杨凤之孙杨泷（1536—1604）隆庆四年（1570）中举，成为杨氏也是白堠的第一个举人。"筮仕武定府，历嘉兴、辰州别驾，左迁京兆少尹，三列荐剡，赠父如其官。署篆江浦……修泽宫，建文昌阁及浮屠，一时科甲蔚起，士民思慕，专祠祀之……创寺阁于祖乡马佛山，以障颓澜。自此风气回，人文盛，浸浸乎登贤书者众矣。"②

多年在外为官后，杨泷重回祖乡，光宗耀祖，成为家乡威望最高者。他利用自己的声望和地位，根据在江浦县建文昌阁和寺庙的成功经验，对原乡白堠进行了大规模整顿。所谓"创寺阁于祖乡马佛山"，是指将村中央庵下的端平寺移到村口马山上，改名为马山寺。并在其旁建文昌阁，祀奉文人崇拜的文昌神，以提倡文教。端平寺原在堠南庵下，建于宋朝。嘉靖十一年（1532）秋，白堠溪南缘首杨厚、张凤捐"造大香炉一座，并带钟鼓，一应完成。"康熙辛卯年（五十年，1711）贡生杨凤来《江公祠祀略》云："宋时有江廉夫妇原置地基一所，坐落堠南河唇边之中，因年老无嗣，将地建庵奉佛，额曰端平寺。至今犹沿旧传称其地曰庵里。万历庚子（二十八年，1600）武定知州杨泷、乡饮宾杨森、博士员池士滔迁庵于河西马山之巅。"③

在此之前，杨泷已于万历二十一年（1593）从潮州回到故乡重修祖坟，整合了杨氏族人。庠生肖端吉，发起肖氏族人捐资于万历二十七年（1599）建起了肖氏宗祠。④ 建立祖坟、祖庙，集合族人依时祭祀祖先，

---

① 邹须明：《王公置渡遗爱碑》，民国《大埔县志》卷三十六《金石志》，1943年。
② 康熙《埔阳志》卷四《献纪》。
③ 民国《大埔县志》卷三十六《金石志》，1943年。
④ 肖元溥：《大小宗祠堂记》，肖惠南白堠《肖氏族谱》卷二十，1935年稿本。

确立了官府提倡的儒家宗法伦理,建构起了宗族社会。

至天启年间,白堠文教受到县令嘉奖。杨淮孙子杨应试(1552—1627),"隆师重道,义方训子,皆至诚至敬,不减古荀氏风。八子振振,列庠饩黉者五,各能成立,承继父志。"8个儿子中,竟有5个是县学生员。至晚年,县令苏建中(天启二年至四年任,1622—1624)"闻公齿德,请为乡饮正宾,匾奖曰'三祝齐膺'。"还赠诗一首,内有"共说堠山公是鹤,还多渤海子如龙"① 之句,对其教育子孙的成就进行肯定和褒奖。

崇祯年间,白堠先后有杨廷纪(崇祯六年)、丘大复(崇祯十二年)考中举人,白堠士绅的势力和影响进一步扩大。

明清之际,粤东陷入新一轮社会动乱②,但此时白堠已是士绅占据主导地位的"吾邑名乡"了,所以,在这次动乱中,士绅积极介入,成为对付地方"寇乱"的一支重要力量。

可见,经过明代动乱,白堠人已完全改变了以前的传统,地方社会发生结构性变化,实现了社会转型,一批受过儒家正统思想训练的士绅正在崛起,并成为维护地方社会秩序的重要力量,白堠也因之成为中央王朝的一部分。值得玩味的是,随着杨淮家族的崛起和势力的壮大,原与张琏关系密切的杨淮,在清嘉庆年间所编修的《大埔县志》中被塑造成为一个抵御张琏、保家卫乡的英雄和善士,被列于"耆德"门类。《大埔县志》记载:"杨淮……家素封,轻财好义。时值土寇张琏为害,淮罄家赀以守御,乡里赖安宁。"③

第三节 科举兴盛及地方风俗的正统化

随着清初以来社会的稳定和经济文化的发展,白堠进入发展和兴盛时期。在这一时期,科举兴盛,士绅阶层发展壮大,士绅在乡村社会的影响越来越大。他们以儒家伦理为指导,有意识地对乡村社会习俗进行改造和

---

① 佚名:《十世应试》,乾隆《杨氏族谱》,《谱传备考》卷二。
② 参考前引陈春声《从"倭乱"到"迁海"——明末清初潮州地方动乱与乡村社会变迁》一文。
③ 嘉庆《大埔县志》卷十七《人物志·耆德》。

重新解释，从而使传统习俗经历了一个儒家化的过程，乡村社会因而经历了一次文化变迁。白堠科举兴盛，民风儒雅，由"盗窟"变成了士大夫眼中的"邹鲁乡"。

康熙以来，每次生员考试，白堠都有数人入学。如康熙三十二年（1693），"是科县庠八士，半属我家，三胞兄与焉"。① 全县取中庠生 8 人，杨姓竟占其半。杨之徐二兄杨凤来在为其子佺提忠告的《训诸犹子持满说》中亦提到："两年间县府道三试，夺帜接踵，凡六七见，可谓显矣。"②

所谓"是科县庠八士"，全县取中名额似乎太少，这与清初的科举制度变化有关。清初因各地庠生录取太滥，为加强控制，清政府对各州县等级和学额人数进行了重新认定。康熙八年冬，广东督学"较士"于潮重新认定县学等级时，大埔县学被定为"下学"。"先是学宫进取颇滥，至是命礼臣分别天下人才差数，定州县大中小三等，著为例。大州县额取十五名，中者十二名，小者八名，外各量送府庠。"③ 当然，这种学额等级的划分不一定依据各地人才发展情况而定，而主要取决于"行政单位的重要性和级别"④。所谓"重要性"，实即对朝廷财赋贡献的大小，往往税粮大县也成为学额大县，如海阳、揭阳等县。大埔为财赋小县，定为小学是常理之中的事。

由于各地人文的发展，雍正二年（1724）对各州县学额等第进行了调整。雍正发布的上谕曰：

> 迩年文教广被，由我圣祖仁皇帝寿考作人，山陬海澨，莫不读书稽古。直省应试童子，人多额少，有垂老不获一衿者。其令督抚、学臣查明实在，人文最盛之州县，题请小学为中学，中学为大学，大学照府学额数取录。督抚等务宜秉公详查，不得徇私冒滥。⑤

---

① 杨之徐：《编年录》上编，第 126 页。
② 杨朝珍：《白堠杨氏文萃》卷上，1929 年，第 116 页。
③ 康熙《埔阳志》卷二《政纪》，第 5 页。
④ 张仲礼：《中国绅士——关于其在 19 世纪中国社会中作用的研究》，上海社会科学院出版社 1998 年版，第 82 页。
⑤ 《皇朝文献通考》卷七十《学校考八》。

依此命令，大埔县因人文兴盛，经大埔县令崔懋呈请，广东督学惠士奇核查奏准，由小学升格为中学：

> 雍正二年，奉上谕，督抚会同学臣查明实在人文最盛之州县，题请小学改为中学，中学改为大学，照府学额数取录。知县崔懋申请督学惠士奇，题升中学。额定取录县学十二名，送府庠者无定数；额定廪生二十名，增生如之；额定二年岁贡一人。①

白堠人能在有限的名额中过关斩将，屡占前茅，足见其在科举方面确有过人之处。这也表现在更高一级的举人和进士考试上。

在这一时期，白堠先后有杨漱弓（康熙三十五年），肖宸捷、杨润时、杨辉玉（康熙五十年），杨缵绪、杨绪英（康熙五十六年），杨树敏、杨时宪（雍正元年），杨景灏、杨允玺（雍正二年），杨成梧、肖大中、杨煌（雍正七年）考中举人，占全县举人总数的41%。其中肖宸捷、杨缵绪考中进士，占全县进士的40%。白堠以一乡之地，考中科举人数占全县总数近半，可谓相当兴盛。

同科中举，一向视为科举佳话。康熙五十年（1711），白堠的肖宸捷、杨润时、杨辉玉第一次三人同科中举，引起轰动。堠北肖宸捷于康熙五十七年考中进士，被点为翰林。三年后，堠南进士杨之徐之子杨缵绪亦做了翰林，"太史堠乡南北居"②，一乡两翰林，而且还是表叔侄，轰动社会。杨之徐本人亦赢得"父子进士"的称誉。

对于白堠社会和文化发展的盛况，早在康熙三十八年，从海阳通判府迁居大埔湖寮的吴六奇之子吴达源就有"景彼堠山真烈烈，世间英才常不绝"之说。③康熙四十八年，杨之徐在自己生日那天，见白堠文化蒸蒸日上，便结合自己经历吟道：

> 功名富贵不妄求，饱言仁义施广誉；白堠凤称邹鲁乡，昆友十人事不常。训子义方犹在耳，满庭诗礼庇余庆；弟兄切思年方壮，游泮

---

① 乾隆《大埔县志》卷四《学校志·考校》。
② 杨之徐：《编年录》下编，第145页。
③ 吴达源：《达源吴亲家讳启聪赋祝》，杨之徐：《编年录》上编，第201页。

科名累相望。①

以自己家族为例，非常具体地描述了白堠被时人视为"邹鲁乡"的文化之盛。

白堠科举成就的取得，与明末清初以来自身的传统以及一系列宗族性的制度化建设等有着密切的关系。

白堠科举的成功既是对传统的继承，也有社区激烈竞争环境的影响，更重要的是对各种社会资源的充分利用。

1. 家学渊源的积累和书香风气的形成

早在明嘉靖年间，杨氏八世祖杨淮就建筑了一座大书斋作为学堂，聘请福建名士陈仕贤、张毅为师，教育子弟。至崇祯年间，有一批白堠人考中秀才和举人。至清初，经过几代人的努力，已积累了相当深厚的学术根底。他们多以"一经课子"、"一门共为师友"的方式相传授，并以书香门第相尚，因而比较容易取得成功。

杨州鹏（1614—1652）为庠生，其子阡、中、荷先后均考中庠生。次子杨缓亭（1637—1715）"卓然有大志，乡先生咸器重之，谓他日亢宗子也。奈数奇不售，遂绝意仕进。闭户读书，博涉经史，旁及星历医卜诸书，自少壮迄衰老不倦。至于教训子孙，先德行而后文艺。以故诸子承父志，长登贤书，次克成均，季亦歌采芹，子孙鲜有败类。"② 一门世代以读书科举为业，并取得了较大成功。

杨士薰在顺治十一年（1654）被选为拔贡后，授以教职，但没有就职，而希望考中科甲，出人头地，因此居家苦读，并以"一经课子"。从此子孙读书，悉属庭授，"吾以父子兄弟作师友，足矣，奚俟他求?!"以父子兄弟作师友，互相切磋学问，共求进步。"故吾家不别延师，惟成教于父兄。"③ 在其教导下，儿子杨之徐 10 岁时就"出语惊其长老"，14 岁时"县府道试皆第一"，17 岁中举，30 岁成进士。④

康熙三十八年（1699）杨之徐因"讦误"归家后，其舅父肖翱材已于康熙二十六年（1687）去世，他成为大埔县唯一的进士，为地方士绅

① 杨之徐：《答韵》，《编年录》上编，第 289 页。
② 乾隆《杨氏族谱》，《谱传备考》卷二，第 20 页。
③ 杨之徐：《先考南麓府君行述》，《编年录》上编，第 62 页。
④ 乾隆《大埔县志》卷九《人物志·仕宦》。

领袖。但他以反省为由，闭门课子，"亲训诸男"。而且还特意写《课儿谢事告白》，贴于书斋之门，以表其态度和决心：

> 自念生平，钝姿谅德；虚名半世，迄用无成。悔前修之不立，欲键户以省愆。不与公务，不听是非，不接宾客，不赴酒筵，不阅会文，不书扇面。一切辞谢，来则面拒。不知我者谓我也骄，其知我者鉴我思存。①

在杨之徐的教导和督促下，其次子、三子、五子、六子等先后取得庠生、贡生等功名。

杨之徐次子梦时，生平刻意向学，教授子弟数十年不懈。"弟缵绪、黼时、演时俱入词林，子允玺登贤书，必蕃成进士，侄必振、必诜、德基、德征、锡恩、德瑞俱领乡荐，皆亲教之，见其成立者也。"② 其家族因之成为大埔乃至粤东地区最显赫的科举世家。

雍正二年（1724），杨之徐五子杨缵绪由御史被革职回家，之徐不以为忧，反以为喜，认为"今弟侄辈，年富力强，类多可造"，要求他以在京师所学，好好教导弟侄。"与弟侄辈讲论经史，评随文艺，屡年无宁晷"。"嗣后六叔父名黼时，丙辰成进士；七叔父名演时，乙丑成进士，具获馆选。府君同堂弟侄，数以科甲仕宦，联翩继起，皆府君为御史言旋时，裁成造就之力也。"晚年致仕归家后，也是"杜门日课子孙，读书作文。"③

杨缵绪的外甥邱元遂，得杨缵绪的教导，六岁能文，十三岁考中秀才，被广东学政惠士奇称为"神童"。④

在世代相承的读书传统中，逐渐形成和总结出了一些成功的经验。如杨缓亭认为，须"先德行而后文艺。"⑤ 杨士薰认为，读书首先要正品行，"人无品行，读书无益"。⑥ 其次要身体力行，言行一致。"君子读书，当

---

① 杨之徐：《企南轩诗文集》卷三雍正十三年（1735）刻本；《编年录》上编。
② 嘉庆《大埔县志》卷十七《人物志·文苑》。
③ 杨德基：《显考节奄府君行状》，杨朝珍：《白堠杨氏文萃》卷中，1929年，第19页。
④ 同治《大埔县志》卷十七《人物志·宦迹》。
⑤ 乾隆《杨氏族谱》，《谱传备考》卷二，第20页。
⑥ 杨士旂：《牧人五叔诔草》，杨之徐：《编年录》上编，第71页。

从圣贤立身处寻取向上，非渔猎章句为书义。苟不明，就人伦日用间体贴，久之，自当冰释。"① "读书不学圣贤行事，虽万卷适滋过耳。圣贤书理，当就日用人事身体之。"② 要求身体力行，理论和实践结合起来。后来其子杨之徐等对此评价相当高而被世代所继承："此实吾父教法，不孝等常佩服于心而不敢忘者也。"③ 认为其为学的特色就是理论联系实际，"其学本之躬行实践，不为辞章驰骛。"④ 具体而言，就是要求："做人当从孝弟立定根基，异日居官，忠以事上，仁以利民，许多事业皆从此处推行出去，即隐居伏处，亦不失为醇儒。若本实先拔，枝叶未有不伤者也。"⑤

在这一思想指导下，其子孙在科举考试中获得了很大成功。杨缵绪后来出任广州越秀书院山长，就以此教育学生，也获得相当大的成功。

而肖宸捷则认为："读书先在收放心，放心不收，则不能专心致志，虽日读书无得也。至于用功，须循序渐进，不可躐等。日积月累，不可中止。既学之，而习其事。又思之，以求其理。先熟看书艺，而章旨节旨、字解句解之必明。次熟读时文，而篇法、股法、句法之必讲。次常做会文，而反正、开合、宾主、起伏、照应之必辨。志贵乎静，静则能入。功贵乎勤，勤则有功。心贵乎虚，虚则受益。读书如此，庶乎其可矣。"⑥ 从读书到用功再到科举，提出了系统性指导原则。

对于一些学问高深学者的研究心得，也相当重视。如杨缵绪从京城回到家后，杨之徐一再追问京城学者们的学习心得：

　　甲辰（1724，雍正二年）四月，不孝缵绪以不称职革任回籍。七月抵家，父子相见欢甚。随问京中大人君子曾有指授汝以读书真种子者乎？不孝缵绪对以发京前一夕，少宰仁和沈公特到寓所送行。教以读宋儒诸书，不如熟玩四书集注，盖此书是朱子一生精力所聚处，其他千言万语，大旨不出此，苟能玩索而体察之，身心受益不少。府

---

① 郑际泰：《皇清等赠文林郎南麓杨公暨元配肖孺人合葬墓志铭》，杨之徐：《编年录》上编，第97页。

② 杨之徐：《先考南麓府君行述》，《编年录》上编，第62页。

③ 同上。

④ 蔺寿：乾隆《大埔县志》卷九。

⑤ 杨又时等：《显考慎斋府君行述》，杨之徐：《编年录》下编《附录》。

⑥ 大埔《肖氏族谱》卷二十一，1935年稿本，第175页。

君闻之喜甚，曰："此分明指引程朱路也。"①

杨之徐因而以此为圭臬，要求子孙依此实践。同时自己也作出榜样，其子杨缵绪等对此深有体会：

> 府君于书无所不览，尤邃心于《理学宗传》。事事体认天理人欲，作斋聊云："打破关，大梦方觉，营营求利非吾事；扎实地，一真自如，默默存心有鬼知。"不孝等常谨识于心，不敢忘。②

一些科举考试的成功者，甚至还把他们的读书和参考经验撰写成书，传授给子弟，使其少走弯路。如肖翱材在"居家塾课子侄"时，所著《读书作文诀》、《课艺新编》等，成为当时学子们必备的教科书。

他们以读书为乐，"莫道门庭无乐事，读书守分得余研。"③ 杨之徐"生平好学嗜古，手不释卷。无论服官、闲居，虽应酬纷杂，未尝一日辍铅椠。目短视，至老能作小楷书。其手抄经史古文性理诸子百家言，以及帖括，不下万卷。"④ 一生著述甚丰，为后代树立了良好的榜样。

他们以书香门第相尚，要求子孙世代相承。如肖宸捷在京师任翰林时，在为教训子孙所做的《邮示诸儿训》中，认为自己是"赖祖宗之庇，及吾父教训之功，年老始得成名，且邀恩列入词林。"但在翰林院坐馆，"教读无异乎昔在乡里"。同时要求自己的子孙必须"日夜勤读精思，留心学业，以接书香。如此则光前裕后，为贤子，为肖孙，世承其美，大有造于家门也。"⑤ 希望子孙将其祖父所形成的书香门第传统传承下去。

2. 竞争的社区环境

白堠虽仅为一方圆 20 余平方公里的山间盆地，但为多姓聚居，其中大姓为隔河而居的杨、肖二姓，而邱、池、林、陈、李等姓也不小，还有连、钟等众多小姓。随着杨姓、肖姓的崛起和社会地位的提高，社区资源的重新分配和地方事务支配权的重新分割，各姓之间的关系变得错综复杂

---

① 杨又时等：《显考慎斋府君行述》，《编年录》下编《附录》。
② 同上。
③ 杨之徐：康熙五十九年（1720）《元旦偶咏》，《编年录》下编。
④ 杨又时等：《显考慎斋府君行述》，杨之徐：《编年录》下编《附录》。
⑤ 大埔《肖氏族谱》卷二十一，1935 年稿本，第 179—180 页。

而变化不断。相互之间既世代通婚，关系密切，同时又一直存在竞争，甚至发生严重的械斗事件。如康熙六十一年（1722）四月十六日杨、肖两姓为争雄地方，"陈戈围杀"。① 而这一年肖宸捷、杨缵绪表叔侄同时任职翰林院，应是白堠社区社会地位最显赫的时期，而械斗事件的发生，宗族之间的竞争态势不言而喻。对于这次械斗事件，杨氏宗族首领杨之徐感慨万千："太史堠乡南北居，争雄角立势相屠；举目姻亲成敌国，古来休怪耳和余。"②

在激烈的社区竞争环境中，宗族没有或很少科举人才则处于非常不利的社会地位。为了在竞争中取得有利地位，各宗族都尽力支持子弟就学，培养自己的社会精英。肖氏开白堠文运，本以文试著称，但后来难敌杨氏，便另辟蹊径，大力发展武试，从而在武举方面取得了特别突出的成就，成为能与杨氏抗衡的社区力量。

不仅社区宗族之间，而且房族之间竞争也同样相当激烈。杨氏人丁最多的是下三房，也最富有，但在宗族中最有权势和地位的不是下三房，而是科举人才最多的下二房。而在下二房中同样竞争激烈。在清初社会动荡中，杨士蔚参与"反清复明"活动，被杨士薰家人告发，杨士蔚及两个儿子被杀，后人称之为"无头公"。这一事件因杨士薰家族的科举鼎盛而杨士蔚家族无科举人才而鲜为人知。一直到第三代培养了本房的科举人才杨梦得，有了自己的说话人后，才撰成《士蔚公尽节纪略》，公之于众，并为之平反。③

在地方事务处理和宗族利益划分上，只有多出科举人才，才能使本族本房处于有利地位，因此各族各房都尽力办好学塾，并对参加科举考试和学业优异者进行奖赏。

3. 广泛的社会网络

白堠文人不仅在家乡互为师友，而且还走出家门，通过游学、为师等多种方式广交学友，建立广泛的社会网络，为提高学问和参加科举考试获得有利地位创造条件。

白堠各姓，互相通婚，互为姻亲，互为师友。如明末清初时的肖文

---

① 杨之徐：《编年录》下编，第 135 页。
② 同上书，第 145 页。
③ 民国《大埔县志》卷十九，第 29—30 页；《明季潮州忠逸传》卷一，汕头华侨印务公司 1933 年版，第 33 页。

明，很有学问，"与同里明经杨东皇、池斗墟为诗文友。"① 其子礼部儒士肖国荣，与墚南第一个举人杨廷纪、庠生邱坤生联姻，"诗酒陶情。"② 池延宗，"不事生产，惟舌耕自给，罗进士睿、肖太史宸捷皆出其门。"③ 而互为姻亲关系，也使科举考试有突出表现。肖翱材是杨之徐的舅舅，神童邱元遂是杨缵绪的外甥等。

与外界密切的学术交往则一直没有停止。顺治十二年（1655），肖翱材会试下第，应程乡松口大儒李士淳三子其楚之请，在其家任塾师，结交了与李士淳交往密切的粤东学界，如程乡县举人肖瞪、李晦庵、侯止庵，海阳举人陈衍虞等知名人士，"皆相友善，视为畏友。"而肖翱材的侄儿肖元溥、肖元涓等，也与陈衍虞、李悔庵、侯止庵成为"文章莫逆"。④

杨之徐在康熙十八年（1679）会试下第后，即到居于揭阳的同宗杨钟岳任职的福建学政督学署中为幕僚，既得其指点，同时又结交了林公韫、方翌霄、宋十友等志同道合者，互相切磋学术，使其学问得以不断提高。对此杨之徐感受良多，并特意写下《三益论》。⑤

跨社区的通婚关系也成为提高学问的重要途径。随着科举的成功，社会地位的提高，杨氏、肖氏等白墚各姓先后与茶阳饶氏、湖寮吴氏、蓝氏、罗氏、何氏、梓浒范氏、松口李氏、丰顺丰良吴氏、海阳陈氏等粤东地方大姓建立了姻亲关系，为彼此的学问交流提供了便利条件。如杨之徐之所以对《朱子家礼》有深刻认识和理解，就被认为是学自其妻家茶阳饶氏，因他经常到茶阳饶氏宗祠中"观礼"。⑥ 这一时期大埔县考中进士者除白墚人外，罗浚是杨之徐的外甥，张作舟是杨之徐二兄的儿女亲家，李瑜是杨之徐儿子杨缵绪的儿女亲家，似乎都与白墚有不解之缘。这种现象的出现，实与通婚关系有着密切关联。

同年、师生关系也是白墚人经常利用的社会资源。白墚很多人考中科举，同时考中者称同年、同谱，同为天子门生，关系密切。既切磋学问，也为子孙、族人、亲属考中科举提供方便。如杨之徐考中举人、进士，同

---

① 乾隆《潮州府志》卷三十《人物志·耆德》。
② 大埔白墚《肖氏族谱》卷二十，1935 年稿本，第 25 页。
③ 民国《大埔县志》卷二十三，1943 年，第 3 页。
④ 大埔《肖氏族谱》卷二十，1935 年稿本，第 28 页。
⑤ 杨之徐：《编年录》上编，第 20 页。
⑥ 乾隆《茶阳饶氏族谱》第 8 册《汇志》，光绪三十一年刻（1905）本。

门、座师很多。杨在去职回籍后，多次到江南、江西、福建、广州等地会晤为官的同年。既得到不菲的馈赠，又通过互相唱和，加深感情，从而为其子孙考中科举提供便利。其子侄中不少就是在其同年或同年的朋友视学粤东时取中为生员的。其子缵绪及姻亲罗浚、张可梯等人在北京会试、选官、任官过程中，也得到他们的多方关照，使他们为官少了杨之徐当年的挫折。① 这些资源的充分利用，为杨氏宗族乃至白堠村在乾隆年间达到科举的鼎盛铺通了坦途。

白堠科举的兴盛，既是各姓充分利用各种社会资源、提高自身社会地位的结果，同时也是地方宗族重视、进行了一系列制度化建设的结果。

4. 教育制度化与宗族的支持

在传统中国社会，科举为官是社会成员提高社会地位的主要正途，也是宗族获取官府资源、提高社会影响和地位、取得支配地方社会权力的主要途径。在清初社会动荡、宗族未建构起来时，读书人没有公产资助，多经济困难。如杨之徐早年读书时，"家计困穷，府君（按：即杨之徐）与诸伯父易衣而出，计米而食，炊烟时断，昼夜攻书不少辍。"② 贫困之窘，可以想见。筹集出门参加考试的盘缠亦是一大难事，须多方筹措，甚至卖田地为路费。杨之徐康熙十二年（1672）第一次参加童试，盘缠是其父杨士薰典卖养生田筹集的。"岁癸丑（十二年），不孝之徐年方志学，颇通文艺。时父四壁萧如，仅养生田数亩，不惜捐弃为之徐童试资。"③ 康熙二十五年（1686），举人杨之徐也是因为"家贫亲老，幼弟成群"，不想参加会试，结果在其父的资助和催促下才成行，得以考中进士。而乡中富户，亦以资助考试为善事。如杨琼，"赋性醇厚，气宇宽宏。乐善好施，家素封。凡族戚中有贫而勤学者，求必应，且时助薪火以济其乏。遇乡会，则倾囊赠之不惜。"④

随着经济状况的改善和宗族制度的完备，祖尝等共有经济普遍设立后，白堠各宗族相继进行了一系列的制度化建设，尽可能创造条件，支持子弟读书参加科举考试。

---

① 参见杨之徐《编年录》下编。
② 杨之徐：《编年录》下编《行述附录》，1924 年，第 2 页。
③ 杨之冀等：《皇清待赠恩拔进士候选邑佐六十六寿先考南麓府君行述》，杨之徐：《编年录》上编，第 63 页。
④ 嘉庆《大埔县志》卷十七《人物志·耆德》。

（1）创办学塾。白堠文化发达，中举者众多，与各宗族普遍设立学塾有关。如肖元绍（1613—1697），"善营创，饶有产业，建宅于梅树滩。又建书馆，延师训子孙读。"[①] 肖其寀经商致富后，于康熙三十年，"建室于大宗祠之左，池石麒先生赠名'承启堂'。又于室之右建书斋，名'从吾所'，延师训子。"[②] 岁贡肖凤翔于康熙五十八年（1719），"建宅于田心，名安敦堂。前后共三进，左右起从屋，外门左手建望远楼，为家塾，诒燕诚远大也。"[③] 据调查，在近代教育改制前，肖氏学塾在20座以上，杨氏在30座以上，邱氏、池氏都在5座以上。而很多学塾，在康乾时期甚至更早时就已创立。众多学塾的建立，为宗族子弟提供了接受教育的机会。如杨淮于嘉靖年间所建大书斋，期间虽多次维修，但作为学塾一直延续至民国年间，其所传子孙均可在其中读书。而杨氏四世祖小宗祠，则在杨之徐去职归田后，为教育全族子弟，尤其是困难子弟，于祠内倡设"义学"，由族中名儒主教，全族子弟都有资格就学。族中子弟要去考秀才，必须通过义学组织的"会考"才准出考。[④]

（2）"鼓励奖赏"。大埔离府城、省城、京城路途遥远，参加科考需要一笔不少的盘缠。不少士子因经费短缺而无法赴试。如雍正十一年（1733）大埔儒学梁嘉最指出："埔虽小邑，人文薮也。地居山僻，去会城一千五百余里。三年大比，诸生多艰于资斧，赴乡试者仅十之五焉。"[⑤] 士子赴考缺费，不仅大埔如此，其他各地如江西等地，也出现这种现象。为此，各地有"宾兴会"之设，专门资助士子赴试。[⑥] 而在白堠，主要通过宗族的制度化规定，由宗族为赴试者提供相当的奖赏，因缺费而难成行的现象较少。

随着各姓共有经济的建立和发展，宗族及各房为提高社会地位，非常重视科举人才的培养，对参加科举考试和学业优秀者予以鼓励和相当优厚的奖赏。如自康熙三十七年以来，杨氏宗族规定，大宗孝祀祠尝产除每年祭祀所需外，"将其余者，用图式廓子姓之才，由初试为弟子员，贡于

---

① 大埔白堠《肖氏族谱》卷二十，1935年稿本，第31页。
② 同上书，第39—40页。
③ 同上书，第44页。
④ 2004年5月8日，对杨禹功、杨永汉的访谈。
⑤ 乾隆《大埔县志》卷四《学校志·学田》。
⑥ 杨品优：《清中期至民国江西的宾兴组织研究》，博士学位论文，中山大学，2006年。

廷，举于乡，捷于南宫，道里之资，鼓励奖赏之用，俱于是出"。① 杨氏子孙"赴试须资斧，策名须奖励"，还可从小宗祠延庆堂尝产的余祭中得到资助。②

除了宗族资助，各房族亦有不少奖励。如下三房十世杨应试所立蒸尝相当丰厚，共计有尝租200石5斗，其中"余祭租九十一石五斗，择贤能董理。自纳粮修田外，凡宗裔之香灯，值办之工食，甲科以下之分别旌赏，乡会试及作宦之路费，悉取给焉。"③ 三房十二世杨士梁于康熙四十七年去世后所立之方训公尝田租达278石，除祭祀外，"又议递年存租若干，为奖励子孙进泮、科甲、荣任之赏。"④ 正是有这份丰厚的族产作为支持，其家后来读书科举，成效显著。县志所载其传记曰："杨士梁，字文学，号伯亮。家素裕，动循礼法，为里间所饮式。励志诗书，充邑庠生。庭训森严，老而弥笃。子行可、越可俱膺岁荐，孙时宪登雍正元年贤书，煌登七年贤书，昊应乾隆三年岁贡。咸登仕籍，不替家声。"⑤

此外还设立学租、书田等专项经费，专门用于资助读书应试。如肖其宽"立学租，为延师馆谷。置书田，以鼓励后进。又于郡城买置行馆五进，为子侄族人应试侨寓所。"⑥ 杨之徐在六十岁分家析产时，专门提出一部分作为学租："其上杨梅坑八分之一田租及屈尺塘租税银留作学租，俟子孙有游泮者，递年收贴灯油之需，游泮多人，一体匀收。"⑦

康熙六十年（1721）杨缵绪中进士选翰林后，其父杨之徐于"九月十八日为五男告祖竖旗，收贺金三百四十余金。"⑧ 奖赏之重，可以想见。

各族甚至以族规方式，对升学乃至考中科举进行奖励，使之制度化。如雍正年间肖俊章所定《族规》言：

> 称奖贤才，所以鼓士气，以励操修也。凡族有孝子顺孙，贤妇淑女，皆宜于祖尝内酌量旌奖之。勤学有志上进者亦然。岁月而会课，

---

① 杨天培：《孝祀祠尝簿序》，乾隆《杨氏族谱》，《祀田备考》卷四。
② 同上。
③ 杨麟书：《九世新泉公十世仰泉公蒸尝序》，乾隆《杨氏族谱》，《祀田备考》卷四。
④ 杨昊：《方训公尝簿序》，乾隆《杨氏族谱》，《祀田备考》卷四。
⑤ 嘉庆《大埔县志》卷十七《人物志·儒行》。
⑥ 大埔白堠《肖氏族谱》卷二十，1935年稿本，第37—38页。
⑦ 杨之徐：《编年录》下编，第83页。
⑧ 同上书，第114页。

有居前列者，亦奖赏之。①

同时，一些富有者，对族人求学、考试也予以大力资助。如肖其宽经商致富后，"族人乡会试者有资斧，皆其力也。"②

奖励科举是宗族祖尝支出的一大特色，是白堠科举制度化的经济来源，为宗族科举的发展奠定了坚实的经济基础。

（3）组织文会。从康熙年间开始，白堠各姓都组织了文会。"文会者，预定会期，集诸童生命题作时文，评定甲乙，实一试场之雏形也。"③对名列前茅者，予以奖赏。岁贡李兆新（1633—1718）曾师从程乡县松口翰林李士淳，"老年回乡教读，引进后学。首创文会，作文不倦，文稿著作甚富。"乡中倡办文会对促进文教的发展贡献甚大，被乡中学界誉为"山斗"。④ 其中以杨氏文会影响最大。杨氏文会设在小宗祠延庆堂，即义学所在地，由族中宿儒主持。

杨之徐在康熙五十五年（1717）担任主持时，亲作《会文引》：

> 谨涓初九日，会文小宗祠。月属壬寅，正虎临春榜之会。日维甲子，实天开文运之期。各炫厥长，毋吝尔玉。笔歌墨舞，千言立就庭中。霞蔚云蒸，五色齐呈纸上。春朝占春魁，莫大文章；家庙集家贤，洵称乐事。茶烟供奉，几凳自携。祖悬旧赏成规，余赠案元三矢。⑤

明确了会文的时间、地点、参加者以及奖赏，简明扼要，很有鼓动性。

会文时要求参加者"当以虚心求益，勿为争胜炫长。除剽袭之陋弊，自出机杼；务沈潜之实功，洞极奥交。""文与行随。礼让相先，温恭辨君子之器；德业相劝，砥错借他山之攻。心希合乎圣贤，学日进于光大，则辅仁不出会文之外，敬业即在乐群之中矣。"如果能做到这样，则"吾

① 大埔白堠《肖氏族谱》卷二十一，1935年稿本，第184页。
② 大埔白堠《肖氏族谱》卷二十，1935年稿本，第37—38页。
③ 民国《大埔县志》卷二十六，1943年，第5页。
④ 李兰汀：《九世兆新》，道光《李氏族谱》，1919年李桂臣抄本。
⑤ 杨之徐：《编年录》下编，第55页。

族会文，大是佳事"。对会文的意义评价相当高。①

对于白堠杨氏会课的盛况和影响，杨之徐特作《宗祠会课三首》言之：

> 朔望频频细课文，英贤毕集乐为群；西崖一带霞光起，荡人才入笔底云。
>
> 吐辞风雅尚清新，谁后谁先选主宾；博得管城三叠矢，文名啧啧播乡邻。
>
> 那愁鬼哭与神惊，直欲挥毫厌众英；小子新硎方发刃，榜头亦自爱微名。②

每月初一、十五都进行会课，评品等第，训练子弟，为参加科举考试做准备，可谓用心良苦。这种会课制度作为一种传统一直延续下来。如乾隆十年（1745）杨之徐的孙子杨允玺从台湾知县任上致仕归家后，也作过会课的主持人，其所撰《延庆堂会课示文》曰：

> 吾族家运方兴，人才辈起。第弃瑕存瑾，器或雕而始成；较短絜长，美相形而愈出。尔久游仕路，初赋归来，乐观大器于成人，更思有造于小子。迩者探珠碧海，尚余照乘之光；采玉蓝田，未尽连城之选。谨涓桂月朔日，齐集祖祠，会以文章，绳其世德。堂名延庆，地成锦绣之堆；序应仲秋，笔灿天香之瑞。合生童而同课，笙簧和谐于一家；兼论孟而为文，篡组交修于一日。公评定自月旦，赏格优及前茅。果其吐玉含金，此日尽成宿学。行看攀龙附凤，他年定作伟人。早降是祈，先期以告。③

其内容和要求，乃至希望，与乃祖杨之徐如出一辙。

在会课中，如果名列前茅，尤其是获得第一名者，则不仅可得到祖尝的奖赏，而且在社会上也被看高一头，多以秀才或举人视之。如果表现太差，则不让参加科举考试。因此乡人俗称之为"资格考试"，也称"选拔

---

① 杨之徐：《会文箴语》（雍正七年），《编年录》下编，第284页。
② 杨之徐：《编年录》下编，第295页。
③ 杨朝珍：《白堠杨氏文萃》卷上，1929年，第128—129页。

考试"。①

　　杨氏的文会还是对外公开的，不仅杨姓人可以参加，附近其他各姓人等也可参加。如雍正年间枫朗坎厦人罗时宜，非常羡慕白堠的文风，并想与白堠文人交往，于是探明会期，参加文会。因其构思敏捷，且洋洋洒洒蔚然大观，遂被主试者拔置冠军。白堠生童争相与之结交，后来他于乾隆元年考中举人。② 这种由宗族倡导的开放式会文，不仅有利于读书人之间的学问切磋，而且有助于建立广泛的文人网络。

　　这种会课制度，一直持续到科举制度废除。它对于推动白堠文风的兴盛，应试水平的提高，科举的发达，起了重要作用。

　　随着白堠科举的兴盛，地方文人士绅的增多，白堠的地方风俗逐渐开始浸染"儒"风，从"野"转化到"文"。很显然，在这个转变过程当中，士绅是最主要的推动力量，他们以自己的实践直接对乡村风俗进行了改造。

　　1. 妇女生活习俗的变革

　　近代以来，粤东北山区客家妇女，因其勤劳、社会地位高等个性，备受学者关注。③ 但追溯历史现实，有一个形成和发展的过程。清初白堠士绅以儒家伦理为指导，对传统乡村妇女的勤劳进行肯定和褒奖，对溺女婴等歧视女性的陋习进行抨击，应是这一发展过程中的突出表现。

　　粤东北地方妇女的勤俭耐劳和从事耕作备受世人关注和赞赏，但研究者多以为是近代成为"侨乡"后的产物。④ 如从一个较长历史时期来看，实为粤东地方社会传统。如康熙年间，程乡县的妇女不仅要纺纱织布，而且还要裹饭同男子一起外出劳动："妇女职丝枲，无嬉游。头不缠锦，足不裹帛，馌饷同夫子出入。"⑤ 至乾隆年间，"中上人家，妇女纺织缝纫，粗衣薄妆，以贞淑相尚。至村乡妇妪，椎髻短裳，任田园诸务，采山负檐，未免鄙野。然甘淡泊，服勤劳，其天性也"。⑥ 把下田耕作、上山樵

---

① 2004 年 5 月 8 日，对杨禹功、杨永汉的访谈。

② 民国《大埔县志》卷二十六，1943 年，第 5 页。

③ 典型的研究如房学嘉《客家源流探奥》，广东高等教育出版社 1994 年版；谢重光《客家文化与妇女生活》，上海古籍出版社 2005 年版；房学嘉《关于女性在传统社会中地位的思考——以梅县客家妇女为例》，《妇女研究论丛》2004 年第 4 期等。

④ 胡希张等：《客家风华》，广东人民出版社 1997 年版，第 242 页。

⑤ 康熙《程乡县志》卷一。

⑥ 乾隆《嘉应州志》卷一《风俗》。

采视为妇女的本分和天性，足见其社会影响之深远。

大埔妇女亦如之。康雍年间，"妇女装束淡素，椎髻跣足，不尚针刺。樵汲灌溉，勤苦倍于男子，不论贫富皆然。"① 不论家庭贫富，妇女皆挽发赤脚，上山砍柴，下地耕种，足见其吃苦耐劳具有普遍性。

她们除持家耕田外，甚至还外出挑担，补贴家用。吴震方《岭南杂记》载曰："大埔石上、丰市妇女挑盐肩木，往来如织。雇夫过山，辄以女应。红颜落此，真在屬提劫中矣。"以妇女挑担为人生"大劫"，但在大埔地区则是常态。

明末清初以来，妇女勤苦耐劳在粤东北是普遍现象，如白堠妇女即是如此。下以具体个案为例：

肖翱材贵为进士，其妻杨氏也取得了七品孺人的品衔，但却依然要参加各种劳动。以致后来病逝后，肖翱材深怀愧意，认为是劳累至死。"念汝以杵以爨，以灌以汲云尔若者……汝十年来已从夫得孺人称，向以杵以爨云云者，不可累，汝身为之，而予曾不能食一妪以代汝。"②

杨之徐之母肖氏，为肖翱材之姊，"勤俭佐家计，一丝一粒，拮据靡遗。自奉则恶衣粗食，不喜华靡。"也正因为她的勤俭持家，使杨之徐之父"得苦志下帷，绝内顾忧"。③

杨之徐妻吴氏，"系出湖乡望族，为前明进士四川按察司副使讳与言公元孙女"，出身名门，但依然勤劳本色。在后来的回忆文章《清诰赠太宜人先妣柔俭吴氏行略》中，以其祖母回忆的视角指出了吴氏的勤劳："继王母尝语又时等曰：'自汝母之归汝父也……汝父虽贵，汝母不以骄人。且初归时，尽废簪珥、钗钏以佐汝祖窘。家贫，不能置一力，一切井臼劳苦事，汝母身任，不少诿。稍暇，即业纺绩。"④ 当时其夫杨之徐已是举人，可谓高贵人家，但因为家贫，不仅将嫁妆卖作家用，而且还要亲自参加劳动。

杨之徐中进士后，家虽富裕，并雇有佣人，但他还是强调家人要劳动。尤其是作为家庭妇女的儿媳们，更是应该经营家庭副业，以养成勤俭持家的儒家之风。康熙五十四年（1715）所作《训儿妇》就反映了这种

---

① 嘉庆《大埔县志》卷十一《风俗志》。
② 肖翱材：《哀亡室词》，《松存轩文集》卷下，第39页。
③ 杨之徐：《先妣端懿肖孺人行略》，《编年录》上编，第69页。
④ 杨之徐：《编年录》下编，《行述附》，1924年，第15页。

观念，同时也体现了当时白堠的普遍现象：

> 养猪谷食一年肉，换柴每月一挑谷；篱园蔬菜随时种，一日三餐亦云足。常勤常俭教儿妇，奢侈懒惰风前烛；我不求人身自贵，安分循礼是所勖。①

这些言语体现了士绅阶层对当地妇女勤劳的肯定和劝勉，同时反映了他们用儒家伦理和价值观对妇女形象的塑造。这种儒家观念，在变革传统"溺女"习俗方面表现尤为突出。

在闽粤赣山区，自明代以来受重男轻女观念影响，一直存在"溺女婴"的习俗。②白堠也不例外，杨之徐称之为白堠四大恶习之一。对此，士绅们对这一恶习进行了猛烈的抨击，并为消除这一恶习进行了种种努力。

康熙初年，白堠溺女成风。正如肖翱材所看到的情形："生子而溺之，闻者必大骇，甚之怒于言色，为其不仁也。至于女，则习以为固然，不为怪。""有人于此，举女多至二三，不忍溺。闻者必群起而笑之，曰：'夫夫奚不智也？'"③生女不溺，反被笑话，表明当时溺女之风相当兴盛。这一陋习引起了士绅的深深忧虑。康熙五年，肖翱材为此特意作《溺女诫》，呼吁禁止溺女。认为溺女不仅是不仁不智之举，而且还可能导致人类社会的灭亡。"凡女皆可勿生，凡生女皆可勿举，势必凡有子者皆无室，吾不知其子将何以能有子也，则人类绝矣。"④

杨之徐则以"天地自然之理"依据，对于这一恶习存在的理由进行了系统分析和批驳：

> 有天地然后有万物，有万物然后有男女，有男女然后有夫妇，此天地自然之理也。一人之身，或男多女少，或女多男少，或男女俱无，亦阴阳一定之数。今之溺女者，岂不知我生之，我溺之，太残忍

---

① 杨之徐：《编年录》下编，第29页。
② 宋德剑：《清前期赣南客家婚嫁习俗中的"薄聘厚奁"之风》，载罗勇编《"赣州与客家世界"国际学术研讨会论文集》，人民日报出版社2004年版，第216—220页。
③ 肖翱材：《溺女诫》，《松存轩集》卷下；康熙《埔阳志》卷五《文纪》。
④ 肖翱材：《溺女诫》。

之事不可为哉？私意横胸，贵男而贱女。以为长育一女，又须三年，不如溺之，可早举男，此惑之甚者也。又有言，家贫无养女之资，故不举。假令其育女者，非女实男，亦将曰家贫无养男之资乎？又有言生女须嫁妆，无则取怨于人，故不举。然则生男何不曰人欲索聘而不举也？噫！子女一也，世俗之论，或彼或此，私意耳。彼谓女远离吾家，为他人妇，不若生子之亲切有力。彼焉知生子苟不肖，辱亲累族，反不若女子之贤有能善全其母族耶。①

　　杨之徐认为，男女是构成社会的基石，生男生女，自有定数。如果溺女，不仅太残忍，而且是逆天地自然之理。所谓溺女以速举男、"无养女之资"、女于家无益等理由，与生男相比较，并不能作为溺女的理由。

　　杨之徐的分析合情合理，尤其是从儒家"天理"角度入手，对于溺女陋习进行批驳，有一定警示作用。随着士绅阶层在乡村社会中的影响越来越大，此类现象后来在文献中就很少记载了。甚至在乾隆年间白堠邱氏还定下"不必溺女"的族规："男子女子，皆吾子也。何以忍杀？天地生之，吾故杀之，逆天有咎。且富贵天定之，人为之，不养女者，何曾独富？故曰不必。"②

　　溺女现象减少后，"童养媳"习俗则渐为兴起。肖翱材在号召禁止溺女的同时，指出家贫不能养女，"虽鬻犹愈于溺"。③ 当然不是鼓励村民贩卖人口，而是指有子之家可以卖女做儿媳妇，这种现象逐渐为村人接受。如杨之徐的七弟峨若，娶的就是童养媳："父骑箕，汝才十四龄耳，已抚有而室。年十六生男，夫妻父子之缘俱早。"④ 这就导致后来粤东北地区相当普遍的"童养媳"现象。⑤ 在分析这一现象产生的原因时，不少学者认为与家庭劳动力、山区环境、客家传统文化等因素有关⑥，而忽视了以前的"溺女婴"习俗以及有影响力士绅的劝导和禁止。

　　2. 传统习俗的儒家化解释

　　士绅学以致用，以儒家伦理为指导，利用自己身份和社会影响，对社

---

① 杨之徐：《舟中言》，《编年录》上编，第34页。
② 邱植：《家法》，《槐庭文前集》，第4页，道光四年（1824）刻本。
③ 肖翱材：《溺女诫》。
④ 杨之徐：《哭峨若七弟诔文》，《编年录》下编，第271页。
⑤ 侯国隆：《关于旧时梅州童养媳问题的探讨》，《客家研究辑刊》1995年第1期。
⑥ 房学嘉：《关于旧时梅县童婚盛行的初步思考》，《嘉应大学学报》2003年第1期。

会习俗进行重新解释，提倡符合儒家伦理的社会道德和社会风尚，从而形成了儒家教化。在士绅的笔下，传统习俗因之发生了较大的变化。

（1）"依仿古者六礼"。关于粤东地方传统习俗，不少客家研究者拘于文化认同的中原情绪，往往从中原传统习俗中寻找渊源，认为粤东传统习俗是客家人从中原南迁时带过来的。而其依据，则是以粤东地方传统习俗与自认为是保留中原传统习俗的儒家经典《礼记》等进行比对，其内容大致相同。① 这一方法和结论，是在巨大的时空转换条件下，忽视了传统儒家思想的传播过程以及粤东地方社会在明清以来与中央王朝之间复杂的互动过程中接受儒家正统思想和文化的过程。

大埔的婚俗有一个由传统"野"向儒家"文"明显的变迁过程。宋明时期，妇女对待婚姻可能相当自由。宋代成书的《三阳志》、《三阳图志》记载道：

> 其弊俗未淳，与中州稍异者，妇女敞衣青盖，多游街陌。子父多或另居，男女多混宴集，婚姻或不待媒妁，是教化未洽也。为政者可不思所以救之哉?!②

大埔各姓的开基祖相传多为宋元时人。虽真假难辨，但所见记载反映了相当普遍的夫妻分居或再娶现象。如茶阳饶氏，其开基祖只有祖公四郎公，而无祖婆。后人归之为战乱而遗忘："吾始祖缺祖妣坟墓，并缺氏族，为不可解。以意度之，始祖当时遭乱，从父兄聚居八角楼及久，而后析居来神泉，则祖妣于武平先既卒葬，止契二世祖而来居，亦未可知。但家人父子相传语，何以并忘氏族？此可想乱离播迁之景况也。"③ 白堠杨氏开基祖四十一郎，相传从福建宁化石壁村迁至今大埔西河下北塘阿甲隔，在当地娶妻余氏一娘。后又迁居白堠，但余氏不愿随迁，杨氏又再娶沈氏小六娘，传下今天白堠杨氏一脉。肖氏也有类似传说。肖氏开基祖廿

---

① 如刘佐泉《客家历史与传统文化》，河南大学出版社1991年版；吴永章《客家传统文化概说》，广西教育出版社2000年版；吴永章《客家人生仪礼中的中州渊源》，《中州学刊》2003年5期；吴永章《客家文化的中原印痕》，《寻根》2004年第1期等。

② 《永乐大典》卷五三四三，第12页；《潮州府》之"风俗形胜"门引《三阳志》，紧接着又引《三阳图志》作补注。

③ 饶堂：乾隆大埔茶阳《饶氏族谱》第8册《汇志》，光绪三十一年（1905）重刊本，第103页。

三从江西泰和南溪迁今枫朗溪背坪，娶妻苏氏德惠娘。后肖廿三迁埭北，苏氏竟不随往，而成两地分居之态。坝上张氏开基祖张秀安，娶妻陈氏大娘，生二子兴、盛。陈氏竟随有打铁手艺的儿子张盛迁居饶平，而使张秀安独居。这些现象与儒家所宣扬的"夫为妻纲"等伦理有着相当大差异，反映当时社会生活的"原生态"。

直至明代嘉靖年间建县前后，大埔婚俗还比较注重自然婚配，较少繁文缛节。"以槟榔为聘，父母送女之婚。家设乐张宴，亲迎之礼，惟一二士夫之家行之。其最美者，不论财也。"① 儒家看重的婚俗礼仪"设乐张宴，亲迎之礼"，仅几户士大夫遵行，影响很小。大部分人的婚姻不讲究身份家产，不讲究嫁妆，由父母送女到夫家成亲，地方官对此亦持赞赏态度。

至康熙年间依然如此。"以槟榔果饵为聘，筐篚钗镯之属，一切从省。亲迎之礼，设乐张宴，惟一二士夫家行之。其最美者，不论财也。"② 男女关系，亦无大防。如每至庙会，男女混杂，以致地方官深以为非，还特意发榜禁止。"迩来惑于伪僧，入寺观诵经礼忏，男女溷杂，殊为陋俗，在所当禁云。"③

随着士绅阶层的崛起，士绅在乡村社会的影响和作用越来越大，儒家伦理逐渐取代传统习俗，而成为乡村习俗的主导。康熙中期以后，原来从不履行的冠礼开始有人执行了，婚礼则完全模仿古代的"六礼"进行。

男子年至二十行冠礼，女子至十五岁行笄礼，"今士大夫家有行之者"。三加仪节，也开始有人举行，只是自认为与古礼还有差距。"古今繁简，未能尽符。且于嫁娶时行之，不拘于年岁也。"④

婚礼程序和礼仪则开始模仿古代的"六礼"举行："始曰求婚（请媒婆诣女家求年庚），继曰行定（送钗钏之类），曰送聘（用书启具财币），曰请期，曰扶妆，曰亲迎，大抵依仿古者六礼行之。"而对于传统的"俗之美者婚不论财"，也有新的解释。"然而贵贱贫富不同，循分量力，未能截然画一。故旧志曰'俗之美者婚不论财'，盖自昔然矣。"⑤ 认为各家

---

① 嘉靖《大埔县志》卷七《礼乐志·民俗》。
② 康熙《大埔县志》卷一《地纪·风俗》。
③ 同上。
④ 乾隆《大埔县志》卷十《风土志·民风》。
⑤ 同上。

依据家产多少所行六礼程度不同，就是传统以来"婚姻不论财"的表现。而潮州其他县的时尚是："聘礼用金银，纨绮羊豕酒果，男尚亲迎，女尚厚奁，每至崇饰过度，不得宁俭宁固之意。惟贫家不亲迎，其行聘则槟榔、苟菜、鸡酒而已。"① 大埔与之相较，显得更为儒家化。表明在这一时期，儒家伦理基本渗入平民百姓的社会生活。

就婚俗形态个案而言，以清初杨之徐详述家庭生活的《编年录》所记为例。第一个详记举行"六礼"仪式的是其第五子弦五杨缵绪。其次为六子启宇，即杨黼时；而最详细的是七子季随，即杨演时。

康熙三十九年（1700），杨之徐为三岁的弦五"聘定同仁拔贡蓝乃振公次女为媳。"② 五十二年（1713）四月，"为弦五男行纳采、纳征、请期《婚启》"。③ 四月初七日，蓝乃振亲家《复启》，由吴丰臣姐公为媒。④ 五十二年十二月初六日，"弦五男娶妇蓝氏"。⑤

康熙四十七年（1708），六子启宇出生。3 岁时，为其聘定县城茶阳饶冠人之女为媳，"行问名礼"。⑥ 但至 10 岁时饶氏夭折，杨之徐为之另聘松口李氏。至 17 岁时的雍正三年（1725）十月初二日，杨之徐为其娶妻。"命次男伴饶纯舅往松口，行启宇辞神礼，六金；扶妆代仪，一金；花簪一对。初六日卯时，新妇李氏出门；初七日酉时，入门；伊五胞兄亲送之。"⑦ 从白堠到松口约 100 里，路途遥远，由次子庠生梦时代启宇到松口迎亲，而李氏也由五兄弟送行。

七子季随于康熙五十五年 5 岁时，聘定三河饶氏，行问名礼。10 岁时，"送小定礼仪"。⑧ 雍正五年八月九日，"行季随纳采、纳征、请期礼，共银四十二两。"十一月十三日，"随媳扶粧行辞神礼，六两。"廿七日，"随媳新人饶氏入门。"⑨

很多礼仪合在一起举行。如杨缵绪，虽在 3 岁时就定下婚事，但一直

① 乾隆《潮州府志》卷十二《风俗》。
② 杨之徐：《编年录》上编，第 206 页。
③ 杨之徐：《编年录》下编，第 4 页。
④ 同上书，第 4—5 页。
⑤ 同上书，第 1 页。
⑥ 杨之徐：《编年录》上编，第 297 页。
⑦ 同上书，第 188 页。
⑧ 同上书，第 113 页。
⑨ 同上书，第 234—235 页。

到 16 岁结婚那一年才开始举行其他仪式，在 8 个月之内完成了整个仪式过程。而杨季随则在一天之内完成纳采、纳征、请期三个礼仪，剩下的扶粧、亲迎两个仪式也在两周之内完成。

儒家经典所载婚俗六礼为纳采、问名、纳吉、纳徵、请期、亲迎。① 大埔士绅在解释传统婚俗时，有意用传统"六礼"进行解释，从而出现"依仿古者六礼"的现象。但其行礼年龄，则明显偏小。这可能与士绅倡导禁止"溺女"有关。为分担育女费用，婚聘年龄偏小成为婚俗的突出特点。如杨之徐的三个儿子，都是 3—5 岁就聘定了媳妇，而两个女儿，一个 4 岁受聘，一个 6 岁受聘。这在粤东山区具有普遍性。如嘉应州，"婚自幼小时即定议，送年庚。于是有指日之礼，有问名之礼，将娶有行聘之礼。"② 平远县亦如是："婚姻以槟榔、鸡酒为礼，富者佥资钗钏，不逾百金。而婚期尚幼，有甫成童即婚娶者，平民尤甚。"③

（2）提倡"女节"。湖寮蓝氏、白堠熊氏虽在清初被白堠士绅树为遵守女节的典范，但毕竟不是族中之人，影响有限。至雍正三年，杨氏士绅于族内树立了一贞节典范——蓝贞女。

蓝贞女名宜娘，同仁庠生蓝振峰之女，与湖寮吴氏家的蓝贞女同族。9 岁许配给白堠杨氏尚德公派十三世杨缉济四子杨时雨。康熙五十八年十一月初二日，13 岁的杨时雨因病去世。14 岁的蓝氏竟于杨时雨"断七"之时，"潜托邻妇引路，缟素步至，抚柩号痛，索杖披麻，吹粥茹茶，朝夕哭奠弗懈。"与湖寮吴氏的蓝贞女一样，守孝三年，并立志守节。杨缉济哀其节志，立长子时泰六子思典（1719—）、三子时中长子嘉猷（1717—）为其嗣子。蓝氏含辛茹苦，抚嗣子如亲生，守节七载，因病于雍正三年四月十七日去世，年仅二十岁。④ 临死之前，"犹倩婢扶掖拜舅姑曰：'妇罪不能终养，今从夫地下矣。生不相识，死愿同穴。'"后来族人遵其遗愿，将她与杨时雨合葬。⑤

对于蓝氏未嫁守节、抚嗣存祀之事，族人极为赞赏。蓝氏之死，"士

---

① 《礼记》，《昏义》第四十四。
② 乾隆《嘉应州志》卷一《风俗》。
③ 康熙《平远县志》卷二《风俗》。
④ 杨时化：《蓝贞女传》，《白堠杨氏文萃》卷中，1929 年，第 10 页。
⑤ 乾隆《潮州府志》卷三十《人物·列女》。

夫咸悼之"①,乡中士绅以表彰其节志为己任。其二兄庠生杨时化在其去世后,即作《蓝贞女传》,传其生平事迹。② 因焦弘勋案去职在家的翰林杨缵绪,特作《为本族节妇贞纯蓝氏征诗小引》③,号召乡人作文以表彰其德行,乡人群起响应,应之者众。现能见到的,有进士杨之徐的《娩贞女蓝氏》④、举人杨储英的《挽蓝节妇》⑤、庠生杨缵烈的《挽蓝节妇》⑥、庠生杨黼时的《挽贞纯贞女蓝氏》⑦、庠生杨清裔的《挽蓝节妇三首》⑧、庠生杨德徵的《挽蓝节妇》⑨。

族中士绅将蓝氏生平事迹呈报官府,得到各级官府重视。"呈县,邑侯白日宣遣吏致祭,旌匾'闺秀完贞';儒学陈赠谥曰'贞纯中详';学院惠匾曰'贞女'。"⑩ 知县、教谕乃到广东学政奖匾赠谥,知县甚至派人亲自致祭。担负劝导一省地方风俗的广东学政惠士奇,甚至还亲自旌表其墓,"提学惠公士奇表其墓。"⑪ 官府如此高格调的奖赏,为杨氏宗族争得了崇高的荣誉,同时也为其他女性树立了榜样。而就整个事件而言,完全为乡中士绅用儒家伦理进行经营的结果。

在当地进行田野调查时,对于传统白堠女性,周围村落普遍持肯定态度,认为白堠女性观念保守,贞节观念强,以娶白堠女子为妻为荣。⑫ 追溯历史,这种现象与传统士绅的提倡密切相关。如杨氏,"杨故名族,奖名节,甚至岁时祭祀颁胙,贞女视甲科"。⑬

雍乾年间族长、庠生肖俊章所定《肖氏族规》,关于女性的条文明确规定:

---

① 乾隆《大埔县志》卷九《人物志·闺壸》。
② 杨朝珍:《白堠杨氏文萃》卷中,1929年,第10—11页。
③ 杨朝珍:《白堠杨氏文萃》卷上,1929年,第87页。
④ 杨之徐:《编年录》下编,1924年,第221页;嘉庆《大埔县志》卷十八《艺文志》。
⑤ 杨朝珍:《白堠杨氏文萃》卷下,1929年,第76页。
⑥ 同上书,第4页。
⑦ 同上书,第84页。
⑧ 同上书,第88—89页。
⑨ 同上书,第89页。
⑩ 乾隆《大埔县志》卷九《人物志·闺壸》。
⑪ 乾隆《潮州府志》卷三十《人物·列女》。
⑫ 2005年10月16日,对蕉里人张在更的访谈。
⑬ 民国《大埔县志》卷三十,1943年,第11页。

凡妇人于其母家，二亲存，礼有归宁；无者，不许。或有庆吊，势不可已者，亦听之。女子年至八岁，不许随母到外家。余虽至亲之家，亦不许往。违者，责罚其母。①

可见，至乾隆初年，对于乡中妇女，尤其是未嫁女子已有严格规定，形成了“男女大防”、严守妇德的风气，与康熙以前有显著不同。

这种风气的变化亦可从登载于《县志》中的节贞孝妇数量的不断增加上体现。《县志》登载节妇，表彰忠贞，其目的，如编者“按语”所言：“闺壸彰风化，著彝章，发潜德之幽光也。”② 而载于县志，向有严格的要求，须遵照国家典章制度规定：“《会典》内开妇女三十岁以前夫亡，守节至五十岁以后，完全节操者，查明旌表。又凡妇女守节五十载以上、逾四十岁而身故者，定例亦准旌表。”③ 明嘉靖三十六年《县志》“贞节”只1人，康熙二十五年的《县志》中“节妇”共21人。至乾隆九年修《县志》时，所载忠贞之事大量出现。对此，编者以见证人的身份说：“以予所闻，埔邑妇女，在绅士家从一而终者固多。即当时寇乱不为强暴所污而亡者，亦复不少。今据各绅衿、乡练人等举报贞节，数至盈百，虽曰王化之隆，毋亦书不胜书。”最后符合规定而载于县志者103人。④

白墄女节事，嘉靖年间没有，康熙《县志》载了2人，乾隆《县志》则登了27人，占全县总数的1/4。以全县20甲计算，远远超过全县平均数。可以说，这种现象的出现，是国家教化的结果，更是乡中士绅用儒家伦理进行推动和表彰的结果。

当然，对于理解大埔妇女节烈之风，除了士绅的教化、提倡之外，还须从当地社会历史中去理解。当地妇女一向以吃苦耐劳著称，较有独立的经济和社会地位。因此，在丈夫去世后，依然可能凭借自己的劳动维持生活所需，从而为“守节”提供了经济保障。正如后来嘉庆年间大埔知县洪先焘所分析：“守节之妇，抑何盛也？盖裙钗失所天，苦于荏弱，动辄需人，则无以自固矣。埔女持家作苦，习为固然。设有不幸，加以勤俭，犹可自立，则胡为贬节事人哉！语云：‘健妇当男’。又云：‘劳则忘淫’。

---

① 肖俊章：《族规》，肖惠南《肖氏族谱》卷二十一，1935年稿本，第182—185页。
② 乾隆《大埔县志》卷九《人物志·闺壸》。
③ 同上。
④ 同上。

埔妇之节，埔俗有以成之矣。"①

（3）"立嗣"问题。在传统儒家观念中，宗族中的每一房都有其独自的宗祧关系，理想上各房宗祧应该世代传承，否则即为绝后。"不孝有三，无后为大"②，对于具有传统儒家理念的族人来说，绝后是对祖先不孝，也对自己的来世无法交代。同时，绝后还意味着死后没有人为自己续香火，得不到祭祀，将成为孤魂野鬼，为害人间。因此民间多尽量避免，从而有过房继嗣等各种补救措施。

陈其南在其名著《家族与社会：台湾与中国社会研究的基础理念》中认为，"过房是一种纯系谱性的'收养'，即被收养者只改变其系谱上的宗祧关系，而不改变其家庭生活之安排。""过房大部分为口头约定，而只表现在祭仪的形式上。在家庭生活方面，A 死后其家户即因无人承继而绝户，B 的儿子 C 虽过房于 C，但仍居住于 B 家庭中。即使过房的约定在 A 死前即安排好，也不影响过房子之家庭关系。实际上，过房的形式只能在收养人死后的祖先崇拜仪式中表现出来。"③

这种观点仅是一种理想化的讨论，没有考虑死者还有妻子和握有家庭大权父亲的作用和影响，实际生活要复杂得多。继承的传统，在岭南地区相当普遍，而且所见多为实质性的过继，而不仅仅表现在祭祖仪式上。下以白堠杨氏为例。

杨绍时为杨之徐三子，康熙四十三年（1704）八月娶杨之徐好友吴羔之孙女吴氏为媳。四十七年（1708）七月，绍时病死，没有传下后代。九月十五日，杨之徐召集亲友，举行过继仪式，将次子梦时 1 岁的次子一皇过继给吴氏，立有嗣贴——《为敏特亡男立嗣》：

> 立嗣帖，弘农郡企南堂父杨慎斋为嗣立事。窃以天地生成，虽有缺憾，父母补救，自可完全。余年及知命，生子六人，不幸三男绍时，年仅廿三早逝。目今六子，授室者三。绍时妻吴氏，未及生育，遽失所天，茕茕嫠妇，实可哀悯。因思次男梦时见举二子，将来生息必多，且兄弟至情，素为友爱，姑娌间亦融融洩洩，乃以其次子一皇

① 嘉庆《大埔县志》卷十七《列女》。
② 《孟子》卷七《离娄章句上》。
③ 陈其南：《家族与社会：台湾与中国社会研究的基础理念》，（台北）联经出版事业公司1990年版，第183—184页。

嗣之。在次男夫妇亦体父衷，承命惟谨。爰于九月望旦之吉，集内外宗戚，昭告宗祊。赐一皇名曰必蕃，盖预期光大于此日也。自嗣立之后，必蕃于婶则母之，于本生父母则伯而伯母之。他日余所有产业，亦应作一房均坐。其抚养婚娶，读书教训，在吴媳自宜尽母道。呜呼！木虽殊支，原同一本。孝友之家，天祖式佑，节义之室，大小咸和。立嗣帖付吴氏收据，其尚克励松柏之操，以迎绵瓜之庆。①

在过继仪式中，嗣子一皇被改名为必蕃，并昭告祖宗。依据嗣贴，必蕃的"抚养婚娶，读书教训"，全由吴氏负责，吴氏承担起真正母亲的责任。杨之徐承诺，"他日余所有产业，亦应作一房均坐。"果然在康熙五十七年杨之徐六十岁分拨家产时，除长子多分外，诸子均分。"生男七，各拨田租三十石。又时嫡长，加十石焉。余悉留作余夫妇烝尝。楼屋诸地，均匀配搭而七析之，阄分立簿，分排照管。"其中绍时那一份就由嗣子必蕃继承。"三男绍时嗣孙必蕃，阄坐坝上田租三十石，并带田居一座，原带官民米三斗一升六合正，有管家税母六分，经管京揆配银去讫。企南楼上厅右边正间二榈并棚间右边上节横屋三间，东南阁片楼四分之一。"② 后杨必蕃在吴氏的教诲下，于乾隆元年与堂兄弟杨文振、杨大猷、杨缵烈同科中举，人称"同堂四举"。乾隆七年成为进士，为杨之徐家族赢得了"三世科甲"的称誉。

两年后杨之徐四子懋时去世，妻子庐氏不生育，杨之徐再以长子的儿子一廱过房给懋时，于康熙五十九年正月廿五日亲自书写《立嗣贴》，其内容如下：

> 弘农郡企南堂父慎斋为嗣立事。余生男七，前三男绍时不幸夭逝，已以次男梦时之子一皇为嗣承祀。今四男懋时，又年方三十而遽殒。先娶温理林氏，续娶庐氏，俱未有生育。庐氏茕茕孀守，实可哀悯。爰命长男又时以其第四子一廱为之后。诹兹吉日，集内外宗戚，昭告宗祊。自嗣立之后，一廱于婶则母之，于本生父母则伯而伯母之。所有四男愿恚一分支坐产业，俱归一廱管守。至于抚养教诲，成

---

① 杨之徐：《编年录》上编，第 273—274 页。
② 杨之徐：《诸男支分簿序》，《编年录》下编，第 83 页。

人婚娶，庐氏自宜克尽母道。呜呼，天地不无缺憾，父母曲施周全。守节义以昌厥后，力勤俭以绵其家，庐氏尚其勉乎哉！特立嗣帖一纸，付庐氏媳收执存照。[①]

从仪式看来，过继立嗣是家族中的大事，即便过继的是嫡亲胞侄，也必须举行仪式，开祠祭祖，备宴席请亲友作证，征得族长认可。从内容来看，财产由嗣子继承，嗣子的抚养教诲、成人婚娶由嗣母负责。而其目的，不仅是传承懋时一房血脉，而且也是安抚"茕茕孀守，实可哀悯"的庐氏，因而是一种实质性的过继，家庭社会关系发生了根本性改变。

礼制主张，立后以同宗辈分相当之人为宜。为了宗祧的纯洁性，立嗣必取于同宗。《仪礼·丧服》说："何如而可为之后？同宗则可为之后。"同宗立后又须择同辈人，以维护尊卑秩序。如《礼记·月令》说："无子者，听养同宗于昭穆相当者。"后代以礼入法，礼法合一，礼制的这一主张被完全吸收到法律中来。唐代《户令》规定："无子者，听养同宗于昭穆相当者。"唐代的这一继承法为宋元明清所继承。[②] 杨之徐以次子之子为三子立嗣，以长子之子为四子立嗣，昭穆得宜，完全依礼制行事，将整个立嗣过程儒家化。

（4）冥婚个案：肖祺老与杨媛的"联姻"。所谓冥婚，是指未婚男女死后由亲友完婚结成夫妇的习俗，又称为鬼婚、冢婚、幽婚。先秦时称"嫁殇"。《周礼·地官司徒》载："禁迁葬者，与嫁殇者。"据东汉著名经学家郑玄的注解，"迁葬"指生时非夫妇，死后合葬；"嫁殇"指未成年也未嫁而死者举行婚礼并合葬。"嫁殇"虽不合礼制，但此俗一直在上层和民间社会流行。清代以前的粤东地方社会，则罕见记载。

康熙六十年二月十六日，在北京参加会试的杨之徐儿子杨缵绪与在翰林院任职的表叔肖宸捷相会时，在他们的家乡白堠，杨之徐正主持举行一场盛大的冥婚仪式，肖宸捷的家人为其四子肖祺老迎娶进士杨之徐五年前去世的女儿杨媛娘合葬。"肖家迎贞淑媛娘，仝祺老合葬磜碇下。"[③] 这虽只是白堠地方社会地位最高的两大科举世家的一次联姻，却因杨之徐女儿的节烈事迹引起地方社会很大的轰动。

---

① 杨之徐：《诸男支分簿序》，《编年录》下编，第109—110页。

② 常建华：《宗族志》，上海人民出版社1998年版，第167页。

③ 杨之徐：《编年录》下编，第113页。

　　杨之徐女儿杨媛生于康熙三十九年五月初七日，四岁时被杨之徐舅舅肖翙材的儿子肖宸捷（即肖俞聘）聘为其四子系灿（家名禖老）之媳。康熙五十年，肖宸捷考中举人。五十二年，肖翙材去世。五十四年六月六日，年仅十五岁的肖禖老因病去世。杨之徐记曰："俞聘之子禖老壻去世，年方十五，可哀也。"表达了女儿未被娶过门而女婿已死的哀叹之情。而杨之徐的女儿杨媛，在肖禖老死后，对未嫁的夫婿一往情深，表现了前所未有的忠烈。其具体细节，在《肖氏族谱》中有详细描述：

　　　　十三世系灿妻杨氏，进士杨慎斋公之第三女也。聘而未娶，岁乙未（康熙五十四年），灿以疾卒。氏年始十五耳，闻讣，于暗室悲哀，不敢令人知者屡矣，坚志欲归肖。或多方劝之，弗答。自是少在人前，不言不笑，不膏沐，一切首饰、美衣悉摈而不御。虽伯叔有吉事，以酒召，不往，绝迹不出门。如是者久，父母知其志之坚也，亦欲成之，绝不他议婚。氏闻灿之墓在曲滩，于大路可见，然不得私往见也。乃预为行路装具，于丙申（康熙五十五年）五月四日特告母以幻住庵一行。母为之喜，急觅身偕之往，以为可藉以宽其忧也。及抵寺，而不言不笑者依然。越三日，早，携婢突出寺门，迅步去。寺尼留之不得，母与嫂尾之。氏促婢急奔过夫墓，遥望而恸哭之。母将追及，乃泪嘱婢勿拽。到家即绝饮食，卧病不起。越二日，在寝见灿之往娶也，数命婢待之茶。至十二日未时，卒。询之婢，乃前之往寺也，志不在寺，特假道以哭夫墓耳。①

　　禖老为系灿的乳名，是杨之徐三女未婚夫。对于女儿之死，杨之徐甚为同情。《肖氏族谱》记曰："慎斋公哀其女之志未成于生前，将完之于死后，欲以女与婿合窆，谋诸灿之父，皆同。未得吉所，迟至壬寅（六十一年），乃迎杨氏柩与灿柩合葬，随奉主入祖祠。"②

　　由此看来，举行冥婚以成就杨媛从夫之志，似乎是由杨之徐提出来的。但从当时杨之徐所著诗文内容看，实由肖家提出。杨媛在肖禖老死后的节烈表现，也可证诸杨之徐的诗文。杨之徐的《哭媛女》诗曰："怜汝

①　大埔《肖氏族谱》卷二十，1935 年稿本，第 75 页。
②　同上。

生何促,年才二八过。郎夭心欲割,病剧影偏多。谁识入泉路,聊成当哭歌。乾坤如有意,结带北山阿。"诗下注曰:"俞聘亲家有合葬之意,故结句云然。"① 在死后"三七"时杨之徐所写的《哭媛女成服》中,对女儿之死表达了不解与同情之情:"汝性温淑兮,汝巧谁俦。病不数日而毕命兮,令我莫解其由。汝夫夭亡兮,汝心沉痛如抽。父虽强语劝解兮,知汝郁郁泪频流。讵意未周一岁兮,汝亦相随而仙游。岂姻缘之难割兮,生不了而死是求。汝之翁姑将迎汝以合葬兮,觳不同室死同丘。谋立嗣以承祀兮,汝亦可少慰于冥幽。"② 并告慰女儿其翁姑将会把她与夫合葬并为他们谋立后嗣,从而可以永享香火。

康熙五十七年(1718),肖宸捷考中进士,并成为白堠第一个翰林,任职京城。他继其伯父肖翱材后,再一次为肖氏、为白堠赢得社会最高声誉。

合葬之议于在康熙六十年实现。二月十六日,肖家派人将杨媛娘的棺材接至礤硿下,与肖祺老一起合葬。"卯时移枢,亥时安葬。"③ 整个过程名义上是肖家人办理,但所有告文,都是由杨之徐撰写,因而实由杨之徐一手操办。在整个仪式过程中,其所作具有代表性的祝文如下:

《代作祺老同媛妇女合葬升輴祝文》:

> 缘由天定,礼以义宜。惟尔夫妇,作合自儿,盟心共矢,未入结禠,儿先告殒,使我心悲。媳亦御恓,隔岁下随。今迎合葬,以慰尔私。灵輴载道,先后手携。觳则异处,死则相丽,忘哀而喜,牲酒陈词,幽魂不远。尚其歆兹。④

《代作进葬祝文》:

> 乾坤一气,偶配成缘。百年伉俪,快自幽泉。卜山之吉,卜日之妍。具兹牲醴,祗告枢前。神归寝庙,形惬窀穸。永固其宅,不崩不

---

① 杨之徐:《编年录》下编,第43页。
② 同上书,第43页。
③ 同上书,第115页。
④ 同上。

骞。佑昌尔后，祀泽绵延。①

《代作入主虞祭祝文》：

　　昔为杨女，今嫁肖郎。虽暌于室，而合于藏。礼诚创举，情慰渺
茫。形归窀穸，神返庙堂。聿行虞祭，以镇彷徨。欢联二姓，庆合宗
祊。饮之食之，附主祖旁。将谋嗣继，承祀孔长。②

　　从祝文内容可知，合葬不仅仅是两姓联姻的仪式，而且夫妻的神主牌
也入了祖祠，享受宗族祭祀，并将谋立继嗣，永享子孙香火，从而免于成
为夭殇的孤魂野鬼。对此，杨之徐认为这在礼仪上是创举，"礼诚创举"。
　　合葬时间应以当时参与人杨之徐的记录为准，不是《肖氏族谱》所
记的康熙六十一年，而是六十年二月。合葬之事因杨媛的节烈事迹而引起
地方士大夫的关注，"里闾闻其事，莫不哀之，慕之而赞美之，名播外
邑。梅州岁贡侯讳汝耕先生赠联曰：'隔岁倡随盟缴日，百年伉俪快泉
台。'"肖家人将此联"镌之石碑，以志之。"③
　　为完善女儿的贞节之事，使女儿女婿受到子孙后代的祭祀，杨之徐特
意置买田地作为女儿的祀产。康熙六十年十二月廿六日，杨之徐以儿子杨
缵绪考中进士点为翰林所得贺金，"为媛女买吴家畲田租九石，价银四十
八两正。"④
　　至雍正三年（1725）七月十七日，肖系灿之弟肖瑞将新生长子育秀
过继给三兄系燉为后，并请杨之徐看嗣贴，续下肖系灿与杨媛的血脉。⑤
杨之徐为此"具八仙绸袄食盛贺之"。并喜作诗《媛女立嗣育秀》："瑟瑟
幽魂已十年，今朝快睹一儿延；并头纵是枯莲结，含恨须知毓后贤。"⑥
此时肖宸捷已死于北京任上，并运回家乡安葬。
　　杨之徐的置产与肖瑞的立嗣，使杨媛的节烈事更为完美，从而获得很

①　杨之徐：《编年录》下编，第116页。
②　同上。
③　大埔《肖氏族谱》卷二十，1935年稿本，第75页。
④　杨之徐：《编年录》下编，第115页。
⑤　大埔《肖氏族谱》卷二，1935年稿本，第72页。
⑥　杨之徐：《编年录》下编，第198页。

高的社会评价："一与之醮，终身不改者，节也，恒有之。其不可及，莫
如未适而过门守节，抚式谷以存夫祀者。乃兹不以昭昭之行闻于人，深闺
守志，死持一节，究亦有以存夫祀于勿绝，生不同衾，死而同穴，此节之
尤奇者。孤月照楣并光明，玉露浸坟同皎洁。谥曰贞淑，非毓自乾坤，正
气不能也。"[1] 认为婚后守节常见，未过门而守节抚嗣少见，而未过门守
节而卒却存嗣，更为罕见。杨媛在其父等人的帮助下做到了，因而在社会
上引起强烈反响。肖氏宗族因之特意为她在族谱中立传。

大埔县令蔺焘在乾隆九年所编的《大埔县志》中，亦于《闺壶》中
志其事。"杨氏媛娘，进士之徐女。五岁肖太史宸捷聘为第四子系灿妻，
未娶身故。氏年十六，闻讣哀痛，屏去膏沐，绝饮食，病卧不起，逾五日
而殒。"[2] 不过，县志为突出其节烈，表现其恪守儒家伦理，谓杨媛在肖
系灿死后五日亦绝食而死，太过夸张。实在一年后才死，而且当时肖宸捷
只是举人，二年后才中进士，点翰林。

由杨媛的去世至冥婚、立后乃至县志立传的过程可知，当时杨媛只是
守志而已，而其父及夫家出于儒家伦理的目的，为其举行冥婚、立产、立
后，进而立传，引起全社会关注，使未嫁的杨媛有了婚姻、祭产和传人，
完全成为一个儒家伦理的宣传和流播的工具。杨之徐这一创举，与其说是
为死者赢得社会声誉，不如说是为了让生者接受传统儒家伦理的社会
教育。

3. 解读风水：社会生活的策略

1967 年，弗里德曼在一篇学术论文中提出了对中国人的祖先在风水
制度中的看法。他认为："作为一副骨头，一个祖先已经不再能支配他的
后嗣；他是受他们的摆布的。他们不再崇拜他，而他则侍候他们的意
图"。"利用风水，人们用他们祖先作为手段，以达到他们的世俗的欲望；
他们在如此做时，已经不是在崇拜祖先，而是把他当作东西在利用了。崇
拜祖先是将蕴含于嗣系中的权威仪式化，但在风水制度中这种情形倒过来
了，在这里子孙争着强迫他们祖先给予好运，把先人当作傀儡，而支配原
先应属支配者，在祖宗崇拜中，祖先是被崇拜的；在风水中，祖先却成为

---

[1] 大埔白堠《肖氏族谱》卷二十，1935 年稿本，第 75 页。
[2] 乾隆《大埔县志》卷九《人物志·闺壶》。

从属者。"① 为祖先找风水,往往成为子孙在现实生活中所利用的一种策略。白堠人崇信风水现象,似乎也是出于这种策略的考虑。

(1)风水:从批判到利用。崇先报本、尊祖敬宗的社会意识,源自儒家伦理的直接影响。如曾子曰:"慎终追远,民德归厚矣。"② 陈进国研究认为,随着明清以来风水观念的流行,以"好风水"葬祖先以表达"孝敬"成为一种社会普遍现象,也成为士绅利用世人崇信风水的心理教化庶民的一种方式。③ 以杨之徐为代表的白堠士绅,对风水有一个从批判到利用的过程。这一过程除个人境遇不同外,人口的增加和资源竞争的激烈,是其主要社会背景。而以儒家伦理教化乡民,则是其主要出发点。

康熙二十二年(1683)六月二十八日,在送三兄杨凤来去留隍书馆途中,杨之徐"参商"白堠风俗,认为"喜谈地理"是白堠四大恶习之一。而这一恶习的产生和发展,认为"其源由绅衿开之,而其祸蔓于小民,莫知所底止。"他对这一恶习做了深入分析和批判:

> 葬亲者,孝子之道。卜地而葬者,因南方卑湿之地也。人至于死,如草木之黄落,如花果之凋谢,尚复知其安身之吉与不吉,以作福子孙也哉?特为子者,不忍吾亲之死,故亲虽死而视之如生,必择干净之土,建置茔室,子心始为无憾。此亦犹王者郊天祢庙,极仁人孝子之用心于不穷者也。今则动云子孙富贵、贫贱、贤与不肖,皆由地理。然则上古不葬其亲之时,将遂无帝王乎? 若夫盗葬构讼,以致暴露,尤为逆天害理。古者既殡而谥,既谥而葬,凶事不豫,礼也。今人之身未死,先自议谥,建立生基,曰吾百岁后,送吾往居焉,何其惑也。所忧者,生之前身不修,家不均,安死后? 非所虑也。或曰:"汝三兄尝欲求吉地矣,今子之言若此,何谓同志?"曰:"然,予已以此规告之矣。予三兄亦哑然而笑,俛无以答也。"④

---

① 转引自李亦园《中国家族及其仪式:若干观念的检讨》,《中研院民族学研究所集刊》第 59 期。
② 《论语》卷一《学而第一》。
③ 陈进国:《信仰、仪式与乡土社会:风水的历史人类学探索》,中国社会科学出版社2005 年版,第 579—589 页。
④ 杨之徐:《舟中言》,《编年录》上编,第 35 页。

　　从这一表述中可知，当时人们普遍认为，子孙的贫富贵贱是由祖先的地理风水好坏决定的。安葬祖先的"吉与不吉"，是以祖先能否"作福子孙"为标准。所谓"吉"，是安葬后棺骸完好，骨骸呈黄色。所谓"不吉"，指棺内"非水则泥、则蚁"[①]，骨骸为黑色等。"吉"证明是好风水。"不吉"则表明是不好的风水。但吉与不吉，可能不是取决于骨骸的颜色，而在于子孙是否得到祖宗保佑的体认。因此寻求好风水葬祖先成为人们追求富贵的手段，崇尚风水成为社会的习俗。

　　杨之徐认为，绅衿之所以讲究风水，可能源自孝道，但却导致整个社会过于推崇风水，因而变了样，"今则动云子孙富贵、贫贱、贤与不肖，皆由地理。"但"人至于死，如草木之黄落，如花果之凋谢，尚复知其安身之吉与不吉，以作福子孙也哉？"认为以祖宗安葬的"吉与不吉"来衡量是否"作福子孙"是没有根据和道理的。尤其是因讲风水而出现"盗葬构讼，以致暴露"，认为"尤为逆天害理。"对于人们自定谥号、自建生基的习俗，认为都与礼法不合，是"何其惑也"，应持批评和否定态度。这些表明25岁的杨之徐对风水的本质和危害有深刻的认识，是非常反对风水的，并以此对信奉风水的三兄作过劝告。

　　现实生活的例子也为杨之徐的观点提供了充分的佐证。康熙三十九年（1700）八月，尚德房十一世杨鹤龄（1610—1705）过九十一大寿，族长杨之徐亲自"携酒肴往祝"。杨鹤龄回顾自己的人生经历，针对当时盛行的风水习俗，很是感慨地说："风水之说，不可尽信。吾年已九十余，常见有劳苦子孙卖其祖父之坟者，开穴皆吉居多。而又屡有富贵家之子孙，开视其祖父之坟，多不吉，非水则泥、则蚁。由是观之，风水其可为凭乎？且终年将祖父骨骸移东徙西，于孝子孝孙之心安乎？古人云：'人死难保百年骸。'今置一物于房屋之中，尚有朽湿虫蛀，而况埋入土中棺骸，焉得不坏！但寻无风煞安稳之处葬之，勿复动，足矣。"[②]

　　从杨鹤龄多年的见证可知，当时虽然流行风水，但"吉"与"不吉"与保佑与否多不应验，劳苦子孙所卖祖坟为"吉"穴，富贵子孙之祖坟多为"不吉"，因此告诫族人不要相信风水，不要"终年将祖父骨骸移东徙西"，否则不合孝道。杨之徐听后很感动，认为："此真老人格言也。

　　① 杨之徐：《编年录》上编，第215页。
　　② 杨之徐：《述胎先祖叔格言》，《企南轩诗文集》卷三，第39页。

谨识之,以示后人。"① 特意将它记录下来,作为对族人和子孙后代的警示。

杨之徐虽然曾激烈批评风水,认为纯属子虚乌有,但当他成为族中首领、身份发生变更,发现可以用风水来达到自己推广儒家伦理的目的后,便积极参与其中了。

这种态度,在其为九世祖的"百子窠"风水灵验传说作辩解时,特意指出不是因为风水的缘故,而是由于祖先的"盛德"所致,只是借助风水而已。从而在风水的基础上增添了儒家伦理的内容,重新解释祖宗的灵验故事。

> 当时有形家程定山者,吾潮之揭阳人也,精于其术,直斋公笃信之,始营寿城于下坑,石茔及碑字,皆祖亲为而亲书之者。事毕,出百金谢程。程感其诚,谓直斋公曰:"公得此佳城,子孙绵远,可操券卜"。但目今人丁稀少,指寿域之近山一穴,曰:"急图之,丁旺必矣。"固预名其山曰:"百子窠。"直斋公享年九十三,敦义公后一年卒,年仅四十四。遗嘱必葬于父侧,不忍离也,如其言。葬之后,以不吉迁葬百子窠。敦义公五子二十九孙,传曾孙百余,程定山之言于是验矣。敦义公、新泉公虽分二房,而其寔一脉,故今有五大房之称。
>
> 固轩公春秋茔,程定山谓直斋公曰:"此乃因军破败、覆宗灭祀之地也。"直斋公以告其侄尧、舜、汤、孔,谋欲改葬焉。适为其姊夫孝廉李讳诏者止之,遂不果。后卒如定山之言,以是益验其术之精去。
>
> 慎斋之徐曰:有是哉,形家之言之验也。倘亦吾祖盛德天眷,宜昌厥子孙,故假手于定山而为之乎!余恐后人之惑于堪与舆,而忘祖德之根本也。特表而出之,以跋其后。②

在此,杨之徐明确指出,杨淮房族的崛起与兴盛,不是由于风水,而是因为祖父积德深厚,因而得到上天的特别眷顾,只是假手程定山的

---

① 杨之徐:《述胎先祖叔格言》,《企南轩诗文集》卷三,第39页。

② 杨之徐:《八世祖直斋公祭簿序》,载《编年录》下编,第15页。

"风水"体现罢了。"吾祖盛德天眷，宜昌厥子孙，故假手于定山而为之乎！"因而认为子孙们不要只记得程定山风水的表面，而忘记祖父积德的根本。

既然风水可以成为道德的载体，当然就可以利用风水来宣扬道德了，这样风水也就成为士绅维护和宣杨儒家伦理道德的工具。因此，杨之徐对风水的态度明显改变，甚至毫无顾忌地寻找风水，而不顾以前对风水所持的批评与否定态度。更让人吃惊的是，对"喜谈地理"恶俗进行批判的杨之徐还亲自实践以风水理念为核心的"二次葬"。

对于"二次葬"的研究，是岭南风俗尤其是客家风俗研究的热点。纵观前人的研究，多持批评态度，认为于理论与传统儒家伦理不符，于社会导致风水之争不断，败坏社会风气。① 而对其渊源，或认为是因受中原南迁的社会因素所影响②，或认为是对南方土著传统习俗的继承。③ 而很少结合个案探讨当时人对二次葬及风水的态度和观念。

从一个较长时期的来考察，"二次葬"习俗无疑是对南方传统习俗的继承。但传统儒家伦理认为葬俗应严藏为佳，讲究"入土为安"，不能再进行以检骨重葬为特征的"二次葬"。《礼记·檀弓上》载曰："葬也者，藏也。藏也者，欲人之弗得见也。是故衣足以饰身，棺周于衣，椁周于棺，土周于椁，反壤树之哉。"以儒家伦理为指导的士大夫对此的态度，则见仁见智。茶阳饶氏为明末以来大埔著名的世家大族，也是粤东宗族社会的典范。饶相在嘉靖三十二年（1553）致仕归家后，采用《朱子家礼》，对宗族进行整合。清初的杨之徐作为饶氏宗族的女婿，多次前往观礼，对饶氏的做法极为赞赏。这在乾隆四十八年（1783）饶堂所撰《汇志》中有所反映："吾家之得发名成业，郡邑推望族者，自三溪公父子孙。三世科第，皆习《礼记》，以占科名。至曾孙一辈，治《礼记》入庠校者且十六七人。故吾家遵用《朱子家礼》，独称详备。杨光山慎斋公为门婿，日观礼于吾家。每叹曰：'宪翰父子以礼经起家，其所用之礼，如

① 张泉清：《试论"二次葬"的废革》，《客家研究辑刊》1995 年第 1 期；吴永章：《客家传统文化概说》，广西教育出版社 2000 年版，第 151 页。

② 典型的如罗香林《客家研究导论》，梅州《兴宁文史》2003 年排印本，第 81 页；韩素英：《客家人的起源及其迁徙经过》，《客家研究》第 1 辑，同济大学出版社 1989 年版，第 86 页。

③ 吴永章：《客家传统文化概说》，广西教育出版社 2000 年版，第 149 页；川口敦司：《广东族群捡骨重葬习俗的人类学研究》，博士学位论文，中山大学，2001 年，未刊稿；等等。

祫祭、尝祭有期，特荐出主，以真容代尸，已葬不洗骸，扫墓用白贴，其规制犹见古义之存，非他族所及。'"① 饶氏"已葬不洗骸"，说明以《朱子家礼》为指导的饶氏家礼不行"二次葬"，这是饶相对传统礼俗改造的结果。

流行"二次葬"，时人认为主要惑于"风水"之说。杨之徐对这种习俗持反对态度，并以身边事例进行实证。② 但于个人行为而言，依然无法免俗。尤其到了晚年，对风水有着相当的热情，甚至是狂热。为了得到好的"风水"，屡次迁葬已故亲人的骨骸。

康熙四年（1665）其母肖氏去世，卜葬于塔背窠。康熙二十五年（1686）春，杨之徐家人发现母葬"不吉"，而迁葬于旧寨，与庶母合葬。二十八年（1689），"偷视旧寨迁穴，嫡母见凶，而庶母无恙也。"又将其母迁葬于漳田坑。

康熙二十七年（1688）三月，杨之徐考中进士，前途无量，杨之徐家族社会地位大大提高。这一年十二月，杨之徐之父杨士薰病逝，杨之徐为其父举行了相当隆重的丧礼。依其《编年录》所记，当时地方官员、同宗、乡党、姻亲及杨之徐的同年都写了诔章进行吊唁。花费亦相当大，全由新科进士杨之徐承担。"丧费浩繁，一身独办，不以分文累兄弟。"③

可能因二十八年没有吉利时辰，棺木放置于家未葬，而全家移居潮城北门四人桥居住。至康熙二十九年（1690）三月，才将康熙三年去世的母亲肖氏骨骸取出，与父亲合葬于高坡。但至康熙四十年（1701）正月廿一日，因任河南光山县令二年而被诖误撤职回家的杨之徐，可能认为于父坟保佑不力，亲往高陂启视其父母之墓，发现父坟入水不吉，乃移柩回乡。

至康熙四十八年（1709）六月初四日，年方二十九的长媳吴氏身故，以为家事不顺，可能还是父坟未妥。因此在十月初十日，重葬考妣于下村之旧地，"封高塚，开月池。"由其三兄仪廷负责，共花费银子五十余两。

康熙五十四年（1715），57岁的杨之徐结识了来自江西瑞金的风水先生王文监，开始结下长达数十年的不解之缘。四月，用王文监所看风水，

---

① 乾隆《茶阳饶氏族谱》第 8 册《汇志》，光绪三十一年（1905）重刊本。

② 杨之徐：《述胎先祖叔格言》，《企南轩诗文集》卷三。

③ 杨又时等：《显考慎斋府君行述》，杨之徐：《编年录》下编《行述附》，1924 年，第 3 页。

安葬岳母蓝氏于九龙头。五月，用王文监所看之风水，为自己在下坝横塘子建筑寿基。可能还是感到父坟风水的不妥，于康熙五十六年（1717）二月将葬于下村的考妣棺柩取出，移入"巡寮"，即"幽居"。六月初二日，又改葬祖母坟于河北下坑。康熙五十七年（1718）九月初十日，用王霞龄所看的风水，改葬亡妻吴氏坟于三河凤凰渠。

康熙五十八年（1719）正月初一日，杨之徐二兄杨沧腾中风死于茶阳县城赴任船中。杨沧腾于康熙二十六年（1687）获得岁贡功名，在家候选32年后，终于接到新宁教谕任命，"起文赴任，忽遭不幸。"① 二月初四日改葬父坟于旧寨"天穴"，祔葬庶妣李氏。在所撰《进葬先考祝文》中，对于历年来屡移父坟及其原因作了回顾和解释：

> 呜呼我父，幽宅屡移。高陂不吉，下村卜居。历十余载，反复生悲。运蹇识陋，子道有亏。丁酉维夏，先妣定基，下坑河北，相土攸宜。今营天穴，龙势耸巍，悼垂峡秀，砂水重披，旧寨之巅，实天之贻。敬诹吉日，安厝于斯，附我庶妣，千祀永垂。佑厥子孙，福禄绥之。牲醴告奠，鉴而歆兹。②

而对于旧寨"天穴"风水，杨之徐甚感满意，其所撰《完坟祝文》言：

> 穴聚于天，卜吉再迁。龙雄障护，旧寨之巅。天房入首，狮象列前。来迎巽水，罗堠握咽。重重锁闭，富贵双全。坟工已竣，牲醴告虔。清明期届，悬挂纸钱。伤心春露，孺慕年年。③

之所以屡移父坟，是因为十多年来家事不顺，家中"反复生悲"。而对于赴任二兄杨沧腾之死，归咎于父坟风水"运蹇识陋，子道有亏。"因而在杨沧腾的丧事还未办完，便将父坟从下村迁到风水"富贵双全"的旧寨天穴了。希望通过改葬父坟，"佑厥子孙，福禄绥之。"

至雍正四年（1726），68岁的杨之徐回顾多年来与风水先生王霞龄的

---

① 杨之徐：《编年录》下编，第92页。
② 杨之徐：《进葬先考祝文》，《编年录》下编，第95页。
③ 同上。

交往，特赋诗一首《赠王霞龄》："与子盘桓十阅秋，西江岭峤怅天遵；乍交英气人多畏，久处高情民罕俦。凤渚山川留屐迹，草庐风雨散闲愁；好将珍重相期意，一任孤云出岫游。"①

雍正七年（1729）十二月初二日，71岁高龄的杨之徐由儿子杨缵绪跟随，亲自陪同王遐龄至水兴塘开穴。初八日完坟，邀乡约赖子康、地邻黄文琳、曾亦彩、杨相卿、赞文诸人，以作见证，亦为保护起见。

雍正八年（1730）端午，杨之徐再次与风水师王霞龄相遇，有诗《赠王霞龄绝句》为证："端阳日近雨淋漓，对弈谈心更问卮；胜败都忘苏髯趣，一醒一醉两无羁。乐山乐水老平生，往返韩江负盛名，东请西要无暇晷，低回犹恋故人情。"② 充分体现了杨之徐与风水师的深情厚谊。

雍正八年（1730）十二月二日，72岁高龄的杨之徐亲至七昌坝，观看王霞龄为外祖母谢氏及温氏所开之穴。

杨之徐的风水实践，与其早年批评的作法几乎如出一辙。这位反对风水的"醒士"，就这样"淹没"于崇信风水的传统习俗"风涛"之中。

由杨之徐的个案可以推断，明末清初粤东地区普遍盛行"二次葬"习俗，以饶氏家族为代表的士绅家族，试图用《朱子家礼》对传统葬俗进行改造，反对以"洗骸"为特征的"二次葬"。杨之徐虽对此亦持赞成态度，但在实际生活中，因为生活际遇的不同转而推崇风水，以风水好坏来解释社会际遇，并为得到好际遇而不断寻求好风水，由此而不断迁葬先人，从而为"二次葬"习俗推波助澜。由此可以得出结论，"二次葬"习俗并不像有些学者所断言，为了有朝一日回归中原的夙愿③，也不是因为要归葬于原居地④，而是出于对现实生活的考虑，为了不断得到"祖先保佑"。当然，这种策略是在儒家尊祖敬先理念下进行的。

（2）"百子窠"：杨氏崛起的解释。康熙五十三年（1714）仲秋，杨之徐在撰写《八世祖直斋公祭簿序》时，除详述杨淮祭产的历史和沿革外，还"记其所闻于先人者"⑤，将有关杨淮的传说附记于其中。其中最

---

① 杨之徐：《赠王霞龄》，《编年录》下编，第223页。

② 同上书，第325页。

③ 王增能：《客家的丧葬文化》，载郑赤琰《国际客家学研讨会论文集》，香港中文大学，1994年，第286页。

④ 张维耿：《客家地区二次葬成因质疑》，载李文生主编《汀江与客家人理论研讨会论文集》，北京广播学院出版社1996年版，第156—159页。

⑤ 杨之徐：《编年录》下编，第15页；乾隆《杨氏族谱》，《祀田备考》卷四。

突出的是程定山所点"百子寨"风水的灵验故事(详前)。

程定山可能是当时非常有名的风水师。他在白堠一带活动时,为白堠人点了不少风水,如池氏有名的"醉翁卧椅"、"白坟"等。乾隆《潮州府志》中有他的传记,而且还特意指出因其技艺高超而使白堠杨氏得以崛起:

> 程定山,揭阳人,自幼精青鸟术。大埔杨洪葬车头坪,定山曰:"此地不亟迁,必覆宗。"洪有子四人,果以奢侈结匪人致败,洪竟无后。又为杨淮营寿城于下坑石,谓淮曰:"公得此佳城,子孙富贵绵远,弟恐丁男稀少耳。"继指近山一穴曰:"亟图之,丁旺必矣。"因预名其山曰"百子寨"。迨淮葬下坑石,子敦义葬百子寨,后果繁昌,皆如定山言。今白堠杨氏发祥处也。①

依此而论,杨氏是在葬了"百子寨"后得好风水的庇佑,因而人丁兴旺,至曾孙时达百丁,从而应验了风水师的预言。

但实际情形却是"百子"葬祖于"百子寨"。杨敦义先是葬在杨淮葬侧,"后因不吉,赖葵日公力,迁葬于百子寨。"②

杨葵日即杨廷拱(1589—1676),是杨敦义的孙子。"弱冠补弟子员。励志穷经,耄而弥笃。孝友著于家庭,居乡不以贤智自矜。桑梓有大难,则毅然身任而不辞。明末经兵燹,祠墓倾塌,修废举坠,焕然复新。迨甲寅乙卯,狡然者内讧,预于平畴筑高堡,外捍内卫,族人得安堵无恙。至与乡曲间解忿释争,扶危济困,尤不能殚述。卒年八十。"③

他是杨淮孙子中较早获得功名者,家中富有,武艺高强。他所居之房名为"石屋下",据实地考察,大门门框、窗户、天井等全部用石料砌成,整座房子至今仍很豪华、结实,但中堂却空缺,相传是在明末清初被"土寇"烧了。④ 他在明末清初时任族长,建土堡,为保护族人做出重大贡献。在清初时局稍稳定后,即号召重修祠堂、祖坟,对宗族进行重建,"祠墓倾塌,修废举坠,焕然复新。"将祖父杨敦义迁葬于"百子寨",当

---

① 乾隆《潮州府志》卷三十《人物·方技》。
② 佚名:《杨应试公房谱》,手抄本,第16页。
③ 嘉庆《大埔县志》卷十七《人物志·耆德》。
④ 2005年10月2日,对杨同爱的访谈。杨同爱,侯南石屋下人,90多岁,退休工人。

在这一时期。据族谱统计，杨敦义（即杨万）生了杨应试等5个儿子，传下杨廷拱等28个孙子，82个曾孙。杨敦义所生的5个儿子，后来发展成为杨氏的下五房，成为杨氏人口最兴盛的一派。民间传说"子拜父坟一百丁"，就是清初族长杨廷拱率兄弟子孙100余人去祭扫祖坟时出现的盛况。为使祭扫活动制度化，他们投资入股组织了"百子会"，并以会产在村中开了几间店铺，至今村中还有"百子墟"的地名，就是当年开店铺的地方。

由于其后人以"百子"名义团聚和经营，因而"百子窠"风水应验的故事也就在乡中广为流传。虽然相传当年程定山为杨敦义点了风水并预名"百子窠"，但实际上是100丁的事实在前，迁葬"百子窠"在后，因此所谓风水灵验庇佑杨淮、杨敦义子孙兴旺的故事，只是后人为了说明杨氏崛起的一个理由而已，所谓"今白墀杨氏发祥处也。"众中一词的所谓"风水应验"故事，应从当时杨氏的经济和社会条件的改善去解读。但这种说法本身，体现了当时富人"玩"风水的习俗。

实际上杨淮子孙之所以发展迅速，最主要还是有强大的经济实力。杨淮在万历元年去世后，除支分两子产业外，仅祀产就达500余石。后5个孙子在支分后代产业时，都为自己立了祀产，使公共财产相当雄厚，从而为子孙的兴盛奠定了坚实的物质基础。

当然，要理解这一传说，还得置身于当时的社会背景。当时杨淮一支迅速崛起，人丁众多，而且还又富又贵。对于这种现象，应当如何解释才能让人认为理所当然？最好的方式无疑是风水。因为在人们观念中，好风水可以迅速改变命运，但又与命运不同，它是可以通过寻找获得。因而风水也就成为人们迅速改变社会身份的依据，成为人们合理解释所获社会资源的一种策略。

（3）资源争夺的"合理性"解释。随着地区开发与社会经济发展，白墀人口增长较快，生存资源日趋紧张。许多家族便以寻求好风水为由，四处购置产业，实现生存资源的扩张，并以祖先风水为由得到宗族的保护和社会的公认。

康熙四十九年（1710），白墀池启秀出资在距家乡二十里的同仁社老虎塘向张姓购买了大片山岭，为保护财产安全，将其八世祖甘塘公葬于此，并请当地乡保豪绅作保，请杨之徐的好友杨三锡立碑以志合法性。其文曰：

葬者,藏也。藏地者,所以安死者之魂,亦以安生者之心。盖生者之心至切至周,欲死者留不朽于千百年,并欲葬骸处独得龙之真脉,独受一方山水秀气,上下左右并不能容有分其脉而夺其气者,盖恐魂有不安也。魂不安,生者心何安?古人切切于长陵一抔土……今有白堠池启秀者,为其八世祖甘塘公……康熙庚寅年在于同仁社内老虎塘,因多金买受张姓山岭,上至山顶,下至山脚,左右契书青龙、白虎两砂为界,至于中间,张家并无旧穴,他族亦无新冢,纠工筑坟,卜吉安葬,碑镌"八世祖考侯南恂谨甘塘池公妣勤肃肖孺人慈俭李儒人之墓康熙庚寅年仲夏吉旦子嘉宾嘉瑞立"。是可谓能安死者魂矣,而生者心亦安矣。乃其心愈切愈周,复思同仁离白堠二十余里,倘近处有觊觎侵陵者,魂乌乎安?心乌乎安?爰请同仁绅耆约练诣坟证实,以杜后患。并立碑以垂后云。康熙庚寅年仲冬谷旦候选儒学……李三锡兆新拜题。①

池启秀为池氏十三世,甘塘公为其八世祖,按常理已经出了五服,没有为其修坟建墓的责任和义务。所谓"安死者之魂,亦安生者之心",实即借祖先的名义,以所谓尽孝道为出发点,在湖寮山区购置产业而已,从而既安葬了先祖,也为所置产业提供了安全保障。为祖先寻风水成为其扩充产业的策略。

杨之徐为父母先后葬过高陂、三河、堰北等地,每葬一处,即在当地购置产业,名为祭祀尝田②,并由此成功地实现了产业扩张。

以风水解释宗族的崛起,通过风水扩张产业,这种现象,正如长期在粤闽赣客家地区从事研究的法国远东学院院士劳格文博士所言:"在典型的以农业为基础的经济体系中,中国东南部的宗族发展不可避免地和争夺有限的资源相连;没有其他东西可以充分地解释传统中国中风水的重要性。""风水的角色,常牵涉到农业社会的各个地方、各个时间、各个空间。……生存在这个乡下是不断地为了好位置而竞争,这个竞争牵涉到所有的资源,它包括而且特别是牵涉到坟墓、祠堂和神庙那些象征性的资源,它们的功能,是代表团体,代表集体,不代表个人。……风水是生存

---

① 池昭世:《池氏族谱》卷十八《墓志》,第25页,同治七年(1868)抄本。
② 乾隆《杨氏族谱》,《祀田备考》卷二。

下去的一个基本策略的资源，也是中国乡下的政治协商的共同货币。"①
这种观点，对于解释传统社会风水活动，特别是宗族风水活动内涵与实
质，具有普遍性。

风水观念的普及也是儒家文化扩张的结果。根据学者在赣南的研究，
风水观念的传播与地方人文的崛起有着密切的关系，是以儒家伦理为指导
的地方士绅倡导的结果，同时也是宋明以来国家意识形态在赣南地方社会
推广的过程和结果。② 开始对风水持批评态度的杨之徐，后来之所以转变
态度，变得热衷于风水，主要也是发现通过风水可以给族人灌输"孝"
的伦理。因此，这一时期白堠村落崇信风水的现象，由于士绅的倡导和参
与，同样也具有儒家化的倾向。

第四节　本章小节及讨论

本章以文献解读和田野调查相结合的方法，利用各种文献和口述史资
料，力图呈现白堠村在一个较长时期的社会建构过程。明中叶以前，白堠
是一个具有畲猺背景、在官府管治范围边缘、时有"梗民"作乱的"贼
穴"，至清乾隆年间，则成为聚族而居、世遵《朱子家礼》、科举发达的
"吾邑名乡"，也是区域性的经济、文化中心。

在长期社会变迁过程中，地方士绅崛起及其对乡村社会的建构是具有
关键性意义的因素。其中关键性的转折是"张琏之乱"的平定。在官府
平定规模巨大的"张琏之乱"过程中，地方乡豪开始改变策略，积极与
官府改善关系，转变为官方的代言人，其身份开始向士绅转化。更为重要
的是，在官府的支持下，士绅开始替代传统的"乡豪"③，逐渐成为乡村
社会的主要控制力量和建构乡村社会的主角。社会动乱的背后，隐含着社
会的结构性变化。正如陈春声的研究所揭示，"'倭乱'的背后，同时进

---

① ［法］劳格文：《〈梅州河源地区的村落文化〉序论》，载房学嘉主编《梅州河源地区的村
落文化》，香港国际客家学会等，1997 年，第 75 页。

② 黄志繁：《明代赣南的风水、科举与乡村社会"士绅化"》，《史学月刊》2005 年第 11
期。

③ 关于这一身份转变历程，可参考刘志伟《从乡豪历史到士人记忆——由黄佐〈自叙先世
行状〉看明代地方势力的转变》，《历史研究》2006 年第 6 期。

行着一场影响深远的社会变革。"①

在明清鼎革、社会动荡之际,士绅们组织乡兵,建筑土堡楼寨进行"自保",同时利用祖先资源,重修宗祠,重建宗族,统合族人,重建乡村社会秩序,为地方社会渡过危机,发挥了关键性作用。在社会趋于稳定、经济逐渐发展的背景下,士绅们创立合族祠,创修族谱,订立族规,创置族产,设立义田,逐渐建构了一整套宗族系统,在乡村确立了等而有序的社会秩序。从这个意义上讲,宗族成为士绅在乡村中建构起来的具有"合法性"或"正统性"的基本组织。由于宗族制度化的作用,至乾隆年间,科举鼎盛,为宦、教读四方者众多,进一步扩大了对周边地区影响,推动了地方社会文化的发展,使白墈成为地域性文化中心。同时,士绅根据自己的儒学素养,运用官府所提倡的儒家伦理,对传统以来的乡村社会习俗、民间信仰等进行变革和重新解释,从而使乡村社会生活经历了一个儒家化的过程。儒家礼教观念和道德规范成为乡村社会的主导思想,从而使乡村的社会控制形态与社会组织,较之以前有很大的不同。使白墈不仅成为地域性的行政中心,而且成为远近闻名的"仁义之乡"。

从明中叶至清中叶近 400 年间白墈乡村社会的不断变迁和建构过程中,不断涌现的士绅起了关键作用。这种作用,是在国家与地方社会的互动过程中实现的。一方面,士绅是地方社会的一员,是"生于斯、长于斯"的土著居民,与大量同宗和亲属同居一处。另一方面,士绅又具有"官"的背景,他们接受教育,通过考试,拥有国家最上层赋予的功名,具有政治和经济特权,是国家在乡村社会的代表。正是这种身份的双重性,使作为"一乡之望"、"四民之首"的士绅,既代表乡村社会利益,又执行官府的政策,可以合法地控制乡村社会,从而使他们的社会作用得以实现。因此,在乡村社会中,士绅运用官府的宗族"话语",建构宗族体系,塑造乡村社会形象,实为国家与乡村社会互动的结果。介于官府与乡村社会之间的士绅,起了"关键性的中介作用"。② 也正是这种中介作用,使宗族作为一种国家主张和推行的意识形态,明末清初以后在地方社会逐渐普及,成为乡村社会的基本组织形式。这一过程即郑振满所研究的

---

① 陈春声:《嘉靖倭乱与潮州地方文献编修之关系——以〈东里志〉的研究为中心》,《潮学研究》第 5 辑,汕头大学出版社 1996 年版。

② 陈春声:《历史的内在脉络与区域社会经济史研究》,《史学月刊》2004 年第 8 期。

"宗法伦理庶民化"过程①，科大卫、刘志伟等所认为的"庶民用礼教把自己士绅化"的过程。② 正是在这一过程中，士绅通过建构宗族，控制乡村社会，用儒家化观念重新解释传统以来的社会习俗、民间信仰等，改变了明中叶以前官府难以管治的"盗乡"的村落社会形象，实现了乡村社会整体性的社会变迁，实现了国家意识在乡村的表达，使地域社会融入大一统的国家范畴，成为中华帝国的一个组成部分。

白堠的上述转变历程是明清赣闽粤边界区域社会变迁的缩影。明以前，赣闽粤广大边界地区具有比较强烈的"化外"色彩，生活着很多具有"畲"、"猺"族群背景的"化外"人群。明中期以后，在大量流民进入山区开发的前提下，赣闽粤边界山区社会秩序动荡不安，出现大规模的地方动乱，朝廷被迫镇压。朝廷的镇压是通过剿和抚两手来实现的，即一方面实行军事镇压，另一方面通过教化的手段来实现地方社会秩序的正统化。在这一过程中，一些地方乡豪于是就转变为与官府关系密切的士绅，同时，随着新县治或者其他行政中心的设立、学校的创办、赋税制度的推行，地方社会也在逐渐经历一个正统化的过程，地方人群也经历了由"化外"人群向"化内"编户齐民的过程。这一进程并不随着明清易代而改变，清代继续了这个趋势，到清代中期，随着地方士绅力量的壮大和在地方社会影响扩大，赣闽粤边界社会基本上纳入了官方的"化内"统治，地方社会秩序基本实现了正统化，地方人群基本上成为官方的编户齐民，其民俗和风情也开始呈现儒家礼仪所乐道的"中原遗风"、"邹鲁之乡"。

传统客家研究认为，客家地区的民风古朴是中原移民的遗留，是强烈的中原文化认同的产物。③ 许多客家村落社会由于文风兴盛、科举发达，在分析其原因时，不少相关论述强调其身份是"衣冠世家"、"书香门第"，认为其祖先原是中原仕宦望族，具有较高的文化素质和儒家思想，世代相传。④ 通过白堠这个地域性的文化中心形成过程的考察，我们发现，所谓"客家"优良传统，实为士绅们通过掌握的"话语权"，以儒家

---

① 郑振满：《明清福建家族组织与社会变迁》，湖南教育出版社1992年版，第227—241页。

② 科大卫、刘志伟：《宗族与地方社会的国家认同——明清华南地区宗族发展的意识形态基础》，《历史研究》2000年第3期。

③ 吴永章：《客家文化的中原印痕》，《寻根》2004年第1期；《客家人生仪礼中的中州渊源》，《中州学刊》2003年第5期。

④ 胡希张等：《客家风华》，广东人民出版社1997年版，第537页。

伦理为指导,变革和重新解释传统习俗的结果。崇文重教、耕读传家的传统,科举的兴盛,并不是中原衣冠士族的遗留,而是在经历族群融合、官府平定"贼寇"的"洗礼",经过数代人的积累之后,"叨受先人之积累,与父兄之教泽"①,才得以实现。

---

① 杨之徐:《两儿游泮祭祖祝文》,《编年录》上编,第248页。

第五章 商业发展、土客冲突
与"客家文化"

——以江西上犹县营前镇为例

流民的进入是改变明清赣闽粤边界社会变迁的重要因素，如第三章所揭示，大量流民进入赣闽粤边界社会最终都以各种手段融入当地社会，只在某些时期某些地区产生了激烈土客冲突。即使是这些产生了激烈土客冲突的地区，流民最终还是要在地方社会定居下来，并成为地方社会中重要力量，并与土著一起"创造"和"形塑"着地方文化。因此，流民融入地方社会及其所带来的地方文化之影响无疑是关注"客家形成"问题的重要方面。本章选取江西上犹县营前镇为个案，对上述过程进行深入细致的探讨，希望能从土客冲突与融合的角度对"客家形成"问题作重新理解和阐释。

选择营前作为个案，是基于营前历史发展特点决定的。营前宋元时期是峒寇出没之地，明代位于著名的南赣盗区"桶冈"边缘，同样也是盗贼频繁，但是，已经出现了比较有影响力的宗族，清代该地有严酷的土客冲突，至清中晚期，土客冲突消失，土客共同创造了颇具特色的地方文化，其标志性的文化现象是九狮拜象。

第一节 峒寇、书院与宗族

营前镇位于上犹县城西面 77 公里，南接崇义，北接遂川，西邻湖南桂东，东连上犹平富、五指峰乡（见图 5-1）。从行政区划上，营前指的是现今上犹县营前镇所辖范围，由于本章所叙故事基本上发生在营前圩（即营前盆地中心地带），按照现在当地人说法，"营前"有两层含义：一可等同于"营前圩"，因此，本章所指"营前"即为营前圩；一是相当于营前包括以营前圩为中心的上犹县西部的营前镇。另，上犹本地人习惯上把上犹县分为四片，即"上犹片"（县城附近）、"社溪片"、"寺下片"、"营前片"。所谓营前片，是指包括营前镇、五指峰乡、金盆乡、平富乡在内的上犹西部地区。按照明代的里甲制，营前片相当于"村头里"所属范围。旧时营前圩是一片低洼盆地，四周万山深壑，上犹江从中流过，1949年前可通帆船至县城。1949年后，为了建设发电水库，营前老圩被放水淹没，营前镇也就搬到了今天的位置——离水库不到一公里的西部山坡上。

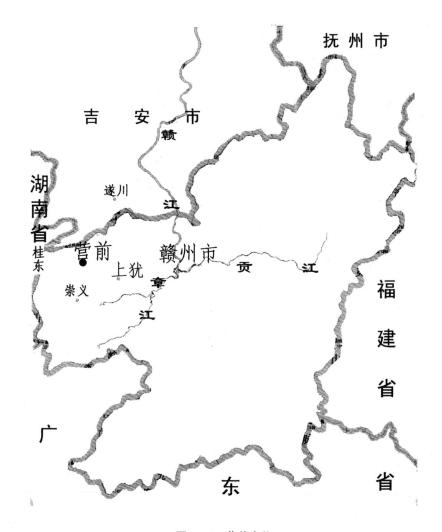

图5-1　营前方位

资料来源：周红兵：《赣南经济地理》，中国社会出版社1994年版。

营前古称太傅圩。相传唐末虔州节度使卢光稠在营前建兵营，因卢曾被赠封为太傅，故此地称太傅营，圩场为太傅圩。光绪《上犹县志》载："太傅营，在县治西北一百里，唐时里人卢光稠建营于此，宋初赠太傅，故名。"① 卢光稠是否曾经在营前建兵营已不可考，但是，有一点是肯定的，就是营前由于地处湖南和江西交界处，又和崇义接壤，地势险要，历来是兵家要地。嘉靖《南安府志》有如下记载：

> 上犹之疆域……溪洞广袤，而邑落其中，民以山深而俗淳，亦以山深而穴寇。唐天祐犹人卢光稠知处（疑为虔）州，黄廷玉议创上犹场。……自创场迄今三百四十五年之间，群凶寇乡良民凡五十有三，而犯邑者十五。唯绍兴壬申邻寇乱境，邑令王同老谓居民非有根而难拔，何苦累其家而听其害，许乡邑之民自便奔于他处，寇平民归，不过火其庐而人物如旧，令喜。倡民起梁栋于煨烬……嘉定己巳，疋袍陈葵反，本路孙通判咎犹字有反犬文，壬申改为南安县。②

从上述记载可看出，南宋上犹县是动乱相当频繁的地方，以致知县下令乡民不必抵抗，听任县署被贼焚为灰烬。还因为嘉定己巳（1209）疋袍陈葵反，嘉定壬申（1212）上犹县改名为南安。

上文中的疋袍就在营前附近，是个相当重要的军事要隘。光绪《上犹县志》记曰："疋袍隘、卢阳隘、岗头隘、平富隘、石溪隘，俱在村头里。"③ 村头里就包含营前，从后面的论述可以看出，明清时营前本地人多以村头里指称营前。另，查今天的《上犹县地名志》，没有 "疋袍" 地名的记载，但从图 5-2 和图 5-3 却可清楚地看到疋袍隘位于在营前盆地周边山地中。

由于史料阙如，嘉定己巳年陈葵反叛的原因，我们已不可得而知之。但是，嘉定年间营前及其附近地区是 "峒寇" 出没之地。陈元晋《渔墅类稿》有记载曰："南安峒中前是赤水疋袍之民，凭负险阻，怙终喜乱，

---

① 光绪《上犹县志》卷二《舆地志·古迹》，光绪七年（1881）修，光绪十九年（1893）重订，（台北）成文出版社 1975 年影印。

② 嘉靖《南安府志》卷十五《建置志·公署》，嘉靖十五年（1536）刻本，天一阁方志选刊续编。

③ 光绪《上犹县志》卷七《兵防志·关隘》。

然非六保水路诸峒之人与之附和，亦不敢轻有动作。"① 上文中的"赤水疋袍"之民，大概就是今天的营前附近能确知的最早的居民。赤水，今已不知所在，根据李荣村的研究，则赤水峒在上犹县的西境，靠近湖南桂阳县的地方②，而营前符合这个条件。嘉靖《南安府志》有记载曰："（元大德壬寅）簿尉刘彝顺抚安赤水新民，复起太傅书院为化顽之计。"③ 从上文可知，营前圩古称太傅圩。可见"赤水"和"疋袍"一样，都在营前附近。④

"赤水疋袍"之民就是南宋的"峒民"。从法理上说，"峒民"与纳入官府正式统治的编户齐民等"化内之民"有本质区别，就是"化外之民"。但在事实层面，"峒民"可能被官府编入户籍，成为处于"生"峒和官府之间的"峒丁"，也有可能完全被官府排除在"编户齐民"之外。⑤ 上引《渔墅类稿》卷四载："本司昨置太傅、石龙两寨，正在峒中平坦之地，……寨兵不许承受差使，不许调遣移戍，专一在寨教习事艺。自立寨之后，十年之间，寇峒有所惮而不作。"⑥ 可见，"赤水疋袍"在南宋末年由于比较顽固地与官府对抗，官府在此已经设立了军寨专门弹压。比较值得注意的是太傅寨设立在所谓"峒中平坦之地"，根据笔者对营前地形的了解，设立太傅寨的地方应该是老营前圩，即被龙潭水库所淹没的地势较为低洼之地。⑦

宋政府还在营前设立书院，以"教化"峒民。《宋会要辑稿》有如下

---

　　① 陈元晋：《渔墅类稿》卷四《申措置南安山前事宜状》，四库本，上海古籍出版社 1988 年影印，第 1176 册。

　　② 关于赤水峒的情况，可参考李荣村《黑风峒变乱始末——南宋中叶湘粤赣间峒民边乱》，《中研院历史语言所集刊》第 41 卷第 3 期（1969），第 497—533 页。按：平定黑风峒叛乱后，宋政府于嘉定四年（1211）分桂阳县的零陵、宜城二乡设桂东县，所以，李文中所说的桂阳县包括了今天的桂东县。

　　③ 嘉靖《南安府志》卷十五《建置志·公署》，嘉靖十五年（1536）刻本，天一阁方志选刊续编（50）。

　　④ 关于赤水峒的情况，可参考李荣村《黑风峒变乱始末——南宋中叶湘粤赣间峒民边乱》。

　　⑤ 关于宋代峒寇的身份问题，可参考黄志繁等《宋代南方山区的峒寇：以江西赣南为例》，《南昌大学学报》2002 年第 3 期。

　　⑥ 陈元晋：《渔墅类稿》卷四《申措置南安山前事宜状》，四库本，上海古籍出版社 1988 年影印，第 1176 册。

　　⑦ 笔者曾于 1997 年和 2000 年两次进入营前进行实地考察，主要的访问对象为蔡志军，1922 年生，退休中学教师，《蔡氏族谱》编修者；黄营堂，1921 年生，私营五金店主，《黄氏族谱》编修者；陈沛宇，1933 年生，退休干部，《陈氏族谱》编修者。

记载:

> （嘉定十三年八月二十六日）江西提刑司奏："江南西路提刑赵
> 汝谲乞将南安县丞阙下部省废却，以俸给补助新创太傅、石龙两寨及
> 太傅书院地基，并养士刘士聪等户役官田段等税负。未委县丞俸给每
> 岁若干，太傅、石龙两寨税负若干，可以两相对补。本司契勘，照得
> 南安邑小事稀，官不必备。若俭省县丞以补民赋，其钱米犹有盈余。
> 损予县道以补逃绝失陷之租，如此，则荒残之邑，凋瘵之氓皆得以
> 抒，诚为两便。乞将见任人听令终满，下政别改注口等差遣。"
> 从之。①

当时南安正在裁减官吏，理由是"南安邑小事稀，官不必备"，与此
同时，却"新创"了二个军寨和"太傅书院"。虽然没有具体材料说明太
傅书院在"弭盗"中的作用，但在以上的讨论中，可以推测出地方官在
军事要地设立这个书院的用心。

太傅寨和太傅书院的建立表明，官府统治在动乱之区的初步确立。因
此，可以说，南宋营前盆地的中心地带（即所谓的"峒中平坦之处"）已
经成为官府维持营前一带乃至整个湘赣边界的重心。

作为营前本地的土著，不难想象，其中必然有一些归顺的峒民成为官
府所依赖的力量，从而接受正统的"教化"，成为当地有势力的家族。但
是，目前尚无确切资料显示这一点。根据族谱资料，营前最早的居民是
陈、蔡两大姓。当地《陈氏族谱》载："兴祖……宋昭（绍?）熙三年，
由泰邑柳溪迁犹邑营前石溪都"②，《蔡氏族谱》亦载："我营城蔡氏则以
起渭公为始迁祖，……以宋季离乱，复自住歧徙上犹之营前"③，又陈姓
族人追述曰："吾乡名营前，里曰村头，陈、蔡二姓卜居斯地，自宋末由
元明迄清数百载矣。"④

姑且不论族谱资料记载是否可靠，至少在元代，可以看到蔡姓在当地
的活动痕迹。元代和宋代一样，官府仍在一些不易"教化"之地兴建书

---

① 《宋会要辑稿》第 88 册，职官四八，中华书局 1957 年影印本。
② 《营前陈氏重修支谱（世德堂）·庆源图序》（不分卷），乾隆四十七年（1782）本。
③ 民国《上犹县村头里蔡氏族谱》卷首《源流考》。
④ 《营前陈氏重修支谱（世德堂）·陈蔡嗣孙同撰序》（不分卷），乾隆四十七年本。

院。例如，前述太傅书院在元代继续由官方重建，嘉靖《南安府志》卷十七，《书院》载：

> 　　至元大德间，县簿刘彝顺申复台省重修书院。时有吉水住岐人，姓蔡名璧字起渭者，侨寓于此，彝顺见其学行超卓，曾中俊秀，选而未任，遂举有司掌学务。而起渭亲构讲堂，崇饰圣像，训迪一方，子弟文风为之复振。延祐初，达鲁花赤杨伯颜察儿复营学田百亩有奇，仍举起渭司教。是时书院将倾，而起渭又衰资购材大加修葺。

　　如前所述，营前自宋以来就是"峒寇"出没之地，元代地方官如此热心在此地建书院，应当有更现实的通过教化来"弭盗"的考虑。文中的蔡璧即是营前蔡氏的始祖"起渭公"。《蔡氏族谱》记其迁来营前经过为：

> 　　我营城蔡氏则以起渭公为始迁祖，朔其所自，盖莆田忠惠襄公之苗裔也。传自衡道公，宦游盱江，因徙南昌之甲子市及铜川居焉。子节烈，授招讨司，从文丞相起义兵勤王。后徙居吉水住岐之下坊市，次子君瑞，生二子，曰玺曰璧。璧公字起渭，以宋季离乱，复自住岐徙上犹之营前。起渭公经明行修举贡元。大德间县簿刘彝顺，延掌太傅书院。①

　　这段记载有附丽名人的嫌疑，把蔡氏说成是蔡襄之后，后来又有节烈公从文天祥起兵勤王的"忠义"历史。蔡氏始迁祖名璧，字起渭，据称起渭公曾中"贡元"，历代府、县志"选举志"、"人物志"中，均未见有蔡璧的记载，颇疑蔡氏不一定有如此光辉的宗族历史，而其本来就是当地土著。不过，《府志》资料中如此言之凿凿，也应当不是空穴来风，特别是，蔡姓在明代已经是人才辈出、财大势雄的本地家族，估计在元代已经有一定基础。

　　营前蔡氏和陈氏至迟在明代已是势力不弱的地方大族，应是没有疑问的。《蔡氏族谱》记载："本道公后本太公富于赀，明景泰间捐谷一千二

---

　　①　民国《上犹县村头里蔡氏族谱》卷首《源流考》。

百石赈饥，奉敕旌义。其孙朝权公于嘉靖间又捐谷一千五百石赈饥，奉敕建坊。"① 蔡氏的"义举"，道光《上犹县志》卷四《城池》也有记载："义民坊在营前蔡姓城内东，明嘉靖为义民蔡朝权建"。② 可见蔡氏在明代确实财大气雄，实力不俗。陈姓明天启年间已经是"游庠食饩，贡于雍饮于乡者，共数十余人"，③ 有如此之多的功名，陈姓应当并非弱小宗族。

　　明代营前地区依然动乱不断，由于营前又靠近崇义县的桶岗地区，而正德年间桶岗及其周围地区正是动乱之源，营前也必然受其波及（明代营前附近形势可参考图 5-2）。在这种背景下，陈、蔡二姓都维持了与官府的良好关系，并成为官府平定盗贼的重要力量。《陈氏族谱》有记载曰："明正德年间，流寇猖獗，欲筑城自卫而不果。其从王文成公征桶岗贼有功，旌为义勇指挥使者则瑄之第四子九颧也。"④ 可见，陈氏族人曾经跟随王阳明征讨桶岗盗贼，并被官府表彰为"义勇指挥使"，虽然这个职位并不是正式的品官，但已充分说明陈氏与官方的密切关系。

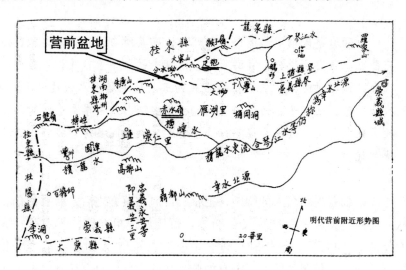

图 5-2　明代营前附近形势

资料来源：陈森甫：《宋元以来江西西南山地之畲蛮》（《"台湾国立"编译馆馆刊》，第 1 卷，第 4 期，第 169—183 页）中"桶岗峒附近形势图"（本书采用时有改动）。

---

① 民国《上犹县村头里蔡氏族谱》卷首《源流考》。
② 道光《上犹县志》卷四《城池》。
③ 《营前陈氏重修支谱（世德堂）·营前陈氏祠堂记》（不分卷），乾隆四十七（1782）年本。
④ 同上。

蔡氏的力量似乎比陈氏强大，而且与官府关系也更密切。集中体现蔡氏强大力量和与官府密切关系的事实是营前蔡家城的建立。天启年间，上犹知县龙文光到过营前，写下《营前蔡氏城记》：

> 予治犹之初年，因公至村头里，见其山川清美，山之下坦，其地有城镇之，甚完固。既而寓城中，比屋鳞次，人烟稠密。询其居，则皆蔡姓也，他姓无与焉。为探其所以，有生员蔡祥球等揖予而言曰：此城乃生蔡姓所建也。生族世居村头里。正德间，生祖岁贡元宝等因地接郴桂，山深林密，易以藏奸，建议军门行县设立城池。爰纠族得银六千有奇，建筑外城。嘉靖三十一年，粤寇李文彪流劫此地，县主醴泉吴公复与先祖邑庠生朝侑等议保障之策，先祖等又敛族得银七千余，重筑内城。高一丈四尺五寸，女垣二百八十七丈，周围三百四十四丈，自东抵西径一百三十丈，南北如之。①

营前靠近明代赣南的大贼巢桶岗，盗贼自然频繁骚扰，因此，蔡氏族人有"建议军门（即南赣巡抚）行县设立城池"之举。后来可能这个要求没有得到批准，蔡氏遂自己建了外城。直至嘉靖三十一年（1552），在县令的帮助下又建了内城。在蔡氏建城的过程中，族内的士大夫起了重要作用，而建城的举动也得到官府的同意与支持。

根据徐泓研究，明代一般的筑城活动都由知县或知府主持②，动荡的局势迫使一些编户齐民筑城自卫，类似还有大余县峰山城的例子：

> 据江西按察司分巡岭北道兵备副使杨璋呈：奉臣批，据南安府大余县峰山里民朱仕玖等连名告称：本里先因敌御峯贼，正德十一年被贼复仇，杀害本里妇男一百余命。各民惊惶，自愿筑砌城垣一座，搬移城内。告申上司，蒙给官银修理三门。③

峰山城的建立仍必须"连名告称"，说明筑城的行动乃是在官府的批

---

① 龙文光：《营前蔡氏城记》，光绪《上犹县志》卷十六《艺文》。
② 徐泓：《明代福建的筑城运动》，（台北）《暨大学报》1999 年第 3 卷第 1 期，第 25—76 页。
③ 王守仁：《移置驿传疏》，《王阳明全集》卷十一。

准之下进行的，同时也表明筑城者本身获得了官府的认可和保护。在营前，围绕蔡家城的建立，还有一个广为人知的故事：

> 在营前，同为土著的大姓有两家，一为陈，一为蔡。两家都想筑城自卫，于是同时向官府请示，官府的批复是"准寨不准城"，因"寨"和"蔡"谐音，"陈"和"城"谐音，于是大家理解为"准蔡不准陈"。蔡家可以筑城，而陈氏则不能。①

这个故事当然是后人的编造。从语气和内容看来，有可能是陈氏在为自己没有能够筑城进行辩解。② 从这个故事也可看出，当时筑城自卫必须经过官府批准。既然筑城自卫要经过官府批准，就意味着和周围啸聚为盗的人区别开来。③ 与此相对，在合法城中居住的人则和官府合作御寇防盗。

宗族聚居之地由于有组织起来防盗御寇的要求，宗族组织比较容易完善起来。明代营前蔡氏就已有了比较完善的宗族组织，这从蔡家城的修缮和维护可以看出。《营前蔡氏城记》说：

> 其城垣损坏、城堤倒塌修补之费，一出于生姓宗祠。生祖训曰：君子虽贫，不鬻祭器，创建城垣，保固宗族，其艰难讵祭器之若。即或贫不能自存，欲售屋土者，亦只可与本族相授受，敢有外售者以犯祖论。故生子孙世守勿失焉。予闻而领之。……彼夫聚居村落，一遇有警即奔窜离散，而父母兄弟之不相保，室庐田产之不能守，岂非捍御之无资以至此？……蔡氏之建城不贻子孙以危而贻子孙以安，不欲其散而欲其聚。……今观蔡氏后贤，虽罹兵燹而人无散志，城中屋

---

① 此故事为笔者 2000 年在营前调查时访问所得。

② 罗勇通过实地访谈，认为陈、蔡两姓想扩大地盘，因而在筑城的问题上产生了矛盾，蔡氏成功获得了官府批准，陈氏未果。罗文还指出，陈、蔡后人认为，这个故事是新来的姓氏为了离间陈、蔡关系而编造的。参考罗勇《上犹县营前镇的宗族社会与神明崇拜》。笔者认为，这个故事一方面反映了陈、蔡在发展中的矛盾，另一方面也完全有可能是陈氏在为自己没有成功筑城而辩护。

③ 与此相反，而明人文献中的"巢"就是一种非法的聚居，尽管"巢"在物理形态上也可能具备城的条件。明以来的赣南山区的开发是流民以非法的方式进行的，且和社会动乱的过程相联系，因此，官方文献一般称流民的自发形成的聚落为"巢"。

土，不敢鬻与外姓，惟祖训是遵，洵可谓能继先志者矣！自兹以往，聚族而处，居常则友助扶持，觞酒豆肉，而孝敬之风蔼然；遇变则守郛巡侦，心腹干诚，而忠义之气勃发。①

由上文可见，蔡氏建有宗祠，并有族产用于维持蔡家城的运作，而且，族人“欲售屋土者，只可本族相授受，敢有外售者以犯祖论”。

陈姓虽然没有建立自己宗族的城池，但是，陈氏宗族在明代也涌现了许多科举功名人物，还设立了学田，建立了祠堂，其宗族的组织化程度应当不低。乾隆年间陈氏族人追述明代其宗族情况曰：“明天启四年，邑侯龙公倡建营溪水口文峰宝塔。而陈氏之游庠食饩，贡于雍饮于乡者，共数十余人。爰合本里蔡捐置塔会租田壹百零伍担，奖励后进，以志不忘所自。明季多难，祠宇民居悉为流寇所焚毁。”② 从中可看出，明代陈氏已经建立了祠堂，并且和蔡氏一起建立了文峰塔。关于是次文峰塔的建立，其族谱中有更详细的记载，其文曰③：

吾乡名营前，里曰村头，陈蔡二姓卜居斯地，自宋末由元明迄清数百载矣。前天启间，邑侯龙公以公事来，登临览胜，窃叹东方文峰低陷爰斜，两姓建造宝塔。嗣是，游泮者、登科者相继而起。两姓之祖，仰慕作人之化，聊效甘棠之颂，建祠置田，塑像崇奉，以志不忘。其租田壹百零伍石，载粮壹石三斗三升，内拨壹拾伍石赡僧香灯之资，余玖拾石。议定游泮与夫俊秀轮次完粮收管。若科甲及恩、拨、副、岁等贡，众议收一年以资路费，僧粮一并包纳。毋得紊序争收，祖训敢不凛遵！今幸遭逢圣世，加意右文，两姓游泮以及国学者约计数十人。若一人管收一年，久令后起者悬悬观望。公议自今伊始，在康熙以前游学者一人轮收一年，而四十四年以后进学者，每年轮案挨次，两人合收，以免挽越，庶得坳冶祖惠，永为定制。是序。

今将田土名数目开后（略）。

龙飞康熙四十五年丙戌岁仲冬月

学长：良稳、泰伯同记

---

① 龙文光：《营前蔡氏城记》，光绪《上犹县志》卷十六《艺文》。
② 《营前陈氏重修支谱（世德堂）·营前陈氏祠堂记》（不分卷），乾隆四十七（1782）年本。
③ 《营前陈氏重修支谱（世德堂）·（陈、蔡）嗣孙仝撰序》（不分卷）。

　　上述引文表明，陈、蔡二姓在知县号召下不仅联合修建了文峰塔，还建立了塔会并捐了一定数量学田，以奖励两姓科举人才。罗勇对两姓族谱整理，也发现两姓世代联姻。① 这些事实至少说明了三个问题：第一，两姓都和官府保持了密切的关系，知县也很重视与营前两大宗族维持良好的关系；第二，陈、蔡两姓尽管有各种各样的矛盾，但是，相处比较和谐，还能联合起来做共同事业；第三，陈、蔡能在当地以两姓之力建文峰塔，充分说明两姓基本控制了当地，是地方有实力的集团。②

　　上引文中的"祠"不太清楚祭祀何人，推测是与文峰塔配套的一个小庙。《陈氏族谱》记载："由是两姓绅士联为文会，共捐置塔会租田边地壹百零伍石以志永久。奈明季迭遭流寇，荡析离居，祠烬产没，而谱牒无存。"③ 说明这个小庙明末毁于兵火，但两姓所创立的学田还存在，直到清代依然在发挥作用。

　　因此，明代，特别是明末，陈、蔡两姓基本成了营前地区的重要力量，他们和官府维持了较好的关系，科举功名人物较多。但是，在陈、蔡两大宗族周围依然是盗贼出没，蔡氏不得不筑城自卫。不过，陈、蔡与官府保持密切关系，并成为当地最重要力量的事实也表明，明代的营前虽仍可从宽泛意义上以"盗区"视之，但绝对不是宋代那样的"峒寇"出没之地，而是教化程度比较高的地区。

第二节　土客冲突、户籍与科举

　　在清初社会大动荡中，广东流民武装阎王总在赣南境内频繁活动，且不时以上犹为主要活动据点。康熙十七年（1678）三藩之乱平定后，上犹知县刘振儒回忆遭受流民侵扰的情形时说：

---

　　① 参考罗勇《上犹县营前镇的宗族社会与神明崇拜》，《赣南师院学报》1998 年第 1 期。
　　② 营前民间一般的说法是清以前营前土著三大姓朱、陈、蔡，按说朱姓至少应该在明代就有相关的记录，但是，就笔者掌握史料而言，并无朱姓的历史资料记载。其原因可能有二：第一，根据笔者的实地考察，朱氏所居住的象牙湾离营前圩有一定的距离，所以，朱姓可能并无需要参加陈、蔡的联合修建文峰塔之类的活动；其二，根据下引光绪《南安府志补正》卷十《武事》之记载，朱姓"竟至合族俱歼，无一存者"，则朱姓被灭族，自然不会留下任何记载。
　　③《营前陈氏重修支谱（世德堂）·世德堂陈氏支谱跋》（不分卷），乾隆四十七年（1782）本。

上犹县刘，详为逆寇恃强据地等情。看得上犹县一邑两次屠戮，五载蹂躏。自康熙十三年至今，人绝烟断，空余四壁孤城，一片荒山。幸天兵震临，狗鼠丧魂，随有投诚之众自愿仍垦营前。卑职不敢以目前之粗安，听其贻祸于封疆；不敢以一己之便宜，听其蓄殃于百姓。实有见其断断不可安插营前者，试敬为宪台晰详陈之。一则逆寇之叵测宜虑也。按明季粤省流叛，阎王总等乘间劫掠赣南诸邑，时有阁部杨、虔院万于乙酉年招其众从军，此一叛一抚也。顺治八年，撤调营前文英防兵，随有十三营之阎寇，窜伏犹崇诸峒，出没肆掠。又幸虔院刘、总镇胡遣师搜剿，余孽投降，此再叛再抚也。迨顺治十六年，募垦檄下，其党乘间复集，始焉遍满犹、崇二邑，继而蔓延南康之北乡，以及吉安之龙泉。从前当事止知藉以垦荒益赋，不知此辈劫掠成性，有革面而究未革心者。自甲寅一变凡占垦之粤流，遂尽流为播毒之叛逆矣。迄今五载，土著遭杀遭掳，数邑尽殃，而上犹为甚。上犹之营前、牛田、童子等乡尤甚。缘顺治十六年招垦余孽，混集其地，斯根深而祸益深耳。今以大逆败北，势穷乞降，又蒙总镇概示不杀，暂令屯垦营前等处，此则三叛三抚也。①

上犹的广东流民"三叛三抚"过程，其实也是流寇逐渐转变为官府控制之下的"民"的过程。特别是"顺治十六年，募垦檄下，其党乘间复集，始焉遍满犹、崇二邑，继而蔓延南康之北乡，以及吉安之龙泉"，官府招募流民开垦荒地，导致流民大量涌入。康熙十三年（1674）甲寅之变，"凡占垦之粤流，遂尽流为播毒之叛逆矣。"流民叛乱的直接受害者是当地土著，"迄今五载，土著遭杀遭掳，数邑尽殃，而上犹为甚。上犹之营前、牛田、童子等乡尤甚。"《南安府志》载："上犹流寓广人余贤、何兴等聚众作乱。四月初八日，围营前城。……是时营前城陷，屠戮甚惨，西北境悉遭贼掳。……盖自甲寅至是蹂躏五载，上犹象牙湾（营前）朱氏，浮潮李氏，周围屋周氏，石溪之王氏、杨氏，水头之胡氏、游氏，竟至合族俱歼，无一存者。"②

由上述记载可看出明代在营前居于优势地位的土著陈、蔡在清初动乱

---

① 道光《上犹县志》卷三十一《杂记·文案》。
② 光绪《南安府志补正》卷十《武事》，光绪元年（1875）修，赣州地区志编纂委员会重印本，1987 年。

中遭受惨重损失。陈氏至祠宇成为土田，"康熙甲寅寇变，焚毁祠宇，倾墟已垦为田"①，祠堂已经变成了土田，可见破坏之严重。蔡家城陷，民间传说，流民首领何兴放一只鸡，一只鼓于城门，拦问过路人，如答曰鸡，石鼓（土著口音）则杀，答曰街，石头（"客家"口音）则放，足以反映当时屠戮之酷。通过几次屠杀，土著的势力大大衰落，而流民的力量大大增长。在这种背景下，流民通过各种方式在营前居住下来。现存族谱资料显示，广东流民基本上都是康熙年间，即甲寅之乱前后而来到营前的。例如黄姓，原籍粤东兴宁，开基祖世荣公"乃于油石水村牛形卜其居（在营前），岁在康熙甲辰腊月之溯三日也"②；何姓，"洪武年间自闽迁粤之兴宁县，及后嗣孙繁盛，散居江西各县，而其迁居上犹者，大皆于清康熙年间事也"③；张姓，原居粤东嘉应州，"康熙十六年戊午岁又来营前石溪隘桥头灞居住"。④ 其他诸姓如钟、刘、蓝等也大多在清初年间由广东迁入。⑤ 然而，族谱资料并不能全面地追溯流民定居情况，实际上，许多流民是以流寇的方式进入营前的，在流民与土著互相仇杀的背景下，流民想顺利地在营前定居下来并非易事。

根据道光《上犹县志》卷三十一《杂记文案》记载，甲寅之变平定后，地方官又"暂令屯营前等处"。"投诚之广人"较长时间居留营前，知县刘振儒对此忧心忡忡，谓：

> 揆自乙酉至甲寅，仅三十年既三叛其地，屠戮何啻十余万，而焚掠不胜计矣。今日抚之，又安能保其不叛于他年，而谓能免屠戮焚掠之惨哉？一则生民之仇怨宜解也……不知今日投诚之广人，即数年来杀土人父兄子弟，扬土人祖墓骸骨，淫土人妻女，掠土人老幼男妇转卖他乡之广人也，是可比户而居，同里而耕乎？……一则难民之失所宜怜也。逆寇背弃皇恩，乘机叛变，攻陷城郭，杀掠民人，致数百里封疆田荒人绝，斯即尺斩寸磔尚不足于快生民之怨恨，乃势穷力促，

---

① 《营前陈氏重修支谱（世德堂）·连祖小宗祠记》（不分卷），乾隆四十七（1782）年本。

② 《黄氏世荣公系下第六次重修族谱》卷首《去粤来犹记》，1996年修本。

③ 《（营前）何氏族谱·四修族谱序》，1997年修本。

④ 《（营前）张氏族谱》卷三《汝珍公自述》，1995年修本。

⑤ 罗勇曾对营前姓氏迁入做过详细统计表，统计显示，营前外来姓氏以顺治、康熙两朝迁入姓氏最多。参考罗勇《上犹县营前镇的宗族社会与神明崇拜》，第314页。

改面投诚，遂蒙解纲垂恩，概宽诛戮，且袍帽银牌优给赏赐，恩施何若是逾格欤？至若淳良百姓……乃幸而地方恢复，方冀故乡旦夕可还，而故乡仍为降贼据矣。鹊巢鸠占，茕茕无归，倘不急为散遣，不几以守正不变之良民，反不如鼓结叛乱之逆寇。且尤有可虑者，曩年之抚，收其军器，简其壮丁入伍……然则此日之安插又宜何如加严加慎欤？乃观营前投诚之众，依恋旧巢，召集旧党筑垒自卫，操兵自固，畏威纳款之时，即据有乌合蚁聚之势，是尚能保后此之不恃众，不恃险，以滋变乱乎？①

刘知县的担心有三：第一，流民因"杀土人父兄子弟，扬土人祖墓骸骨，淫土人妻女，掠土人老幼男妇，转卖他乡"，与土著关系紧张，"是可比户而居，同里耕乎？"；第二，流民受招抚后，居留营前，"鹊巢鸠占"，土著因此不敢返乡；第三，流民投诚之后，仍然"筑垒自卫，操兵自固"，武装没有解除，以后极易生变。总而言之，这些投诚的"广人"仍被视为社会的不安定因素。

有鉴于此，刘知县认为，应该把这些人解散，或收缴武器，令其归籍：

> 准将投诚之众，设法解散，或分诸部伍俾有统率，或给照归籍取印官甘结，或拨垦各属毋令屯聚一方。尤先宜按名查清军器及所造炮火，尽缴入官，以少杀其势，然后渐散其党，即招降宜示宽大，而安插亦宜图久远。或及今尚未可动，而秋时当立为散遣，不过一指顾间，而数邑播迁之难民，皆得享故乡之乐。②

他的建议可能得到批准，但没有得到实际执行。也就是说，"广人"仍居留于营前，既不解散，也未归籍。康熙二十一年（1682），上犹知县仍在为此事忧虑：

> 如安插投诚官兵一案，迭奉宪檄，皆载"原籍"及"归农"字

---

① 道光《上犹县志》卷三十一《杂记·文案》。
② 同上。

样。所谓原籍者，以其祖居庐墓而言，非指倡乱地面为原籍也。所谓归农者，或遣耕本乡田亩，或发垦未辟草莱而言，非令耕作难之处之土，与尽经认主承佃之阡陌，可为归农也。……卑职承乏残陬，鉴前计后，日捧安插归农之檄，不禁刺肌肤切骨肉有不便者三，莫可驯者三，向宪台陈之。①

该知县要解释"宪檄"中"原籍"与"归农"两词的含义，说明流民正是用这两个词的字面意思做文章，要求滞留赣南。他又列举出"不便者三，莫可驯者三"。他所担心的和刘知县一样，主要仍是"广人"与"土人"矛盾难调，"杀戮父兄，仇不共戴；淫掠妻女，恨甘寝皮。若辈与犹民本水火耳，仍令比居，钉冤触目，疑畏交并"。"广人"作乱，反而"朝廷授以虚职原衔，盖因嘉其向化，并非纪劳叙绩，彼自称总参游把名色，居然抗接公庭"，致使土人不敢回里。另外，不仅投诚"广人"，而且仍有其他"广人"不断前来投奔，"奈方以类聚，粤人附粤"，"查先后呈乞而来者，举皆广人，意鲜怀故，不过虎视眈眈，夫先有旧插百数之俦，再加陆续新归之众，羽翼益繁，阴谋亦便，事未可定"，以后难保有不虞。因此，他亦建议遣其回原籍。②

以上建议得到江南总督和江西巡抚首肯，"督宪董咨抚台文，为照粤东投诚之众，安插上犹营前地方，既称于民不便，应如大咨令其回籍安插可也"。③ 可是，这个指令并未很好执行，粤人照旧移来开垦。在上犹营前胡氏的族谱中，保留了一份记载其家族迁移历史的《子田公迁犹起籍始末》，记述了胡氏族人由流寇到流民再接受招抚，最后定居于营前的过程。其文曰：

> 村头牛田二里之地昔名太傅营前乡……以明末寇乱，鞠为茂草，丁缺田荒，岁庚子奉虔院林，以犹地缺亏课飞示粤东招垦。内云：移来者为版籍之民，承垦者永为一己之业等语。公闻之，遂商族戚，遥赴兹地而审择焉。其时洞头为土人黄氏故址，外并田塘计租七十担，欲觅主受。公会本支昆季叔侄均八分而集价购之，佥议其名曰子田子

---

① 道光《上犹县志》卷三十一《杂记·文案》。
② 同上。
③ 同上。

业，立卷受产，盖寓田业远垂子孙之意也。越辛丑冬，聚族挈眷而定居焉。及后产业岁增，粮米散寄，艰于输纳，因与房弟明台、秀台、国俊等谋倡开籍。又思粮少用侈，始会商于何、戴、陈、张等廿三姓，汇聚丁粮，公乃易以卷，载子田之名，佥为呈首赴控。抚藩颁批开籍，檄县查编，土著绅士，聚计阻挠，构讼五载。至康熙十一年，幸遇新任县主杨讳荣白，力排群议，将新民二十三姓粮米六十四石，官丁五十一丁，收入牛田里七甲，户名胡子田，编载犹籍，造册申报，抚藩咨部刊入。康熙十二年，藩道由单发县征输时，计本族粮米一十余石，官丁六口，则胡子田、胡贤姓、胡之始、胡碧昌、胡碧云、胡祥是也。①

这段记载中可能有美化和隐讳的成分，如胡氏祖先初来营前，可能不是因为开垦，而是在作乱后定居下来，乾隆《上犹县志》卷十《杂记》记曰：

（顺治）二年三月粤贼阎王总、叶枝春、胡子田等从北乡突至，邑令汪暆率民从南门出犹口桥御之，杀贼数百，……时明之虔院万元吉、阁部杨廷麟利其众，招之以戍赣。及明年，王师平虔，贼仍奔上犹。②

可见，胡子田是以流寇身份来上犹的，所谓"岁庚子奉虔院林，以犹地缺亏课飞示粤东招垦"的说法，带有明显的掩饰成分。胡氏族谱的记载中，最值得注意的是胡氏有自己的户籍，而且是和"廿三姓"共同拥有的。这"廿三姓"全部是"东粤流寓"。③当然，这一户籍是经过与土著近五载的斗争才获得的。

胡子田可能并非一个真实的姓名。笔者翻遍《胡氏五修族谱》，未发现有胡子田此人。《胡氏族谱》的"旧序"中对其祖先来营前的经过另有

① 《胡氏五修族谱》卷首《子田公迁犹起籍始末》。
② 乾隆《上犹县志》卷十《杂记》，乾隆十五年（1790）本，浙江图书馆馆藏。
③ 康熙《上犹县志》卷十《艺文志·文》中有《康熙三十五年编审均粮记》一文，记载了康熙三十五年上犹均粮时对户籍的整顿，"盖以牛田里又七甲二十三姓之粮，补充龙下五甲郭时兴绝户……遂如议衰益而改郭时兴户为龙长兴，龙者，里名，长兴云者，谓东粤流寓二十三姓之人，自拨入龙下五甲当差，而长久兴旺，从俗便也。"牛田里七甲正是胡子田户籍所在甲。参见章振萼修辑《上犹县志》卷十《艺文志·文》，（台北）成文出版社1989年影印。

一段记述：

> 至我考端介公巳历一十二世，族人丁口日繁，而土地莫辟。因有
> 思为迁徙者，且闻上犹丁田继乱，荒缺任垦为业。其时堂兄仁台、明
> 台偕我仲叔碧云房伯元，始遥驰而觇之，归而商我先君。于顺治辛丑
> 冬，挈眷西徙定居斯地，□荒置产，倡众开籍。继而礼信公二公之嗣
> 以及黄塘广公之胤，后先接踵而聚居焉，盖皆我裕公流裔也。……今
> 余族之聚处于斯也，虽有疏戚之异，皆出裕公之裔。……际甲寅之
> 变，先君与仲兄相继沦丧。①

笔者怀疑，被称为与户名相同的"胡子田"者，可能是比"端介公"
低一辈分的人。《子田公迁犹起籍始末》中载有"因与房弟明台、秀台、
国俊等谋倡开籍"，下文又有"有若朋台、国俊、秀台、日台，又皆公之
弟"说法；而上引《胡氏族谱旧序》中又有"其时堂兄仁台、明台偕我
仲叔碧云房伯元，始遥驰而觇之"，两相对照，《子田公迁犹起籍始末》
中叙述的所谓"子田公"事迹，很可能就是"仁台"之所为。端介公在
甲寅之变中"沦丧"，而"子田公"依然活着。《子田公迁犹起籍始末》
记曰：

> 会未逾年，旋雁甲寅之变，弃产避乱，流离倾荡。戊午渐平，公
> 仍倡谋复土，挈众归里。总镇哲嘉其首先归诚，旌给冠带衣履。时土
> 著籍曰粤人倡乱，指为逆党，欲谋削籍。众心危疑，有欲弃之回梓
> 者，公与弟明台、国俊、月台力挽众志，居耕如故。每以公务出入县
> 廷，恶言盈耳，他皆疑畏逡巡却避，而公莫之惧也。十九年庚申夏，
> 奉抚蕃（藩）牌行府县，凡被难新民，著复原业，造册申报，而同
> 籍各姓人户，避乱散居，多未回里。时公年巳七十，仍与诸弟遍查各
> 姓田产，造册缴报，永复原业，征输如故，是皆公之经营筹度，而同
> 籍均被者也。康熙二十八年，本户童生金呈考校，蒙部院宋批准，十
> 年开考。是年冬，朝廷颁行异典，优礼高年，绢帛肉食，县主陈召公

---

① 《胡氏五修族谱》卷首《胡氏族谱旧序》。

给焉。越明年庚午季秋，公既享年八十以寿考终，天之庇其永年也。①

上引两位知县的文章都要求营前流民回籍开垦，但胡氏并没有回籍，"众心危疑，有欲弃之回梓者，公与弟明台、国俊、月台力挽众志，居耕如故。"直到康熙十九年（1680），"奉抚蕃牌行府县，凡被难新民，著复原业，造册申报"，在"子田公"的努力下，胡氏和"东粤流寓廿三姓"共有的"牛田里七甲胡子田户"的户籍再次获得了合法的地位。"康熙二十八年，本户童生佥呈考校，蒙部院宋批准，十年开考"，终于有了参加科举考试资格。

获得参加科举考试的权利，是经过了一番和土著的斗争。以下是当时知县陈延缙的公文：

> 县主陈康熙二十四年七月十二日详看，看得入籍应试，普天有之，必核其虚冒，严其诡秘，名器不致侥幸，而匪类无从觊觎也。卑县蕞尔小荒陬，迭遭寇变。土著百姓徙亡过半。田土悉多荒芜，招佃垦辟。胡子田等移居犹境，陆续营产置业，于康熙十二年起户牛田里又七甲当差。康熙十三年即乘逆叛而粤佃附和肆毒，然其中亦有贤愚之不一也。兹当奉文岁试，粤民何永龄等二十余人，连名呈请投考，虽人才随地可兴，而考试以籍为定。胡子田一户称已入籍，呈请与考，庶亦近理。然亦必须与土著结婚联姻，怡情释怨，里甲得以认识。突如其来，或借以同宗之名目，或借寄升斗之田粮，依葛附腾，呼朋引类，以犹邑有限之生童，何当全粤无穷之冒滥。况朝廷设科举士，首严冒籍。安容若辈率众恃顽紊乱国法为也。至胡子田一户，应否作何年限，出自宪裁，非卑职所敢出耳。②

从以上记载可看出，围绕考试问题，流民与土著展开了斗争，县令站在土著一边，力主不能冒籍应考。尽管知县陈延缙也承认"胡子田一户"因已入籍，"呈请与考，庶亦近理"，但他认为仍"必须与土著结婚联姻，

---

① 《胡氏五修族谱》卷首《子田公迁犹起籍始末》。
② 乾隆《上犹县志》卷十《杂记》。

怡情释怨，里甲得以认识"，才有资格参加考试。笔者在营前实地考察中访得一故事，颇可以说明文化上土著对流民的支配地位。其故事曰：

> 过去营前参加科举考试必须有秀才以上的人担保。流民没有秀才，土著也不担保流民，流民就无法考试。有一胡姓男童，他外公是土著秀才，胡生整天待在外公家帮外公干活，外公很喜欢他，教他读书，他却显得极笨。有一年他外公作科考廪保，他突然缠着外公要求去考试，他外公以为他很笨，只是去玩玩。谁知，胡生一到考场就换了个人，一举考中秀才。后来，他做廪保，就专门保客籍流民。①

上述故事的真实性当然值得怀疑，但这个故事反映了两个事实：一是流民和土著已开始联姻，说明两者已有逐渐融合的趋势；二是流民和土著虽开始融合，但是土著却一直把持着对文化资源的控制，流民与土著之间关于科举考试资源的争夺也并未因两者联姻而消融。值得注意的是这个故事反映出来的一个事实，即参加科举考试必须有秀才以上有功名者的担保。这并非杜撰，而是康熙年间赣南科举考试中实际存在的制度，其起因是由于当时科举考试中冒籍问题非常严重。康熙二十三年（1684）《续修赣州府志》卷五，《学宫》在列举了大量流民冒籍与土著子弟争夺科举名额的事实后，认为解决问题的办法是：

> 今为赣严冒籍之法，不必稽册籍也，不必问田舍查坟墓也。何也？稽册籍则已有名，问田舍则既富有，查坟墓则又假造。买嘱里甲，抵塞众口。……莫若保结廪生，共矢公忠，维持学校，互为稽查，务期清白为便。如遇考试，同堂齐集明伦堂，设誓公议。各立一簿书期，众书名押簿中，公约如保冒籍，即以功令之罪罪之。土著子弟来求保者，登名簿上，必填里甲、祖父同堂、名下保结童生。俱名登完，又约齐集明伦堂，互相检验，务期人人清楚，不得半字朦胧。

文中的办法不知是否遵照实行，但是，"保结廪生"这个名词的出

---

① 此据营前黄营堂老人讲述，特此致谢。

现，并被上文作者赋以督查冒籍考生的任务，说明参加考试要经过"廪生保结"，确是当时必经的程序。

面对土著控制科举考试局面，流民必然想方设法冲破阻挠。上述故事不仅显现了流民的智慧，而且表现经过努力流民也可争取到参加科举考试的权利。不过，这样做的前提仍必须是拥有合法的户籍。我们注意到，康熙二十四年（1685）陈知县并没有否认"胡子田"一户参加考试的权利。胡氏大概是营前流民中最早取得功名的宗族，所以上述故事的主人公也姓胡。而胡氏之所以能有此成就，主要是因为拥有户籍，"东粤流寓二十三姓"都共用这个户籍。在某种程度上，"胡子田户"成了一种身份的象征，拥有这个户籍，就表明获得国家认可的身份，即相应地拥有一系列的权利。因此，不难理解这个户籍对他们的重要性。前已指出，"胡子田"并不是一个人的真实姓名，只是户籍中的名字。但是，这个户籍是如此重要，以致"胡子田"成了胡氏宗族甚至广东流寓的代名词。康熙初年，营前土著为防止流民附籍应考，向地方官陈述曰：

> 赣、南二府，自明季粤寇流残焚杀已甚……复檄三省合兵搜剿，寇乃就抚，遂踞上犹垦荒。延祸及康熙十三年复乘衅叛逆，屠城围县……越十九年，大逆各败死，粤贼复投招，仍踞上犹垦荒。……近又借胡子田流寓新籍，鼓集贼党及奴仆、囚犯、娼优、隶卒等类，面不相识，目不经见，张冠李戴，嬴吕莫辩。又自以为读书能文，应得与考。蒙道府县主俱批严禁冒籍。……敬将各上宪已前咨移勘详等语，逐一刊录以诉叠害，以杜后患，为此叙列于左。①

这段文字，表现的完全是土著激愤的口吻和对流民的轻蔑看法，从中可以发现，"胡子田流寓新籍"成了流民要求与考的重要资源。这篇由土著写成的呈文，题为"残民叙陈叠受叛害原由"，十分冗长，其"叙列于左"的内容分为两部分：第一，为以前各任地方官要求营前广东流民"回原籍"的公文；第二，流民如胡子田、何永龄等人所屠杀土著绅士的名单和所犯下的种种罪行。其对流民所犯罪行的叙述力求清楚，府、县志中仅写"粤寇"、"广寇"等处，在这篇呈文均有名有姓。诸如：

---

① 乾隆《上犹县志》卷十《杂记》。

（国朝顺治）二年三月，粤贼阎王总、叶枝春、胡子田等从北乡突至，邑令汪暤率民从南门出犹口桥御之，杀贼数百。

……康熙十三年八月，逆藩吴三桂反，粤贼余何等纠合先年已降寇贼廖道岸、曾道胜、何柏龄、何槐龄、何永龄、胡子田、张标、黎国真、田复九、田景和、黄炽昌、陈王佐、罗敬思等，领伪札，拥众数万与吴谣相声援。①

土著的这种仇恨当然可以理解，但流民的合法身份还是逐渐被官府认可，户籍逐渐不再成为限制流民参加考试的困难。《子田公迁犹起籍始末》记曰：

迨三十五年丙子，县主章以新民姓众，混与土著，合约均为二户。次冬岁考，蒙署县事库厅朱，开试新户生童。己卯科考，堂侄宏璋取入邑庠。至四十年辛巳，县主张又将两户粮丁，均朋七里五甲、七甲两排，三姓朋名分为一十五户，然后同籍众姓悉皆分明他籍，而本籍胡子田户仍其旧，始无他姓混入，庶几永久。……公固首为众倡，而其持筹度务审虑辅行，则有若朋台、国俊、秀台、日台，又皆公之弟，而伯仲其功者也。②

康熙三十六年（1697），胡氏族人有人考中县学生，胡氏开始转变为绅士家族。胡氏能由流寇家族一变而为绅士家族，拥有合法的户籍是先决条件。

以上记载出自族谱，但可证之县志。康熙三十五年（1696），上犹县编审均粮，有文记曰：

康熙三十五年期届编审，……金曰粮少各排以就近均补为便，今应将十甲补八甲，九甲补六甲，其七甲应补五甲而本甲之粮仅足，盖以牛田里又七甲二十三姓之粮，补充龙下五甲郭时兴绝户，则一转移而民困苏矣……遂如议衰益。而改郭时兴户为龙长兴，龙者，里名，

---

① 乾隆《上犹县志》卷十《杂记》。
② 《胡氏五修族谱》卷首《子田公迁犹起籍起未》。

长兴云者，谓东粤流寓二十三姓之人，自拨入龙下五甲当差，而长久兴旺，从俗便也。①

可见，至少到康熙三十五年（1696），牛田里七甲二十三姓已必须纳粮当差，也就意味着"胡子田"户籍的合法性。《上犹县志》的记载和《子田公迁犹起籍始末》的记述不尽相同，按《上犹县志》的记载，"东粤流寓二十三姓"的户籍已改为"龙长兴"，而《子田公迁犹起籍始末》则记为"县主章以新民姓众，混与土著，合约均为二户"，其中"均为二户"不明何指，可能是把"胡子田户"分为两个户头，康熙四十年（1701）又分为十五户，胡氏族人拥有了自己单独的宗族户头。新民不断地分拆户籍，结束了二十三姓共用一个户名的历史，也从一个侧面反映了其编户齐民身份逐渐被国家认可。

流民一旦合法地在营前定居下来后，自然就不断地繁衍生息，扩大产业，族谱、祠堂、公产等要素逐渐具备，宗族组织日趋成熟。兹举营前张氏为例说明这个问题。正如上文所示，张姓原居粤东嘉应州，康熙十六年（1677）迁徙来到营前石溪隘桥头濒居住，后逐渐发家致富，建立了比较完善的宗族组织。《张氏族谱》有文《汝珍公自述》记述其来到营前之后家族发展情况说：

不数年，家计安顿，余妻沈氏勤俭贤能，暂有积蓄。父于康熙廿五年甲子岁九月廿二日辞世，是年十二月十七日生长子璇玉。二、三早夭，四宏玉，五国玉，六女适陈以信之二子淑刚，七玑玉，八女适黄如苞之五子黄茗，及九女适郡庠何元英次子国学用连。余与妻沈氏一生劬劳，成家立业，不幸沈氏年仅四八，于康熙四十八年庚寅十一月十六日故矣。四十九年辛卯岁于龙背建造房屋三大栋，后于五十二年甲午年继室黄氏携继子胡姓，余亦为完配。八年庚戌岁五月十四日巳时，黄氏故矣。回首生平，不知几经变迁，几经积累，溯而计之，共置田产八百余石，男女子孙共计数十。今将产业，四子均分，每分受谷田一百五十石，另拨长房三十八石，又拨次房田十石，以为二子劳苦拮据之赏。另立学租谷十石，在高坪段横河等处，今暂时归众，

---

① 章振荨修辑：《上犹县志》卷十《艺文志·文》。

日后凡有子孙入文武庠者，交出其谷，若进庠既多，数人均派，此乃奖励子孙之意。若非文武在庠及登科甲者，无论大小功名，俱不得收。屋背粮田二坵，交与洁净虔心早晚奉祀香灯者赡粥之需；门口之田，四房次房轮流耕作。若要众修整坟屋，除香灯外，门口田四房酌定章程，归众生息，各房人等不得违众滋议。又一处祠堂下朱宅屋背粮田大小不计丘数，此项之田，最为紧要，竖造祠堂，此乃灵秀之地也。以上数项田租，世世保守，凡我子孙，永不得盗卖、退、私收、闹分等弊，如有违背定章，祖宗监察，永不昌盛。准愿子孙争志，和气致祥，勤俭式廓，体愿先人艰难，以光其前而裕其后，此固吾之厚望也。……

另批予注明

一龙背祠宇三大厅堂，下左厢房及相连的下正间、屋背花台、门口余坪及鱼塘，至今仍为璇玉、宏玉、国玉、玑玉四房所有；

一下右厢房地基系玑玉公房所有，现为明经建房作穴使用。[1]

汝珍公的发家致富史可以看成是广东流民迁入营前后的一个典型个案，通过汝珍公自述，我们可以比较完整地看到一个流民家族如何发展繁衍，建立祠堂和族产并完善宗族组织。笔者相信，营前的其他流民家族也和汝珍公的张氏一样，通过几年、数十年的努力，成为相当规模的宗族，并联合起来与土著进行了斗争，最终在营前站稳脚跟，定居下来。

另外，土著陈、蔡在经历了兵燹之后，也逐渐恢复了宗族组织，上引陈、蔡两姓的族谱资料表明，至少在康熙后期，陈、蔡两姓的文会依然在发挥作用，族谱和祠堂也逐渐恢复。但是，可以肯定，陈、蔡两姓的规模不如以往，也不太可能获得明代那样在地方社会处于支配权的地位了。由于营前地理位置险要，清政府一直在营前设兵防守，光绪《上犹县志》卷七《兵防志》记载："营前汛，在营前城北门，内有营房十间，原额设把总一员，雍正九年添设外委一员，带领马步战兵五十名"。乾隆十七年（1752），距营前三十里左右的上信发生何亚四叛乱，驻防在营前的巡检

---

① 《（营前）张氏族谱》卷三《汝珍公自述》，1995 年修本。

司张仕剿灭有功，"事平，改巡检司为县丞"①，表明营前城在乾隆十七年后又成了上犹县丞署所在地。图 5 - 3 表明，清代晚期的蔡家城已不可能是蔡氏一族所管之地了，而是变成了正式的官府行政机构所在地，从一个侧面反映了蔡家力量的衰落。

图 5 - 3　清代营前城

资料来源：《上犹县志》，光绪十九年（1893）。

___

① 光绪《上犹县志》卷九《官师志·丞佐》。

第三节　商业发展、地方话语权
转换与文化"创造"

康熙十二年（1673），因吴三桂叛乱所引起的"甲寅之乱"对营前的土著是个沉重的打击。但是，甲寅之乱并没有从根本上动摇蔡姓，蔡姓乾嘉年间在地方社会仍然是最有影响的家族，基本掌握了地方社会的话语权。或者说，经过了甲寅之乱的打击后，蔡姓经过几十年的恢复，在乾隆初年，重新壮大起来了。

地方志资料显示，乾隆初年，蔡氏进行了一系列的地方建设，说明蔡姓仍然在地方社会具有极大的影响力，而且与官方也维持了紧密的关系。今列若干史料如下：

> 礼信桥，在县西北八十里，营前蔡姓城南，蔡姓建。①
>
> 云泽庙，在营前城外南三十里，平富隘白花滩。乾隆十四年，邑人蔡志抡、志扶兄弟捐建。此地两峰耸对，中瀑布一道，遍下三潭，深不可测。传称龙潭旱祷即应。乾隆十二、十四两年六月欠雨，时巡检张仕虔诚往祷，二次俱礼毕云兴，旋数里甘霖立沛，三昼夜不息，幸获秋成。于是，志伦等捐修庙宇，以答神庥。署县李珥因择斯名。②
>
> 慈惠亭，在县西北五十里孤独峰上。国朝雍正元年，邑人蔡志抡、志扶奉母钟氏捐建复租十五石为夏秋二季煮茶之赍。③
>
> 文昌阁，在县治八十里，营前蔡姓城东南角上。乾隆八年，蔡祠公建。④
>
> 观音阁二，一在营前妙乐寺前左，乾隆六年，蔡姓重修。⑤

从上引资料来看，乾隆初年，蔡氏或建桥，或建亭，或建庙，或建阁，非常活跃。进行这些公益性事业，经济实力和社会影响力缺一不可，蔡姓能进行这些建设，充分说明其经济实力和地方影响力不小。

---

① 乾隆《上犹县志》卷三《建置志·桥》。
② 同上。
③ 乾隆《上犹县志》卷三《建置志·寺观》。
④ 同上。
⑤ 同上。

同时，蔡氏还维持了与官府的密切关系。除了上引史料可见端倪之外，乾隆初年，营前的汛防署也搬进了蔡家城中，"营前汛防署，原驻在蔡姓城外。今移在蔡姓城内北蔡姓土上。汛右营房十间，额设把总一员。雍正七年，添设外委一员，带领骑战守兵共四十名。"① 乾隆十七年（1752），距营前三十里左右上信地发生何亚四叛乱，驻防在营前的巡检司张仕剿灭有功，"事平，改巡检司为县丞"②，表明营前城在乾隆十七年后又成了上犹县丞署所在地。而且，根据乾隆《上犹县志》，除了明代上犹县令龙文光为蔡家城写过记之外，乾隆初年任上犹知县的周肇歧、张仕都曾为蔡家城专文写记，雍正年间任南安知府的游绍安则写有《营前蔡氏祠堂记》，充分说明了蔡姓与官府关系之密切。

清初至晚清，在科举上蔡姓在营前，乃至上犹县都占据了绝对优势。表5-1统计了顺治初年至嘉庆末年营前各姓的获得贡生以上功名人数。

表5-1　顺治初年至嘉庆末年营前各姓科举功名（贡生以上）分布　单位：人

名称	蔡	李	黄	赖	胡	蓝
进士	2					
文举	7	1				
武举			8	4		1
贡生	24	3	1		1	
总计	33	4	9	4	1	1

说明：（1）笔者之所以能统计出以上表格，是因为光绪《上犹县志》卷十《选举志》中对贡生以上功名者登记了籍贯，本书所论述的营前大致相当于"村头里"，因而凡是"村头里"的，都可大致视为营前。（2）根据光绪《上犹县志》卷十《选举志》，李姓明代就开始有人获取高级功名，应该是营前的土著，但估计不是居住于营前圩附近，而是离圩比较远的地方。

资料来源：光绪《上犹县志》卷十《选举志》。

从表5-1可以看出，蔡氏科举之盛并没有因为"甲寅之乱"导致家族人口减少而衰落，而是远远超过客籍各姓。在清初，获得贡生以上功名就意味着有资格当官从政，贡生以下功名基本没有从政可能。从这一点也可推想，尽管经过"甲寅之乱"，直至嘉庆末年，营前土著在地方上仍具有非凡的影响力。

---

① 乾隆《上犹县志》卷三《建置志·兵防》。
② 光绪《上犹县志》卷九《官师志·丞佐》。

科举上的成功使蔡家一直维持着相对庞大而连绵不绝的士绅群体,并因此与官府保持了密切的联系。游绍安的《营前蔡氏祠堂记》对蔡姓的士绅群体有比较清晰的描述。其文曰:

长孙民彝以冢子伯琮承宗,以伯瑢、伯瑞分继辅、雍,是为三房。虽各祖其祖,皆民彝一脉。伯琮两孙:仲宽、仲厚。宽传至希舜,由岁荐考授推官,文名重于时,有《云溪集》行世。舜生志奇、志廉。廉登顺治丁酉贤书,授始兴令,子弘祉邑廪,孙曾如、昌评、世瑚、世璉俱饩于庠。奇任永新、奉新司试。子弘稷恩贡;弘祚食饩于口口礼附学入监;弘正岁贡,官新喻训导,正五子。超庠生口谋拔贡。昌诒丙辰举人,昌识拔贡,知广宁县,昌谦廪生。孙世熙、世熻、世勋俱在庠。仲厚传至希上,上由郡廉升太子考迪功郎,养亲不仕,孝称于族党。今岁贡志抡、国学生志扶其子,锡与钧其孙也。辅二房子孙亦繁衍。崇祯庚午举人祥球、康熙癸卯举人祥源与今府学生志泳、(疑脱"志"字)纯、世治皆其后。明经弟子员不胜记。庸三房丁不旺而富于赀。前明洪武、嘉靖捐米数千石赈饥,诏加旌表。营前城池则岁贡生元宝筑銮,嗣朝机、朝侑、朝京、仕卿、天俊等复增造内城,至今赖之。出仕者为合肥教谕钦宸。在泮者,今兆璋、志霄、五其也。太守游绍安曰:犹,小邑也,抱策儒生则彬彬焉。恒为士者,蔡氏为盛,而前征往矣。志传可稽,惟今存之八十翁弘正,既昆仲竟爽,又五子式似,且孙枝接武,是蔡氏尤盛者也。然三房皆书香不断,可谓济美矣。弘昂、口臧、世瑛、世熙、世勋、世熻、世治、志霄均余所赏识,因得考其系。①

游绍安雍正十年(1732)起一共担任了十七年南安知府,对蔡氏不可谓不了解。据笔者统计,他这篇记文提到清代蔡姓有廪生以上功名士绅27人,其中举人4人,贡生4人,监生1人,廪生18人。另有3人只列其官职,未列其功名。所以,游绍安提到的有功名的蔡姓人实际上是30人之多,且绵绵不绝,难怪他说:"恒为士者,蔡氏为盛,而前征往矣。志传可稽,惟今存之八十翁弘正,既昆仲竟爽,又五子式似,且孙枝接

① 游绍安:《营前蔡氏祠堂记》,《上犹县志》卷十三《艺文志》,乾隆十五年(1750)本。

武,是蔡氏尤盛者也。"

如此庞大而整齐的士绅队伍,在地方上显然可以造成很大影响。实际上,至少乾隆年间,蔡姓基本上掌握了地方文化的话语权。正是文化上的优势,导致土著在很长一段时间内,花了很多精力对曾为"流贼"的客籍屠杀土著的历史进行了清理。最明显的例子就是蔡姓在乾隆十五年(1750)的《上犹县志》中发出了很强势的声音。上犹县虽然在历史上曾经数次修志,但存世皆为残本。康熙三十六年(1697)县令章振萼修辑残本成志,这便是现存的康熙三十六年的《上犹县志》,后乾隆年间上犹又多次修志,其中,存世的为乾隆十五年的县志。① 对比这两部方志不难看出,乾隆志与康熙志相比,多了很多蔡姓色彩。乾隆志中蔡姓色彩最为浓郁的是艺文和人物两志。一般地说,地方志关于本地人物记载主要有"宦绩"、"选举"、"文学"(或"儒林")、"耆寿"、"乡饮"、"节烈"等方面。"宦绩"主要是本地人在外任官的先进事迹,"选举"记载的主要是获取一定程度科举功名的人的记载,这两部分入选的标准比较刚性,所以,可比性不大。但诸如"文学"(或"儒林")、"耆寿"、"乡饮"、"节烈"等方面就没有一个固定的标准,弹性比较大,能否入选,和本家族在地方社会中的影响力有密切关系。表5-2列出了康熙志和乾隆志关于蔡姓记载的对比。

表5-2　　　　康熙三十六年《上犹县志》与乾隆十五年
《上犹县志》关于蔡姓记载的对比

县志名	文学(人)	耆寿(人)	乡饮(人)	节烈(人)	艺文(篇)
康熙志	4	0	康熙志无此目	0	0
乾隆志	7	9	16	17	24

说明:蔡姓在"艺文"志中留下的痕迹主要有两方面:一是关于蔡姓本身的记载;二是蔡姓族人的作品。本表的统计包含这两个方面。

资料来源:康熙《上犹县志》卷九《文学》;乾隆《上犹县志》卷九《文学》;康熙《上犹县志》卷九《耆寿》;乾隆《上犹县志》卷九《耆寿》;康熙《上犹县志》卷九至卷十《贞烈》;乾隆《上犹县志》卷九《节烈》;乾隆《上犹县志》卷十一至卷十三《艺文志》。

从表5-2中可看到,乾隆志和康熙志相比,关于蔡姓的记载比重增

① 关于上犹县修志情况可参见易平《江西方志考》(下),黄山书社1998年版,第924—929页。

加很大。当然，由于康熙志篇幅本来就比乾隆志小，关于蔡姓的记载相对少一点也是情理之中。但是，同样可以推论的是，如果蔡姓没有施加影响，乾隆志的蔡姓记载不可能增加得如此厚重。笔者一直没有找到乾隆十五年修志人员名单，但乾隆十五年《上犹县志》的其中有一篇"序"正是上文所提与蔡姓关系甚密的南安知府游绍安所作。不难想象，蔡姓肯定有人加入修志局。即使退一万步来说，蔡姓没有人加入修志局，以蔡姓在当地的影响力和与官府的密切关系，蔡姓在地方志中占据比较重要的地位也是可以想象的。

乾隆志与康熙志相比，还有一个惊人的变化，就是关于客籍进入营前历史的重新"书写"。关于流民以何种方式进入营前，客籍族谱的记载是躲避战乱而流入营前。但一些流民其实是以"盗贼"身份进入的，其本身就是战乱的主角。关于这段历史，前节已有描述。营前地区的流民有很大部分是以投诚"盗贼"身份逗留下来的，并且曾经对土著进行了残酷的屠杀。后来，他们获得了官方承认的户籍，于是就正式成了编户齐民，身份也"合法"化了。但是，由于他们曾经"屠杀"过土著，土著对流民的仇恨并没有消除。两者在科举问题上的斗争尤其尖锐。[①] 对于官方来说，流民既然已经被承认为合法的编户齐民，就应该有相应的包括参加科举考试等权利。因此，官府出于维持地方统治稳定的考虑，希望土著不要纠缠历史，而更多是面对现实，与客籍一起和睦相处。正如康熙二十四年（1685）上犹知县谈到营前胡姓流民关于参加科考的呈请时所说："虽人才随地可兴，而考试以籍为定。胡子田一户称已入籍，呈请与考，庶亦近理。然亦必须与土著结婚联姻，怡情释怨，里甲得以认识。"这段话固然是承认了客籍流民合法参加考试的权利，但着眼点其实在于希望土、客能和平共处。

或出于这种考虑，我们看到在康熙三十六年修辑而成的《上犹县志》中没有太多土客之间冲突的记载。但情况在乾隆十五年的《上犹县志》中发生了根本变化。相比康熙志，乾隆十五年的《上犹县志》卷十，《杂志》对客籍流民屠杀土著的记载非常详细。今列举部分如下：

---

① 参见前引黄志繁《动乱、国家认同与"客家"文化——一个赣南聚落12—18世纪的变迁史》。

（顺治）二年三月，粤贼阎王总、叶枝春、胡子田等从北乡突至，邑令汪暲率民从南门出犹口桥御之，杀贼数百……

康熙十三年八月，逆藩吴三桂反，粤贼余何等纠合先年已降寇贼廖道岸、曾道胜、何柏龄、何槐龄、何永龄、胡子田、张标、黎国真、田复九、田景和、黄炽昌、陈王佐、罗敬思等，领伪札，拥众数万与吴谣相声援……

十五年四月，余、何诸贼自上犹潜师袭南安，郡城守将奔南康，贼遂据城设伪官，六月，还破犹城，县令出走，家室悉为贼据。

十七年，虔镇哲率师至犹招抚，粤寇平。盖自甲寅蹂躏三载间，土人庐墓焚掘几遍，屠杀绅士百数十人，掠卖子女不下数千，平民死者尸横遍野，有合族俱歼者，如象牙湾朱氏，浮潮李氏、周屋围周氏、石溪之王氏杨氏、水头之胡氏游氏，无一存者。①

这些触目惊心的记载，在康熙《上犹县志》中根本看不到片言只语。其实诸如"何柏龄、何槐龄、何永龄、胡子田"这些人都是营前客籍人。把他们的"罪行"记入县志，明显看得出是土著施加影响的结果。不仅如此，在乾隆志中还附有一份《残民叙陈叠受叛害缘由》，是土著向各级政府控告客籍流民的呈文。其文对流民的"罪行"有更详细记载，今节录若干如下：

赣、南二府，自明季粤寇流残焚杀已甚……复檄三省合兵搜剿，寇乃就抚，遂踞上犹垦荒。延祸及康熙十三年复乘衅叛逆，屠城围县……越十九年，大逆各败死，粤贼复投招，仍踞上犹垦荒……近又借胡子田流寓新籍，鼓集贼党及奴仆、囚犯、娼优、隶卒等类，面不相识，目不经见，张冠李戴，赢吕莫辩。又自以为读书能文，应得与考。蒙道府县主俱批严禁冒籍……敬将各上宪已前咨移勘详等语，逐一刊录以诉叠害，以杜后患，为此叙列于左……

顺治二年、八年共杀营前村头里生员二十四名：蔡一璋、蔡德化（后略）

康熙十三年、十五年共杀上犹并村头里贡生生员三十一名。蔡德

---

① 乾隆《上犹县志》卷十《杂记》。

仕系胡子田手杀，妻马氏，子田掳为妾，现有马氏状词在案。蔡祥现、蔡德俊（后略）

十五年破城，贼首何柏龄掳生员张启宏妻尹氏，坚节不从，投江而死……

又贼首田景和破城，掳生员尹经善妻朱氏，坚节不从，投江而死……①

乾隆十五年《上犹县志》还附有一篇《书叛害录后》，讲述了以上内容而被收入《上犹县志》的过程：

《犹邑叛害录者》，邑人为粤贼肆虐被害而作。书我朝初定鼎，粤贼遥应吴、耿诸逆以图不轨，召号为合万余众，焚杀劫掠，无所不至。犹邑界闽楚，殆甚，犹邑之营前尤甚。余生长数十年，耳尝闻之而目未之睹。□岁冬，因修邑乘，预局执事，得抄本一，既又得刻本一，取对勘，一字不差。其中历叙被害原由，自邑侯刘公条析三叛三抚及各上宪看语详文，条陈井井。及阅至最后数幅，自顺治二年暨康熙十三年、十五年屠杀营前绅士蔡一璋、陈振升等五十余，尸横遍野不计其数，掳杀子女金帛殆尽，甚至全家无子遗而宗祀以绝云云。不忍正视卒读，不觉鼻为之酸而发为之竖矣。当时各宪阅此原由，亦各自一片婆心，惜当日安插不得其所，鉴别不严其辩，致当时有改名更姓，阳散潜伏，恐滋蔓难图，祸根未斩之虑耳。今日者，承平日久，僻陬无弗声教，四讫革面革心矣。然而凡人之情，痛定思痛，则安不忘危，治不忘忽，所以征我国家赫声濯灵，重熙累洽之由也。

此文作者是上犹本地一个朱姓贡生，透过他的论述可以注意到两点事实：一是本次修志之前，土著已经就他们的遭遇和流民的"罪行"专门印制了书籍，可见土著一直在申述和记述这一段历史；二是当年土著上书要求把倡乱的流民驱逐出营前的建议并没有获得上级的批准，一些流民定居下来了，有些还隐姓埋名地定居下来了。

从官方角度看，这样的历史"书写"无疑是在激化矛盾，非常不利

---

① 乾隆《上犹县志》卷十《杂记》。

于统治稳定，但站在土著的立场上，只有这样才能真正地还原历史的"真相"，而且，能够永久地把流民钉在耻辱柱上。在《上犹县志》出现这样的记载，应该是土著势力影响的结果，其中，作为县内数一数二的土著大族，蔡姓无疑起了很大的作用。乾隆五十五年（1790），上犹县又一次修志，这一次修志的主撰者为营前蔡姓的进士蔡泰均。由于笔者没有看到这本地方志，但估计由于有蔡姓直接介入，至少应该维持土著的声音。

到道光三年（1823）《上犹县志》修撰时发生了根本变化。道光《上犹县志》卷三十一《杂记》应该是在乾隆十五年《上犹县志》卷十，《杂记》的基础上增删而成的。对比两志的记载，可以发现原来乾隆志中对客籍流民"罪行"的记录进行了明显的修改。首先，删除了作乱之人的真实姓名，即上文中"何柏龄、何槐龄、何永龄、胡子田"等人的名字不再出现，而是代之以"贼"、"诸寇"之类的字眼。其次，将出自土著之手的对客籍流民"罪行"记述更详细的《残民叙陈叠受叛害缘由》进行了大量的删除，只留下了"邑侯刘公条析三叛三抚及各上宪看语详文"，即从县到省的各级官府的公文和看语，这样一来，流民的"罪行"虽然仍然有记载，但更多的是对事不对人，不再那么尖锐了。

出现这些变化的根本原因在于官府想要维持稳定的统治秩序，而在地方志中出现关于客籍祖先"罪行"的大量记载势必引起客籍反感，从而不利于消解土、客之间的矛盾，不利于统治的稳固，所以删除这些记载应该是在情理之中。但和土著势力的衰落也有一定的关系。乾隆以后，以蔡家为代表的土著势力也逐渐走向衰落。根据笔者对光绪《上犹县志》统计，道光至光绪十九年修县志之前，蔡姓和陈姓这两支主要的土著仅考中举人1名，贡生3名，和嘉庆以前的鼎盛形成了鲜明的对比，表明蔡姓在科举上衰落得相当厉害。与此同时，客籍的力量开始壮大起来。

"甲寅之乱"平定后，流民获得了合法户籍，成为官府认可的"编户齐民"。关于这一问题，笔者前文中有详细讨论。笔者在这里只想通过黄姓和张姓两个流民家族的发展，进一步说明流民家族人口、土地和科举等方面的发展壮大。

黄姓应该说是目前营前客籍诸姓中人数最多的一支。关于黄姓迁移来营前的历史和发展历程，其开基祖世荣公之子栗明公曾有文回忆说道：

至于我父则尤有异，其性慷以慨，其情私而穆，轻财重义，……

于是戎仆车，糇囊蕢，携我母子而来，岁在康熙甲辰（即康熙三年）
腊月之朔三日也……越明年，乃于油石水村牛形而卜其居。康熙六年
五月初二日契买谭世灿田租圹租共廿二担屋场一所，山田荒土一片，
后因卜居浮潮，于康熙廿七年十月廿日契卖与温琅。噫吁！此粤之所
以去欤而犹之来也，不自兹始哉！斯时也，植田畴，诲我曹，起户立
籍，以贻后人，虽属草创经营之初，而规模次置，骎骎乎有远，大之
基。无何寅卯，沧桑变陵谷，即康熙十三年甲寅乙卯岁有何都子作
乱，以致流离播迁，不获宁宇者盖六七年矣。岁在庚申，康熙十九年
始于石溪长岭薄构数椽以蔽风雨。斯固升平伊始，而我即以为士出于
农、工、商，不与汝曹各务本业，勿迁异焉。奈何遭家不适，我父才
登六十之九而遽有终天之恨。然犹上赖吾母勋劳，劳事悉遵母命。岂
庚午暮春而吾母亦终内寝。呜呼！我父之去粤来犹也，为绳武计，为
燕诒谋。讵期创业未半而中道捐弃？事虽未终，志在可继。迨己巳冬
即康熙十八年得浮潮之居，丙子康熙三十五年又获石里之庄，此人文
蔚起，丁产日增者，孰非吾父母数十年经营缔造之功，积德累仁之所
赐也。[1]

从上引文可看出，黄姓虽然康熙三年（1664）就广东兴宁迁到了上
犹县境内，但一直处于颠沛流离的处境，"甲寅之乱"（即康熙十三年的
吴三桂叛乱）平定后，才逐渐安定下来。康熙三十五年（1696），黄姓开
始迅速发展起来。

关于黄姓的人口和科举发展罗勇已经有了论述。[2] 虽然罗勇对黄姓人
口和家族的统计按"世系"计算，而没有采用人口学中通行的"标准时
点"计算，但是仍然可透过他的论述，想象黄姓发展的迅速。直到今天，
黄姓仍然是营前地区人数最多的家族。科举方面，黄姓也是客籍中科举最
为发达的家族。

然而，黄姓宗族组织的似乎很晚才发展起来。从1995年修的《黄氏
世荣公系下第六次重修族谱》可知，黄姓早在其二世祖栗明公手上就开

---

[1] 《去粤来犹记》，载《黄氏世荣公系下第六次重修族谱》（不分卷），1996 年修本，第 1
册，第 6—7 页。该文乃咸丰六年（1856），黄姓重修族谱时所发现，中间小字估计为咸丰年间后
人所加。

[2] 参考前引罗勇文。

始修谱工作了，所谓"栗明公修葺成牒，条分缕晰，班班可考"。① 但是，栗明公只是黄姓到营前的第二代，即使他修谱，也估计是和兴宁原籍的家族人联合，而不是修营前黄氏的谱。直到嘉庆十一年（1806），黄姓才开始正式修谱。也就是从康熙三年到嘉庆十一年将近 150 年间，黄姓并没有族谱问世。之后，黄姓开始有规律地进行修谱工作，分别于光绪十六年（1890）、民国八年（1919）、民国三十六年（1947）三次重修族谱。根据罗勇前引文的论述，黄姓家族有四个祠堂，有"宾兴会"，有公共经济组织"众"，等等。这些组织在何时发展起来，罗勇没有交代，现存的《黄姓族谱》也没有给出答案。不过，可以肯定的是，黄氏家族在晚清至民国年间已经是营前当地比较有影响的大家族了。

张姓应该是营前众多家族中规模和影响力均属中等的家族，所以，分析张氏家族也有一定的代表性。前引《汝珍公自述》的文献对张氏家族来营前的发展历程有比较清晰的描述。根据其描述，可以看出张姓和黄氏一样，张氏在甲寅之乱平定之后才安定下来，之前一直在湘赣之间奔波。到了康熙末年，汝珍公晚年已有田产约八百石，子孙后代数十口人，发展不可谓不迅速。财产的增加，使汝珍公有实力进行宗族制度建设。从文中可看出，他设立了一定数量的公产，包括学田、祭田等，这些财产归入"众"，并且有了祠堂。说明至少在康熙末年，张姓已经有了比较规范的祠堂和公产。和黄姓几乎相同的是，张姓的族谱修撰工作也开展得相当晚，分别于光绪十七年（1891）和民国二十五年（1936）进行过两次修谱工作。笔者认为，黄姓和张姓如此之晚修族谱，根本原因在于刚来营前的时候客籍家族人口比较稀少，要经过一段时间增长，人口的数量才可达到必须修族谱的地步。因此，我们也可从黄姓和张姓晚清才开始修撰族谱这一事实推断，可能到了晚清光绪年间后，客籍人口才达到了数百人的规模。

在人口和财富增长的同时，流民家族科举上也有了突破。流民首先是几经周折，获得了参加科举考试的权利。② 接着，流民中开始出现低等功名士绅。以黄姓和张姓为例。根据族谱可知，黄姓家族出现的第一个具有

---

① 《丙寅重修族谱首事引》，载《黄氏世荣公系下第六次重修族谱》（不分卷），1996 年修本，第 1 册，第 27 页。

② 关于这一点可参见前引拙文《动乱、国家认同与"客家"文化——一个赣南聚落 12—18 世纪的变迁史》中相关论述。

正式功名的人是在迁犹后第三代，即世荣公的孙子志建，他是"郡廪生"，生于康熙戊午（1678），殁于乾隆庚辰（1760）；张姓家族也是在迁犹后第三代出现有科举功名之人，仲济公之孙璇玉公，他是"邑庠生"，生于康熙二十二年（1683），殁年不详。① 由此可推测，大概在康熙末年营前的客籍人中开始出现有正式科举功名之人，这意味着客籍家族开始努力使自己"士绅化"。但是，直至嘉庆末年，至少在高级功名的追求上，客籍人所获得的成功远远逊色于土著。

同治元年（1862），客籍黄耀街高中恩科举人，客籍人终于出现了一位有影响力的文化人。在此之前，客籍人虽然早已有人获得举人，但皆为武举。武举虽也是举人，但通常视为比文举低，其影响力也要打折扣。正因为如此，黄耀街的中举让客籍人感到振奋，认为是"此国朝以来二百余载为我邑客居者天荒之破。"② 黄耀街不仅是上犹县客籍第一个文举人，而且，在地方上影响力也相当大。其墓志铭对其生平事迹记载曰：

> 生平敦伦立品为重，以振兴文教为先。倡建西昌乡学，其形胜布置，定山诹吉及一切章程，皆府君手定而独肩其责，经营完善，有志之士咸赖之。至于建宗祠堂、修家塾，封树先垅，捐设宾兴，而种种义举，皆与诸父老实力赞成之，而厥功不居。向不理外事，不履公廷，惟修邑志、昭忠恤典及报销奖叙诸善端襄理而已。③

上列黄耀街生平事迹有两件事值得注意：一是带头倡建西昌乡学；一是修邑志。

根据光绪《上犹县志》记载："西昌乡学在营前太傅墟东北里许……其基址连店外四围，共阔六十六丈，高下形势三层，均系上五隘捐资公置，光绪元年上五隘复捐资构造。"④ 可见，西昌乡学是上五隘自发捐资建立的教育机构。所谓"上五隘"，即以营前为中心的上犹西部地区，据乾隆

---

① 《黄氏世荣公系下第六次重修族谱》（不分卷），1996 年修本，第 1 册，第 349—350 页；《（营前）张氏族谱》卷二《石溪龙背汝珍公世系》，1995 年修本，第 23 页。

② 《授文林郎进士拣选知县新喻县教喻加三级黄府君墓志铭》，《黄氏世荣公系下第六次重修族谱》（不分卷），1996 年，第 127 页。

③ 《授文林郎进士拣选知县新喻县教喻加三级黄府君墓志铭》，《黄氏世荣公系下第六次重修族谱》（不分卷），1996 年，第 127 页。

④ 光绪《上犹县志》卷三《建置志》。

《上犹县志》记载："疋袍隘、卢王隘、峒头隘、平富隘、石溪隘，俱在村头里"，[①] 本文开头已交代，村头里的范围相当于营前地区。如前所述，乾隆十七年以后，营前又成为上犹县丞驻地，这说明营前在上犹县具有非常重要的战略地位。因而，在营前设立上五隘的乡学，应该是辐射到整个上犹西部地区的。在这样一个事关上犹西部地区文教事业的机构建立过程中起主导作用的是客籍的举人，而不是土著的蔡姓，说明客籍人在地方文化事业中开始占据主导权。事实上，我们查阅光绪十九年的《上犹县志》发现，蔡姓在同治、光绪期间，竟然没有一个人获得贡生以上的功名。黄耀街还参加了县志的修撰工作，虽然不清楚他在县志修撰中的作用大小，但毕竟表明客籍人也开始在地方文化中占据一定的操控权。因此，黄耀街很可能是个具有标志性意义的人物，从他开始，客籍人开始逐渐掌握了地方文化话语权。

客籍人对地方文化话语权的获得，不仅仅是因为他们在科举上的突破，而且是和营前地区在清中期以后的社会经济结构变迁有很大关系。

清代中期以后，随着上犹山区的开发，营前逐渐发展成一个章水流域重要的商业中心，其辐射范围除了"上五隘"之外，还包括了邻近的湘东和崇义。在章水流域有所谓"头唐江，二营前"的说法，意指营前和唐江是章水流域最重要的两个商业中心。唐江在章水下游，号称赣南第一大镇，其商业繁荣程度有清一代列赣南之首。清代中期以后，营前已成为沟通湖南、广东和江西崇义、遂川及下游唐江的重要商镇。湖南多由此转运广东的盐，崇义、上犹的竹木也由此顺流而下，崇义、广东则从此运进粮食，遂川、湖南的食油则由营前转运到唐江、大余。[②] 至清末，营前商店达三百多间，有牛行、仔猪行、柴行、茶行、米行、木竹器行、铁器行等专业市场。[③]

营前商业是从乾隆初年开始发展起来的。根据唐江镇第一大姓卢氏的家谱资料，笔者曾推断唐江作为一个商镇发展起来是在乾隆时期的最初几十年。[④] 如果假定营前商业发展是和唐江同步的话，那么营前的商业逐渐

---

① 乾隆《上犹县志》卷三《建置志·关隘》。

② 《上犹县粮食志》，油印本，第130页。

③ 上犹县志编纂委员会编：《上犹县志》，1992年内部油印本，第481页，。

④ 关于唐江商镇发展概况，可参见黄志繁、廖声丰《清代赣南商品经济研究》，学苑出版社2005年版，第96—99页。

繁荣也应该是乾隆以后。至乾嘉时期，营前的商业应该已有了一定的规模，但规模可能不会很大。笔者在营前发现一块修于道光七年（1827）题为《双溪堂观音堂重修记》的碑刻。该碑所列的赞助名单中，有 24 个商号，另有"兴和馆、以文堂、春和馆、宝树厂、永生厂"5 个估计为商号或者店铺的名字。从这个碑刻看来，道光初年营前的商业似乎还谈不上繁荣，和前述口碑资料所说店铺有 300 多间也有很大距离。当然，不是所有商铺都会参与捐修观音堂，但是，从下引碑文看出，本次捐助活动是由营前官方发起的，且《双溪堂观音堂重修记》有文曰："（观音堂）连银城而赫濯，四方之商贾无祷不彰"，可见观音堂对于商贾来说也具有朝拜之价值。另外，观音堂位置离商业中心营前圩比较近，而每个商号捐助的数目并不巨大，最少才 240 文，按理应有大部分商号愿意参与捐助。因而，笔者估计，营前商业初步发展应该在乾隆初年，真正繁荣则是在晚清，光绪至民国可能是其鼎盛期。

没有确切资料让我们观察营前商镇的发展历程，不过，综合口碑资料可以判断，在商镇走向繁荣的过程中，客籍人逐渐掌握了墟市的控制权。

口碑资料一：营前地区特别重视中元节，但为了刁难客籍，土著人在七月十五这一天把墟市所有的猪肉都买去了，让客籍人买不到猪肉。为了对抗土著的刁难，客籍人决定七月十四过中元节。至今营前仍然是土著人七月十五过中元节，而客籍人则七月十四过中元节。

口碑资料二：营前至今流传着一个说法，就是 1949 年前每年营前当圩日，蔡姓的族长会叫蔡姓后生到圩上各个店铺买点东西，虽然拿的东西不多，但一定要去，就是"做做样子也要去"！因为营前圩的地基以前是属于蔡姓的。

第一条口碑资料似乎可以说明，客籍人曾经有经济实力将圩市上的所有肉买去，其经济实力应该不差，而且，很可能对圩市有一定的控制权。第二条口碑资料固然说明了土著对营前圩具有法理上的所有权，但也从另一个方面说明，蔡姓已经丧失了对圩场的控制权，而客籍人逐渐掌握了圩市的控制权。综合二条资料，可以看到土著经历了一个逐渐退出圩市的控制权的过程。

要说明的是，肯定有外来商人进驻营前，也就是说，营前店铺主人不一定全属于客籍人，但是，根据口碑资料，民国时期在营前黄姓人最多，店铺最多，胡姓第二多。可见，客籍人应该是圩市店铺的主要拥有者。笔者采访的黄营堂先生认为黄姓在商镇上"最有说话权",并举例说当时胡姓一个读书人与一个张姓地主争土地,两族几乎械斗,姓黄的人出面,才得以调停。黄姓应是清末民国营前最为势大财雄的宗族,笔者发现,此一段时间黄姓几乎控制了营前党政工商教育等一切部门,如表5-3所示。

表5-3　　　　　　　　民国初年营前黄姓担任的重要职务一览

姓名	职务与事迹
黄朝佳	创办务实小学,上犹劝学所所长兼县学视员
黄朝传	创办怡和铁厂、私立作新小学(校长)
黄秦堂	历任公私小学校长,上犹田粮管理处营前办事处主任
黄朝朗	乡议员,保卫团团总,新民小学校长
黄国栋	第一届营前商会会长

资料来源:前引《黄氏族谱》中有关人物传记。

从表5-3不难看出黄姓在营前的影响力。黄姓力量的壮大也表明客籍人已经成了地方社会重要势力,与此相反,土著陈、蔡逐渐成为小姓。直到今天,营前蔡姓人口不到100人,陈姓略多,也不过是600人左右,而黄姓则达到了3000多人。① 土著的控制力和影响力让位给了客籍人。②

营前商业辐射范围的不断扩大,也使营前成为上犹县西部的文化中心,前述西昌乡学的建立就是个明显的例子。与此同时,一些营前本地的神明辐射和影响力也扩大开来。比较能说明这个现象的是观音堂的重修。观音堂是位于营前圩不到三百米的一个小庵。关于它的兴衰,现存一块《双溪山观音堂重修记》的碑刻有比较清晰的记载。该碑现存于营前下陈村一农户家中,该农户所居住的房屋就是老观音堂所在地。碑石共两块,第一块碑内容如下:

(前缺)下之有记或记之也之口胜状,或记事之始终,皆使千万古永垂不朽也。予于乾隆十四年捐钱五十余两置买寺场一所,土名太

① 参考前引罗勇文。
② 笔者怀疑,没有很好地介入商业,可能是营前土著衰落的根本原因。从以上口碑资料看来,营前客籍人可能有个比较积极主动在营前圩上买店置房的过程,而土著的陈、蔡则可能只是收取一定的土地租金,而不是自己经营商业。

傅营前下陈双溪山观音堂是也。虽非名区胜迹，亦号净土，因而率众修葺，规模颇觉壮观。然虑有寺无僧，终归无寺，有僧无食，究至无僧。于是捐租壹拾陆石，招僧宗传住持。迨二十六年，寺宇颓圮。予复捐银肆拾余两，备料鸠工为重整计，僧亦借而募化十方，随缘集助。殊宗传勿守清规，耗费殆尽，功亏半途，辄遂潜扬而口。云堂几为瓦砾。僧舍遂成邱墟也。予每系心怆，恐废前修。越二年，又捐银五十余两，续修完竣。招僧住持，则梵刹焕然一新，方丈蔚然幽趣，清静可□。是以庚寅夏，构土屋数间，于寺之右，用银百两有奇。庶几子孙辈肄业有所也。迄今殿宇巍峨，僧舍宏敞，敢谓功继马鸣，业追象负，特恐年湮泯没，负予昔日创修之善心也。故勒之贞珉，以垂不朽，亦令今后之人知善作者，当思善继云尔。是为记。计开峒头隘梅里甲田一处，南蛇坵一坵一处，官路下二坵一处，龙蛇形背大路圳下大小三坵，共额租十六担。

乾隆三十六年辛卯岁二月吉日陈泰烜立①

从上述碑文看来，观音堂在乾隆三十六年前还只是陈姓私产，起初由陈泰烜出资购置，后又几次出资维系其运转。陈氏出资修复观音堂，一方面是可以让子弟在其中读书，所谓"肄业有所也"，另一方面，也表明这一块土地乃是陈姓所控制。但随着商镇的发展，观音堂也逐渐不再为陈姓所拥有。

第二块碑内容如下：

窃恐宝座腾辉，光映大千世界；莲台焕彩，开亿万生灵。如营前北门外双溪山一寺，乃陈檀越泰烜之所膳也。偕白塔之威灵，五隘之绅士有求必应；连银城而赫濯，四方之商贾无祷不彰。迄今多历年所，虽大士之金身宝殿如见而如新，而诸神之容像龛有存有没，贫衲朝夕湮祀，惨目伤心，奔告于主公曰：神佑五隘，修葺宜众捐。是以邀请施主，爰集诸公，佥议重修，装塑诸神之容，整饬龛宇之陋，迁移寺外之门，但鸠工集木，非握粟可以告隆，而种福粘金，必合丝乃能成锦。伏愿分主、副爷以及诸君子发仁慈之念，兴施公之心。铢两

---

① 营前观音堂《双溪山观音堂重修记》，道光七年（1827）。

万千捐集无论多寡，勒石各注出列应分后先，既破客而解囊，百工成而告竣，将见德容生色，龛殿重新，神恩浩荡而鸿被，获征千古矣。①

该碑为道光丁亥年（1827），即道光七年所刻。从这块碑文看，道光初年，观音堂已经成为"五隘"共同拥有的神明。它的修建也由驻扎在营前的上犹县丞和营前汛指挥发动，"五隘"的绅士和商贾共同捐助完成。这块碑文后面罗列了参与捐助人员的名单和捐资金额。笔者对名单进行分类，统计成表5－4。

表5－4　　　　　　　　道光七年营前重修观音堂名单分类统计

类别	官员	宗族	商号	何姓个人	陈姓个人	黄姓个人	朱姓个人	蔡姓个人	胡姓个人	曾姓个人	张姓个人	其他姓	总计
数量	2	3	29	21	16	9	9	9	5	7	5	59	174

资料来源：《双溪山观音堂重修记》。

表5－4中，2个官员分别为上犹县丞和营前汛指挥，他们捐助的金额最多；3个宗族依捐助的金额多少排列为"赖积厚堂"、"陈世德堂"、"郑昭著堂"；以个人名义参与捐助比较多的为何、陈、黄、朱、蔡、胡、曾、张，都为营前圩附近居住的姓氏，其余则为杂姓。从本次观音堂修建经费的捐助看来，作为曾经的土著陈姓已经不是唯一的出资者，甚至也不是最主要的捐助者。而且，从碑文看来，整个修建活动的发起人也不是陈氏，而是官方发起，营前士绅和百姓响应。由此可见，陈氏已经不可能完全控制观音堂了，观音堂已转变为营前圩的共同的神明。当然，这一事实也表明商镇发展起来后，原来以土著为中心的地方控制格局已经发生了根本的变化，日渐衰落的土著，在日常管理中，已经退居相对次要地位。

土著权势的丧失，使土客之间已经没有了正面冲突的基础，土和客之间虽然仍有矛盾，但更多的是区分在心理认同上。此时，土、客矛盾虽有但已不重要，而已经演变为各宗族之间而无论土客的矛盾了。营前历史上宗族间矛盾之激烈，除了口碑介绍之外，还有许多文字可资说明。例如张

① 营前观音堂《双溪山观音堂重修记》，道光七年（1827）。

姓"因赖姓、刘姓、蓝姓地坟所阻……与刘、赖、蓝三姓结讼二载，官既断，三家犹不服"①；"黄沙坑，张黄两旺族也，昔偶于失和，调而不解，乃各集壮士十余人，持棍棒殴斗正狂"。② 类似记载颇多。

姓氏之间争斗产生了社区整合要求，并赋予民间文化活动以新的内涵，并改变了当地民间文化风貌。上犹县营前地区有两个比较有特色的地方文化特征：一是标榜宗族文化的"门榜"，一是民间舞蹈"九狮拜象"。笔者以为，这两种具有鲜明地域特色的文化现象扎根于营前地区发展过程。

悬挂门榜是上犹县独特的文化现象，流行于以营前为中心的上犹县西部。据研究，门榜共有四类：第一类是反映其姓氏来源的，例如黄姓一般题为"江夏渊源"，陈、钟、赖、邬等姓则题为"颖川世第"，昭示其姓郡分别出自江夏、颖川郡；第二类源于祖先的人物传说或典型史实，如钟姓一般题"知音遗范"，包含钟子期与俞伯牙的动人故事，田姓则写"紫荆荣茂"，廖姓则题"万石流芳"等，均在向世人昭示其祖先的光辉事迹；第三类源于本族先祖名人字号或官职，如陶姓的"五柳高风"、李姓的"青莲遗风"、钟姓的"越国世第"、周姓的"濂溪世第"、朱姓的"紫阳世泽"等；第四类门榜源于祖先名人学者，周姓题"爱莲遗风"、张姓题"金鉴遗风"等。③ 一般认为，门榜体现了"客家人"崇拜祖先，重视文教的文化传统。但是，门榜盛行，估计还有更加现实的考虑。这种习俗何时出现，目前尚无考证。笔者认为，门榜的核心是宗族为了向世人展示和炫耀其家族乃是文化世家，门榜之出现应该和家族需要证明自己文化有密切关系。如以营前的历史过程来看，笔者推测，门榜之滥觞当于清中期。此时，营前及其周边地区流民已经获得了官方的正式承认，但是科举考试还受着土著的压制，但家族中已经有了一些文化人④，为了反抗土著的指责，流民家族有可能会以门榜的形式来展示自己家族的文化底蕴，而土著也有可能以门榜的形式来和流民对抗。但此时，流民的势力还没有

① 《张氏族谱·仙人骑鹤新祠堂记》。

② 《张氏族谱·清末科武举行状述》。

③ 周建华、李竞帅：《从祖先崇拜到崇文重教——理学文化视野中的上犹客家民居门榜》，《南昌教育学院学报》2004年第4期。

④ 关于流民和土著之间围绕科举考试的争斗，可参见黄志繁《动乱、国家认同与"客家"文化——一个赣南聚落12—18世纪的变迁史》一文。

超过土著，估计一些没有文化人出现的家族还没有底气题写门榜，所以，还没有全面书写门榜的氛围。到了晚清，流民和土著之间明显的矛盾没有了，而家族之间（无论土客）的矛盾出现，此时应该是书写门榜的高峰。根据前面的论述，我们注意到营前客籍基本上都是在晚清才开始编修族谱，编修族谱也是一次整理家族文化的过程，同时也是一次弘扬家族文化的过程。家族文化的普遍整理，也使得家族文化有了竞争和弘扬的事实基础。特别是下文将要论述的、以展示宗族实力为核心的民间舞蹈九狮拜象中，姓氏堂号是一定要展示的，这也从一个侧面反映了门榜和宗族之间的竞争有必然联系。

当然，以上只是笔者的推测，可能与事实出入较大。但有一点可以肯定，就是门榜的出现应该和家族之间竞争有密切的关系。

营前另一个独特的文化现象是九狮拜象。九狮拜象是一种民间舞蹈，其舞蹈动作简单，但伴奏雄浑，表演重场面，重气势，非常壮观。一支完整的九狮拜象队伍包括：一队排灯、高灯、锁呐（沙赖子）、锣鼓亭、一条蛇龙（九节）、几个狮子（五、七、九，单数，白色则缠红布）、一只大象（白色，腰缠红布），一只麒麟，组成一个五彩舞蹈，队伍浩浩荡荡，往往一百多人。几条狮子还要摆八卦，舞龙者一定要严格训练，否则走入死门，不能团龙，则为大忌。九狮拜象每年正月初二至十五日开始表演（农历十二月就要准备），组织筹划以宗族为单位，故叫"姓氏龙"。每年初一，整支队伍到祠堂参神拜祖，初二起在各姓聚居的村落挨家挨户舞（要先邀请），有添丁、盖新房等喜事的则请到自家祠堂舞。但最热闹的是正月初八营前开墟（营前二五八墟），各姓队伍上街表演则尽夸张之能事。每队首是一只制作精美的牌灯，上标明姓氏堂名，后面是两套锣鼓亭奏乐开路，常有"八仙过海"、"刘海砍樵"等纸扎人物伴随。接着是蛇龙，一般九节，蛇龙后是多个狮（数目不定），又常有几个小引狮，狮子有蚕面、猴头、狗头、牛头、猪头等，蛇龙和狮子中间夹着大象和麒麟。在乐队喧闹声和鞭炮声中，狮子相互逗趣，交颈、搔痒、佯怒，在鞭炮的硝烟中，蛇龙吞云吐雾，大象不停甩动鼻子，接受狮的朝拜，整个场面极为热闹，一直舞到正月十五"烧龙"送神，始告结束。[①]

---

① 以上对九狮拜象的叙述，主要根据笔者自己的田野调查，同时参考李伯勇《九狮拜象探源》一文（上犹县政协文史资料研究委员会：《上犹文史资料》第1辑，第76—85页，1987年）。

　　很明显，九狮拜象这种民间舞蹈和至今仍然盛行营前客籍人原籍的舞狮有直接的渊源关系。在表现形式上，加入了象、麒麟、蛇龙、姓氏堂名等，可以说比广东兴宁的舞狮更为夸张，更为气势雄浑。据当地文博工作者研究，九狮拜象的形成大致可分为两个阶段：

　　（1）成形阶段。这一阶段，仅以龙舞形式出现，较为古朴自然，应当是营前当地早期较简单的居民状况和农耕生活的反映。龙舞是中国传统的艺术形式，汉代已有记载，主要寓意是象征丰收，所以许多地区的龙以稻草扎成为正宗。据调查，起初营前龙舞之前要"扫邪"，即各家大扫除和请道士驱邪，正月元宵还要"摆春"，即一边舞龙，一边用五谷敬社官，并请来当地最高行政长官负鞭犁田。这时期也可能有狮或象出现，但都要求狮、象身上的毛用稻草粘成，而且尚未出现九狮拜象，花样也比较简单，其主要目的是庆丰收同娱乐，祈祷来年丰收。

　　（2）形成并趋于稳定阶段。大约清中期后，由于大量广东移民带来广东地区的舞狮活动，使营前的舞龙与舞狮结合，又配以象和麒麟，形式开始走向铺张，气势非常磅礴，舞蹈样式也初步稳定。至晚清民国时期达到了鼎盛时期。原来规定龙必须以稻草扎成，此时改成用红纸，里面点上蜡烛，象、狮虽用干稻草贴毛，但狮头可以左右晃动，狮嘴可以张合，龙眼可放亮光，象鼻则装机关使之可以一伸一缩。①

　　如果以上推论成立，则我们可发现，九狮拜象的形成基本经历了一个由简单到复杂的过程，以客籍带来的广东民间舞蹈为主，但也糅杂了土著原来古朴的舞草龙的形式。后期的九狮拜象需要一定的人力财力，具有明显的宗族色彩，已走向淋漓尽致地表现各个姓氏的实力，同时弥漫着较浓厚的商业氛围。

　　据我们调查，真正的九狮拜象很少出现，营前历史只有黄姓在1933年搞了九个狮，其他姓最多是胡姓搞过七条狮。原因很简单，九狮拜象要一百至二百青壮年，又要一大笔钱，其他姓没有办法搞起来。而民国时期在营前黄姓人最多，店铺最多，胡姓第二多，不过黄姓人也承认胡姓的狮子扎得最好。黄姓人认为黄姓在商镇上最有"说话权"，并举例说当时胡姓一个读书人与张姓一个地主争土地，两族几乎械斗，姓黄的人出面，才得以调停。前面已经论述，黄姓应是清末民国营前最为势大财雄的宗族，

_____

① 参考前引李伯勇文。

只有黄姓才有实力搞起九狮拜象这一事实说明，九狮拜象之所以会出现如此庞大的队伍和气势磅礴的表现形式，完全是姓氏之间争斗和竞争的结果。可以想象，当一个姓扎了一个狮子的时候，另一个姓不甘示弱，就扎两个狮，另一姓则扎三个狮，在这样的攀比和竞争中，一直搞到了九个狮，九个狮需要100多个壮丁，也许达到了单个宗族人力和物力的极限。另一个值得注意的事实是，据调查，营前土著陈、蔡从来没有搞过九狮拜象。这固然是由于舞狮是客籍人从家乡带来的活动，但根本原因也许是土著已经开始衰落，不仅人力和物力不够支撑举行九狮拜象，而且在商镇上的影响力已经大大弱于客籍。

从以上论述可以看到，门榜和九狮拜象这两种独特的地方文化现象的出现，和当地社区政治格局的变化有密切关系。门榜兴起的初期，也许题写门榜是客籍反抗土著的文化霸权而采取的策略，但到了晚清，土著不再强势后，题写门榜更加大行其道，并且，每年一度的九狮拜象的活动中，门榜以"堂号"的形式出现，说明此时题写门榜已经成为一种地方文化传统，反映了当地宗族之间相互竞争的事实。九狮拜象之出现，则很明显地和营前历史上的土客冲突没有实质联系，其形成经历了一个狮子不断增加、规模不断扩大的过程，而这一过程背后的动力则是宗族之间的相互攀比和竞争。所以，我们可以说，这两种文化现象，是当地人根据现实的需要对传统文化的一种"创造"，因此，在晚清营前社区格局重新整合的时候，地方文化传统也经历了一个重新"创造"的过程。

上述两种文化现象都有其根源。门榜文化可能源于中国古老的"堂号文化"，九狮拜象源于广东兴宁的舞狮，但是，这两种文化传统都不可能简单地归属于客籍或者土著。在营前，无论土著还是客籍都悬挂门榜，而九狮拜象主要是客籍所实行，但根据上引李伯勇的研究，九狮拜象中的"象"和"龙"为广东兴宁的舞狮所无，可能是客籍受土著影响的结果。因此，这两种文化现象并非简单地对文化传统的因袭，而是因地制宜的一种"创造"。

第四节　本章小结及讨论

通过以上论述可以比较清晰地看到一个南方山区盆地如何转变为

"客家"聚落的演变过程。营前宋代是"峒寇"出没之地，通过官方的教化和地方势力自身努力，明代开始出现与官府关系密切的以士绅为主导的宗族组织，随着清初动乱和流民的进入，营前土著宗族受到沉重打击，逐渐丧失优势地位，不得不和日益壮大并被官方承认的流民共处一地，清中期以后，营前社会逐渐安定，不再有大规模的土客冲突。虽然经历过"甲寅之变"客籍对土著的屠杀，但清初至清中叶，营前土著仍然维持强势的经济实力和文化优势，基本控制了地方文化话语权。清中叶后，客籍实力也在不断壮大。随着山区开发的最后完成，营前成为章水上游一个重要的商业中心，晚清土著逐渐失去对商镇的控制权，客籍人则逐渐掌握了商镇的控制权。与此同时，土著在科举上也逐步衰落，而客籍人中则开始出现有影响力的文化人，至晚清客籍人掌握了地方文化话语权。因此，至迟至晚清，营前土客矛盾已经不明显，而各宗族之间（无论土客）的争斗却激烈起来，这些宗族在争斗中逐渐"创造"出了独特的地方文化。题写门榜是宗族之间文化竞争的一种策略，而九狮拜象则是展现宗族经济实力的重要手段。实际上，在这种文化现象中，我们无法分辨出这到底是"土著"成分多些，还是"客籍"成分多些，更多的可能是"土"和"客"的文化因素糅合在一起的。导致这种独特的区域文化表象出现的关键是商镇发展和土著衰落所带来的地方政治经济格局的变化，我们也可以说，营前独特的地方文化是调整后的社区政治经济格局的必然反映。

因此，至今人们看到的营前的地域文化，也就是一般所称的"客家文化"，乃是自宋至清经过一系列"峒寇"、山贼、流民与官府、土著的冲突与融合及两大族群之间相互融合"创造"而形成的。虽然清初大量广东流民的进入使营前地区真正出现族群之间的互相认同与冲突，才会有"土"与"客"的明显区分，但是，没有营前的土著，就没有流民与土著之间的自我认同与冲突，我们又有什么理由把土著陈、蔡来之前的"峒寇"排除在"客家"之外呢？在没有其他资料相互印证情况下，我们又有什么理由只依据族谱资料，把陈、蔡认为是中原迁徙来的世家大族，而不是由山居的"峒寇"就地转化而来呢？事实上，学术界关于罗香林之所谓"客家"源自中原正统血统的说法已经提出了极具说服力的挑战①，

---

　　① 参见房学嘉《客家源流探奥》，广东高等教育出版社 1994 年版；陈支平《客家源流新论》，广西教育出版社 1997 年版；李辉、潘悟云等《客家人起源的遗传学分析》，《遗传学报》第 30 卷第 9 期（2003 年）。

毫无疑问，我们必须抛开关于"族源"问题的争论，而是在比较长的历史时期中考察营前地域文化之形成机制。

如果我们认真地审视营前"地方文化"形成过程则不得不承认，"国家"的力量在营前地域文化塑造中起了重大作用。无论是宋代的峒寇，还是清代的流民，他们都是在动乱中和"国家"进行对话，并逐渐认同于"国家"且被"国家"接纳为正式的"编户齐民"的。正是上述"峒寇"、"流民"与"官府"、"土著"之间相互斗争和融合，并"土著"成为本地的编户齐民，才形成了营前独特的，至今一般称之为"客家"文化的地域文化。通过营前的研究，我们可以更进一步说，在营前宋至清的长达六百年的历史演变过程中，所谓的"峒寇"、"畬贼"、"土著"、"流民"等人群分类的标签，也是在国家认同意识下所产生的结果。南宋时期的"峒寇"，一旦归入官府统治，就有可能成为接受官方统治的、在地方有影响的文化世族①，就和周围的"峒"、"畬"一类的人群区分开来。明代陈、蔡居于盆地，与官府维持着密切关系，显然与营前周围官府尽力围剿的"流贼"（畬贼）有根本区别。但是，尽管这些人群依据与官方关系而有所区分，但并没有产生明显的流民与土著之间的冲突，直到清初大量流民进入，营前土著与流民之间才开始产生激烈冲突，并在冲突中强化了各自的心理认同。根本原因在于明以前的营前基本上还是没有完全开发的山区②，大量的不被官府认可的"非法"人群还可在官府控制的范围之外活动，并没有必要进入官府统治的核心范围（在营前，这个核心范围是宋元书院所在地和明代陈、蔡所居住的中心盆地）。明末清初，大量流民进入，山地开发接近完成，加上政权更替，流民必然混入土著所居住的核心区，并随着清初政权的稳固而成为编户齐民，于是，不可避免地要和土著在科举考试、土地资源等方面产生冲突，并形成在心理、风俗和历史记忆等各方面自我认同的两大人群。正是这种由于长期历史发展形成的心理认同，使营前社会虽然清中期以后没有大规模的土客冲突，但直至今天仍可清楚地体会到"土"和"客"两大人群的界限。

---

① 笔者没有从确切史料中看到从"峒寇"转变为"文化世族"的例子，但是，南宋官府在峒寇出没频繁的营前盆地设立书院，自然会有本地居民接受官方统治和"教化"。

② 明中期开始，赣南山区才大规模开发。参考曹树基《明清时期的流民和赣南山区的开发》，《中国农史》1985 年第 4 期；饶伟新：《明代赣南的移民运动及其分布特征》，《中国社会经济史研究》2000 年第 3 期。

　　笔者曾经在一篇文章中指出，流民与土著产生冲突并形成各自心理认同的前提是流民接受"国家"统治，开始具有与土著同样的国家认同意识。[①] 根据营前的研究可以说，国家认同意识推广和山区开发只是提供了"客家"文化形成的背景和条件，营前地方文化固然显现了"客家文化"的某些特质，其产生也与"土"、"客"之间的竞争与认同有关，但更应该看成是政治经济格局发生变化的情况下，营前各宗族为了应付现实而对自身文化特性的一种"创造"。作为一个被视为具有"典型"、"客家文化"的聚落，营前的个案研究说明，无论"民系—文化"范式所强调的"特质论"，还是"族群—认同"范式所强调的"认同论"[②]，都无法解释营前地方文化之形成，营前地方文化之形成的关键是地方政治经济格局变化后，当地人对地方文化资源的一种"创造"和发挥。

　　[①]　黄志繁：《国家认同与土客冲突：明清赣南族群关系》，《中山大学学报》2002 年第 4 期。

　　[②]　关于这两种范式的学术史回顾可参考本书第一章第二节。

第六章 结 论

明清时期赣闽粤边界地区生态变迁、人群流动和社会变动过程有助于解答客家学研究中诸如"客家形成"、"客家源流"等基本问题。

生态变迁、国家认同与"客家"族群建构

通过以上论述可以看到，汀州在宋元时期已经得到了一定程度的开发，至明代中期大面积山区开发基本停止，赣南则只有平原和河谷地带在南宋得到了开发，广大山地和粤东北地区（南雄州例外）都是在明中期至清初才得以开发的。正是因为呈现出这样的地区开发差异，赣闽粤边界之间的移民流动与之相应：北宋至元之间流民主要聚集在汀州，南宋时期赣南一些盆地县也进入一定数量流民，而明中期以后，则从汀州大量进入赣南的山地和粤东北的山区，到了清初，由于赣南的动乱造成大量田地荒芜，汀州和粤东北的流民又开始大量涌入赣南。

这一流民运动轨迹提示我们，就赣闽粤边界地区而言，区域之间的流民流动显然并不完全遵循由赣南再闽西再粤东北的地理规律，而是宋元之际主要集聚在汀州，导致汀州山区的开发和地区的发展，而赣南人口第一次大发展应该是南宋时期，但只限于盆地和河谷等生态条件较好的县，到了明清时期，流民从汀州等地扩散至赣南和粤东北，促进了赣南和粤东北山地的开发，清初，由于赣南的动乱和田地荒芜，又导致了大量的汀州和粤东北流民再次进入赣南。

这样一幅流民迁徙的图像直接影响三地的社会文化变迁轨迹。闽西的土客冲突与族群关系调整可能是在宋元时期完成的，而赣南和粤东北则在明清时期必须面对土客冲突的问题，而赣南由于土著已经有一定的基础，土客之间的冲突与斗争更为激烈，粤东北则由于土著力量相对弱小，土客

冲突并不明显，只在若干地区冲突与表现，粤东则几乎成为了"客籍"流民的天下。

影响赣闽粤边界进程的一个很重要的方面是生态变迁带来的族群关系的改变。随着山区开发的进展，原来居住在山区的"化外之民""峒"、"畲"、"猺"等人群也逐渐与化内之民交混在一起，从而引起各种夹杂着族群色彩的社会动乱，借着官府对动乱的弹压，这些化外的人群逐渐转为化内之民，开始接受正统王朝的统治，到了清代中晚期，已经看不到大面积的"畲"、"猺"聚集地了，即使有一些曾经特征明显的"畲"、"猺"之人，其族群特征也和汉人无异，而且，更关键的是，他们不再是"化外"之民，而是与其他人一起编入了正统的王朝体系。因此，可以说，自宋以来，赣闽粤边界山区开发的进程，也是"峒"、"畲"、"猺"等"化外"人群逐渐纳入王朝正统体系的过程。换言之，"峒"、"畲"、"猺"的人群身份转变的过程，是自宋以来至清代山区开发逐步进行和国家认同观念进一步扩大的过程和结果。

流民是开发山区的重要力量，随着流民进入，流民与土著之间的冲突不可避免地要产生。由于流民进入的数量并不是很多，我们看到，闽西比较少出现流民与土著之间的冲突。流民与土著之间冲突比较严重的是赣南，特别是在土著势力与流民势均力敌的情况下，两者之间的冲突非常残酷。就粤东北而言，由于粤东地区流民势力比较大，流民与土著之间的冲突虽然有，但是，并不如赣南明显，粤北则土著势力强大，流民进入阻力较大，冲突也不明显。流民与土著之间的冲突主要表现在对各种资源的竞争上，其中，比较关键的是户籍，获得官方正式承认的户籍是流民被当地社会认可的关键环节。流民获得户籍的方式有很多种，其中，官方招抚是很多流民获得户籍的重要手段。另外，清初政府重新编排里甲，也使得很多流民获得户籍。但是，获得户籍仅仅是制度上被纳入正统的王朝体系，流民要真正融入地方社会，还必须获得土著的心理认同。正是心理上无法相互认同，一些地区的流民与土著长期存在竞争与隔阂，导致土客之争长期存在，成为"客家"文化的重要特征。但从历史实际情况看来，这样的地区并不多。

大量流民进入山区，原本相对空旷的山区人地关系趋于紧张，过多的人口使人们生计困顿，清代三地普遍出现粮食紧张的局面，汀州对粤东北和赣南粮食有比较高的依赖，但是，赣南粮食亦不足。生计之困顿迫使人们过度地开垦山地，从而导致生态恶化，生态的恶化又使生计问题更加严重，两者呈恶性循环关系，于是，向外转移过剩人口成为一种必然的选择。到了清代中期，赣闽粤边界三个地区已经成为向外输出移民的地区，其中汀州早在明代就成为向周边地区输送移民的地区，而赣南和粤东北也在明末以后开始了向外移民的过程，至清代中期，向外移民甚至成为粤东地区人民生计的重要手段。向外移民实际上导致了赣闽粤边界地区与其他地区人民的接触与冲突，致使粤东等地人民产生了强烈的"客家认同"意识，对"客家"之形成产生了关键作用。

在讨论"客家"族群形成问题之前，必须指出两个容易误解的事实。

第一个事实是，在讨论客家源流问题的时候，人们往往有意无意把"畲"、"猺"与"汉"进行文化上的"先进"与"落后"的区分，至少将汉民与畲民当作两个界限分明的族群。事实上，"畲"、"猺"族群特征逐渐消失，不能简单称之为"汉化"，更应该看成是在山区开发逐渐深入和国家认同逐步推广过程中，"化外"无籍之徒转化为"化内"编户齐民的过程。"畲"、"猺"是一种族类的标签，同时也是一种文化和制度上的区分，这些"畲"、"猺"族群之人未必是纯粹的"非汉"之人，很多逃亡的"汉民"也混杂其中。因此，所谓"畲"、"猺"的汉化，更关键的不是生产方式和民族特性被汉人同化，而是在王朝制度上把这些"化外"之民纳入正统体系，是山区逐步开发和国家认同观念在地方社会上推广的必然产物。

另一个容易误解的事实是，"客家"族群认同之形成是因为明清时期激烈的土客冲突导致的。事实上，明清时期赣闽粤边界地区流民与土著的冲突虽然在某些地区和某些时期比较突出，但并不如想象中的那么激烈，也没有如清中晚期赣西北和珠江三角洲与粤西那样引起广泛的心理认同，更多的情况是，流民通过官方招抚和各种手段，最终得以融入当地社会。那么，导致客家人族群认同形成的关键是什么呢？关于这个问题，已有许多学者进行了解答。① 根据他们的研究，明清时期赣闽粤边界的流民并没有真正形成近代意义上的"客家"认同，"客家人"族群认同形成的关键在于晚清广东三大族群之间互动，正是由于广府、潮汕、客家三大族群的

---

① 程美宝：《地域文化与国家认同——晚清以来"广东文化"观的形成》，《中国社会科学季刊》（香港）1998 年夏季卷，总第 23 期；陈春声：《地域认同与族群分类——1640—1940 年韩江流域民众"客家观念"的演变》，《客家研究》2006 年创刊号（台湾）。

冲突和竞争，强化了客家人的心理认同并促使他们完成了自身的族群书写，因此，明清时期的赣闽粤边界的并不普遍发生的族群冲突并没有形成"客家人"的族群认同，甚至"客家"这一称谓也是晚清以后才开始普遍流行起来。①

但是，这并不意味着晚清客家人的族群认同是凭空而来的，实际上，这一族群身份认同和明清赣闽粤边界社会变迁密切相关。毫无疑问，明清赣闽粤边界社会变迁重新塑造了当地社会文化，在这个过程中，生态变迁及国家认同观念推广所带来的地方社会人群身份的认同转变，包括流民入籍及"化外""畲"、"猺"转为"化内"编户齐民及对地方文化的发挥和创造，是相当重要的方面。

上述两点事实的揭示有助于我们从新的角度来重新探讨和认识"客家形成"问题。正如第一章所指出的，目前"客家"研究的最大进展就是研究者把"客家"当作一个族群来研究，揭示出"客家"人的族群认同是相当晚近的事情，而"客家学"之所以得以建立也正由于晚清客家人与广府人的冲突与竞争所导致的"客家人"自我族群的需要，正是在这个意义上，研究者质疑罗香林关于"客家"人来自中原汉人，"客家"文化是在赣闽粤边界山区封闭的环境中得以保留的中原正统汉人先进文化。本书的研究表明，晚清族群斗争形势需要"客家人"自我书写族群历史的时候，"客家人"族群之所以会形成"客家"人来自中原正统汉人的历史书写，并不是凭空产生的，而是具有一定的历史基础。通过前面的论述，可以看到，随着山区开发和流民运动的进展，明清赣闽粤边界山区普遍经过了一轮国家认同逐步推广的过程中。在这个过程中，许多"化外"的"畲"、"猺"人群逐步被纳入"化内"的官方统治体系，成为编户齐民。同时，许多进入山区的流民以各种方式融入当地社会，也重新获得了户籍。在这个过程中，赣闽粤边界社会文化表现出"国家认同"强化与"士绅化"倾向。

大埔县白堠乡自明代以来的社会文化变迁历程很生动地说明了以上历史过程。本书依据各种文献和口述史资料，力图呈现白堠村落在一个较长时期的社会建构过程。明中叶以前，白堠是一个具有畲猺背景、在官府管

---

① 参考饶伟新《区域社会史视野下的"客家"称谓由来考论》，《民族研究》2005年第6期；笔者也发现赣闽粤边界清中期以前很少出现"客家"这一称呼。

治范围边缘、时有"梗民"作乱的"贼穴",至清乾隆年间,则已成为聚族而居、世遵《朱子家礼》、科举发达的"吾邑名乡",也是区域性的经济、文化中心。其中,关键性的转折是"张琏之乱"的平定。在官府平定规模巨大的"张琏之乱"的过程中,地方乡豪开始改变策略,积极与官府改善关系,转变为官方的代言人,其身份开始向士绅转化。更为重要的是,在官府的支持下,士绅开始替代传统的"乡豪",逐渐成为乡村社会的主要控制力量和建构乡村社会的主角。社会动乱的背后,隐含着社会的结构性变化。在明清鼎革、社会动荡之际,士绅们重建乡村社会秩序,为地方社会度过危机,发挥了关键性作用。在社会趋于稳定、经济逐渐发展的背景下,士绅们利用宗族,制定各种制度,资助学业。由于宗族制度化作用,至乾隆年间,科举鼎盛,为宦、教读四方者众多,进一步扩大了对周边地区影响,推动了地方社会文化的发展,使白堡成为地域性文化中心。同时,士绅根据自己的儒学素养,运用官府所提倡的儒家伦理,对传统以来的乡村社会习俗、民间信仰等进行变革和重新解释,从而使乡村社会生活经历了一个儒家化的过程。儒家礼教观念和道德规范成为乡村社会的主导思想,使白堡不仅成为地域性的行政中心,而且成为远近闻名的"仁义之乡"。

显然,白堡自明中期到清中期的这一转变,深刻改变了当地社会文化风貌,而这一社会风貌对于"客家人"认同意识的产生有相当重要的意义。当清中期"客家人"进入"广府人"领域谋生,与"广府人"产生斗争和冲突,并产生书写自身"族群"历史需要的时候,"客家人"可方便地寻找和运用许多现成的历史文化资源来证明其祖先来自"中原"。

但是也不能因此就认为赣闽粤边界"客家"文化就完全是"中原文化"的创造和重新发挥。上犹县的营前镇地方文化发展历程说明,国家认同意识只是"客家"文化之形成的关键一环,但是,并非全部。营前宋代是"峒寇"出没之地,通过官方教化和地方势力自身努力,明代开始出现与官府关系密切的以士绅为主导的宗族组织,随着清初动乱和流民的进入,营前土著宗族受到沉重打击,逐渐丧失了优势地位,不得不和日益壮大并被官方承认的流民共处一地,清代中期以后,营前社会逐渐安定下来,不再有大规模的土客冲突。虽然经历过"甲寅之变"客籍对土著的屠杀,但清初至清中叶,营前的土著仍然维持强势的经济实力和文化优势,基本上控制了地方文化话语权。清中叶后,客籍的实力也在不断壮大。随着山区开发的最后完成，营前成为章水上游的一个重要的商业中心，晚清土著逐渐失去了对商镇的控制权，客籍人则逐渐掌握了商镇的控制权。与此同时，土著在科举上也逐步衰落，而客籍人中则开始出现有影响力的文化人，至晚清客籍人掌握了地方文化话语权。因此，至迟至晚清，营前的土客矛盾已经不明显，而各宗族之间（无论土客）的争斗却激烈起来，这些宗族在争斗中逐渐"创造"出了独特的地方文化。题写门榜是宗族之间文化竞争的一种策略，而九狮拜象则是展现宗族经济实力的重要手段。实际上，在这种文化现象中，我们无法分辨出这到底是"土著"成分多些，还是"客籍"成分多些，更多的可能是"土"和"客"的文化因素糅合在一起的。导致这种独特的区域文化表象出现的关键是商镇发展和土著衰落所带来的地方政治经济格局的变化，我们也可以说，营前独特的地方文化是调整后的社区政治经济格局的必然反映，是政治经济格局发生变化的情况下，营前各宗族为了应付现实而对自身文化特性的一种"创造"。

在上述论述基础上，我们可以得出关于"客家形成"和"客家文化"这一问题两点新的认识。

第一，"客家"人的族群认同和"客家"人对自身族群历史的认识不是凭空而来的，而是有相当深厚的历史基础。明清赣闽粤边界山区的"国家认同"逐步推广和流民入籍过程所导致的当地社会文化风貌的改变，是晚清"客家"人形成族群认同的历史事实基础，是"客家"自我书写族群历史所运用的历史资源。当晚清族群斗争形势需要"客家人"自我书写族群历史的时候，明清时期赣闽粤边界地区的"国家认同"和地方社会文化的"士绅化"倾向使"客家人"很容易找出历史上其祖先来自"中原"和其风俗合乎"古礼"的事实。

第二，"客家"文化既不是土著的，也不是"客籍"的，更多的可能是"土"和"客"文化因素糅合在一起，是调整后的社区政治经济格局的必然反映，是政治经济格局发生变化的情况下，营前各宗族为了应付现实而对自身文化特性的一种"创造"。

以上两个方面相互结合，就是"客家"文化之实际型塑过程。实际上，从一个历史过程来看，"客家"文化始终是处在一种动态的发展历程中，"客家人"面对新的政治经济格局，总是不断地对自身的从长期历史发展进程中形成的"文化传统"进行"创造"，无论是明中期以来的大埔

白埕，还是明代至民国的营前，还是罗香林写作《客家研究导论》的20
世纪30年代，抑或是在"客家"问题日益被全球化的今天。

国家认同与族群认同：关于"客家"源流的思考

　　考察明清赣闽粤边界生态变迁、族群变化和社会变动过程对我们思考
客家源流问题也有十分重要的意义。

　　长期以来，关于客家源流问题一直争论不休，至今学界尚无统一看
法。综合起来看，关于客家源流的说法大致有如下几种：（1）中原南迁
汉人说，此说为主流说法，代表人物是客家学鼻祖罗香林，他认为，客家
是中原南迁汉人与南方少数民族混合的产物，但客家接受了汉人的先进文
化，为此，他提出了客家五次迁徙说①；（2）古越族主体说，此说为房学
嘉提出的，房学嘉提出客家人是南迁的中原人与闽粤赣三角地区的古越族
遗民混化以后产生的共同体，其主体是生活在这片土地上的古越族人民，
而不是少数流落于这一地区的中原人②；（3）文化认同说，谢重光提出客
家是一个文化的概念，不是个血统概念，由此他亦认为，客家人不可能是
纯粹来自正统的中原汉人，而是赣闽粤边的原住民与北方南迁汉人融合的
结果③；（4）族群认同说，即认为客家是个族群，客家的族群认同意识产
生对客家形成非常关键，梁肇庭（Sow - Theng Leong）运用族群理论和施
坚雅的区域经济体系理论，成功展现了明清华南地区作为一个"族群"
的客家人形成过程，他认为，在16世纪和18世纪两次经济飞速发展的背
景下，闽粤赣毗邻地区的人们向四面移民拓展，并在19世纪与移入地土
著形成了"土客冲突"，实现了由文化群体向族群的转化，也就是成为

---

　　①　罗香林《客家研究导论》，台北古亭书屋，1975年。实际上，罗香林注意到了汉人与其
他少数民族血统的融合，他是从客家人保留了中原正统先进文化这一观点论证客家民系的优秀
的。参见黄志繁《什么是客家？——以罗香林〈客家研究导论〉为中心》，《清华大学学报》
2007年第4期。

　　②　房学嘉：《客家源流探奥》，广东高教出版社1994年版。

　　③　谢重光：《客家源流新探》，福建教育出版社1995年版。

"客家人"①；（5）方言群体说，王东强调了方言对于界定客家的重要性，他以"方言群体"取代"族群"，对客家的源流提出了新说，他认为元代中后期，随着赣南、闽西人口向粤东北的迁移，梅州和循州一带的语言与赣南、闽西趋近，赣南、闽西和粤东北三个原本独立的地理空间，逐渐变成了一个新的语言文化群体，即方言意义上的客家。②

上述 5 种看法虽然都有一定道理，但客家学术界并没有就客家源流问题形成统一看法，可以预见，关于客家源流的争论仍将持续。虽然这种争论对客家学是一种良性的推动，但是，仔细探究，目前关于客家源流的看法都存在一定的不足。罗香林的看法自不必说，1990 年以来，大陆客家学术界连续有几本专著针对罗香林的客家源流看法展开批判。③ 但是，在批判罗香林学说的同时，学者们的理论视野、研究方法，乃至研究资料并没有超越罗香林。具体表现为：他们依然使用罗香林发明的"民系"一词；他们依然致力于从族源上来论证客家源流；他们使用的资料主要依然是族谱资料；等等。毫无疑问，族群理论运用于客家学术研究，是对客家研究的巨大推动，这方面以梁肇庭的研究最为杰出。梁肇庭的研究一个最为明显的问题是，主张客家是一个族群，而不是一个文化群体的梁先生也似乎认为，在 16 世纪之前的闽粤赣毗邻地区生活的人们已经形成了具有特殊习俗的群体，他还直接用客家人（Hakkas）来称呼他们，而且，他无形中也接受了客家人是来自中原汉人之一的说法。他设置这个前提或许是为了强调客家族群意识出现的重要，但是，很明显，这一预设的前提是错误的，这一错误直接影响了梁先生著作的解释力。王东的方言群体说法颇有见地，但是，由于我们无法考察历史上人们使用的方言，因此，仅通过描述性的资料确定"元代中后期"形成客家方言群体，实际上还是有

---

① Sow‑Theng Leong：*Migration and Ethnicity in Chinese History：Hakkas，Pengmin，and Their Neighbors*，Stanford：Stanford University Press，1997。陈春声对 1640—1940 年韩江流域民众"客家观念"的演变过程的研究，把客家人作为一个族群观念，经过了漫长的演变过程：由明末清初的"迁海"与"复界"所带来的"语音不类"的族类认同，到后来清代中期客人通过族谱修撰对祖先来源"历史记忆"的塑造，再到近代族群分类意识的传入、近代教育的推广和近代城市兴起所引起的生活方式的改变，最后到罗香林等知识分子将"客家人"定义"标准化"。参考所著《地域认同与族群分类——1640—1940 年韩江流域民众"客家观念"的演变》，（台湾）《客家研究》2006 年创刊号。

② 王东：《那山那水那方人：客家源流新说》，华东师范大学出版社 2007 年版。

③ 除了房学嘉和谢重光的著作针对罗香林的学说展开批评之外，还有陈支平《客家源流新论》，广西教育出版社 1997 年版。

一定的风险。

如果以历史眼光考察客家大本营——赣闽粤边界地区从宋以来的社会变迁史的话，我们就会发现，客家族群的形成过程实际上是一个地区开发过程，一个相对游离于中央王朝体制外的"化外"地区转向接受中央王朝正统统治的"化内"地区的过程。笔者以为，从"化外"向"化内"转变是这一地区最为根本的变革①，而对这一转变的忽视，恰恰是以往所有客家源流学说不能把问题说透的症结所在。实际上，讨论客家源流问题，不能不考虑历史上一直生活在赣闽粤边界的"化外"人群（通常被称为"畲"、"猺"等族群）和"化内"人群的关系。

以研究香港水上人的族群文化著称的英国人类学家华德英曾对水上人的意识模型提出非常精彩的论述。她认为，水上人的意识模型有三种类型：他们目前的模型；他们的意识形态模型；他们的观察者模型（局内观察者模型和局外观察者模型）。② 科大卫将华德英的意识模型理论运用到香港新界历史中，发现自从明代以来，通过宗教和宗族的发展，乡村的制度越来越接近大家以为是大一统的要求，但是同时，村民愈来愈感觉到族群上的分歧。③ 实际上，宋以来，赣闽粤边地区的历史发展过程也体现了同样的过程。宋以来，特别是明清时期，随着山区开发的推进，中央王朝正统意识形态逐渐在赣闽粤地区推广，广大的赣闽粤山区已经成为中央王朝的化内之地。在这一过程中，拥有不同社会文化背景的族群开始产生分歧，客家人的族群认同也开始产生。

综合以上论述，笔者把客家族群形成过程分为两个阶段。第一阶段，可称之为"文化风貌型塑"阶段，大约从宋至清中期。在这一阶段，随着山区开发的完成，中央正统王朝意识形态在赣闽粤地区慢慢推广，各色人群开始接受统一的"大一统"文化，因而，到了清中期，在族谱、地方志等地方文献中，赣闽粤地区已经是中央正统文化辐射下的"地方"。与此同时，他们之间的族群分歧开始显现，出现了比较早期的土客冲突，

---

① 参见黄志繁《"贼""民"之间：12—18世纪赣南地域社会》，生活·读书·新知三联书店2006年版。

② Barbara E. Ward, *Through Other Eyes: An Anthropologists View of Hong Kong*, Hong Kong: The Chinese University Press, 1985, pp. 61–78.

③ 科大卫：《告别华南研究》，载《学步与超越：华南研究会论文集》，（香港）文化创造出版社2004年版，第18页。

并在土、客两大群体的冲突和融合中，型塑了赣闽粤边界地区独特的社会文化风貌。第二阶段，可称之为"族群认同形成"阶段，大概为晚清至现在。随着赣闽粤边界地区成为移民迁出地，向外迁徙的赣闽粤边界地区（主要是粤东地区）人群与其他地区人群产生冲突，他们开始自我书写族群历史，由于明清时期赣闽粤地区的国家认同推广过程，"客家人"很容易"发现"其祖先历史上来自"中原"地区，拥有先进的中华正统文化，他们开始宣称："客家人来自中原南迁汉人，且拥有先进汉文化"，并将之变成了"客家人"的标准定义。起初，客家人只在粤东地区形成族群认同，但随着现代社会交通、报纸和政府推动等因素，相同的历史进程和相互缠绕的移民迁徙过程使赣闽粤地区的人们也开始接受自己的"客家人"身份①，而且，随着全球化进程的展开，世客会等节庆活动举办，"客家人"正形成一个全球的想象共同体。②

从上述进程中，不难看出，国家认同意识的推广对客家族群形成具有关键的作用。只有在赣闽粤边界接受了国家正统意识形态的前提下，客家族群认同才可以顺理成章地形成和建构出来。以往关于客家源流的各种学说，虽然都不无道理，但是，由于没有从区域社会史的视野下考察赣闽粤边界地区的社会变迁，从而缺乏对客家族群认同过程清晰的了解，无法真正把握到关于客家源流的本质。实际上，客家族群认同本质上就是国家认同。

---

① 陈春声关于韩江流域民众客家认同意识演变过程的研究很好证明了这一点。参考前引陈春声文。

② 某种程度上，除了粤东地区，闽西和赣南地区的人群是"被客家化"的。许多赣南人，直到1990年代后才知道自己原来是"客家人"。参见黄志繁《建构的"客家"与区域社会史：关于赣南客家研究的思考》，《赣南师范学院学报》2007年第4期；《谁是客家人?》，《中国图书评论》2008年第2期。

参考文献

一 资料

（一）正史政书类

（宋）李焘：《续资治通鉴长编》，浙江书局本。

（宋）李心传：《建炎以来系年要录》，广雅书局丛书本。

（宋）《宋会要辑稿》，中华书局影印本 1957 年版。

（宋）司马光撰，胡三省注：《资治通鉴》，中华书局 1956 年版。

（宋）徐梦莘：《三朝北盟会编》，光绪四年排印本。

（元）马端临：《文献通考》，四库本。

（元）脱脱：《宋史》，中华书局标点本。

［明］戴金编：《皇明条法事类纂》，东京大学附属图书馆藏本影印本，昭
　　和四十一年版。

（明）解缙：《永乐大典》，中华书局影印本。

（明）《明实录》中研院历史语言所校印本，1962 年。

（明）宋濂等：《元史》，中华书局标点本。

（明）万历《明会典》，中华书局缩印本。

（清）葛士浚：《皇朝经世文续编》，文海出版社 1972 年版。

（清）《清实录》，中华书局 1985 年影印本。

（清）徐松：《宋会要辑稿》，中华书局影印本。

（清）张廷玉等：《明史》，中华书局标点本。

（二）文集

（宋）陈元晋：《渔墅类稿》，上海古籍出版社影印 1988 年版。

（宋）李纲：《宋丞相李忠定公别集》，明崇祯十二年本。

（宋）王安石：《临川文集》，四库本。

（宋）王安礼：《王魏公集》，四库本。

（宋）赵抃：《清献集》，四库本。

（宋）周去非：《岭外代答》，四库本。

（宋）朱熹：《晦庵集》，四库本。

（元）刘埙：《水云村泯稿》，清道光十八年本。

（元）赵孟頫：《松雪斋文集》，四部丛刊本。

（明）董越：《董文僖公文集》，正德十年本，中国社会科学院图书馆藏。

（明）冯梦祯：《明文海》，四库全书本。

（明）郭棐：《粤大记》，根据明万历刻本点校，广东人民出版社1998年版。

（明）海瑞：《海瑞集》，中华书局1962年版。

（明）洪朝选：《洪芳洲公文集·洪芳洲先生读礼稿》，（台北）1989年。

（明）欧阳铎：《欧阳恭简公文集》，四库存目丛书。

（明）潘希曾：《竹涧集奏议》四库本。

（明）庞尚鹏：《百可亭摘稿》，四库存目丛书。

（明）饶相：《三溪文集》，光绪四年重刊本。

（明）林大春：《井丹诗文集》，香港潮州会馆董事会1980年影印。

（明）王守仁：《王阳明全集》，上海古籍出版社1992年版。

（明）王世贞：《弇州续稿》，文渊阁四库本。

（明）王士性：《广志译》，中华书局1981年版。

（明）吴士奇：《录滋馆征信编》，四库存目丛书。

（明）熊人霖：《南荣集文选》，日本内阁文库藏崇祯十六年影印本，中研
       院傅斯年图书馆藏。

（明）杨博：《杨襄毅公本兵疏议》，四库存目丛书。

（明）姚镆：《东泉文集》，四库存目丛书。

（明）张翀：《鹤楼集》，京华出版社2005年版。

（明）周用：《乞专官分守地方书》，四库存目丛书。

（清）顾炎武：《天下郡国利病书》，续修四库本。

（清）胡有升：《圣明亲政伊始敬陈任内事实疏》，北京图书馆藏清学源堂
       抄本。

（清）黄宗羲：《明文海》，四库本。

（清）蓝鼎元：《平台纪略》，四库本。

（清）蓝鼎元：《鹿洲初集》，四库本。

（清）刘克庄：《后村先生大全集》，四部丛刊本。

（清）刘武元：《虔南奏稿》，北京图书馆藏清抄本。

（清）屈大均：《屈大均全集》，清康熙刊本点校，人民文学出版社 1996 年版。

（清）魏礼：《宁都三魏文集》，道光二十五年本。

（清）肖翱材：《松存轩集》，雍正刻本。

（清）杨之徐：《企南轩诗文集》，雍正十三年刻本。

（民国）杨朝珍：《白堠杨氏文萃》卷中，1929 年。

　　（三）地方志

（宋）胡太初修，赵乌沐纂：《临订志》，长汀县地方志编纂委员会，福建 人民出版社 1990 年版。

（明）陈大科、戴燿修，郭棐等：《广东通志》，明万历二十九年刻本。

（明）陈天资：《东里志》，潮州市地方志办公室 2004 年影印。

（明）戴璟、张岳等修：《广东通志初稿》，明嘉靖刻本影印。

（明）董天锡：《赣州府志》，嘉靖十五年本。

（明）刘节：《南安府志》，嘉靖十五年本。

（明）胡永成修，谭大初编：《南雄府志》，明嘉靖二十一年刻本。

（明）邵有道：《汀州府志》，嘉靖年间刻本。

（明）谈恺：《虔台续志》，嘉靖三十四年本。

（明）吴立思：《大埔县志》，大埔县地方志办公室整理本，2000 年。

（明）谢诏撰：《虔台续志》，天启三年抄本，原收藏于日本内阁文库，（台北），"国家图书馆"汉学研究中心影印本。

（明）杨缙纂：《归化县志》，《日本藏中国罕见地方志丛刊续编》，北京 图书馆出版社 1986 年版。

（明）姚良弼、杨载鸣：《惠州府志》，明嘉靖刊本影印。

（明）叶廷芳等纂修：《永安县志》，道光三年本。

（明）祝允明纂修：《祝枝山手写正德兴宁志稿本》，1962 年苏州文物保 管委员会据顾氏藏祝枝山手写稿本影印。

（清）蔡泰均：《上犹县志》，乾隆十五年本。

（清）顾人骥、王纲、潘廷仪等：《上杭县志》，乾隆二十五年刻本。

（清）刘广聪：《程乡县志》，清康熙三十年刻本。

（清）刘湘年修，邓抡斌等纂：《惠州府志》，清光绪七年刊本。

（清）刘国光：《长汀县志》，光绪五年本。

（清）黄培燦、刘济宽、陆殿邦：《英德县志》，清道光二十三年（1843）

刻本。

（清）黄永纶、杨锡龄：《宁都直隶州志》，道光四年刻本。

（清）林述训：《韶州府志》，同治十三年刻本。

（清）马镇：《龙南县志》，康熙十二年本。

（清）欧阳辑瑞：《上犹县志》，道光三年本。

（清）潘承焯、吴作哲纂：《镇平县志》，清乾隆四十八年刊本。

（清）王驹修、邝奕俊：《河源县志》，清康熙刻本。

（清）吴宗焯：《嘉应州志》，光绪二十七年本。

（清）谢崇俊、颜尔枢：《翁源县新志》，嘉庆二十五年刻本。

（清）杨鐇：《南安府志补正》，光绪元年本。

（清）叶廷芳：《永安县三志》，道光影印本。

（清）易学实、梅贡英：《雩都县志》，康熙元年本。

（清）易学实：《续修赣州府志》，康熙二十三年本。

（清）张尚瑗：《潋水志林》，康熙五十年本。

（清）章振萼：《上犹县志》，康熙三十六年本。

（清）中国国家图书馆分馆编：《上杭县志》，清代孤本方志选，线装书局
　　2001 年版。

（清）曾日瑛等：《汀州府志》，乾隆十七年本。

（清）祝文郁、李世熊等：《宁化县志》，康熙二十三年本。

（民国）陈一堃、邓光瀛：《连城县志》，民国二十七年。

（四）族谱

《（营前）大埔池氏族谱》，同治七年抄本。

《刘氏族谱》大埔县刘氏族谱编委会，2002 年。

《（营前）黄氏世荣公系下第六次重修族谱》，1996 年修本。

《大埔县蓝氏族谱》，香港天马图书有限公司 2003 年版。

《（乐昌）邓氏族谱》，转引自谭伟伦主编《乐昌县的传统经济、宗族与宗
　　教文化》，国际客家学会、法国远东学院、海外华人资料研究中心。

《（乐昌）胡氏五修族谱》，1994 年。

（大埔）《大埔白堠丘氏族谱》，2004 年。

《上犹县村头里蔡氏族谱》，民国年间刊本。

《（大埔）崧里何氏族史》，1919 年。

《大埔肖氏族谱》，1935 年稿本。

新加坡茶阳何氏公会：《粤埔上莒村何族成裕堂谱系》，1991 年何乃权
　　抄本。

《（大埔）杨氏族谱》，乾隆年间刊本。

《（大埔）大东杨氏族谱》，1923 年稿本。

《（大埔）杨氏族谱》，乾隆年间刊本。

《（大埔）历代祖考妣郎名逐（族）普（谱）》，不分页，侯南杨凤来房
　　1970 年抄本。

《梅县杨氏族谱》，清宣统二年（1910）刻本。

《（营前）陈氏重修支谱》（不分卷），乾隆四十七（1784）年本。

《（营前）何氏族谱》，1997 年修本。

《（营前）张氏族谱》，1995 年修本。

　　（五）资料集

黄志环：《大埔姓氏录》，大埔县地方志丛书，2003 年。

江西省地图编辑委员会编纂：《中华人民共和国江西省地图集》（内部资
　　料），1963 年。

彭雨新编：《清代土地开垦史资料汇编》，武汉大学出版社 1992 年版。

赵继颜：《中国农民战争史（四)》（宋辽金元卷），湖北人民出版社 1991
　　年版。

中国社会科学院历史研究所编：《明清史料》，（台北）维新书店 1972 年
　　再版。

《清史资料》第一辑，中华书局 1980 年版。

朱洪、李筱文：《广东畲族古籍资料汇编——图腾文化及其他》，中山大
　　学出版社 2001 年版。

　　二　中文论著

　　（一）著作

贝闻喜、杨方笙：《三山国王丛谈》，汕头大学出版社 1999 年版。

陈进国：《信仰、仪式与乡土社会：风水的历史人类学探索》，中国社会
　　科学出版社 2005 年版。

陈其南：《家族与社会：台湾与中国社会研究的基础理念》，（台北）联经
　　出版事业公司 1990 年版。

陈运栋：《客家人》，（台北）联亚出版社 1978 年版。

陈支平：《客家源流新论》，广西教育出版社 1997 年版。

陈支平：《从客家族谱所见之两个史实问题》，载陈支平、周雪香编《华南客家族群追寻与文化印象》，黄山书社 2005 年版。

常建华：《宗族志》，上海人民出版社 1998 年版。

房学嘉：《客家源流探奥》，广东高等教育出版社 1994 年版。

方志远：《湘鄂赣地区的人口流动与城乡商品经济》，人民出版社 2001 年版。

冯客（Frank Dikotter）：《近代中国之种族观念》，杨立华译，江苏人民出版社 1999 年版。

冈田宏二：《中国华南民族社会史研究》，赵令志、李德龙译，民族出版社 2002 年版。

葛剑雄：《中国移民史》第一卷，福建人民出版社 1997 年版。

何炳棣：《明初以降人口及其相关问题（1368—1953）》，葛剑雄译，生活·读书·新知三联书店 2000 年版。

黄志繁：《"贼""民"之间：12—18 世纪赣南地域社会》，生活·读书·新知三联书店 2006 年版。

刘佐泉：《客家历史与传统文化》，河南大学出版社 1991 年版。

刘纶鑫：《江西客家方言概况》，江西人民出版社 2001 年版。

［美］露丝·本尼迪克特：《文化模式》，王炜译，生活·读书·新知三联书店 1988 年版。

罗香林：《客家研究导论》，（台北）古亭书屋 1975 年版。

罗一星：《明清佛山经济发展与社会变迁》，广东人民出版社 1994 年版。

施坚雅（Skinner）：《中国封建社会晚期城市研究——施坚雅模式》，王旭等译，辽宁教育出版社 1991 年版。

施联朱主编：《畲族研究论文集》，民族出版社 1987 年版。

童万亨主编：《福建农业资源与区划》（省级卷），福建科学技术出版社 1990 年版。

王东：《客家学导论》，上海人民出版社 1996 年版。

王东：《那山那水那方人：客家源流新论》，华东师范大学出版社 2007 年版。

吴金夫：《三山国王文化透视》，汕头大学出版社 1993 年版。

王晴佳：《台湾史学 50 年》，（台北）麦田出版社 2002 年版。

吴松弟：《中国人口史》第三卷，复旦大学出版社 2000 年版。

吴永章：《客家传统文化概说》，广西教育出版社 2000 年版。

吴郁文编著：《广东经济地理》，广东人民出版社 1999 年版。

谢重光：《客家源流新探》，福建教育出版社 1995 年版。

谢重光：《闽台客家社会与文化》，福建人民出版社 2003 年版。

谢剑、房学嘉：《围不住的围龙屋——记一个客家宗族的复甦》修订本，广州花城出版社 2002 年版。

杨彦杰：《闽西客家宗族社会研究》，《客家传统社会丛书》（2），国际客家学会、海外华人研究社、法国远东学院，1996 年。

赵世瑜：《小历史与大历史——区域社会史的理理念、方法与实践》，生活·读书·新知三联书店 2006 年版。

郑振满：《明清福建家族组织与社会变迁》，湖南教育出版社 1992 年版。

周大鸣主编：《中国的族群与族群关系》，广西民族出版社 2002 年版。

周红兵：《赣南经济地理》，中国社会出版社 1994 年版。

（二）论文

曹树基：《明清时期的流民和赣南山区的开发》，《中国农史》1985 年第 3 期。

曹树基：《赣、闽、粤三省毗邻地区的社会变动和客家形成》，《历史地理》第 14 辑，上海人民出版社 1997 年版。

陈春声：《嘉靖倭乱与潮州地方文献编修之关系——以〈东里志〉的研究为中心》，《潮学研究》第 5 辑，汕头大学出版社 1996 年版。

陈春声：《从"倭乱"到"迁海"——明末清初潮州地方动乱与乡村社会变迁》，《明清论丛》第 2 辑，紫禁城出版社 2001 年版。

陈春声：《从地方史到区域史——关于潮学研究课题与方法的思考》，潮汕历史文化研究中心、韩山师范学院：《潮学研究》，汕头大学出版社 2004 年版。

陈春声：《历史的内在脉络与区域社会经济史研究》，《史学月刊》2004 年第 8 期。

陈春声：《地域认同与族群分类——1640—1940 年韩江流域民众"客家观念"的演变》，（台北）《客家研究》2006 年创刊号。

戴一峰：《区域性经济发展与社会变迁——以近代福建地区为中心》，岳麓书社 2004 年版。

傅衣凌：《明末清初闽赣毗邻地区的社会经济与佃农抗租风潮》，《明清社会经济史论文集》，人民出版社 1982 年版。

黄挺：《明清时期的韩江流域经济区》，《中国社会经济史研究》1999 年第 2 期。

［美］何炳棣（Ping－ti Ho）《美洲作物的引进、传播及其对中国粮食生
　　产的影响》，《李埏教授九十华诞纪念文集》，云南大学出版社 2003
　　年版。

黄向春：《客家界定中的概念操控：民系、族群、文化、认同》，《广西民
　　族研究》1999 年第 3 期。

黄志繁：《清代赣南市场研究》，硕士学位论文，南昌大学，1998 年。

黄志繁：《大庾岭商路·边缘市场·内陆市场》，《赣文化研究》（总第 5
　　期）1998 年。

黄志繁：《在贼与民之间：南赣巡抚与地方盗贼——以王阳明为中心的分
　　析》，《中国社会历史评论》第 4 辑，商务印书馆 2002 年版。

黄志繁：《地域社会变革与租佃关系——以 16—18 世纪赣南山区为中
　　心》，《中国社会科学》2003 年第 6 期。

黄志繁：《抗元活动与元代赣闽粤边界社会》，《江西师范大学学报》2003
　　年第 5 期。

黄志繁：《建构的"客家"与区域社会史：关于赣南客家研究的思考》，
　　《赣南师范学院学报》2007 年第 4 期。

黄志繁：《什么是客家？——以罗香林〈客家研究导论〉为中心》，《清华
　　大学学报》2007 年第 4 期。

雷弯山：《刀耕火种——"畲"字文化与畲族确认》，《龙岩师专学报》
　　1999 年第 4 期。

李辉、潘悟云等：《客家人起源的遗传学分析》，《遗传学报》2003 年第
　　30 卷第 9 期。

李荣村：《溪峒溯源》，（台北）《"国立"编译馆馆刊》1971 年第 1 卷第
　　1 期。

李洵：《试论明代的流民问题》，《社会科学辑刊》1980 年第 3 期。

李洵：《明代流民运动——中国被延缓的原始资本积累过程》，《中国古代
　　史论丛》第 2 辑，福建人民出版社 1981 年版。

李默：《梅州客家人先祖"郎名""法名"探索》，《客家研究辑刊》1995
　　年第 1 期。

梁洪生：《从兴国移民姓氏看赣南客家迁徙：对赣南早期客家的一种思
　　考》，《客家研究辑刊》1996 年第 1 期。

刘正刚：《汀江流域与韩江流域的经济发展》，《中国社会经济史研究》
　　1995 年第 2 期。

刘志伟：《明代广东地区的盗乱与"里甲制"》，载中山大学历史系编《中
　　山大学史学集刊》第 3 辑，广东人民出版社 1995 年版。

刘志伟：《在国家与社会之间——明清广东里甲赋役制度研究》，中山大
　　学出版社 1997 年版。

刘志伟：《附会、传说与历史真实——珠江三角洲族谱中宗族历史叙事结
　　构及其意义》，《中国谱牒研究》，上海古籍出版社 1999 年版。

刘志伟：《族谱与文化认同——广东族谱中的口述传统》，《中华谱牒研
　　究》，上海科学技术文献出版社 2000 年版。

刘志伟：《宗法、户籍与宗族———以大埔茶阳〈饶氏族谱〉为中心的讨
　　论》，《中山大学学报》2004 年第 6 期。

刘永华：《宋元以来闽西社会的土客之争与佃农斗争》，《中国社会经济史
　　研究》1993 年第 2 期。

罗烈师：《台湾地区客家博硕士论文述评（1996—1998）》，"台湾中央大
　　学"编：《〈客家文化研究〉通讯》，1999 年。

罗香林：《民族与民族的研究》，《中山大学文史研究所》1933 年第 1 卷
　　第 1 期。

罗香林：《唐代黄巢变乱与宁化石壁村》，《国文月刊》第四卷合订本，
　　1944 年第 4 期。

罗勇：《略论明末清初闽粤客家的倒迁入流》，《国际客家学会研讨会论文
　　集》，香港中文大学、亚太研究所、海外华人研究社 1994 年版。

赖扬石：《赖家与蓝家易地而居》，《大埔文史》2003 年第 21 辑。

饶伟新：《明代赣南族群关系与社会秩序的演变——以移民和流寇为中
　　心》，厦门大学，1999 年。

饶伟新：《明代赣南的移民运动及其分布特征》，《中国社会经济史研究》
　　2000 年第 3 期。

饶伟新：《明代赣南的社会动乱与闽粤移民的族群背景》，《厦门大学学
　　报》2000 年第 4 期。

饶伟新：《经济作物的种植与清代赣南农村经济困境》，《赣文化研究》第
　　10 期，（香港）文化中国出版社 2003 年版。

饶伟新：《清代山区农业经济的转型与困境：以赣南为例》，《中国社会经

济史研究》2004 年第 2 期。

饶伟新：《区域社会史视野下的"客家"称谓由来考论：以清代以来赣南的"客佃"、"客籍"与"客家"为例》，《民族研究》2005 年第6 期。

施添福：《从台湾历史地理的研究经验看客家研究》，"台湾中央"大学编：《〈客家文化研究〉通讯》1998 年创刊号。

唐立宗：《在"盗区"与"政区"之间：明代闽粤赣湘交界的秩序变动与地方行政的演化》，《台湾大学文史丛刊》（118），台湾大学出版委员会，2002 年。

万芳珍、刘纶鑫：《客家入赣考》，《南昌大学学报》1994 年第 1 期；《江西客家入迁原由与分布》，《南昌大学学报》1995 年第 2 期。

吴永章：《客家人生仪礼中的中州渊源》，《中州学刊》2003 年第 5 期。

吴永章：《客家文化的中原印痕》，《寻根》2004 年第 1 期。

谢庐明：《明清赣南农村墟市的发展与社会经济的变迁》，《赣南师范学院学报》1998 年第 5 期。

徐晓望：《明清闽浙赣边区山区经济发展的新趋势》，载傅衣凌、杨国桢主编《明清福建社会与乡村经济》，厦门大学出版社 1987 年版。

杨品优：《清中期至民国江西的宾兴组织研究》，博士学位论文，中山大学，2006 年。

于少海：《试论明清赣南商品经济的发展》，《江西师范大学学报》1997年第 1 期。

曾雄生：《唐宋时期的畲田与畲田民族的历史走向》，《古今农业》2005年第 4 期。

粤风：《大埔民间的祭神习俗》，《大埔文史》1988 年第 7 辑。

钟建安：《明清时期畲族对闽粤浙赣山区的开发》，《中南民族学院学报》1991 年第 4 期。

周建华、李竞帅：《从祖先崇拜到崇文重教——理学文化视野中的上犹客家民居门榜》，《南昌教育学院学报》2004 年第 4 期。

周建新：《客家研究的文化人类学思考》，《江西师范大学学报》2003 年第 4 期。

周建新：《族群认同、文化自觉与客家研究》，《广西民族学院学报》2005年第 2 期。

庄英章:《客家研究的人类学回顾》,"台湾中央"大学编:《〈客家文化研究〉通讯》1998 年创刊号。

庄英章:《试论客家学的建构:族群互动、认同与文化实作》,《广西民族学院学报》2002 年第 4 期。

庄英章:《客家族群的"历史性":闽、客民间信仰模式的比较》,载乔健等主编《文化、族群与社会的反思》,北京大学出版社 2005 年版。

　三　外文论著

[日] 草野靖:《明末清初期における田面の变质——闽·江·广三省交界地带の场合》,《熊本大学文学部论丛》1980 年第 1 期。

(中国香港) Chang Wing – hoi, Ordination Names in Hakka Cenealogies: A Religious Practice and Its Decline, in David Faure and Helen F. siu (eds.), Down to Earth: the Territorial Bond in South China, Stanford, Stanford University Press, 1995; The Deline of Ordination and the Emergence of the Hakka Lineage in Changle County, 载香港中文大学等编《国际客家学研讨会论文集》,香港崇正总会,1994 年。

[法] John Lagerwey, Notes on the Symbolic Life of a Hakka Village, 载台北汉学研究中心编《民间信仰与中国文化国际研讨会论文集》,台北汉学研究中心,1993 年。

[美] 何炳棣 (Ping – ti Ho), "The Introduction of American Food Plants into China", *American Anthropologist*, Vol. 57, No. 2, Part I, April, 1955。

[澳] 梁肇庭 (Sow – Theng Leong): *Migration and Ethnicity in Chinese History: Hakkas, Pengmin, and Their Neighbors*, Stanford: Stanford University Press, 1997。

[美] Barbara E. Ward, Through Other Eyes: An Anthropologists View of Hong Kong, HongKong: The Chinese University Press, 1985.

后　记

　　本书是笔者主持的国家社会科学基金项目"明清赣闽粤边界的生态、族群与'客家'文化"（批准号：04CZS006）最终成果。

　　2004 年，我幸运地拿到国家社会科学基金青年项目，当时国家社会科学基金项目并没有现在这么普遍，金额也只是区区的 5.5 万元，但是，对于刚参加工作不到 3 年的我来说，已经是很大一笔数目了。我的博士论文是关于赣南区域社会变迁的，但是，读博士的时候囿于经费和时间等因素，对赣南大地还没有真正进行田野考察。申请到国家社会科学基金，使我不仅能够有充足的经费跑遍赣南，而且，也让我能够对闽西和粤东北有初步的田野经验。本书虽然没有很多史料来自田野，也没有详述太多田野的个案，但是，对赣闽粤边界地区的实地考察对我阅读典籍上的史料有直接的帮助。

　　我并不是客家学研究者，也较少参加客家研究的专门会议。但为什么写了关于客家文化的书呢？根本原因是在写博士论文的时候发现，从生态、族群和国家认同这几个方面可以比较好地解释客家问题，于是，不知天高地厚地申请了这么一个课题，又机缘巧合地中了这个课题，再于是，就有了这本书。不管读者如何评价本书的观点，有一点我是坚信的，就是要解释清楚客家问题，最根本的还是应从区域社会经济史的角度对客家地区历史展开深入研究。自 2008 年起，我连续 6 年参加中山大学和诸多客家地区地方院校联合主办的客家夏令营，足迹遍及江西、广西、四川、湖南、浙江等省，在这些客家地区考察中，我深深感觉到，客家问题其实就是个移民问题，而且是与赣闽粤边界地区有关的移民问题，也就是说，南方中国有"客家"的地区，均和赣闽粤边界地区移民息息相关，特别是广东移民。这一认识促使我更加坚信赣闽粤边界地区社会史研究的重要。当然，由于本人天资不敏和用力不勤，本书的观点未必会为学界所认可，但是，我将会持续关注赣闽粤边界地区。在完成本书之后，在我头脑中一直盘旋的问题是：为什么客家地区没有统一的民间信仰；明以前赣闽粤地区基层社会控制力量是什么；为什么在闽赣边界流行的定光古佛信仰亦佛亦道；等等。当然，这些问题的解答应该是下一本书的内容了。

本书的完成有赖于嘉应学院的肖文评教授的鼎力支持，他关于大埔县白堠乡的精彩论文与本课题的研究对接得天衣无缝，本书的第四章直接从他博士论文中提炼而来；现就业于江西省艺术研究院的周伟华硕士原来是我指导的硕士生，他在我的指导下，撰写了以"明清粤东地区的流民与社会变迁"为主题的硕士论文，本书的部分章节对其论文有大段的使用。他们两个都是课题组成员，自然也就顺理成章地成为本书的作者。

本书写作过程中也得到了许多朋友的帮助。厦门大学刘永华教授的大力支持使我能够成功申请到国家社科基金项目；华东师范大学王东教授、赣南师范学院罗勇教授及其团队一直是我客家研究的坚定伙伴；嘉应学院房学嘉教授及其团队也曾给过我许多帮助；香港中文大学科大卫教授提供2次访港的机会给我，让我有充足时间开展研究，贺喜教授和张瑞威教授也在我居港期间给予了我许多欢笑、智慧和一些无伤友谊的争论；至于中山大学那些师兄弟，我都懒得列举他们的名字，因为他们从来、一直、永远都在"损"我，让我又爱又恨，终生难忘；赣南田野中我最坚定的一位支持者是会昌县政协的宋瑞森老师，他是当之无愧的赣南文史界翘楚，更重要的是他的作品完全符合正规学术规范，这一点使他高出一般地方文史工作者几个段位。

本书的研究主要是我在南昌大学工作期间完成的，南昌大学社会科学处宋三平处长，历史系领导袁礼华教授、张芳霖教授给予我许多帮助，本成果亦是"江西区域文化研究"创新团队的成果之一。

自 2006 年出版第一本专著后，我又花了 8 年时间出版第二本专著。虽说书不在多而在精，但是，近年来不如博士刚毕业时有学术冲劲也是实情，自己拿得出手的学术论文越来越稀少，每念及此，总觉得愧对恩师。我的硕士生导师邵鸿教授，博士生导师陈春声教授、刘志伟教授，博士后实际联系导师曹树基教授都是当今史坛一流学者，而我至今还学艺不精，一事无成，或许要为"名师出高徒"这一说法提供反例了。惭愧！

黄志繁

2014 年 10 月 4 日于南昌青山湖畔